EXTREMBUCH 1

Manchmal muss es eben etwas ganz Extremes sein: mit dem schmalbrüstigen Oldtimer durch Lateinamerika, mit einem Allrad-Monster ins Niemandsland, mit Großvaters Wohnwagen zurück in die Zukunft. Solche und andere Erlebnisse beschreiben in der Reihe ExtremBuch *wagemutige oder einfach nur ein wenig verrückte Zeitgenossen. Spannend, zuweilen exotisch und immer unterhaltend.*

DoldeMedien
VERLAG GMBH

IMPRESSUM

Copyright: © 2006 by DoldeMedien Verlag GmbH, Postwiesenstr. 5A, 70327 Stuttgart

Text und Fotos: Herbert Nocker, Helmut Schneikart
Herstellung: BOD Books on Demand GmbH, Norderstedt

Nachdruck, auch auszugsweise, nur mit ausdrücklicher Genehmigung
des Verlags und mit Quellenangabe gestattet. Alle Angaben ohne Gewähr.
PRINTED IN GERMANY · ISBN 3-928803-36-0

Herbert Nocker mit Helmut Schneikart

Die Reise meines Lebens

Mit Dixi und Dachzelt um die Welt

*Da es sehr förderlich für die Gesundheit ist,
habe ich beschlossen,
glücklich zu sein.*

Voltaire (1694 - 1778)

Inhalt

Teil 1: Die Idee

1. Kapitel: My Home is my Auto 7
2. Kapitel: Ein Bild von einem Ururgroßvater 10
3. Kapitel: Gutes Rad ist teuer 13
4. Kapitel: Auf dem Hochrad bist du der King! 15
5. Kapitel: Dixi, mon amour 18
6. Kapitel: Der Sommer Sigi braucht einen Vergaser 21
7. Kapitel: Von den wirklich wichtigen Dingen des Lebens 24
8. Kapitel: Ein Auto, ein ungekrönter König und ein Karossier, die Frances hieß 29
9. Kapitel: Fit für die Weltumrundung 34
10. Kapitel: Schiffsmeldungen 38

Teil 2: Die Fahrt

1. Kapitel: Good bye Europe! 42
2. Kapitel: Marion und Dave 45
3. Kapitel: Warten, hoffen, bangen 50
4. Kapitel: Da ist er doch, der Stamp, schau halt hin, du Lackel, du ausgschamter! 54
5. Kapitel: Bloß weg von hier! 56
6. Kapitel: Isabel und eine Nacht des Missvergnügens 60
7. Kapitel: Hast du gerade Tafelspitz gesagt? 66
8. Kapitel: Die reinste Dixiquälerei 71
9. Kapitel: Erst Patient, dann Preisträger 74
10. Kapitel: Die BMW-Werkstatt in Virginia, das Dixiwerk in Eisenach und ein wunderschönes, grünes Tal 81
11. Kapitel: Der Nocker Herbert – ratlos! 83
12. Kapitel: Guter Fisch und schlechter Sprit 87
13. Kapitel: Nashville, ein Parkwächter und Thomas, der eine alte BMW-Maschine fährt 90
14. Kapitel: Ein schwieriges Kapitel 96
15. Kapitel: Bei Terry und Debbie 101
16. Kapitel: In einem texanischen Steakhouse 106
17. Kapitel: Terrys Niederlage und Schwarzwälder Kirschtorte ohne Kirsch 109

18. Kapitel: Auf dem BMW-Oktoberfest	112
19. Kapitel: Concours d'Élégance mit Ohrenstäbchen	115
20. Kapitel: We are the Champions!	117
21. Kapitel: Earl und Nick	121
22. Kapitel: Über Lubbock, Amarillo, Tucumcari, Santa Fe und Taos zum Monument Valley	129
23. Kapitel: Bei Angel Delgadillo, dem Meister der Rasierkunst	134
24. Kapitel: Von Seligman über Oatman nach Las Vegas	139
25. Kapitel: Die Mammutbäume im Sequoia National Park	142
26. Kapitel: Hoher Beinwurf und Spagatsprünge in Cave Junction	146
27. Kapitel: Hitchcock, Horror, San Francisco	155
28. Kapitel: Jim Proffit und sein Six Million Dollar Baby	162
29. Kapitel: Drei blaue Augen in L.A.	167
30. Kapitel: Zurück in Austin	169
31. Kapitel: Hola, no hablo español!	173
32. Kapitel: Das geht ja schon gut los!	176
33. Kapitel: Einer, der in die Welt hinausging	180
34. Kapitel: Die Sierra Madre und die schlimmste Fahrt der ganzen Reise	184
35. Kapitel: Teotihuacán, der Bundespräsident und ein Adlerkopf mit Federn	191

36. Kapitel: Begegnung mit einem Namenlosen ... 196
37. Kapitel: Krabben, Fernsehen, Autogramme ... 199
38. Kapitel: Von den Mayas zum Schnellkochtopf ... 204
39. Kapitel: Ach, wie ist die Welt klein! ... 208
40. Kapitel: Ein Ort namens Hopelchén ... 212
41. Kapitel: Motorinspektion mit Gartenschlauch ... 214
42. Kapitel: Erst bei der Pizzabäckerin und dann in der Bar ... 218
43. Kapitel: Fox feiert seinen Fünfunddreißigsten ... 221
44. Kapitel: Bei Maria und Johan ... 224
45. Kapitel: Sag zum Abschied leise Adiós ... 227
46. Kapitel: Wenn ma wieder dahoam san ... 229
47. Kapitel: In Valladolid und Chetumal ... 233
48. Kapitel: Von Belize nach Guatemala ... 237
49. Kapitel: Von Guatemala nach Honduras ... 240
50. Kapitel: Und dann hat es Ratsch gemacht ... 244
51. Kapitel: Für eine Hand voll Dollar ... 249
52. Kapitel: Schlechte Karten ... 253
53. Kapitel: Die ersten hundert Tage ... 255
54. Kapitel: Die Zeit war reif für diese Idee ... 258
55. Kapitel: Dixi nach Australien, Nockers nach Rottenbuch ... 261

Teil 3: Das Ende

1. Kapitel: Ankunft in Australien ... 264
2. Kapitel: Beim German Butcher ... 267
3. Kapitel: Schlechte Nachrichten ... 270
4. Kapitel: Michael McMichael und sein Siebener ... 273
5. Kapitel: Hay nun ... 277
6. Kapitel: Schöne Tage in Melbourne ... 279
7. Kapitel: Resis Machtwort ... 284
8. Kapitel: Der Zauber von Amelia ... 286
9. Kapitel: Das Wiedersehen ... 289
10. Kapitel: Tag der Entscheidung ... 292
11. Kapitel: Einmal Uluru und zurück ... 295
12. Kapitel: Getrennte Heimfahrt ... 302
13. Kapitel: Das Ende ... 304
Zugabe ... 306

Anhang /Danksagung ... 308

Teil 1

Die Idee

1. Kapitel

My Home is my Auto

Glück bedeutet für jeden was anderes. Für mich bedeutet es, tun und lassen zu können, was mir gefällt, und Wunschträume zu haben, die ich mir erfüllen kann.

Ich bin jetzt vierundsechzig. Schaue ich auf die Jahre zurück, könnte ich sagen: Vieles von dem, was ich wollte, hab ich auch hingekriegt. Vieles, nicht alles. Genug aber, um sagen zu können: Hast Glück gehabt, Nocker. Kannst eigentlich zufrieden sein.

Ich versuche mal, mich zu erinnern, was einmal meine Wunschträume waren und was aus ihnen geworden ist. Und vor allem: Wie aus ihnen die Idee entstand, in einem alten, selbstgebauten Dixi Baujahr 1928 mit 15 PS um die Welt zu fahren.

Wo fange ich da an? Am besten von ganz vorne. Nicht gerade bei meiner Geburt, aber vielleicht fünfzehn Jahre später. In diesem Alter blätterte ich einmal eine Illustrierte durch. War es der Stern oder Kristall oder die Quick? – ich weiß es nicht mehr. Jedenfalls stolperte ich darin über einen Artikel von fahrenden Filmvorführern. Kein Mensch weiß heute mehr, was fahrende Filmvorführer waren. Es ist eine ausgestorbene Spezies, es gab sie in den Zwanzigern und Dreißigern des letzten Jahrhunderts. Soweit ich mich erinnere, ignorierte ich den Text und konzentrierte mich auf die Abbildungen. Und konnte mich an ihnen einfach nicht satt sehen.

Vielleicht lag das daran, dass ich die fahrenden Filmvorführer bewunderte. Das muss ich natürlich erklären. Ein fahrender Filmvorführer, dachte ich mir, hat es schön: sitzt ganz allein in einem wunderschönen Automobil, fährt von Ort zu Ort und bleibt stehen, wo es ihm passt – in einem Dorf, in einer Stadt oder auch mitten im Wald. Egal wo. Er macht, was er will; kein Mensch redet ihm drein. Wunderbar. Toll fand ich übrigens auch, dass er sich die Filme nach Belieben anschauen konnte, und zwar kostenlos. Darum bewunderte ich diese Filmvorführer. Ja, ich beneidete sie sogar.

Den dazugehörigen Artikel, wie gesagt, las ich gar nicht. Wahrscheinlich aus Bequemlichkeit. Viel mehr Spaß hatte ich nämlich, mir das Drumherum in meinem Kopf auszumalen: Wie der Filmvorführer mit seinem Auto von weither angereist kommt, wie er, sagen wir am Marktplatz einer kleinen Stadt, in der

Genau so wollte er es immer, der Nocker Herbert: Dass sich Menschen um ihn scharen, sein Auto bestaunen und ihn Maulaffen feilhalten lassen

er noch nie war, stehen bleibt, aussteigt und sich erst mal umguckt, wo er denn gelandet ist.

Ich phantasierte weiter: Wie der Mann ein Megaphon hervorkramt und damit den Leuten, die sich mittlerweile um sein mit bunten Werbeparolen gespicktes großes Automobil scharen, den Film anpreist, den er gleich zeigen will. Gleich? Ach wo, frühestens in einer halben oder dreiviertel Stunde. Ihn drängt ja keiner. Allerdings muss er für die Vorführung noch einiges bewerkstelligen: Projektor und Leinwand in Position bringen, Stühle zurechtrücken, einen kleinen Probelauf machen.

Hat er das alles auf die Reihe gebracht, stellte ich mir vor, will er sich vielleicht ein wenig erholen. Schließlich hat er eine lange Fahrt hinter sich und in den letzten Minuten einiges geleistet. Also peilt er eine Wirtschaft an und lässt es sich darin wohl ergehen. Anschließend geht er zurück zu seinem Auto. Und wenn er schon von weitem sieht, dass viele Leute an seinem Auto versammelt sind, freut es den Filmvorführer. Weil er weiß, dass sie alle seinen Film anschauen wollen. Oder sein Auto. Oder sogar ihn selbst, den weit gereisten Fremden. Oder alles miteinander.

Die Vorstellung kann beginnen.

So ungefähr stellte ich mir das als Bub vor. Als die Bilder laufen lernten, waren Filmvorführungen der große Hit, auch wenn's meistens nur Stummfilme waren. Wenn so ein Spektakel geboten wurde, sind die Menschen regelrecht ausgerastet. Wie heute bei einem Popkonzert von, sagen wir, Robbie Williams. Na ja, vielleicht nicht ganz so.

Das A und O eines Filmvorführers war sein Fahrzeug. Ihm galt auch mein Interesse, wenn ich mir zum x-ten Mal die Bilder anschaute. Dabei ging es mir gar nicht so sehr um das Auto an sich, also um den Motor oder die Technik. Was mich viel mehr interessierte, war eigenartigerweise der hintere Teil des Autos, der riesige Laderaum. Denn darin zeigte der Filmvorführer dem staunenden Publikum nicht nur Filme; darin lebte er auch. My Home is my Auto. Das gefiel mir. Und auf einmal bekam auch ich Lust, in der Weltgeschichte herumzureisen, und zwar mit einem Auto, in dem ich wohnen und schlafen und an dem Ort sein konnte, wo ich wollte.

So war es mit fünfzehn. Und mit zwanzig nicht viel anders. Nur schaute ich mir da die Bilder mit andern Augen an. Denn da schwärmte ich nicht nur von so einem Auto; sondern ich wollte auch eins. Es musste ja keins zum Filmevorführen sein – aber was Ausgefallenes oder Auffallendes sollte es schon sein. Und unbedingt eins mit Laderaum, das war mir schon sehr wichtig.

Das war der eine Teil meines Wunschtraumes. Der andere war, dass ich so ein Auto nicht nur besitzen, sondern auch selbst bauen wollte. Natürlich erzählte ich keinem Menschen was davon. Umso mehr dachte ich darüber nach.

Nachträglich betrachtet, schließe ich nicht aus, dass noch ein anderer Wunsch tief in mir schlummerte. Wenn ich mit so einem exotischen Gefährt irgendwo hinkomme, stellte ich mir vor, würden die Leute ja vielleicht den Kopf ein bisschen recken und sich für mein Auto interessieren. Oder sogar für mich – so, wie ich mir mit fünfzehn Jahren vorstellte, dass es den fahrenden Filmvorführern ergangen sein mochte.

Jetzt war ich zwanzig. Aber die Vorstellung, irgendwo weit weg von daheim mit meinem Auto die Menschen zum Staunen zu bringen, diese Vorstellung war mir sicher nicht fremd. Auch nicht, als ich dreißig war.

Diese Vorstellung ist mir nicht mal heute fremd. Ganz im Gegenteil. Wir werden es in diesem Buch noch erleben.

PS: Eine kollektive Begeisterung für Filme und Kino gab es vorübergehend noch mal in der Zeit nach dem Zweiten Weltkrieg, allerdings in anderer Gestalt und nur in größeren Städten. Man sprach damals vom „Pantoffelkino". Damals standen die Projektoren in ganz bestimmten Hinterhöfen. Wenn ein Streifen lief, schlurften die Leute in ihren Pantoffeln aus den umliegenden Mietshäusern und ließen sich für ein paar Pfennige aus dem harten Nachkriegsalltag entführen. Dazu gab es manchmal sogar eine Kelle Suppe zum Aufwärmen. Kino mit Suppe.

2. Kapitel

Ein Bild
von einem Ururgroßvater

Mit dreißig hatte ich noch einen anderen großen Wunsch. Ich bildete mir ein, nicht nur ein auffallendes Automobil mit Laderaum besitzen zu müssen, sondern auch ein Hochrad.

Wieder löste ein Bild diesen Wahn aus. Diesmal ein Ölgemälde, das ich in einem Museum meiner Heimatstadt Schongau im bayerischen Oberland entdeckte. Ich betrachtete es mit so einer Begeisterung, als würde ich ins Paradies schauen. Eigentlich ein völlig harmloses Bild, für die meisten sicher sogar ein nichts sagendes. Es hängt hinter dir an der Wand. Dreh dich rum, dann siehst du es. Natürlich ist das nur ein Poster; das Original hängt nach wie vor im Museum.

Das Bild zeigt einen Mann auf einem Hochrad. Er hat einen schwarzen Vollbart, aber schütteren Haarwuchs. Unten, neben dem Rad, springt ein Jagdhund herum und schaut, ja, hündisch eben, zu seinem Herrchen hoch. Wie ich finde, sitzt der Mann ziemlich lässig hoch oben auf dem Rad und spreizt graziös seinen rechten Arm vom Körper weg. So als wollte er einem Fuhrwerk ein Abbiegemanöver anzeigen. Die Hand hält einen Gegenstand, wahrscheinlich einen zusammengeknautschten Hut oder eine Kappe.

Und was, bitte, hat dich an diesem Bild so angemacht?

Das Gebäude im Hintergrund. Auf dem steht in altmodischen Lettern: Bierbrauerei Ludwig Soundso. Der Familienname ist nicht lesbar, weil er, wie du siehst, vom Hochradler verdeckt wird. Als Schongauer weiß man aber, dass es die Bierbrauerei vom Kollmann Ludwig war.

Die Szene spielt sich nämlich in Schongau ab. Ich kenne das Haus recht gut; es steht noch heute. Freilich ist es keine Bierbrauerei mehr, sondern ein Wirtshaus, der „Köhler", wie die Schongauer sagen. Bei dem kannst du, nebenbei gesagt, vortrefflich essen.

Bitte keine Schleichwerbung in diesem Buch!

Gut, dann streich's halt wieder. Das Haus kenne ich auch deshalb gut, weil gleich ums Eck das Haus meiner Familie stand. In ihm habe ich einen wesentlichen Teil meiner Kindheit verbracht.

Der Clou aber kommt erst noch! Denn weißt du, wer der Mann auf dem Hochrad ist? Natürlich weißt du's nicht, woher auch. Der Mann auf dem Hochrad ist mein leibhaftiger Ururgroßvater, der Guggemos Josef. Sein Gesicht, die Gestalt, die Haltung – ich kenne alles von soundsoviel Bildern. Er muss es sein. Und er ist es auch.

Fairerweise muss ich zugeben: Nicht alle Leute um mich herum teilen meine Ansicht. Nicht einmal alle Verwandten. Da ist zum Beispiel meine Cousine, die Bromberger Evi, die immer alles ganz genau wissen will. Also hat sie in Archiven

Der mutmaßliche Ururgroßvater in Schongau auf dem Hochrad: Ein Bild, das Herbert Nocker nie wieder aus dem Kopf gehen wird

und alten Zeitungen gestöbert und tatsächlich zwei Texte gefunden, die mit dem Urur zu tun haben. Sie gehören einfach schon deshalb in dieses Buch, weil sie in ihrer alten Sprache so schön zu lesen sind.

Das erste Zitat: „Der Name des Stadtmüllers Guggemos (...) und manche Erinnerung an ihn hat sich heute noch im Volksmund erhalten. Zu jener Zeit, als unter seiner Leitung die Mühle in Schwung kam, die Müllergesellen Arbeit in Hülle und Fülle hatten, kaufte Guggemos jeden Freitag auf dem Schrannenmarkt in Schongau das Getreide auf. Allein, er konnte seinen Bedarf nicht decken, so daß er jeden Dienstag mit seinem Kaleschwagerl, vor welches er einen feurigen Schimmel gespannt hatte, zum Schrannenmarkt in Landsberg fuhr, voran sein großes Fuhrwerk, bespannt mit vier schweren Rossen, die mit einem Schellengeläute versehen waren. Guggemos stammte aus einem alten Geschlecht und war der richtige Typ eines Müllers. Groß, stark, mit buschigen Augenbrauen, blickte er selbstbewusst in die Welt. Er war eine maßgebende Person in der Stadtverwaltung und genoß bei jedermann hohes Ansehen."

Groß, stark, mit buschigen Augenbrauen – nein, wie der Theo Waigel schaut der Mann auf dem Bild eigentlich nicht aus. Da hat die Evi leider Recht. Egal. Der Text klingt authentisch. Leider ist er undatiert und ohne Quellenangabe.

Das zweite Zitat stammt aus den „Schongauer Nachrichten" vom 24. Juli 1936 und beschreibt das offenbar sehr segensreiche Wirken des alten Guggemos: „Im Jahre 1845 kaufte Josef Guggemos die Stadtmühle mit allem Drum und Dran. Dieser erwarb sich durch seine Geschäftstüchtigkeit das Ansehen der ganzen Stadt und weit darüber hinaus. Unter seiner Leitung begann für die Stadtmühle eine Blütezeit. Aus allen Gemeinden, sogar von Steingaden und Wildsteig, kamen die Boten mit dem Fuhrwerk und brachten das Getreide in die Stadtmühle zum Mahlen oder holten von ihr das Mehl. Die Brauereien brachten das Malz zum Brechen in die Mühle. Als Guggemos 1877 starb, wurde die Stadtmühle um 86.000 Mark wieder von der Stadt eingesteigert."

So einen Urgroßvater hatte ich!

Stur, wie ich bin, bleibe ich – Theo Waigel hin, Evi her – bei meiner Version. Und wenn es tatsächlich stimmt, dass der alte Guggemos der erste Schongauer mit einem Hochrad war, dann würde mich das auf gut Bayerisch sakrisch (ungefähr: ganz besonders) freuen. Weil, das würde ja nichts anderes bedeuten, als dass ich, sein Ururenkel, die Tradition, die er höchstpersönlich ins Leben gerufen hat, nämlich das Hochradfahren, bis auf den heutigen Tag fortführe.

Denn ich muss dir noch was sagen: In meiner Werkstatt unten im Haus steht heute keineswegs nur das eine Hochrad, das ich mir ein halbes Leben lang immerzu eingebildet und von Herzen gewünscht hab. Da unten stehen mittlerweile vier Hochräder.

Habe ich richtig gehört: Du hast vier Hochräder?

Du hast richtig gehört: Ich bin Besitzer von vier Hochrädern. Und jedes von ihnen hat seine Geschichte.

Aber jetzt mal was anderes: Wenn du schon immer dazwischenfunkst, kannst du dich auch gleich unseren Lesern vorstellen. Sonst wissen die ja gar nicht, was hier so angeht.

Der eine spricht, der andere schreibt: Herbert Nocker (links) und Helmut Schneikart bei der Arbeit – eine von zehn gemeinsamen Tonband-Sitzungen

Gut. Ich heiße Helmut Schneikart, bin Journalist und helfe dem Herbert Nocker bei der Arbeit an seinem Buch: Er spricht, ich schreibe. Vielleicht bin ich für ihn aber auch so eine Art Sparringspartner. Oder das, was der Andrack für den Harald Schmidt ist. Warten wir's einfach mal ab. Und wenn der eher seltene Fall eintritt, dass ich mich aus dem Off zu Wort melde, so erkennen Sie meine Anmerkungen an dieser schräg gestellten Schrift. Mehr ist dazu im Moment wohl nicht zu sagen.

Aber die Geschichten zu deinen vier Hochrädern wären vielleicht ganz interessant.

Ach, jetzt willst du auch noch die hören? Kommt nicht in Frage! Höchstens eine, okay?

PS 1: Die Passage über den alten Guggemos-Urur hätte ich natürlich auch wegklicken können. Aber wieso denn ich? Mir gefällt sie ja. Also: Wem das zu viel ist, der kann die beiden Absätze streichen. Aufgepasst: streichen, nicht ausschneiden! Sonst fehlt was auf der Rückseite, was vielleicht nicht fehlen soll.

PS 2: Die Bromberger Evi streicht ganz individuell die Stellen, die ihr nicht gefallen.

3. Kapitel

Gutes Rad ist teuer

Also gut: Hier die Geschichte, wie ich zu meinem ersten Hochrad gekommen bin.
Vorweg muss ich sagen: Hochräder sind ein teurer Spaß. Immer gewesen. Heute erst recht, weil sie so rar sind. Zu Ururgroßvaters Zeiten war ein Hochrad angeblich sogar so teuer wie ein ganzes Haus. Und wenn es stimmt, dass er eines besessen hat, war der Guggemos auch keiner von den ganz Armen. Als Stadtmühlenbesitzer musste er es auch nicht sein. Sonst hätte er sich den Hochrad-Luxus auch nicht leisten können.
Aber du wolltest ja hören, wie ich zu meinem ersten Hochrad gekommen bin. Sage und schreibe dreißig Jahre war ich hinter einem her. Auch damals waren Hochräder sündhaft teuer. Und was noch schlimmer war: Es gab keinen Menschen, der dir eins verkauft hat. Besaß einer ein Hochrad, was ja eh schon eine Seltenheit war, rückte er es nicht raus, auch nicht für viel Geld. Weil es entweder Familienbesitz und damit unverkäuflich war. Oder weil der Besitzer selber seinen Spaß dran hatte. Was ich gut verstehen kann. Und ein Museum, kannst du mir glauben, trennt sich von solchen Kostbarkeiten schon gleich gar nicht.
Was ist eigentlich aus dem Rad vom Ururgroßvater geworden?
Keine Ahnung. Es ist wie vom Erdboden verschluckt. Alles, was ich unternommen hab, um ihm auf die Spur zu kommen, ist im Sand verlaufen. Das Rad ist einfach weg. Wie vom Erdboden verschwunden. Schad drum. Hätte gut in meine Sammlung gepasst.
Zehn Jahre lang suchte ich nach einem Hochrad. Erst als ich um die vierzig war, also schon leicht betagt, entdeckte ich eins auf einem Fahrradmarkt in Ulm. Aber was für eins! Gut, angeblich stammt es aus dem Jahr 1874. Da konnte es hundert Jahre danach nicht mehr ganz so frisch aussehen. Aber es war in einem geradezu erbärmlichen Zustand: von unten bis oben eine einzige Rostlaube, keine Bereifung, nicht fahrbereit, sichtlich vernachlässigt.
Trotzdem blätterte ich dem Besitzer ohne zu zögern 5000 Mark auf die Hand. Es tat mir in der Seele weh, aber ich musste es tun. Denn der Verkäufer hatte mir angedroht, es ohne Hemmungen einem andern Interessenten zu verhökern, falls ich nicht hier und jetzt zugriff.
Anschließend schob ich diese Schindermähre quer über den Markt zum Parkplatz, wo mein Auto mit Anhänger stand. Dabei musste ich mir gefallen lassen, dass alle Mann in der Szene, die mich kannten und was von mir hielten und vor allen Dingen was von alten Rädern verstanden, mir dabei zuschauten und mitleidig den Kopf schüttelten. Sollte bedeuten: Jetzt spinnt er komplett, der Nocker Herbert!
Ich nichts wie zurück mit dem Ding nach Rottenbuch. Dort lebte ich nämlich mittlerweile. Und lebe da immer noch, zehn Kilometer von meiner Heimatstadt

Schongau entfernt. Daheim angekommen, hatte ich nichts Eiligeres zu tun, als das klapprige Ding in meiner Werkstatt in seine Einzelteile zu zerlegen. Dann fing ich an, eine Vorrichtung zu bauen. Die brauchte ich, um das einzig Wertvolle an diesem Rad zu retten. Das waren die seltenen und ehedem edlen Speichen – auch sie leider in einem grauslichen Zustand. Mit der Vorrichtung konnte ich sie der Reihe nach gerade biegen und instand setzen. Dann polierte ich sie mit Hingabe zwei Tage lang und ließ sie anschließend in einem Fachbetrieb vernickeln. Eine ähnliche Prozedur dann mit dem Lenker. Danach lackierte ich den Rahmen schwarz und versah ihn auch noch mit feinen goldenen Zierlinien.

Den passenden Vollgummireifen für das große Rad fand ich ein paar Monate später für billiges Geld bei einem Händler in England, bei dem ich damals öfter mal vorbeigekommen bin, der aber leider nicht mehr lebt. Ich erwähne ihn aus zwei Gründen. Erstens zählt er zu den wenigen ganz wichtigen Menschen, die mit ihrem Beitrag die Voraussetzung dafür schufen, dass ich an das Projekt Erdumrundung überhaupt denken konnte. Zweitens bewunderte ich ihn, wie er mit einem, man kann schon sagen, dramatischen Wandel umging, der sich im Laufe seines Lebens vollzog. Das ist eine ganz andere Geschichte, die ich noch erzählen werde.

Als ich das Rad endlich wieder zusammengebaut hatte, war es nicht mehr wiederzuerkennen: glitzernde Speichen, ein pechschwarzer Rahmen und funkelnagelneue alte Reifen – das Rad muss besser ausgesehen haben als jemals zuvor. Die 5000 Mark, die ich dafür ausgegeben habe, haben mich auch nie mehr gereut. Und keiner meiner Freunde hat mehr gemeckert.

Das Hochrad, das ganz oben auf meiner Wunschliste gestanden hatte, konnte ich also abhaken.

Und was stand da noch, an zweiter Position? Richtig, das Auto. Das aber – entschuldige! – ein so saugeiles sein musste, dass sich die Leute nach uns umdrehen, wenn wir, Auto und ich, im Schritttempo vorbeifahren. Das Auto, das ich selber bauen wollte.

Natürlich hatte mir dieses Thema schon all die Jahre keine Ruhe gelassen, ich musste also nicht gerade bei Null anfangen. Nur: Jetzt hatte ich den Kopf frei und konnte an diesem Projekt mit voller Kraft arbeiten.

4. Kapitel

Auf dem Hochrad bist du der King!

Was macht man denn eigentlich so alles mit einem Hochrad?
Eine ganze Menge! In der Gegend rumfahren zum Beispiel. Erst in der näheren Umgebung, um überhaupt ein Gefühl für dieses Ding zu bekommen. So eine ganz leichte Nummer ist es nämlich nicht, das Hochradfahren. Denn wenn du damit abstürzt, ist das alles andere als lustig. Du musst das Fahren also richtig lernen. Erst dann kannst du dich an größere Sachen wagen.

Nun war ich ja immer einer, den es von zu Hause weggezogen hat, je weiter, desto besser. Muss ich wohl geerbt haben, ich weiß nur nicht von wem. Vom Ururgroßvater, um kurz auf ihn zurückzukommen, eher nicht; von solchen Eskapaden ist mir nichts bekannt. Bis vor meiner Hochradzeit machte ich meine Extratouren in die Ferne wie jeder andere Mensch – mit dem Pkw. Weil ich immer schon hinter allen möglichen Autoteilen her war – auf dieses Thema komme ich noch –, kam ich viel in Europa herum. In Frankreich, in Holland, vor allem in England, aber im Süden, in Österreich und Italien.

Mit dem Hochrad aber begann ich nun, die nähere Umgebung zu erkunden. In Rottenbuch hatte sich ziemlich schnell herumgesprochen, dass der Nocker Herbert jetzt vollends spinnt und neuerdings nur noch auf einem Hochrad gesichtet wird. Nach drei Wochen Übung traute ich mich zum ersten Mal in den Nachbarort Peiting. Ein starker Auftritt! Dass da einer mit einem Hochrad durch ihren Ort radelt, hat die Leute schon beeindruckt. Jedenfalls blieben etliche von ihnen stehen und waren so baff, dass sie aus dem Staunen gar nicht mehr herauskamen. Sobald sie sich von dem Schreck erholten, schüttelten sie den Kopf, winkten und lachten. Oder schauten nur blöd.

An einer Ampel, die ausgerechnet in dem Augenblick auf Rot umschaltete, als ich volle Kraft voraus auf die Kreuzung zusteuerte, hätte es mich dann beinahe erwischt. Ich konnte nicht mehr bremsen und fuhr bei Knallrot drüber. Zum Glück war weder ein Auto weit und breit zu sehen, noch ein Polizist, der mich garantiert zu einer Geldstrafe verdonnert hätte. Vielleicht hätte ich aber auch mildernde Umstände bekommen, wenn ich ihm erklärt hätte: Ich bin nur deshalb bei Rot über die Ampel, weil ich keine Ahnung hab, wo bei diesem Fahrrad die Bremse ist. Hat es überhaupt eine?

Als ich sicherer wurde, begann das Hochradfahren mir Riesenspaß zu machen. Ich wagte richtig lange Touren von manchmal bis zu hundert Kilometer Tagesleistung. Vor allem Richtung Süden, nach Garmisch-Partenkirchen oder Oberammergau, fuhr ich gerne; das sind die Vorzeigeorte unseres schönen bayerischen Oberlands. Im Norden, Richtung Augsburg oder Landsberg, konnte man mich nur selten sehen. Eigentlich gar nicht.

Warum denn das?

Weil man da als echter Schongauer nichts verloren hat! Sagt man halt so.

Die Krönung meiner Hochradaktivitäten aber waren die beiden großen Touren, die ich Mitte der Neunziger mit Gleichgesinnten unternahm. Soll ich davon etwas mehr erzählen?

Fang einfach mal an!

1994 fuhren wir von Stuttgart nach Budapest, das Jahr darauf von Wien nach Berlin. Jede der beiden Touren war für mich eine Offenbarung. Da ahnte ich zum ersten Mal, was „langsames Reisen" bedeutet. Bis zu diesem Zeitpunkt hatte ich immer nur davon geredet. Langsames Reisen – klingt doch nach was, oder? Deine Gesprächspartner halten dich für einen Philosophen, wenn du ihnen mit so was kommst. Aber jetzt lernte ich das langsame Reisen am eigenen Körper kennen. Ich könnte jetzt euphorisch ausrufen: Hach, wie herrlich intensiv du dabei jeden einzelnen Meter erlebst! Ich könnte aber auch sagen: Wie entsetzlich weh dir am Abend der Arsch tut. Und erst recht am Tag darauf, wenn du wieder in den Sattel steigst!

Wahr ist: Du musst allerhand Entbehrungen auf dich nehmen und schaun, dass du genügend zu Essen und zu Trinken dabei hast, wenn du nicht in Gaststätten ein Vermögen lassen willst. Außerdem musst du in anderen Ländern, wo sie kein Deutsch reden, die Kunst erlernen, auf die Menschen zu achten, wie sie gestikulieren, wie sie schaun – und was sie dir letztlich mitteilen wollen. Beherrschst du diese Kunst nicht, bleibst du buchstäblich auf der Strecke.

Alles das bekam ich auf diesen beiden Reisen mit. Und zwar so, dass ich von da an nie wieder Lust verspürt habe, etwa mit einer geführten Gruppe unterwegs zu sein, wo du nur hinter andern her trottest und dich ansonsten um nix kümmerst. Wenn du dagegen auf eigene Faust reist, warten immer Überraschungen auf dich, und zwar nicht immer nur schöne. Meistens aber schon, komischerweise. Genau das war es, was mir an diesen Hochradtouren so außerordentlich gut gefallen hat. Und was mich an diesem langsamen Reisen bis auf den heutigen Tag reizt. Ich glaube, ich wusste jetzt, was es wirklich bedeutete. Was es für mich bedeutete.

Natürlich imponierte mir dabei auch immer, wenn die Leute zusammenliefen und glotzten, sobald wir mit unseren Hochrädern Einzug hielten. Manchmal wurde mir das Spektakel fast zu viel, aber da kannst du nichts dagegen machen. Klar, du kannst daheim bleiben. Oder dich mit dem Auto auf den Weg machen. Aber dann kommst du auch nie in die Situation, dass dich ein wildfremder Mensch zum Essen einlädt, nur weil er Spaß dran hat, einen wie dich, der sich auf einem Hochrad abschindet, kennen zu lernen. Oder dass du unverhofft Ehrengast auf einer Hochzeitsgesellschaft bist. Auch das passierte uns oft. Oder dass dir der Bürgermeister einer Stadt einen Empfang bereitet. Alles vorgekommen bei uns! Auf dem Hochradl, sag ich dir, bist du der King!

Jede der Touren ging über zwölf Tage. Damit wir uns leichter taten, hatten wir ein Begleitauto fürs Gepäck dabei. Wir waren schließlich nicht mehr die Jüngsten! Schon weil wir nicht in Hotels oder Pensionen übernachteten, sondern in Turnhallen, Schwimmbädern und ähnlichen schönen Einrichtungen, waren wir auf das Begleitauto angewiesen. Bei unserer ersten Fahrt von Stuttgart nach Budapest schliefen wir zum Beispiel in Augsburg auf den Massagebänken des dortigen Radstadions. Und anderswo in einem Kuhstall.

Organisiert hatte das alles der Ludmann Fritz aus Gerlingen bei Stuttgart. Er war eigentlich der Leader unserer vierköpfigen Hochradfahrertruppe.

Der Ludmann Fritz sorgte auch dafür, dass wir nicht mit leeren Händen dastanden, als uns in Wien der damalige Oberbürgermeister Bruno Zilk, der mit der kaputten linken Hand, zu einem Empfang ins Rathaus einlud. Der Mann war ziemlich beeindruckt, als wir ihm bei dieser Gelegenheit eine Empfehlung von seinem Stuttgarter Amtskollegen Manfred Rommel nebst einer Videokassette überreichten. So beeindruckt war er, dass er uns seinerseits eine Empfehlung für die ungarische Außenministerin mitgab. Sie sollte uns später in Budapest noch gute Dienste leisten.

Die Empfehlung oder die Außenministerin?

Beides, du Wortklauber! Manchmal, leider nicht immer, wurden wir in einem Ort mit Blasmusik empfangen. Das tat uns natürlich besonders gut. Recht viel bombastischer, meine ich, können auch die guten alten fahrenden Filmvorführer nicht empfangen worden sein.

Meine Kumpels, mit denen ich diese Touren machte, kamen aus verschiedenen Teilen Deutschlands. Heute organisiert man solche Kontakte wahrscheinlich übers Internet. Damals lief man sich noch auf einschlägigen Veranstaltungen über den Weg. Dem erwähnten Ludmann Fritz begegnete ich zum Beispiel auf dem Radfahrertreffen Deutschlands auf dem Münchner Olympiagelände. Er sollte für beide Unternehmungen die treibende Kraft werden. So eine Tour, bei der du zwölf Tage lang jeweils hundert Kilometer runterradelst, sollte schon gut vorbereitet sein, so eine Strecke ist auf dem Hochrad kein Pappenstiel. Vor allem nicht in den ersten Tagen. Da zahlt es sich aus, wenn du fit bist. Und wenn du morgens vor dem Start jenen Körperteil, der bei alldem am allermeisten strapaziert wird, pfleglich mit Creme behandelst.

Je länger die Fahrt dauert, desto besser wird deine Kondition. Den Hintern aber wirst du immer spüren, und zwar von Tag zu Tag mehr. Das Besondere beim Hochradfahren ist nämlich, dass du keinen Freilauf hast. Du bist also unentwegt am Strampeln. Du kannst zwar mal von den Pedalen runter und kurz die Beine hängen lassen. Aber eigentlich bist du immer nur am Treten. Bei einem Hochrad ist das Fahren an sich übrigens die leichteste Übung. Schwieriger ist das Aufsteigen (macht man von hinten) und noch schwieriger das Absteigen (macht man nach hinten).

Als Bayer war es für mich Ehrensache, beide Touren in unserer hübschen Landestracht, sprich: in der Krachledernen, herunterzuspulen. Ich hab's nicht nur überlebt, sondern bin, wenn mich nicht alles täuscht, damit besser über die Runden gekommen als meine Kameraden in ihren Radlerklamotten, die ich im Kopf nicht aushalte.

So viel zur Frage, was man mit einem Hochrad alles machen kann.

5. Kapitel

Dixi, mon amour

Es tut mir aufrichtig Leid. Aber wenn ich jetzt nach diesen ganzen Hochradgeschichten aus der Mitte der neunziger Jahre zu meiner ersten Begegnung mit einem BMW Dixi überleite, geht es nicht anders: Ich muss noch mal tief in die Vergangenheit zurück. Genauer gesagt ins Jahr 1961. Da war ich zwar schon zwanzig, konnte mich aber immer noch mit Leidenschaft in die Zeitschrift mit den fahrenden Filmvorführern vertiefen und mit ihren wunderbaren Automobilen herumspinnen. So war ich halt: ein erwachsenes Kind. Ehrlich gesagt, kam ich mir damals schon ein bisschen blöd vor. Und was die andern über mich dachten, kann ich nur vermuten. Was sollten die schon halten von einem, der mit zwanzig noch solche Flausen im Kopf hatte?

Heute aber bin ich froh, ein so unverbesserlicher Träumer gewesen zu sein. Denn ich habe längst begriffen: Um all das, was mir in meinem Leben an Verrücktheiten in den Sinn gekommen ist, verwirklichen zu können, musste ich so sein, wie ich war. Wäre ich so gewesen wie die meisten andern um mich herum – wäre ich sicher nicht auf die Idee gekommen, mit meinem Sohn in einem alten Dixi den Erdball zu umrunden ...

... und wir würden jetzt auch nicht in diesem Wohnzimmer sitzen und an einem Buch herumtun. Wie ist es denn eigentlich für dich, wenn du für das Buch so tief in deine Vergangenheit und letztlich auch in dich selber eintauchen musst? Ist das nicht manchmal peinlich?

Nicht peinlich, eher komisch. Das kommt vielleicht daher, dass ich mich mit diesen Dingen noch nie auseinander gesetzt habe. Es gab einfach keinen Grund dafür. Jetzt aber sitzt du hier neben mir, lässt dein Tonbandgerät laufen und willst alles haarklein von mir wissen. Also nicht nur, was da im Einzelnen auf dieser Fahrt mit dem Dixi abgelaufen und geschehen ist, sondern auch, wie es dazu gekommen ist und was dahinter steckt. Ich verstehe dich ja, in einem Buch gehört das wahrscheinlich mit dazu.

Das Buch entwickelt sich auch zu einer Reise in dich selbst.

Na, servus. Klingt fast wie eine Drohung. Im Ernst: Solche Sachen hat mich zuvor kein Mensch gefragt.

Und du dich selber?

Auch nicht. Nie. Vielleicht wollte ich das alles auch gar nicht wissen. Aber ich finde es interessant, darüber nachzudenken und zu sprechen – und vor allen Dingen nach ein paar Tagen zu sehen, was du aus dem, was ich von mir gegeben habe, gemacht hast. Ich bekomm fast feuchte Hände, wenn ich diese Texte lese, ehrlich! Ist richtig spannend für mich. Kann durchaus sein, dass ich mich dabei wenigstens im Nachhinein ein bisschen besser kennen lerne.

Die größte Überraschung war übrigens für mich, dass wir die Geschichte von unserer Reise mit dem Dixi in dem Buch nicht etwa mit dem Tag der Abfahrt beginnen lassen und auch nicht mit den Vorbereitungen für diese Fahrt. Das Buch beginnt bei Adam und Eva, bei meinen Kindheitsträumen mit den fahrenden Filmvorführern.

Warst nicht du derjenige, der mit seinem Ururgroßvater angefangen hat?

Ach so, stimmt. Der Urur hat halt was mit meinen Hochrädern zu tun ...

... genauso wie die fahrenden Filmvorführer mit deinem Fernweh zu tun haben und – entschuldige vielmals! – mit deinem ausgeprägten Bedürfnis nach Aufmerksamkeit.

Hat das nicht jeder? Gut, vielleicht ist das bei mir besonders ausgeprägt. Hat sicher was mit einem Kindheitstrauma zu tun. Was aber nicht heißen soll, dass du auch da gleich wieder nachbohrst; ein paar Geheimnisse will ich mir bewahren. Was aber jetzt speziell die Geschichte mit den Filmvorführern betrifft: die hätte ich wahrscheinlich sonst keinem Menschen mehr erzählt. Auch weil ich mir darin ziemlich kindisch und blöd vorkomme. Wenn ich das aber hier schwarz auf weiß lese, finde ich es gar nicht so unpassend. Es hat alles so sein müssen.

Nein, es ist schon okay, wenn du versuchst, zu meinen Wurzeln vorzustoßen. Vielleicht erklärt sich dadurch manches, was in meinem späteren Leben abgelaufen ist. Insbesondere natürlich diese Unternehmung, um die es in dem Buch hier gehen soll.

Kommen wir also zu der Geschichte, wie ich zum ersten Mal einen Dixi kennen und lieben gelernt habe.

Im Jahr 1961, ich war gerade zwanzig, fuhr ich mit ein paar gleichaltrigen Spezln wieder einmal mit dem Auto über Land. Das taten wir immer wieder, weil es da, wo ich her komme und wo ich wohne, so außerordentlich schön ist. Der Pfaffenwinkel, so wird diese Gegend genannt. Bestimmt einer der schönsten Flecken auf der ganzen Welt. Eine Bilderbuchlandschaft! Diesmal sollte die Fahrt nach Oberammergau gehen, auch dieser Ort wird wegen seiner Schönheit gerühmt.

Auf dem Weg dorthin fuhr ich über Saulgrub. Mitten im Ort sehe ich vor einer kleinen Werkstatt einen Oldtimer stehen. Sein Anblick traf mich so unvorbereitet, dass ich ohne Ansage eine Vollbremsung hinlegte und auf der Stelle stehen blieb.

Meine Kumpels waren zu Tode erschrocken. Und schrien und fluchten im Chor: Spinnst' denn jetzt ganz? Himmelherrgottsakra!

Kaum hatten sie sich wieder beruhigt, merkten sie, dass das Objekt meiner Begierde ein altes Auto war. Jetzt ging das Gefeixe erst richtig los: Ach, wegen dieser Schrottlaube hältst du an? Was willst denn mit dem alten Glump? Schau lieber zu, dass wir weiterkommen, ist eh spät genug!

So ungefähr war die Tonlage. Ich stieg trotzdem aus, als Einziger, ging zu dem Auto hin und war völlig von den Socken. Was da vor mir stand, hatte ich bisher nur auf Fotos gesehen, ein leibhaftiger BMW Dixi. Noch viel schöner als auf den Fotos. Ein kleines und richtig schnuckeliges Autole. Zum Niederknien. Zum Reinsetzen. Zum Losfahren. Nur vielleicht nicht gerade im Augenblick. Denn der

Dixi hatte nicht nur rundum platte Reifen, sondern sah insgesamt etwas mitgenommen aus. Beinahe Mitleid erregend. Als ob es krank war. So kam es mir vor.

Doch ehe ich darüber auch nur einen Gedanken verschwenden konnte, fingen die Typen hinter mir wieder zu krakeelen und zu maulen an. Ein einziger Jammer war das heut mit denen.

Ich gab mich geschlagen, es hatte einfach keinen Sinn mit diesen Spielverderbern. Also: Ich wieder rein ins Auto, die Tür zugeknallt und weitergefahren.

Ich gab mich aber nur vorübergehend geschlagen. Denn später, auf dem Heimweg, konnte ich es nicht lassen und fuhr die Strecke erneut über Saulgrub. Genauso gut hätte ich auch über Altenau fahren können. Oder über Oberau. Ich wollte aber partout die Strecke über Saulgrub fahren, weil ich mir eingebildet hatte, den Dixi noch mal anzuschauen. Nur fünf Minuten lang. Das war auch weiter kein Problem. Wir hatten in Oberammergau nämlich gut gegessen und getrunken und miteinander Spaß gehabt. Über den Dixi hatte keiner mehr ein Wort verloren, das Thema war für die andern bereits abgehakt. Meine Freunde waren, als wir wieder nach Saulgrub reinkamen, sagen wir mal, ruhig gestellt.

Der erneute Anblick dieses Automobils traf mich mit der Wucht einer Offenbarung. Ich kannte zwar weder den Besitzer, noch wusste ich, ob er das Auto überhaupt verkaufen wollte. Aber was ich da auf dem Platz vor der Werkstatt stehen sah, war nicht nur einer von den vielen Oldtimern, wie ich sie schon zu hunderten gesehen hatte. Und es war auch nicht einfach nur ein BMW Dixi, wie ich ihn schon immer auf Fotos bewundert hatte.

Was da stand, war mein Auto.

6. Kapitel

Der Sommer Sigi braucht einen Vergaser

Wenn du in München vom Marienplatz aus Richtung Sendlingertor gehst und es noch zwanzig Schritte bis zur Einmündung der Rosenstraße in die Sendlinger Straße sind, taucht auf einmal vor dir ein hochgewachsener Mann auf.
    Erst meinst du, er spaziert vor dir her. Doch plötzlich merkst du: Der kommt ja überhaupt nicht vom Fleck. Und ehe du ins Grübeln kommst, was denn das schon wieder bedeuten soll, überholst du ihn und siehst: Dieser Mann ist aus Bronze und kein anderer als der Sommer Sigi. Der Sigi Sommer auf dem Weg zu seinem Arbeitsplatz, der „Abendzeitung", wo er als „Blasius der Spaziergänger" schon zu Lebzeiten zur Legende und zum beliebtesten Journalisten Münchens wurde. Auch mit Büchern machte er Furore. Seine bekanntesten Titel sind „Und keiner weint mir nach" und „Meine 99 Bräute". Ein Supertyp war er, dieser Sommer Sigi ...
    Entschuldige, Herbert Nocker. Aber sollten wir jetzt nicht lieber mal eine kleine Pause einlegen?
    Können wir. Ich frage mich nur, ob das ausgerechnet mitten im Satz sein muss. Sonst machen wir immer nur Pause, wenn ein Kapitel fertig ist. Aber bitte.
    Ehrlich gesagt, kommt es mir vor, als wärst du versehentlich in eine andere Geschichte geraten. Oder in dein nächstes Buch. Oder was weiß ich.
    Weder das eine noch das andere. Ich bin nur ein wenig vorgeprescht. Aber wenn du meinst, bleib ich halt noch ein Weilchen beim Dixi. Der Rest der Geschichte ist nämlich schnell erzählt.
    Es war wie mit der Liebe auf den ersten Blick: Du spürst, es ist diese Frau und keine andere. Und mir ging es mit dem Dixi so.
    Ich machte den Besitzer ausfindig, kaufte ihm das gute Stück ab und richtete es in meiner Werkstatt her. Man kann auch sagen: Ich restaurierte das Auto von Grund auf. Ende.
    Das war mein erster Dixi. Und das lustigste Auto, das ich je besessen habe. Genau das Auto, das ich mir immer herbeigesehnt hatte. Ein schnuckeliges kleines Ding, nach dem sich die Leute umdrehen. Was wollte ich mehr?
    Weißt du, ein Autonarr war ich schon immer. Während meine Freunde es damals vor vierzig Jahren vorzogen, sich für viel Geld einen neuen VW Käfer, einen neuen Ford oder einen neuen Opel anzuschaffen, schaute ich lieber, wo ich einen alten klapprigen Mercedes-PKW aus den 50ern herkriege; möglichst einen zum Nulltarif. Und den richtete ich mir dann her. Fahrzeuge zu restaurieren war immer schon mein Hobby, ach was: meine Leidenschaft.
    Wenn du mit so einem Klapperkasten auf einen grünen Zweig kommen

willst, musst du verdammt präzise arbeiten können. Mir liegt das. Richtig gelernt hab ich es erst, als ich es nach meiner Maschinenschlosserlehre mit Werkzeugmaschinen zu tun bekam.

Erst als ich nach 20 Jahren mit der Restaurierung fertig war, wagte ich mich mit dem Auto auf ein Oldtimertreffen. Und was soll ich sagen? Bei denjenigen, die was von alten Autos verstanden, kam der Dixi bestens an. Das freute mich ungemein und entlohnte mich ein bisschen für die Mühen, die ich in dieses Fahrzeug investiert hatte. Natürlich gab es auch welche, die die Nase rümpften, Neidhammel und Ignoranten. Die gab es damals und die wird es immer geben. Du musst halt wissen, wie du mit denen umgehst. Manchmal habe ich damit heute noch Probleme. Aber in Wirklichkeit sind sie mir Wurscht.

Kommt da eigentlich noch was zum Thema Sigi Sommer?

Gern, wenn es dir jetzt besser passt. Eines schönen Tages, ich bin gerade mit dem Frühstücken fertig, läutet es bei uns. Ich geh runter und schau nach. Steht ein dunkelhäutiger Mann an der Tür.

Ob ich der Herr Nocker bin, will er wissen. Und als ich bejahe, sprudelt er in astreinem Deutsch los: dass ich ihm von jemandem empfohlen worden bin und ich doch derjenige sei, der einen BMW Dixi nicht nur besitzt, sondern den auch selber restauriert hat. Außerdem hätte ich sämtliche Dixi-Einzelteile auf Lager. Und deretwegen sei er da.

Da musste ich ihn ein bisschen einbremsen: „Wär schön, wenn ich sämtliche Dixi-Einzelteile hätte. Was für eines hätten Sie denn gebraucht?"

Einen Vergaser würde er brauchen. „Aber nicht für mich selber", stellte er klar. „Mich schickt jemand, der auch einen BMW Dixi hat. Wahrscheinlich kennen Sie seinen Namen. Es ist der Sigi Sommer."

„Haben Sie Sigi Sommer gesagt?" fragte ich, weil ich dachte, mich verhört zu haben.

„Ja, der Sigi Sommer", wiederholte er. „Sie wissen doch, wer das ist?"

Und ob ich das wusste. Ihm, dem Sommer Sigi, sollte ich einen Vergaser verkaufen? Nichts lieber als das, dachte ich. Und: Aha, auch der Sommer Sigi fährt Dixi. Schon kam ich mir noch ein Stück wichtiger vor.

Tatsächlich standen in der Werkstatt jede Menge Originalersatzteile für den Dixi. Angefangen bei Kurbelwellen, Pleuelstangen, Ventilen und Kolben bis hin zu Scheibenwischern, Lampen, Reifen, Rädern. Praktisch alles. Sogar Karosserieteile. Nur eines nicht: ein Vergaser.

Wenn ein Tag so gut beginnt, dachte ich, muss man auch alles tun, dass er so weitergeht. Im konkreten Fall bedeutete das: Wenn der Sigi Sommer einen Vergaser braucht, dann kriegt er einen. Und wenn es der aus meinem Auto ist. Ich werd schon wieder irgendwo einen auftreiben.

Bin in die Werkstatt runter, baute den Vergaser aus und wickelte ihn in Packpapier. Dann half ich dem Mann, das Paket im Kofferraum seines Autos zu verstauen. Natürlich nahm ich dafür keine Mark. Wär ja noch das Allerschönste!

Wenn ich aber geglaubt hatte, mir nichts, dir nichts gleich wieder einen Vergaser für mein Auto aufzutreiben, lag ich ganz schön daneben. Ich kam damals noch viel herum und lief unentwegt irgendwelchen Dixi-Haltern und Restauratoren über den Weg. Trotzdem blieb meine Suche lange Zeit erfolglos. Mein Dixi stand jedenfalls eine ganze Weile still. Für den Sommer Sigi aber nahm ich das in Kauf.

Endlich, auf einem Oldtimer-Treffen auf der Münchner Oktoberfestwiese, ergatterte ich dann einen passenden Vergaser. Für 30 Mark.

Dieses Kapitel hat mit dem Sigi Sommer begonnen, also sollte es auch mit Sigi Sommer enden. Was hältst du davon, wenn wir unseren Lesern eine kleine Kostprobe von ihm geben? Es können ja leider nicht alle mit seinem Namen etwas anfangen.

Prima Idee! Das wird unsere Leser sicher freuen. Endlich mal was Gscheites.

Die folgenden drei Sätze sind aus der Kolumne, die er Woche für Woche für die „Abendzeitung" schrieb. Unter der Überschrift „Eitelkeit auf langen Beinen" macht er sich über die damalige Damenmode lustig:

„Das beginnt schon bei der Futteralmode, bei der die Hülsen alle so eng waren, als hätte man die Schönheiten im warmen Zustand mit der Wurstspritze hineingefüllt. Sicherlich hätten es in diesem Zeitalter die Freier nicht leicht gehabt, der Auserwählten auf die geliebte Pelle zu rücken. Es sei denn, ganz stürmische Liebhaber haben sie gleich mitsamt der Haut verspeist."

Toll. Hast noch was auf Lager?

Klar.

Oder findest du das übertrieben, was wir hier machen?

Schmarrn! Diesmal ist Sommer im Nachtlokal „Chez Madelon", in dem es, wie er schreibt, „immer ein bisschen wie aus einer Fischkonservenbüchse mit der Aufschrift ‚Nur begrenzt haltbar' riecht" (aus seinem Buch „Meine 99 Stories"):

„Dann tritt in der dezenten Nachtbar ein französisches Pärchen auf. Sie ist von süßer, unheilbarer Verruchtheit, und ihre schmalen Augen gleichen den Sehschlitzen im Helm der unglücklichen Jeanne d'Arc. Der Partner wiederum sieht ein bisschen wie ein fröhlicher Wandervogel aus, den die Wirtin von der Lahn für immer verdorben hat. Ein kleiner, roter Bart ziert seinen mündungsrunden Mund. Und das schaut aus, als hätte er während seiner Dienstpflicht dauernd die rostigen Kanonenrohre der französischen Armee durchblasen müssen. Der Gesang der beiden ist scharf wie der würzige Moutarde aus Dijon."

Ein schönes Ende für dieses Kapitel, finde ich. Nur der Sommer Sigi hätte es noch besser hingekriegt.

Sehr witzig.

Machen wir jetzt die kleine Pause?

7. Kapitel

Von den wirklich wichtigen Dingen des Lebens

Von 1965 bis 1975 lebten meine Frau Resi und ich in Berlin. Um genau zu sein: In diesen Jahren wurde die Resi meine Frau. Jedenfalls stand während dieser Zeit der Dixi, den ich in Saulgrub gekauft hatte, mehr schlecht als recht in Rottenbuch herum. Stand einfach nur, nix weiter, zehn Jahre lang. Natürlich fuhren wir immer wieder in unsere Heimat, der Berliner Senat bezuschusste damals unsere Heimfahrten. Aber um den Dixi konnte ich mich so gut wie gar nicht kümmern.

Vielleicht zwei Jahre vor dem Ende der Berliner Zeit brachte ich das Auto einem Sattler, sagte ihm aber, dass er sich ruhig Zeit lassen sollte, weil ich eh nicht da war. So kam es, dass der Dixi weiterhin nur stand und stand, zur Abwechslung bei einem Sattler. Immerhin hatte er eine trockene Unterstellung für den Dixi.

Als meine Frau und ich dann zurückkehrten, bauten wir erst mal unser Haus. Ein Haus mit einer Riesengarage, die war mir wichtiger als alles andere. Ihretwegen hätte ich sogar auf das Wohnzimmer verzichtet. Aber das ist natürlich nur ein Scherz. Denn im Zweifelsfall hätte sich da die Resi eingemischt. Die mischt sich überhaupt in alles ein. Das ist aber auch gut so, sonst würde ich mit meinen Spinnereien wahrscheinlich völlig aus dem Ruder laufen. Aber das ist eine andere Geschichte.

Aber eine interessante.

Du hältst dich heute bitte mal zurück. Sonst kommen wir nicht vom Fleck. Wir wollen allmählich mit der Weltumrundung beginnen und nicht ewig nur in der Vergangenheit herumwühlen.

Im neuen Haus konnte ich das Auto in die Garage stellen und es richtig schön von der Pieke aufbauen. Das Wort Pieke habe ich in Berlin gelernt. Die Werkzeugmaschinen, die man dafür braucht, hatte ich mir nach und nach in den Jahren zuvor beschafft, vor allen Dingen eine Fräsmaschine und einen Schweißapparat.

Als das Auto endlich fertig war und ich mit ihm zum ersten Mal auf freier Wildbahn herumkurvte, begegnete mir ein Typ, der von dem Dixi so begeistert war, dass er ihn auf der Stelle kaufen wollte. Meinen Dixi! Ich dachte, der Mann spinnt. Wie kann der meinen Dixi begehren wollen, wo ich ihn doch all die Jahre mit so viel Liebe, aber auch natürlich mit so viel Arbeit Teil für Teil selber zusammengebaut hatte? Genauso gut hätte er auch fragen können, ob er die Resi haben kann. Ja, niemals im Leben! Weder die Resi noch den Dixi würde ich hergeben!

Genug Geschwätz. Der Mann, ein Unternehmer aus der Nähe von München, war ziemlich hartnäckig. Aber nicht unsympathisch. Schon praktisch von Geburt an sei er hinter einem Dixi her. Jetzt endlich habe er einen gefunden. Meinen.

Der schönste Dixi, den er je gesehen habe. Und den müsse er ganz einfach haben, koste es, was es wolle.

Da stutzte ich kurz. Ich blieb aber standhaft und sagte: Nein, den gebe ich eigentlich nicht her. Schon fingen seine Augen an zu leuchten; das Wort eigentlich war wohl eins zuviel. Jedenfalls geriet er so aus dem Häuschen, dass ich ihm die bei solchen Angelegenheiten unumgängliche Frage stellen musste, was er denn für die Kiste überhaupt bezahlen wollte.

Er druckste nicht lang herum und nannte mir eine Summe. Weil ich nicht nachträglich noch Ärger mit dem Finanzamt bekommen will, werde ich den Teufel tun und hier verlautbaren, wie hoch sein Angebot war. Ich beschränke mich auf diese Aussage: Als er mir seinen Preis nannte, wurden mir auf einmal die Knie so weich, dass ich mich unbedingt setzen musste. Ich setzte mich in meinen Dixi. Nach drei Minuten hatte ich meinen Schwächeanfall halbwegs überwunden. Ich nahm meine verbliebene Kraft zusammen und hauchte mit brechenden Augen: „Dann kannst ihn haben."

Schwamm drüber, Geschäft ist Geschäft.

Der Haken war der, dass ich von nun an keinen Dixi mehr hatte. Er war einfach fort. Noch am gleichen Tag. Das war dem Mann besonders wichtig. Er wollte um jeden Preis verhindern, dass ich noch eine Nacht darüber schlafe, am Tag danach auf den Knien zu ihm nach München gerutscht komme, mich vor ihm niederwerfe und um das Auto bettle. Er war halt ein knallharter Unternehmer und wusste, wie man mit Weicheiern umgeht.

70.000 Kilometer hatte das gute Stück zuletzt auf dem Tacho. Und war immer noch bestens drauf. Ein einziger Jammer nur, dass es weg war. Ich war untröstlich und weinte viele Nächte heimlich ins Kopfkissen.

So kam es, dass ich eine ganze Weile keinen Dixi hatte. Erst nach und nach deckte ich mich diximäßig wieder ein. Wenn ich unserer Geschichte ganz kurz vorgreifen darf: Derzeit stehen drei Dixis in meiner Wekstatt.

Irgendwie aber ging mir die Zahl 70.000 (in Worten: siebzigtausend) nicht mehr aus den Kopf, die Kilometerzahl von meinem Dixi, Gott hab ihn selig! 70.000 Kilometer!

Als ich so über diese Zahl nachdachte und immer wieder nachdachte, wollte es der Zufall, dass die Wohnzimmervitrine mit dem Globus drauf in mein Blickfeld rückte. Wie in Trance erhob ich mich und schnappte mir einen Wischlappen aus der Küche. Mit diesem ging ich zur Vitrine und fing an, den Globus von allen Seiten zu bearbeiten. Er hatte es dringend nötig. Nach getaner Arbeit nahm ich ihn. Ich drehte und wendete ihn. Ich glaube, ich streichelte ihn sogar. So ein schöner alter Globus!

Dort drüben steht er immer noch. Und gehört wahrscheinlich wieder abgestaubt.

Aus meiner Schulzeit weiß ich nicht mehr allzu viel, ich war leider kein besonders guter Schüler. Weil mich aber immer schon ferne Länder und Kontinente interessiert haben, brannte sich aus dem Erdkundeunterricht insbesondere eine Zahl für immer in mein Gedächtnis ein. Die Zahl 40.000 (in Worten: vierzigtausend). Wusste ich doch tatsächlich noch den Umfang der Erde, die Länge des Äquators!

Toll. Nur hast du nicht eben noch selbst gesagt, wir sollten allmählich mit der Geschichte in die Puschen kommen?

So hab ich das ganz bestimmt nicht gesagt. Aber von mir aus. Es findet halt gerade was ganz Entscheidendes statt. Es ist der Moment, in dem mir zum ersten Mal der Wahnsinnsgedanke kam: 70.000 Kilometer hier, 40.000 Kilometer dort – hoi, mit so einem Auto könnte man doch eigentlich die Welt umrunden! Dass man dabei natürlich nicht einfach am Äquator entlang fahren kann, war mir schon klar. Aber auch auf dem Landweg musste die Sache einigermaßen zu schaffen sein. Der Landweg um die Erde beträgt 45.000 (in Worten: fünfundvierzigtausen) Kilometer, habe ich einmal gelesen. Das meiste auf unserem Erdball ist ja doch alles nur Wasser.

Und auf einmal wusste ich: Ja, es geht, du kannst mit dem Dixi um die Welt fahren. Der hält das aus.

Das war im Jahr 2001. Im gleichen Jahr trat ich in vorzeitigen Ruhestand. Ich war sechzig und fühlte mich fit. Jetzt endlich würde ich genügend Zeit haben, um mich mit den wirklich wichtigen Dingen des Lebens zu befassen. So eine Weltreise vorzubereiten dauert nämlich schon ein bisschen länger. Im Berufsleben kannst du dir so was nicht leisten.

Je länger ich darüber nachdachte, desto klarer wurde mir aber auch, dass so eine Reise ganz alleine nicht zu machen ist.

Hast du dich darüber eigentlich auch mal mit der Resi unterhalten?

Nein. Überhaupt nicht. Die Resi kam erst mal überhaupt nicht ins Spiel. Aus Erfahrung wusste ich, wie sie reagierte, wenn ich mit dem Oldie auf Reisen ging. Muss denn das sein? sagte sie dann immer. Und ich: Nein, müssen muss ich nicht. Aber Spaß macht es mir. Und wenn ich sie bei einer Tour dabei haben wollte, sagte sie meistens: Mei, da kann man so schlecht sitzen drin.

Das schon. Aber du hast sie doch in deinen Weltumrundungsplan eingeweiht.

Eben nicht. Kein Wort sagte ich ihr. Weißt du, es war ja auch zunächst nur eine vage Idee, mehr nicht. Ich hatte nicht die geringste Ahnung, ob sie ausführbar ist. Ob ich überhaupt das Geld zusammen kriege, ob das und das und das und das. Tausend offene Fragen. Es war doch nichts konkret.

Irgendwann aber wurde es konkret. Ich hatte zweierlei kapiert: dass es alleine nicht geht und mit der Frau auch nicht. Also musste ein anderer her. Aber wer? Ich fragte in meinem Bekanntenkreis herum und jeder war begeistert. Fast jeder. Darunter auch einige Frauen. Aber das konnte ich vergessen; man ist ja verheiratet. Das Problem war: Wenn es ernst zu werden begann, sagten diejenigen ab, die soeben noch an dieser Reise interessiert waren: Einer nach dem andern. Der eine wurde krank, der andere war es schon. Und dem Dritten fehlte es am Geld.

Erst ganz zuletzt kam ich auf die Idee, meinen eigenen Sohn, den Philipp, zu fragen.

Wieso bist du da nicht früher drauf gekommen?
Der Philipp war fest angestellt, und ich wollte nicht, dass er wegen dieser Sache seinen Job aufgibt. Erst Anfang 2003 fragte ich ihn. Und wie aus der Pistole geschossen sagte er Ja. Das ging so plötzlich, dass ich ihn direkt einbremsen musste: Moment mal, Moment mal, die Fahrt geht über eine längere Zeit, vielleicht sogar über ein ganzes Jahr! Er ließ sich aber nicht mehr davon abbringen und war sicher, eine Lösung zu finden. Und tatsächlich schaffte er es, dass ihm seine Firma für ein Jahr frei gab. Aus formalen Gründen musste er allerdings das Arbeitsverhältnis kündigen. Mit der Garantie, in einem Jahr wieder anfangen zu können. Eine optimale Lösung. Und ein großzügiger Arbeitgeber.

In den Tagen darauf konnte ich dann erleben, wie der Philipp sich tatsächlich ernsthaft um die Sache zu kümmern begann, wie er sich über Landkarten beugte und Routen studierte. Er war beinahe Feuer und Flamme. Beinahe deshalb, weil der Philipp ein ganz ein Ruhiger ist. Feuer und Flamme – das passt nicht zu ihm. Jedenfalls konnte ich erkennen, dass er mein Angebot ernst nahm. Natürlich hatte ich auch den Hintergedanken, den Philipp auf diese Weise ein bisschen an die Oldtimerei heranzuführen. Dass er vielleicht sogar Lust bekommt, eines Tages den Laden zu übernehmen. Das war aber dann doch nicht so. Oldtimer interessieren ihn zwar schon, den Philipp. Aber nicht so wie mich. Gut, manchmal hat er dann bei einigen Sachen am Dixi mitgearbeitet, manchmal aber auch nicht. Ist auch egal. Auf alle Fälle hatte er Ja gesagt.

Weil er in seiner Firma kündigen musste, wollte er natürlich wissen, wann es denn nun genau losgeht. Ich konnte damals nur sagen: Das Auto macht noch viel Arbeit, aber bald ist es so weit. Wahrscheinlich können wir im September starten.

Von Insidern wusste ich: Wenn du um die Welt fahren willst, musst du immer mit dem Sommer gehen. Das ist die beste Reisezeit. Ich legte mir dann eine entsprechende Karte an, auf der ich sehen konnte, zu welcher Zeit wir in welchem Land sein müssen, um immer im Sommer zu sein. Und nicht vielleicht in Asien in einen Monsum hineinkommen. Diese Informationen bekam ich von einem Vielreisenden in Rosenheim, den ich in dieser Zeit ein paarmal besuchte; sie waren Gold wert.

Als der Philipp erfuhr, dass er von seiner Firma aus ein Jahr aussetzen kann, waren wir eines Tages hier am Tisch versammelt, die Mutter, der Papa, er. Und da weihten Philipp und ich die Resi zum ersten Mal in unsere Pläne ein. Und die fand das alles toll! Wir waren total überrascht.

Wann genau war das?
Ich glaube, im April. Im April 2003.

Herbert Nocker (hört in der Küche die Resi mit Geschirr klappern): Du, Resi, wir reden grad davon, dass du die Geschichte mit unserer Reise erst ziemlich zum Schluss erfahren hast, im April 2003, und dass wir ... du weißt schon!

Resi Nocker (aus der Küche): Von wegen 2003! Das habt ihr mir schon zwei Jahre vorher gesagt. Ich weiß das deshalb ganz genau, weil ich da gerade von einer Kur zurückgekommen bin. Und da habt ihr mir das gesagt. Dann musstet ihr aber die ganze Fahrt um zwei Jahre verschieben, weil der Philipp zum Militär musste. So war das.

Okay, okay. Dann war das doch schon im Jahr 2001, Entschuldigung. Wie schnell man das alles vergisst! Ich stelle also richtig: Schon am Anfang meiner Planung fragte ich alle möglichen Leute, ob sie mitmachen. Und weil sie alle der Reihe nach absagten, kam ich zu guter Letzt auf den Philipp. Und der sagte, er macht mit. Dann kam die Resi von der Kur zurück. Genau. Ich sehe noch den Philipp, wie er hier am Tisch steht. Und die Resi sitzt da (Herbert N. deutet auf einen Stuhl, Resis Stammplatz). Ich frag den Philipp: Hast jetzt mit der Mutter schon geredet oder nicht?

Da rückte der Philipp endlich mit der Geschichte raus und sagte zu seiner Mutter: Du, wir möchten das gerne machen, wie schaut's aus? Dann sagtest du, du findest es toll. Und dass du richtig stolz auf uns bist, wenn wir das hinkriegen. Das war 2001.

Resi (mittlerweile im Wohnzimmer): Genau so war's. Wollt ihr jetzt schon was essen oder erst später, wenn ihr fertig seid?

PS: Bei Tisch (Rindsgulasch mit Schupfnudeln) gesteht die Resi, dass sie auf gar keinen Fall mitgefahren wäre. Sie habe die Reise aber von Anfang an begrüßt. Wobei sie heute, wenn man auf das Thema kommt, immer noch gern sagt: Mir hat man das zuallerletzt gesagt. Das sagt sie aber nur, um mir eins auszuwischen.

8. Kapitel

Ein Auto,
ein ungekrönter König und ein Karossier,
die Frances hieß

Ach, das Auto. Es war nicht nur ein Kapitel für sich. Oder nur unser fahrbarer Untersatz. Das Auto war Ausgangspunkt all unserer Überlegungen und Mittelpunkt des ganzen Weltumrundungsprojekts. Es war gewissermaßen dessen Geschäftsgrundlage. Ohne das Auto hätten wir es um keinen Deut anders machen können als alle die andern, die sich überall breit machen und die schönsten Flecken dieser wunderbaren Welt zu Touristenattraktionen degradieren. Das Auto war unser Reisemittel, unser Zuhause, unser Freund. Und unser Stolz.

Das Auto war einfach alles.

Reden wir also über das Auto. Der BMW Dixi, mit dem wir die Reise machen wollten, war, überspitzt gesagt, das Modell Nocker. Ich will damit nur sagen: Es gab im Jahr 1927 mal ein ähnliches Modell in sehr geringer Stückzahl, aber man findet davon auf der ganzen Welt kein einziges Exemplar mehr. Es existiert nicht mehr. Ich weiß das, weil, auf diesem Gebiet bin ich ungekrönter König. Und das nicht nur in Rottenbuch.

Wo sonst noch?

Darauf werde ich nur ganz ganz vorsichtig antworten. Man sagt mir nämlich nach, ich wäre einer, der gern immer nur über sich selbst und seine Taten redet. Da wird schon was dran sein, aber ich selbst merke es nicht. Das Thema klang ja auch oft genug in diesen Texten an. Böse Menschen halten mich möglicherweise sogar für einen Angeber. Und wahrscheinlich ist auch das nicht völlig aus der Luft gegriffen.

Respekt!

Es ist halt so, ich kann's nicht ändern, und will es auch gar nicht ändern. Ich steh dazu.

Respekt!

Mit dem aber, was ich jetzt erzähle, schneide ich kein Fitzelchen auf. Ehrenwort! Es ist nur die Antwort auf deine Frage. Ich kenne einen, der wie ich ein leidenschaftlicher Oldtimersammler ist. Er kaufte sich in jungen Jahren einen Dixi und machte praktisch sein ganzes Leben lang an dem herum. Es dauerte sage und schreibe fünfzig Jahre, bis er mit seiner Restaurierung fertig war. Und ein anderer, den ich kenne, brauchte dafür sieben Jahre. Für meinen Dixi brauchte ich auch ewig, alles in allem an die zwanzig Jahre. Aber das war mein erster Dixi. Heute erledige ich das in hundert Stunden.

Respekt!

Wenn du mir heute als Basis ein halbwegs intaktes Dixi-Fahrgestell hinstellst, mehr muss es eigentlich nicht sein, baue ich dir relativ zügig das ganze Fahrzeug.

Das hat weniger damit zu tun, dass ich vielleicht so fix arbeite. Sondern damit, dass ich nicht erst in der Weltgeschichte herumfahren muss, um die einzelnen Teile und Aggregate zusammenzusuchen. Ich horte sie nämlich alle in meiner Werkstatt. Bei mir genügt der Griff in die Schublade. Ich hab diese Teile im Laufe vieler Jahre in ganz Europa aufgesammelt – in Italien, Holland, Frankreich. Und vor allem in England. Weil dort die Firma Austin ihren Hauptsitz hat. Der BMW Dixi ist nämlich nichts anderes als ein Lizenzbau von Austin.

Aus dem Grund stöberte ich in England auch die meisten Dixi-Teile für meine Sammlung auf. Mit ihnen könnte ich, überspitzt gesagt, Dixis am Fließband herstellen. Jedenfalls ist es so, dass sich mein Name als Dixi-Kenner und Aufbauer in der Szene herumgesprochen haben muss, ich kann wohl sagen: europaweit. Anders ist nicht zu erklären, warum pausenlos Leute bei mir anrufen und mich nach Dixi-Teilen fragen – nach Scheibenwischern, Kotflügeln, Kühlermasken und allem, was das Herz begehrt. Das fängt in der Früh an und geht manchmal bis elf Uhr nachts. Ist manchmal fast ein bisschen lästig.

Dass wir zwei uns hier im Wohnzimmer einigermaßen entspannt unterhalten können, haben wir der guten Resi zu verdanken. Sie macht heute den Telefondienst. So ist das.

Das war mein Text zum ungekrönten König. Vergiss es. Kommen wir lieber zu meinem Dixi zurück.

Im Jahr 1975 oder in dem Dreh erstand ich irgendwo einen BMW Dixi Jahrgang 1928, oder besser gesagt: das Wrack davon, denn mehr war es nicht; ein fahrbares Untergestell mit Vorder- und Hinterachse und Fragmenten einer Karosserie, immerhin einer mit einem Original-Dixi-Eichenlattenaufbau. Auf den komme ich noch zu sprechen. Auch ein Motor war dabei. Er war aber in einem derart schlechten Zustand, dass ich einen zweiten besorgte. Aus den Teilen von beiden baute ich dann den Motor für unser Auto. Einen 750-Kubik-Vierzylinder mit 15 PS.

Mein Arsenal an Dixi-Teilen in meiner Werkstatt war damals überschaubar. Ich hatte diese Teile von überall her angeschleppt – eigentlich gegen jede Vernunft; einfach nur, um aus ihnen eines Tages was zu machen. Ich wusste nur noch nicht was. Jetzt aber kam dieses Wrack dazu, an dem alles zu wünschen übrig ließ, insbesondere die Karosserie. Es fehlten Kotflügel, Motorhaube, Seitenteile, Kühlermaske. Und der hintere Teil war nur ein Gerippe, die Rückwand fehlte.

Auf einmal wusste ich, warum ich so eifrig Dixi-Teile gesammelt hatte. Gleichzeitig merkte ich, dass ich noch eine ganze Reihe weiterer Teile brauchte, wenn ich dieses Wrack auf Vordermann bringen wollte. Vor allem aber brauchte ich für das Auto einen geschlossenen Aufbau. Diesen Teil der Karosserie, dachte ich, kann nur ein richtiger Karossier anfertigen. Nur der hat außer den Spezialeinrichtungen und einschlägigem Werkzeug auch das nötige Know-how.

Weil ich damals weder das eine, noch das andere hatte, sparte ich diesen Teil der Restaurierung notgedrungen erst mal aus. Das Dumme war nur, ich kannte

Ein Messingschild erinnert an den begnadeten Karossier John F. Heath, aus dem später die Karosseriebauerin Frances Heath wird

keinen Karosseriebauer, dem ich das zugetraut hätte. Und noch schlimmer war: Würde ich einen gekannt haben, hätte er mir noch lange nicht eine Karosserie anfertigen können, von der ich hinterher hätte behaupten können: Das ist eine Original-Dixi-Karosserie. Darauf lege ich aber Wert.

Dann kam das große Glück über mich.

Als ich in Dixi-Angelegenheiten wieder einmal in England unterwegs war und allen, die es wissen wollten, von meinem Dixi-Wrack und der fehlenden Karosserie erzählte, nannte man mir den Namen John F. Heath. John sei ein Austin Seven Specialist und nicht nur der weit und breit am meisten anerkannte *coach builder*, wie sie das in England nennen. Er sei überhaupt der Beste seiner Zunft und genieße in Fachkreisen einen geradezu legendären Ruf. Ein Karossier der Sonderklasse. Vielleicht ist er genau der, den ich schon seit langem suche, dachte ich.

Also nahm ich Kontakt zu diesem hochgepriesenen Mann auf und er lud mich ein, ihn zu besuchen. Er wohnte weit abgelegen in einem Ort namens Much Hadham in Hertfordshire, man könnte aber sagen: wo sich Fuchs und Has gute Nacht sagen. Um zu ihm zu gelangen, musste man sogar einen Fluss durchfahren. Hätte er mir diese Flussdurchquerung nicht schon am Telefon angekündigt, ich wäre auf der Stelle umgekehrt.

Ich war schon ein paar Minuten über der Zeit, als ich nach langem Suchen und Herumirren endlich am Ziel war. Er wartete schon in der Haustür. Ein Mann, dem äußeren Anschein nach vielleicht zehn Jahre älter als ich.

John und ich, wir verstanden uns auf Anhieb. Und das, obwohl wir uns nur auf Englisch unterhalten konnten, was gewiss nicht meine Stärke ist. Wir hatten uns unendlich viel zu sagen. John war kein Karosseriebauer; er war Künstler. Und wenn ich gerade eben noch behauptet habe, ein Karossier braucht für seine Arbeit Spezialeinrichtungen und so, dann traf das nicht für John zu. Er hatte genauso wenig von dem Zeug wie ich. Und trotzdem konnte er praktisch aus nichts die herrlichsten Karosserien zaubern – mit selbst angefertigten Schablonen und einfachsten Hilfsmitteln. Vor allem aber mit viel Gespür und Verstand. Ein echter Tausendsassa. Ein bewundernswerter Mann.

Und was das Höchste war: Als Austin Seven Specialist war John doch tatsächlich im Besitz von Austin-Originalbauplänen. Wie gesagt, der BMW Dixi ist ein Lizenzbau von Austin. Jetzt war ich also bei einem gelandet, der nicht nur sein Handwerk meisterlich beherrschte, sondern auch die Pläne in der Hand hatte, nach denen er den hinteren Teil meiner Karosserie anfertigen konnte. Mit dem Besuch bei John F. Heath war für mich also ein Riesenproblem vom Tisch. Ich erzählte ihm von meinem Schrottauto und der Karosserie, die ich bräuchte, sagte aber gleich dazu, dass er sich damit viel Zeit nehmen könne, mir jedenfalls würde es nicht pressieren.

Als ich ihn wieder einmal besuchte – ich tat es über die Jahre ungezählte Male, weil ich gerne bei ihm war und viel von ihm lernen konnte –, kam er mir auf merkwürdige Weise verändert vor. Er trug längeres Haar, wirkte ein wenig fahrig und unkonzentriert. Und als ich beim gemeinsamen Studium der Baupläne zufällig auf seine Hände schaute, bemerkte ich, dass seine Fingernägel lackiert waren. Vielleicht hat man das jetzt so, dachte ich und machte mir keine weiteren Gedanken dazu.

Als ich ihn das nächste Mal besuchen wollte und bei ihm anrief, kam er mir schon am Telefon ziemlich komisch vor. In der nächsten Zeit, sagte er kurz angebunden, könne man ihn nicht besuchen. Er wäre für ein paar Wochen in Thailand. Und tschüss! Dann eben nicht, dachte ich etwas verwundert.

Aus ein paar Wochen wurden Monate. Und ehe aus Monaten Jahre wurden, meldete ich mich wieder bei ihm. Ich wollte nämlich den Kontakt zu ihm auf keinen Fall abreißen lassen. Er war am Telefon wieder ganz der Alte und freute sich erkennbar über meinen Anruf. Wir vereinbarten einen neuen Termin. Ich setzte mich ins Auto und fuhr nach Much Hadham. Pünktlich zur verabredeten Zeit traf ich bei ihm ein. Und wie bei unserer allerersten Begegnung erwartete er mich an seiner Haustür. Doch noch bevor wir uns näher kamen und begrüßten, fiel mir auf, dass er Damen-Sandaletten trug und leichtes Rouge seine voller gewordenen Lippen zierte. Auch glaubte ich, auf seiner Brust zwei sanfte Wölbungen zu erkennen.

Vor mir stand eine Frau. Aus John F. Heath war Frances Heath geworden. Eigenartigerweise haben wir zwei über diese wundersame Verwandlung weder jemals ein Wort verloren, noch hat sich unser Verhältnis auch nur um einen Deut verändert. Für meine Frau Resi, die ihn auch kannte und schätzte, und mich war John oder Frances, ob Mann oder Frau, einfach nur ein Mensch, ein besonders liebenswerter noch dazu.

Nachdem ich Frances im Laufe des Jahres 1989 dann endlich grünes Licht gab, machte sie sich an den Bau meiner Dixi-Karosserie. Nach nur einer Woche war die Karosse fix und fertig.

Neun Jahre später starb Frances Heath. Sie wurde nur 67 Jahre alt. Ich vermisse sie noch heute.

Es gibt noch viel zu tun: Mit der von Frances Heath gefertigten Karosserie nimmt in Herbert Nockers Werkstatt der Dixi allmählich Gestalt an...

... und steht schließlich vor seiner Vollendung. Kurz vor Reisebeginn wird Nocker die filigranen Speichenräder noch durch robustere Scheibenräder ersetzen

Als ich Monate nach ihrem Tod wieder mal in England war, versuchte ich, weitere von ihr geschaffene Karossen zu erwerben. Denn so gute, wie Frances sie machen konnte, gibt es sonst nicht mehr. Heute werden ihre Arbeiten genauso hoch gehandelt wie die von holländischen Meistern, die als die Besten gelten und schlicht unerschwinglich sind. Auch Frances-Heath-Karossen sind mittlerweile unbezahlbar. Gott sei Dank besitze ich drei ihrer Meisterwerke.

Eine schöne Geschichte. Aber war da nicht noch was mit irgendwelchen Eichenlatten?

Ach so, der Eichenlattenaufbau, genau. Der ist deshalb interessant, weil man anhand der Eichensprossen beziehungsweise dem, was von ihnen noch erhalten war, erkennen konnte, dass dieser Dixi in seinem ersten Leben eine Art Kombi oder Lieferwagen gewesen sein muss. Kein PKW also, sondern ein Auto mit einem geschlossenen Aufbau. Das ist deshalb interessant, weil ich herging und ihn für unsere Reise so ausstaffierte, dass er wieder ein Lieferwagen war.

Man könnte auch sagen: Unser Dixi war bei seiner Geburt ein Lieferwagen und ist es auf seine alten Tage wieder geworden. Der Kreis hat sich geschlossen.

9. Kapitel

Fit für die Weltumrundung

Es ist schon ein Unterschied, ob du einen Dixi baust, den du zum Spazierenfahren, für ein Oldtimertreffen oder die Teilnahme an einer Rallye brauchst. Oder ob du einen baust, mit dem du eine Weltreise machen willst.

Eine persönliche Anmerkung zum Thema Bauen: Sicher gibt es mittlerweile eine ganze Menge verdienter Männer – meistens waren es bislang Männer –, die mit einem Auto um die Erde gefahren sind, soweit man dazu überhaupt in der Lage ist. Denn nur auf dem Landweg ist es halt nicht zu machen. Ich will auf keinen Fall die Leistungen von denen schmälern, die sich auf diesen Trip begeben oder ihn sogar geschafft haben; sie haben jeder auf seine Weise Großartiges vollbracht. Hut ab!

Soweit ich es aber überblicke, haben alle Weltumrunder bisher Autos verwendet, die ihnen von einem Hersteller oder einem Oldtimerclub oder wem auch immer zur Verfügung gestellt worden sind. Natürlich wird der eine oder andere schon auch ein paar Sachen an seinem Auto verbessert und auf seine ganz speziellen Bedürfnisse modifiziert haben. Ist okay! Und in den meisten Fällen dürften diese Weltumrunder während der Fahrt betreut und unterstützt worden sein. Ist auch okay, ich kritisiere das nicht.

Bei uns aber war das doch ein bisschen anders. Wie ich meine, waren wir die Ersten, die die Weltumrundung mit einem selbst gebauten Auto riskieren wollten. Wir hatten auch keinerlei Betreuung und Unterstützung. Und gesponsert hat uns leider auch keiner, vielleicht auch, weil ich mich so gut wie nicht darum gekümmert habe. Selber schuld, kann ich da nur sagen. Denn ein paar Euro oder eine Handvoll Dollar hätten uns schon gut getan. Vorbei.

Das ist es, was unser Projekt von anderen dieser Art unterscheidet. Das wollte ich unbedingt loswerden.

PR in eigener Sache. Und wie geht es jetzt weiter?

Ich muss noch was zum Auto sagen. Nämlich wie wir es gepäppelt haben, damit es den Strapazen einer Weltreise gewachsen ist. Oder hab ich das schon erzählt?

Nicht, dass ich wüsste.

Hast du eigentlich den Eindruck, dass ich ein Schwätzer bin? Mal ehrlich!

Na du kannst vielleicht Fragen stellen! Aber ich beantworte sie. Ich finde das alles sehr interessant, mitunter auch amüsant. Aber ich hatte wohl gerade einen kleinen Durchhänger. War vielleicht doch ein bisschen viel Auto zuletzt. Allmählich werde ich auch ungeduldig. Wann fahren wir denn endlich los, Mann?

Ich schätze mal, in einem Monat. Ich bin gerade dabei, eine Reederei zu suchen, die uns das Auto nach Amerika bringt. Und es sind noch tausend Kleinigkeiten zu erledigen. Gleichzeitig bin ich, wie gesagt, dabei, das Auto für die Tour – ich hätte beinahe gesagt: Tortour – fit zu machen. Ist alles Neuland für mich!

Der Innenausbau wird für Nocker ein Kampf um Millimeter und Gramm: Einerseits muss er die Vorschriften einhalten, andererseits mehr Utensilien auf die Reise mitnehmen, als er gedacht hat – bei einem mit nur 15 PS motorisierten Fahrzeug

Im Ernst: Um das Auto optimal auf diese außergewöhnliche Reise vorzubereiten, musste ich schon etwas länger nachdenken. Es gab da doch noch einige Probleme zu lösen.

Zum Beispiel?

Zum Beispiel das Gewicht des Autos. Wie wir das mit dem Schlafen handhaben wollen. Was wir alles mitnehmen. Die TÜV-Abnahme.

Problem Nummer eins: das Gewicht. Das Fahrzeug musste mit allem Drum und Dran so leicht wie möglich sein, um die Reisegeschwindigkeit möglichst hoch und die Spritkosten möglichst niedrig zu halten. Außerdem kann man auch nicht richtig fahren, wenn das Auto schwer überladen ist. Unter uns gesagt: Wir waren während unserer Fahrt ständig überladen. Es ging aber nicht anders. Der Spritverbrauch hat sich trotzdem in Grenzen gehalten. Im Durchschnitt kamen wir mit acht Litern auf 100 Kilometer aus. Auf der Reise fuhren wir ausschließlich mit Superkraftstoff, ansonsten tanke ich Normalbenzin. Super verbrennt aber besser, also wird auch der Motor weniger heiß. In heißen Ländern kann das eine Rolle spielen. Je besser der Sprit verbrennt, desto kürzere Zeit bleibt er im Motor. Und desto kühler bleibt er.

Problem Nummer zwei: das Schlafen. Wären wir darauf angewiesen gewesen, in Hotels zu übernachten, hätten wir die Angelegenheit auch gleich für beendet erklären können. So viel Geld hatten wir nicht. Also entschieden wir uns für ein Zeltdach. Eine weise Entscheidung, nachträglich gesehen. Denn das Zeltdach war während der ganzen Reise unser Reich, unser Hotel, unsere Zuflucht. Ungefähr die Hälfte aller Nächte verbrachten wir auf unseren ureigenen Matratzen, Zudecken und Kissen – fast wie daheim, nur auf einem Autodach. Das Zeltdach war innerhalb zwei, drei Minuten aufgebaut. Und das war uns auch sehr wichtig. Wenn du nämlich den ganzen Tag fährst, bist du abends ganz schön fertig.

Trotzdem musst du noch alles herrichten, Essen kochen, Tagebuch schreiben. Und wenn du dann noch eine halbe Stunde brauchst, um dein Zelt zu bauen, und am Ende regnet es auch noch – dann vergeht dir schnell der ganze Spaß. Dieses Zeltdach ließ ich mir von einer Firma anfertigen.

Weil unsere Bettstatt hoch oben war, konnten wir von dieser Aussichtsplattform gut beobachten, was unter uns so

Mit dem Dachzelt auf dem Dixi lösen die beiden Weltreisenden eine ganze Reihe von Problemen

alles kreucht und fleucht. Schlangen, Skorpione, Käfer und das ganze Viecherzeug. Da waren wir schon sehr froh, dass wir diesem bunten Treiben nicht ausgesetzt waren. Du kommst nun mal auf so einer Reise durch Länder, wo solche Viechereien richtig unangenehm werden können. Mit unserem Dixi konnten wir das eine oder andere Mal sogar in Stadtzentren übernachten. Normalerweise aber übernachteten wir auf Campingplätzen. In den USA geht das wunderbar, in Zentralamerika kennen sie solche Einrichtungen nicht. Da mussten wir in Hotels absteigen. Bei den Indios in einem Bergdorf in Guatemala oder Honduras kannst du allerdings kein Luxushotel erwarten.

Grundsätzlich hätte man das Problem natürlich auch mit einem Anhänger lösen können. Nicht aber, wenn ihn ein Dixi mit 15 PS ihn ziehen soll. Diese Lösung kam für uns also nicht in Frage. Und weil die Fahrt ja auch Spaß machen und nicht in eine Tortour ausarten sollte, verzichteten wir auch darauf, ein Zelt mitzunehmen. Das hätte nämlich jeden Abend bedeutet: Pflöcke in die Erde hauen, Seile spannen, Zelt aufbauen. Das gefiel uns alles nicht.

Problem Nummer drei: Was nehmen wir alles mit? Unser Dixi hat einen geschlossenen Kasten, zum Glück. Viel passt trotzdem nicht rein. Du brauchst auf so einer Fahrt einerseits Werkzeug und Ersatzteile, andererseits aber auch Wäsche und Kleidung, für zwei Leute getrennt. Und natürlich Lebensmittel, Pfannen, Töpfe – unter ihnen einen schweren Schnellkochtopf –, Geschirr, Besteck, Gasherd, Tisch und Stühle. Und ein Vorzelt. Eine ganze Menge also.

Was Autotechnik angeht, beschränkte ich mich auf zwei Kolben, verschiedene Kugellager, Ventile, Ventilfedern, Keile, Dichtungsmasse, Dichtungspapier, Lagerschalen. zwei Ersatzräder mit Reifen. Dazu das notwendige Spezialwerkzeug. Auf eine Ersatzblattfeder verzichtete ich, weil die eingebauten Federn völlig neu waren. Am Heck des Autos ist unter der Ladefläche ein kleiner, zehn Zentimeter hoher Raum, da konnten wir allerhand verstauen.

Als ich danach das Auto probehalber wiegen ließ, war es so schwer, dass ich hinten gleich eine zusätzliche Spiralfeder einbaute. Diese Feder gibt es auch als Originalteil, nur konnte ich das in der knapp gewordenen Zeit nirgendwo mehr auftreiben. Also ließ ich sie mir nach einer Zeichnung eigens anfertigen. Selber kann man ja so was nicht machen. Nur die dazugehörigen Halterungen baute ich. Diese Feder sollte auf unserer Reise noch eine besondere Rolle spielen.

Durch jahrzehntelange Erfahrung wusste ich ziemlich genau, was an so einem Dixi alles kaputtgehen kann. Um allen Gefahren aus dem Weg zu gehen, verstärkte ich manche Teile oder verwendete besseres Material. Das Auto war mit etlichen Neuteilen ausgestattet, die ich im Laufe der Zeit auf verschiedenen Märkten entdeckt und mitgenommen habe. Originalneuteile aus der damaligen Zeit. So konnte ich aus meinem Fundus auf die besten Teile zugreifen und zum Beispiel den Rahmen verstärken.

Ich wollte auch zwei Reserveräder dabei haben, verfügte aber nicht mal über eines. Also musste ich selber welche anfertigen. Ich besorgte Speichen, verstärkte, bohrte die Speichenlöcher auf und montierte die verstärkten Speichen. Jetzt hatte ich wunderschöne neu lackierte Räder, die ich auch gern mitnehmen wollte. Aber drei Wochen vor der Abreise bot mir jemand fünf Original-Dixi-Stahlscheibenräder an. Ich hatte gewusst, dass es so was gibt, und zwar speziell für den Lieferwagen, weil der ja Lasten tragen muss. Einzig und allein dieser Dixi-Typ war in der Vergangenheit mit Stahlscheibenrädern ausgestattet. Solche Räder sind sehr selten. Sie sehen auch nicht so gut aus wie die eleganten Speichenräder. Aber darauf sollte es nicht ankommen.

Also griff ich zu. Ich ließ mich dann auch noch von einem Bekannten beraten, der sich in diesen Dingen gut auskennt. Auch er empfahl mir dringend, auf jeden Fall die Scheibenräder zu montieren, sie wären für eine Weltreise viel besser geeignet. Vierzehn Tage vor der Abfahrt brachte ich sie noch schnell zum Sandstrahlen. Danach grundierte, lackierte und montierte ich sie. Heute weiß ich, dass wir mit Speichenrädern nie und nimmer um die Welt gekommen wären.

Selbstverständlich brauchte das Auto wie jedes andere eine TÜV-Abnahme. Auch ein Oldtimer muss funktionsfähig sein. Wirklich auf den letzten Drücker brachte ich den Dixi also zum TÜV. Dort checkte man das Auto von unten bis oben und von vorn bis hinten durch. Das war mir auch persönlich wichtig. Für so eine Fahrt muss ein Auto wirklich okay sein. Es gab keinerlei Beanstandungen. Es war auch nicht der erste Dixi, der mir abgenommen wurde. In dem Fall war aber sogar eine Neuanmeldung nach Paragraf 21 notwendig.

Nach zwanzig Minuten war der Fall erledigt. Offensichtlich hatte ich nichts vermurkst.

10. Kapitel

Schiffsmeldungen

Ich habe zwei Cousinen. Eine ist die Evi, wir haben sie schon in einem der früheren Kapitel kennen gelernt. Die zweite ist die Marianne. Weil sie selber viel in der Welt herumkommt, konnte sie mir in den Wochen vor unserer Abreise noch ein paar wertvolle Hinweise geben. Marianne wohnt in München und kennt dort einen Buchladen, der auf Reiseliteratur spezialisiert ist. Wir gingen hin und ich fand dort „Diemels Welt Lexikon und Reisehandbuch". So heißt ein dicker Wälzer, in dem, wie ich mit Freude feststellte, alles drin steht, was man als Reisender an Informationen über alle Länder der Welt benötigt.

Der gute Diemel. Als ich ihn das erste Mal in den Händen hielt und aufschlug, landete ich gleich in Mexiko. Und konnte mich davon überzeugen, dass da tatsächlich alles Wichtige zu finden war – Telefon, Währung, Visum, Klima, beste Reisezeit, ärztliche Versorgung, Sehenswürdigkeiten und tausend andere Dinge. Einfach alles. Mensch, ist das ein tolles Buch!, dachte ich und blätterte vor lauter Begeisterung gleich weiter in diesem Schinken. Es waren genau die Sachen und Sehenswürdigkeiten beschrieben, die mich interessierten. Von allen Ländern, die wir im Visier hatten.

Der Diemel wurde meine Bibel. Er war Grundlage für unsere Planung. Krankenversicherung, ADAC International, Rückführung nach einem Unfall – alles stand in knapper und übersichtlicher Form drin. Ein Thema für sich waren die Impfungen. Auch da hat uns erst das Buch und danach ein Impfarzt in Rottenbuch gleich um die Ecke geholfen. Das kostete natürlich alles Zeit und Geld. Beides war knapp. Noch bevor das Unternehmen startete, waren wir einen Haufen Geld los.

Hier liegt er auf dem Tisch, der Diemel. Weil wir ihn auf die Reise mitgenommen haben, sieht er jetzt ganz schön mitgenommen aus, hihi.

Es war jetzt auch der richtige Zeitpunkt, unseren Plan zu komplettieren und ihn noch einmal zu überdenken. Eigentlich klang er recht simpel: Erst brauchen wir ein Schiff, das unser Auto nach Nordamerika bringt. Dort übernehmen wir es und fahren durch die Vereinigten Staaten und Mexiko nach Mittel- und Südamerika. Anschließend geht es, wieder per Schiff, weiter nach Australien. Und wenn wir dort unseren Pflichtbesuch beim Ayers Rock gemacht haben, nehmen wir erneut ein Schiff, setzen nach Asien über und kehren danach auf dem Landweg in unsere Heimat zurück. So einfach war der Plan. Und doch so schwierig.

Allein die Sache mit dem Schiff brachte mich beinahe um den Verstand. Nie hätte ich gedacht, wie schwierig es ist, einen Hafen und dazu auch noch das richtige Schiff zu finden, das dir für einen bezahlbaren Preis einen Winzling von Auto nach Amerika bringt. Es ist unvorstellbar. Vielleicht stellte ich mich dabei auch nur besonders blöd an, ich weiß es nicht. Jedenfalls kam ich mir beim Telefonieren manchmal vor wie der Buchbinder Wanninger.

*Dixi und Dachzelt sind startbereit und die Akteure guter Dinge:
Für Philipp (links) und Herbert Nocker kann das Abenteuer beginnen*

Leider kennt den außerhalb Bayerns kaum jemand.

Der Buchbinder Wanninger ist eine Figur, den Münchens großer Nachkriegskomiker Karl Valentin geschaffen hat. Der Buchbinder W. will Bücher bei der Firma abliefern, in deren Auftrag er sie gebunden hat. Aber in welcher Abteilung? Um das herauszufinden ruft er in der Zentrale an. Und die verbindet dann den Buchbinder so lange von Pontius zu Pilatus, bis er schließlich mit dem bayerischen Abschiedsgruß „Saubande, dreckige!" entnervt den Hörer auf die Gabel knallt.

Nun hatte aber der Wanninger mir gegenüber den Vorteil, dass er lediglich in den Irrgarten einer einzigen Firma geraten war. Mein Irrgarten aber war ganz Europa. Du kannst, wenn du es kannst, dein Auto in Emden, in Bremerhaven oder in Hamburg auf ein Schiff verladen lassen. Aber auch in Mailand oder anderswo. Ist auch eine Preisfrage.

Wenn ich über das ganze Affentheater von damals auch nur nachdenke, falle ich in Depressionen. Nein, ich weigere mich einfach, von diesem Drama noch mehr zu erzählen. Genau, Drama ist das richtige Wort. Denn in einem Drama geht es um Hoffnungen und Enttäuschungen, um Liebe und Verrat, um Tod und Teufel. Gut, ein Toter war nicht zu beklagen; sonst aber war alles mit dabei.

Ich war ja blutiger Neuling auf dem Gebiet. Was wusste ich schon von den Leistungsprofilen europäischer Häfen, von Roll-on-, Fracht- und Passagierschiffen. Oder von dem anderen Dings da, dem ... – jetzt fällt mir nicht mal mehr der Name ein. Wie hat das gleich noch geheißen, Resi?

Resi N. (spült in der Küche Geschirr): Carnet Passage.

Ja, Carnet Passage, so hieß das Zeug. Gott, ich hab's bis heute nicht begriffen. So ging das aber weiter. Statt an meinem Auto weiterzuarbeiten, was dringend notwendig gewesen wäre, gab ich den Buchbinder Wanninger und hing tagelang am Telefon herum. Die Zeit verrann.

Wertvolle Zeit ging auch verloren, weil ich wochenlang auf das falsche Pferd gesetzt hatte. Allzu leichtfertig hatte ich mich auf eine mündliche, aber mir verbindlich erscheinende Zusage einer ansonsten von mir sehr geschätzten Institution verlassen – ich sage nicht welcher. Danach sollte ich das Auto zu einem bestimmten Termin an einen bestimmten Hafen gebracht haben. Und dort sollte es von einem bestimmten Schiff mitgenommen werden. Kein Problem, hieß es, wir machen das schon. Alles stand so gut wie fest. Nur die schriftliche Bestätigung fehlte noch zu meinem Glück.

Dass aus dieser Geschichte ein Rohrkrepierer werden würde, das wurde mir erst nach etlichen quälenden Telefonaten klar. Zu diesem Zeitpunkt fing es an, richtig brenzlig zu werden. Eine Schiffspassage nach Übersee muss nämlich vier Wochen vor der Abfahrt gebucht sein.

Es war fünf vor zwölf, als ich auf eine Reederei in Emden stieß, die ununterbrochen Tag für Tag Pkw nach Übersee transportiert, und zwar ausschließlich Pkw des Volkswagen-Konzerns. Unser Fahrzeug auf so einem Roll-on-Schiff mitzunehmen, wäre überhaupt kein Problem, versicherte man mir am Telefon. Um einen BMW-Oldtimer handelt es sich? Ach, wie schön, den nehmen wir ja besonders gerne mit. Ein Vorteil für mich war auch, dass in Emden keine Hafengebühr zu bezahlen war. Außerdem machte man mir einen wirklich guten Preis. Ich hatte den dreifachen Betrag kalkuliert. Also sagte ich zu.

Allerdings stellte die Reederei eine Bedingung, die mich in erheblichen Zugzwang brachte. Das Auto musste gleich am nächsten Donnerstag vor Ort sein. Und das sagte man mir eine Woche zuvor, am Freitag, dem 8. August. Dabei hatte ich noch nicht mal eine Probefahrt mit dem Auto gemacht! Weil ich buchstäblich bis zum letzten Tag daran herumwerkeln musste.

Jetzt ging es in die Zielgerade.

Am Donnerstag, 14. August, fuhren wir drei – Philipp und ich vorne im Pkw, der Dixi allein hinten im Anhänger – nach Emden. Dort angekommen, stellte sich aber heraus, dass das Schiff, das unser Auto nach Baltimore bringen sollte, ein paar Tage später als angekündigt ablegen würde. So lange wollten wir nicht warten. Also entschieden wir uns für die Rückfahrt und stellten den Dixi auf einem Parkplatz ab, der so riesig war, wie ich ihn in meinem Leben noch nicht gesehen hab. So weit das Auge reichte – Autos, Autos, Autos. Genauer gesagt: VWs, VWs, VWs und Audis, Audis, Audis. Und mitten drin: ein kleiner lustiger BMW Dixi. Ein schönes Bild. Leider hab ich's versaut – ich meine, als ich die einmalige Szene fotografieren wollte.

Zumindest mir ist die Entscheidung, unerledigter Dinge zurückzukehren, nicht so leicht gefallen; ich wäre gern beim Verladen dabei gewesen. Nicht so sehr, weil ich mir das prickelnde Schauspiel des Verladevorgangs nicht entgehen lassen wollte. Sondern weil ich das Auto lieber eigenhändig in den Schiffsrumpf hineinmanövriert hätte. Bei meinem Dixi ist das alles nämlich nicht so einfach.

Bevor wir uns also für die nächsten Wochen von unseren Dixi verabschiedeten, schrieb ich auf einem Zettel, was alles zu beachten ist, wenn man dieses Auto richtig starten, parken und fahren will. Interessiert das hier jemanden?

Doch, könnte interessant sein.

Okay. Zuerst mal gibt es in diesem Auto einen Sicherheitsknebel, mit dem du die ganze Stromzuführung unterbrechen kannst. Dieser Knebel ist aber gut unter dem Fahrersitz versteckt; soll ja auch ein kleiner Diebstahlschutz sein. Das also musste schon mal aufgeschrieben und skizziert werden, damit man weiß, wie das Ding ausschaut und man es finden kann. Dann musst du beim Starten den Choke ziehen. Und musst wissen, wie du den ersten Gang einlegst. Es ist zwar eine H-Schaltung – und doch ist es ein klein wenig anders. Alle Gänge sind rauf und runter mit Zwischengas zu schalten, die Schaltung ist nicht synchronisiert. Am Zündschloss befindet sich auch der Lichtschalter. Den darf man keinesfalls zu weit drehen, sonst brennt die ganze Zeit das Licht und die Batterie ist leer, wenn das Auto nach Wochen in Baltimore ankommt. Das konnte ich ja auch nicht brauchen.

Das alles notierte und zeichnete ich fein säuberlich auf zwei Zettel, auch in Englisch übrigens, damit auch die in Amerika beim Ausladen mit dem Auto umgehen können. Den einen Zettel klebte ich innen an die Scheibe, den andern legte ich auf den Fahrersitz.

Offensichtlich machten sie sowohl in Emden als auch in Baltimore alles ganz ordentlich. Jedenfalls passte alles, als wir später das Auto in Amerika wieder übernahmen.

Oder hab ich jetzt was verraten, das ich eigentlich erst im zweiten Teil des Buches hätte sagen dürfen?

Jetzt ist halt aus dem Teil 2 die ganze Spannung raus.

PS: Die oben beschriebene Startanleitung im Wortlaut: „Dixi DA 1, Fg.: 2640, Nach Baltimore. Hinter dem Beifahrersitz unten ist ein roter Sicherheitshebel. Zum Fahren senkrecht stellen, nach Abstellen des Pkw wieder ausschalten (waagerecht)!!!! Zündschlüssel bis zum Anschlag einstecken (rotes Licht leuchtet auf), Benzinpumpe kurz laufen lassen, dann den Startknopf (schwarzer Knopf unter Armaturenbrett neben dem Lenker) kurz drücken. Zum Ausschalten Zündschlüssel abziehen! Rückwärtsgang: Hebel hochheben, rechts unten. 1. Gang: oben links"

Teil 2

Die Fahrt

1. Kapitel

Good bye Europe!

Fahren wir schon oder sind wir immer noch in Rottenbuch?
Die Fahrt begann am Samstag, den 13. September 2003. Jetzt wurde es richtig ernst für uns zwei.

Am Tag 1 unserer Reise brachen wir in Allerherrgottsfrüh in Rottenbuch auf und fuhren mit einem Bus, den uns unser lieber Nachbar, der Angerer Georg, ausgeliehen hatte, zum Franz-Josef-Strauß-Flughafen München. Von dort ging es mit einer LH weiter nach London-Heathrow.

Jetzt saßen wir im Terminal 4 und hatten drei Stunden Zeit bis zum Weiterflug nach Baltimore. Nach einer Stunde waren die Zeitungen durchgeblättert und wir kamen auf die Idee, uns auch mal miteinander zu unterhalten. Wann hatten dies Vater und Sohn zuletzt getan, in aller Ruhe? In der Hektik der letzten Wochen bestimmt nicht. Und davor? Es war schon lange her.

Vor unserer Reise war jeder mit eigenen Angelegenheiten beschäftigt. Jeder musste für sich zusehen, wie er die notwendigen Papiere zusammenkriegt und seine persönlichen Angelegenheiten für eine längere Abwesenheit regelt. Anders als Jules Verne hatten wir nicht vor, unsere Reise um die Welt in achtzig Tagen zu schaffen. Wir wollten uns dafür etwas mehr Zeit nehmen, vielleicht ein halbes Jahr. Es ist ja nicht wenig, an was du da alles denken musst: an Geld, Impfungen, Krankenkasse, Versicherungen, Visa – ich hab's ja schon ausgiebig beschrieben. Natürlich hatten Philipp und ich in den letzten Tagen und Wochen vor der Abreise andauernd Kontakt und telefonierten häufig miteinander. Waren wir damit aber genug auf das vorbereitet, was uns bevorstand? Und wussten wir denn überhaupt, was uns bevorstand?

Wir wussten: Wenn alles gut geht, werden wir am Nachmittag des selbigen Tages in Baltimore sein und zum ersten Mal in unserem Leben amerikanischen Boden betreten. Aber wussten wir, was uns dort erwartet? Was in der Zwischenzeit aus unserem Auto geworden ist? Ob das Schiff, das es rüber bringen sollte, pünktlich eingetroffen ist? Und noch viel weniger wussten wir, was für eine Figur der Dixi mit seinen lächerlichen fünfzehn Pferdestärken auf den amerikanischen Highways machen würde.

Eine der wichtigsten Fragen war zumindest für mich auch: Wird sich in diesem Land überhaupt jemand um uns scheren? Welches Interesse sollten die

Amerikaner schon an zwei Bayern haben, die ausgezogen waren, um mit einem wahrlich betagten Auto kreuz und quer durch ihr Land zu fahren?
Eigentlich wussten wir: nichts. Nicht mal, wo wir heute übernachten.
Dazu bereitete uns ein anderes Thema Unbehagen. Von allen Seiten hatten sie in den letzten Wochen alle auf uns eingeredet, wie schwierig doch nach dem 11. September die Einreise in die USA sei. Eine schikanöse Prozedur sei das, die sich über Stunden hinziehe. Einreisewillige Ausländer würden vom Flughafenpersonal wie Menschen dritter Klasse behandelt. Vor allem Deutsche. Auf uns wären die Amerikaner ganz besonders sauer. Nicht nur, dass wir uns vor dem Irakkrieg gedrückt haben, sondern angeblich auch in der ganzen Welt schlechte Stimmung gegen ihr Land gemacht haben, gegen ihren Präsidenten sowieso.

Schauergeschichten alles. Aber sie ließen uns nicht los. Immerhin würden wir in absehbarer Zeit in diesem Land sein, wo sie uns nicht mögen.

Als unsere Maschine aufgerufen wurde und wir uns umgehend in einer Warteschlange wiederfanden, vernahm ich direkt hinter mir eine Frauenstimme. Weil sie auffallend angenehm war, drehte ich meinen Kopf etwas zur Seite und bemerkte eine zierliche junge Frau, die auf einen hochgewachsenen Mann einredete. Beide sprachen Englisch, sie mit deutschem, er mit französischen Akzent. Falls er denn zu Wort kam; er hörte wohl mehr zu.

Als ein von Haus aus neugieriger Mensch spitzte ich die Ohren und bekam zweierlei mit. Erstens waren die beiden kein zusammengehöriges Paar, nur eine Zufallsbegegnung in der Warteschlange. Zweitens war die Frau eine in den USA lebende Düsseldorferin, die häufig zwischen beiden Kontinenten pendelt und wusste, was einem als Immigrant in den Staaten so alles blüht.

Richtig furchteinflößend klang das nicht.

Die kommt mir gerade recht, dachte ich, und nahm mir vor, sie zu kontakten, falls das Gespräch mit dem mutmaßlichen Franzosen noch rechtzeitig vor dem Ausgang zu einem Ende kommen würde. Kann doch nicht verkehrt sein, jemanden an seiner Seite zu wissen, der auch nach Amerika fliegt, den vollen Durchblick hat und noch dazu deutsch spricht. Wer weiß, wann wir überhaupt wieder Gelegenheit haben würden, in unserer Sprache zu reden. So eine konnte uns sicher helfen. Außerdem schaute die Frau nicht übel aus.

Kaum hatte ich das zu Ende gedacht und mir überlegt, mit welchen Worten ich ohne allzu peinlich zu wirken das Gespräch eröffne – da trat hinter mir eine Funkstille ein. Wieder drehte ich meinen Kopf. Diesmal schien mir, als sei hinter mir alles gesagt und die beiden wüssten alles, was sie voneinander hatten wissen wollen.

„Das ist deine Chance!", befahl mir da eine innere Stimme. „Nutze sie, Nocker!"

Ich gehorchte.

„Entschuldigung, darf ich Sie was fragen?"

„Klar dürfen Sie das. Noch dazu, wo Sie doch aus Bayern kommen! Ich liebe dieses Land!"

Fast bereute ich da schon wieder, sie angesprochen zu haben. Wenn ich nämlich eines nicht im Kopf aushalte, dann das, wenn ich als Bayer geoutet werde, ehe ich richtig den Mund aufgemacht habe. Andererseits gab sie mir mit ihrer sicher nett gemeinten Bemerkung natürlich eine tolle Steilvorlage.

„Das freut mich aber, dass sie unser Land so gerne mögen", log ich. „Wissen Sie, mein Sohn und ich, wir fliegen zum ersten Mal nach Amerika. Uns fehlt also jeglicher Durchblick. Weil ich aber gerade mitbekommen hab, dass Sie öfter in den USA sind oder sogar dort leben, dachte ich, Sie könnten uns vielleicht ein bisschen ..." Und so weiter.

Sie hörte sich alles geduldig an und schien sich sogar richtig zu freuen, vielleicht darüber, dass auf diese Weise ihr Flug auf einmal auch noch einen richtigen Sinn bekommt. Oder sie freute sich darüber, dass sie an zwei so gestandene Mannsbilder aus Bayern geraten war. Zwei, die praktisch von nichts eine Ahnung haben, zumindest was Amerika betrifft, und darum betteln, von ihr, der Reiseerfahrenen, bemuttert zu werden. Für manche Frauen ist das das Höchste, sie mögen das. Wie es eben auch Männer gibt, die gern bemuttert sein wollen. Irgendwie schienen wir drei gut zusammenzupassen. Der hochgewachsene Franzose, wenn's denn einer war, war inzwischen abgetaucht. Ich vermisste ihn nicht.

Zum dramaturgisch richtigen Augenblick gelangten wir an jene Sperre, an der sie einem das Flugticket zerkleinern und man danach durch eine lange gekrümmte Röhre in den Flieger wandelt.

Wir versprachen uns schnell noch gegenseitig, nach der Ankunft am Flughafen Baltimore auf jeden Fall aufeinander zu warten und wünschten uns einen guten Flug. Mit einem „Bis später!" trennten sich unsere Wege.

Die Reise beginnt ja richtig gut, dachte ich, ehe ich leicht euphorisiert mit Philipp in der Röhre verschwand.

2. Kapitel:
Marion und Dave

Nach dem Flug mit einer nagelneuen Boeing 767 kamen wir planmäßig um 16.50 Uhr Ortszeit in Baltimore, Maryland, an.

Wir holten unser bisschen Gepäck vom Band und ließen uns im Pulk der anderen Einreisewilligen in die gut gefüllte Ankunftshalle treiben. So hatte ich mir das eigentlich nicht vorgestellt. Wie zum Teufel sollten wir denn in diesen Menschenmassen unsere charmante Dame wiederfinden?

Doch noch ehe ich begann, mir den Hals zu verrenken, zupfte sie mich schon am Ärmel. Wir begrüßten uns, immerhin waren seit unserem Start am Flughafen Heathrow gut sieben Stunden vergangen, und stellten uns einander vor; das hatten wir ja bislang versäumt. Jetzt erfuhren Philipp und ich sozusagen offiziell, dass sie in Amerika lebt und Marion heißt. Alle Menschen in diesem Land reden sich hier mit ihren Vornamen an, begann sie ihre erste Lektion. Auch wir sollten sie doch bitte einfach Marion nennen. Im Augenblick gab es nichts, was ich lieber tat. Die Marion – die gefiel mir. Sie hatte mir von der ersten Sekunde an gefallen. Wo war eigentlich dieser Franzose abgeblieben?

Weiter erfuhren wir von Marion, dass sie mit einem Amerikaner verheiratet ist, ihn, Dave, aber nicht etwa hier in den Staaten, sondern kurioserweise in Deutschland kennen gelernt hat. Wegen ihrer Familie und den Freunden komme sie immer wieder mal nach Deutschland, im Durchschnitt einmal im Monat.

Auch wir stellten uns vor und verrieten ihr, dass wir aus der Schongauer Gegend kommen, aus dem schönen Pfaffenwinkel, wo die berühmte Wieskirche steht. Ob sie vielleicht auch Rottenbuch kennen würde? Hätte ja sein können, nachdem sie am Londoner Flughafen noch so von unserem bayerischen Land geschwärmt hatte. Schongau, doch, das sagte ihr was. Erst recht natürlich der Pfaffenwinkel und die Wieskirche. Aber Rottenbuch? Sorry, aber das sei ein böhmisches Dorf für sie. Alles andere wäre auch ein Wunder gewesen.

Währenddessen zog sich die Abfertigung hin und wir hatten genügend Zeit, uns weiter zu unterhalten. Marion erwies sich als kundige und aufmerksame Gesprächspartnerin. Genau so hatte ich sie nach unserer kurzen Begegnung in Heathrow auch eingeschätzt. Wir erzählten ihr, wie sehr es uns vor dem bevorstehenden Einreisehickhack graust und dass wir auf das Schlimmste gefasst wären. Sie hörte sich unsere Geschichten an, auch die mit den Deutschen und dem Irakkrieg, und meinte darauf nur, es werde auf dieser Welt leider sehr viel Unsinn geredet. Wir sollten uns jetzt überhaupt keine Sorgen machen, es würde schon alles gut gehen. Dass es Immigranten aus Deutschland besonders schwer hätten, davon sei ihr nun gar nichts bekannt.

Okay, wir nahmen ihr das ab. Allerdings konnte es auch sein, dass sie die Schikanen gar nicht mitbekam; sie als Amerikanerin. Nun, wir würden es ja gleich erleben, wie das wirklich ist.

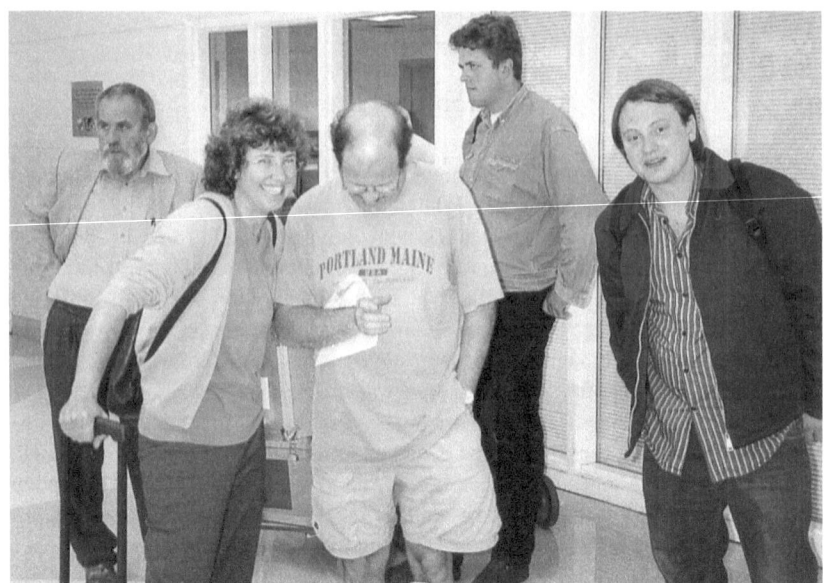

Mit Worten und Taten tragen Marion und Dave dazu bei, dass den beiden Nockers nicht schon bei der Ankunft am Flughafen von Baltimore die Lust am Reisen vergeht.

Und weil es mit der Abfertigung weiterhin dauerte, rückte ich mit unserer ganz persönlichen Geschichte heraus: dass, wenn wir in Baltimore ankämen, am nächsten Tag ein BMW Dixi Jahrgang 1928 im Hafen auf uns warten würde. Natürlich nur dann, wenn alles klappen und mit rechten Dingen zugehen würde. Und dass wir anschließend vorhätten, mit diesem Auto kreuz und quer durch die Staaten zu fahren.

„Mit einem BMW Dixi? Jahrgang1928? Durch die USA? Das ist ja köstlich!"

Natürlich hatte sie nie zuvor was von einem BMW Dixi gehört. Und gesehen schon zweimal nicht. Deshalb holte ich aus meinem Geldbeutel ein Foto hervor und zeigte es ihr. Sie schaute es an und war noch mehr erstaunt als zuvor:

„Also sowas! Das ist ein BMW Dixi? Und mit diesem winzigen Dings da wollen Sie im Ernst durch die USA fahren? Und in einem Zelt oben auf dem Dach schlafen? Also Herbert, das können Sie mir nicht weismachen!"

„Doch, kann ich schon, Marion", widersprach ich sanft und fügte hinzu: „Und das ist ja auch noch lange nicht alles."

Derart bei meiner Eitelkeit gepackt, konnte ich es nicht lassen, ihr auch noch den ganzen Rest unseres Vorhabens zu offenbaren: Dass wir „mit diesem winzigen Dings da", wie sie es nennen würde, keineswegs nur die Absicht hätten, durch die USA zu fahren. Sondern auch durch Mittelamerika und durch Südamerika und durch Australien. Und danach über Asien wieder zurück nach Europa, nach Deutschland, nach Bayern und nach Rottenbuch. Ich musste mich richtig beherrschen, ihr nicht auch noch mit ernster Miene zu erzählen, dass wir auch durch die Sahara und die Antarktis fahren würden.

„Eigentlich kann man sagen", haute ich zum Abschluss dann noch kräftig auf den Putz, „eigentlich fahren wir rund um die Welt." Genauso laute auch das Motto über der Windschutzscheibe von unserem Auto: Rund um die Welt. „So, wie es aussieht", legte ich nach, „sind wir erst in einem halben oder vielleicht auch erst in einem ganzen Jahr wieder daheim in Deutschland." Die gute Marion kam aus dem Staunen nicht mehr heraus.

„Der helle Wahnsinn, was Sie sich da alles vorgenommen haben! Und, wie bitte, erfahre ich jemals, ob Sie das alles auch schaffen?"

Ich versprach hoch und heilig, ihr von Mal zu Mal eine Nachricht zukommen zu lassen und notierte mir ihre Adresse.

Endlich kam Bewegung in den Raum. Als wir weiter vorrückten, tauchten auf einmal sechs Abfertigungsschalter vor uns auf, vor denen sich bereits lange Menschenschlangen gebildet hatten. Und bevor wir anfingen, dumm herum zu schauen und herauszufinden, welcher Schalter wohl der Richtige sei, führte sie uns auch schon zu einem auf der entgegengesetzten Seite des riesigen Raums. Dieser Durchgang gefiel uns schon deshalb gut, weil die Warteschlange hier mit Abstand die kürzeste war. Dieser Abfertigungsschalter sei für uns der Richtige, versicherte sie. Leider aber nicht für sie. Als amerikanische Staatsbürgerin müsse sie woanders durch. Weil wir nach dieser Ankündigung betretene Gesichter machten, erbarmte sie sich unser und versprach, fürs Erste bei uns zu bleiben. Sie müsse nur noch schnell ihrem Mann Dave, der sie abholen wollte, per Mobiltelefon Bescheid geben. Die Frau dachte einfach an alles.

Dann waren wir dran. Mit gezückten Reisepässen und den im Flieger mühsam ausgefüllten Formularen stellten wir uns an einen kniehohen Tresen. Dahinter stand ein schwarzer Zollbeamter. Wir hatten noch nicht unser Minigepäck auf den Tresen gelegt, da redete schon die Marion auf den Mann ein. Während er sich ihren Text anhörte, warf er uns immer wieder einen Blick zu, mit einem scheuen Lächeln im Gesicht. Ein sympathischer Typ, fand ich. „Jetzt legt sie sicher ein gutes Wort für uns ein", flüsterte ich Philipp zu.

So war es wohl auch. Denn als der Beamte sich schließlich uns zuwandte und Reisepässe und Formulare an sich nahm, musterte er uns zwar streng, wie es sich in dieser Situation gehört, setzte aber gleich wieder sein scheues Schmunzeln auf. So, als wüsste er, dass wir keine Terroristen sind, sondern nur zwei harmlose Bayern, die mit einem Oldtimer erst durch Amerika, dann um die ganze Welt fahren wollen. So was in der Art musste ihm die Marion ja gesteckt haben. Nachdem Gepäck, Pässe und Formulare gecheckt waren und alles offensichtlich okay war, näherte sich die Prozedur ihrem Ende. Da fiel dem Beamten doch noch was ein und er drückte mir ein Formular in die Hand. Es müsste nicht vollständig ausgefüllt werden, meinte er. Er bräuchte nur noch mal unsere Namen und die Adresse unseres Hotels oder unserer festen Bleibe. Und bitte mit Telefonnummer!

Weil ich meine Brille nicht zur Hand hatte, reichte ich das Papier dem Philipp. Der trug unsere Namen ein. Doch dann zauderte er. Ein Hotel hatten wir ja noch nicht. Und eine feste Bleibe schon gar nicht. Ratlos schaute er mich an. Ich wusste auch nicht weiter und schaute ratlos Marion an.

„Wir haben noch kein Hotel", erklärte ich. „Und wenn wir nachher eins haben, bleiben wir da nur für eine einzige Nacht. Auch mit der festen Bleibe ist leider nichts. Wir sind heute da und morgen schon wieder ganz woanders. Was zum Teufel schreiben wir da also rein?"

Während Marion zu grübeln anfing, kam dem Philipp eine hübsche Idee: „Weißt was", schlug er vor, „wir schreiben einfach ‚Hotel Baltimore' rein und fertig. Gibt's hier bestimmt!"

Gesagt, getan. Doch als der Mann unsere Eintragungen sah, verriet schon sein Gesichtsausdruck, dass er uns diesen Schmarrn nicht abnimmt. Bevor er was sagen konnte, bat ich ihn noch mal um das Formular. Denn jetzt hatte ich eine Idee. Mir war nämlich eingefallen, dass in meinem Adressbuch eine real existierende amerikanische Anschrift drin steht – von einer älteren Dame, der Tante meines Berliner Freundes. Lange vor unserer Abreise hatten nämlich mein Freund und ich vereinbart, dass wir vielleicht bei seiner Tante vorbeischauen würden, falls es uns in ihre Gegend verschlug. Sie wohnte allerdings nicht in Baltimore oder in der näheren Umgebung, sondern halt irgendwo in den USA, ich weiß es nicht mehr.

Ich setzte mir nun doch die Brille auf, strich Hotel Baltimore durch und schrieb die Adresse der alten Dame daneben. Dann gab ich dem Mann das Papier zurück. Er überflog es, und schon huschte ihm wieder sein besonderes Schmunzeln übers Gesicht. Er haute noch zwei Stempel drauf und der Fall war erledigt.

Jetzt waren wir wirklich in Amerika. Bevor wir durch die Sperre gingen, dankte ich Marion für ihre Hilfe und versprach, draußen auf sie zu warten. Dort würden wir uns dann in aller Ruhe von ihr verabschieden.

Auf die Idee, dass diese kleine Episode mit der Tante noch ein Nachspiel haben könnte, und zwar ein unangenehmes, bin ich natürlich nicht gekommen. Ganz im Gegenteil: Ich vergaß die Angelegenheit. Hauptsache, wir waren fast ohne Hindernisse durch den Zoll gekommen. War wirklich kein Umstand. Marion hatte Recht behalten.

Als sie eine Viertelstunde später in die Ankunftshalle kam, sahen wir, wie ein Mann, es konnte nur Dave sein, auf sie zueilte und umarmte – wie es sich gehört, wenn man nach einer so weiten Reise seine Frau begrüßt. Wir gingen zu ihnen hin und Marion sorgte mit wenigen Worten dafür, dass Dave über uns im Bilde war. Natürlich fand auch er das alles interessant. In gebrochenem Deutsch erklärte er, dass die beiden in Norfolk, Virginia, lebten, das sei im Süden von Baltimore, Richtung Washington, vier Stunden Autofahrt weg. Und ob wir nicht Lust hätten, sie dort zu besuchen, Marion und er würden sich sehr darüber freuen. Wir könnten auch bei ihnen wohnen.

Schweren Herzens musste ich absagen. Wir würden am nächsten Tag unser Auto zurückbekommen und uns dann gleich auf den Weg machen. Falls wir aber doch in die Nähe von Norfolk kämen, versprach ich, würden wir sie gerne besuchen.

Dave merkte noch an, dass es mit den amerikanischen Straßen nicht so weit her sei. Die Interstates und Highways wären okay, aber mit den Nebenstraßen wäre es zappenduster – sie hätten bei weitem nicht die Qualität wie die in Deutschland.

Er sollte Recht behalten. Und ich Einfaltspinsel hatte immer geglaubt, in Amerika sei immer alles größer, schöner und besser.

Zuletzt half uns Marion noch bei der Beschaffung eines Hotels. Musste ja nichts Tolles sein und auch nur eins für eine Nacht. Trotzdem tat sie sich schwer, was zu finden. Die in Frage kommenden Hotels waren entweder ausgebucht oder lagen zu weit außerhalb. Von einem Hotel Baltimore war übrigens nicht die Spur. Endlich hatte sie was. Das Hotel lag zwar etwas an der Peripherie von Baltimore, war aber angeblich mit der S-Bahn gut zu erreichen. So war auch dieses Problem gelöst.

Besucht haben wir die beiden dann doch nicht, nur mal aus Mexiko eine Karte nach Norfolk geschrieben. Weil ich mich jetzt aber doch noch mal so intensiv mit der Marion und ihrem Dave beschäftigt habe, nehme ich mir vor, ihnen in den nächsten Tagen ein paar Zeilen zu schreiben.

Nein, ich hab noch eine bessere Idee. Ich warte noch ein Weilchen und schicke den beiden dann dieses Buch. Schließlich verdanken wir ihnen eine ganze Menge. Ohne sie hätten wir uns nicht gleich von Anfang an in den USA so wohl gefühlt.

Es hätte leicht auch anders kommen können.

3. Kapitel

Warten, hoffen, bangen

Wir fuhren mit der S-Bahn zum Hotel. Es war ein typisches amerikanisches Hotel, nur mit ebenerdigen Zimmern. Weil wir durch die Zeitverschiebung ziemlich fertig waren, gingen wir gleich zu Bett.

Nach dreizehn Stunden Schlaf waren wir fit genug, uns die Stadt ein wenig näher anzuschauen. Wir hatten ja Zeit. Denn dass sie uns ausgerechnet heute, an einem Sonntag, unser Auto aushändigen würden, war nicht zu erwarten. Kaum traten wir aus dem klimatisierten Hotel ins Freie, blies uns wie ein Fön subtropischer, feuchtwarmer Wind entgegen. Es war so schwül, dass wir nach Luft japsten und auf der Stelle kehrtmachten, um uns leichtere Sachen anzuziehen. Unser erster amerikanischer Schock. Es sollten noch weitere folgen.

Wir fuhren ins Stadtzentrum. Von dort war es nämlich nur ein Katzensprung zur Attraktion von Baltimore, dem Hafen. Er war einmal Amerikas Umschlagplatz Nummer eins für Einwanderer aus Europa und bedeutendster Knotenpunkt für den Schiffsverkehr nach Übersee. Deshalb zählte Baltimore auch einmal zu den reichsten Städten Amerikas. Man sieht es ihr noch heute an. Weil sie so schön ist, laufen dort mindestens genauso viele Touristen herum wie bei uns in Heidelberg.

Im Hafen wollten wir uns auch schlau machen, wo wir am Tag darauf unser Auto zurückbekommen würden. Aber da hatten wir uns zu viel vorgenommen. Wir sahen, dass der Hafenkomplex ein gigantisch großes Areal ist. Hier würden wir zu Fuß sicher tagelang herumtappen, ohne was zu finden. Also leisteten wir uns ein Taxi.

Wir drückten dem Taxifahrer, der einen ortskundigen Eindruck machte, die Adresse der Frachtagentur Intrans in die Hand, und er düste los. Er fuhr mal dahin, mal dorthin, und befragte etliche Leute, die hier am Sonntag fröhlich herumspazierten und sich redlich mit uns Mühe gaben. In der Sache aber konnten sie uns nicht weiterhelfen. Vielleicht war das, was wir gerade machten, eine Hafenrundfahrt der besonderen Art. Auf keinen Fall aber war es der richtige Weg, die Frachtagentur oder gar unser Auto zu finden. Es war heute einfach nicht der richtige Tag. Und als ich dann noch einen verstohlenen Blick auf den Gebührenzähler warf, hatte ich von der Herumfahrerei die Schnauze voll. Ich verkündete das Ende der Suchaktion und wir machten uns wieder auf den Weg Richtung Hotel.

Dabei kamen wir an einem McDonald's vorbei und stellten fest, dass wir entsetzlich hungrig waren. War ja auch schon lange her, seit wir das letzte Mal was Richtiges in den Magen bekommen hatten. Es muss noch in Rottenbuch gewesen sein, also am Freitag, dem Tag unserer Abreise. Also überwanden wir uns, gingen rein und verdrückten jeder eine Portion Pommes frites. In Anbetracht der Affenhitze hätte auch noch ganz gut ein Bier dazu gepasst. Aber nix da. Weil sie in solchen Locations nichts Alkoholisches ausschenken dürfen, mussten wir uns mit Cola zufrieden geben. Pommes frites und Cola – so weit war es also mit uns schon gekommen. Eigentlich auch das schon wieder ein Schock. Im Laufe der Reise gewöhnten wir uns aber an solche Mahlzeiten. Blieb uns auch gar nichts anderes übrig.

Und schon lagen wir wieder in den Betten.

Das sind ja alles recht prickelnde Geschichten!

Wird schon wieder. Wir sind jetzt erstens noch ganz frisch im zweiten Teil des Buches und zweitens noch ganz am Anfang unserer Reise. Da kann nicht gleich am zweiten Tag schon wieder der Rauch aufgehen. Wir müssen uns an die Ereignisse behutsam herantasten und etwas Ruhe einkehren lassen. Übrigens passiert auch gleich etwas, gell.

Am Montag telefonierten wir gleich in der Früh mit der Frachtagentur, um uns nach dem Verbleib des Schiffes zu erkundigen – und waren danach erst mal bedient. Das Schiff hängt in Kanada fest, sagte man uns. Mit seiner Ankunft sei erst in drei Tagen zu rechnen, also am Donnerstag. Eine schlechte Nachricht. Und das gleich am frühen Morgen.

Na, das klingt doch schon wieder ganz gut!

Ja, ja. Du bringst mich ganz durcheinander. Immer nur Action, Action, Action. Ich hab dir ja versprochen, es passiert gleich was.

Jetzt hatten wir den Salat. Denn das bedeutete, weitere drei Tage in dieser Stadt herumhängen zu müssen. Mit Cola und Pommes frites bei McDonald's. Schöne Aussichten. Wir waren richtig sauer.

Andererseits: Sollten wir jetzt den Kopf hängen lassen? Schon am dritten Tag? Wo doch der erste so gut begonnen hatte? Wirklich nicht, sagten wir unisono. Denn im Grunde war das hier ja nur eine Kleinigkeit. Eine Verspätung um drei Tage? Pah! Lächerlich! Da würden uns auf dieser langen Reise noch ganz andere Kaliber in die Quere kommen. Also fanden wir uns mit unserem Schicksal ab und nahmen uns vor, das Beste draus zu machen. Das Beste war Plan B: ein touristisches Programm. Baltimore war für so was ja bestens geeignet.

So kam es, dass wir dem Seeaquarium einen Besuch abstatteten. Wir hätten das garantiert nie im Leben getan, wäre das Schiff mit unserem Auto pünktlich in Baltimore eingetroffen. So hat eben alles auch sein Gutes. Denn das Seeaquarium, jetzt mal ehrlich, wird zu Recht als eines der schönsten und größten von ganz Amerika gepriesen. Auch wir waren völlig hingerissen.

Ehrlich?

Ehrlich! Eine herrliche Anlage. Du schaust da nicht in ein Aquarium hinein, sondern meinst, du bist mittendrin! Mitten durch das Aquarium führen gigantische Glasröhren. In denen gehst du herum. Und über dir, unter dir und neben dir bewegen sich gewaltige Haifische, Mantas und anderes gruseliges Meeresgetier. Toll! Sehr beeindruckend! So ein Aquarium habe ich wirklich noch nie gesehen! Ich würde sofort wieder reingehen!

Na na, sie werden euch doch nicht etwa kostenlos reingelassen haben!

Wobei ich mich frage, was wohl die Haie denken über jene Wesen, die da auf zwei Beinen aufrecht in riesigen Glasröhren auf und ab gehen, immer wieder stehen bleiben, blöd in der Gegend rumglotzen und so tun, als gäb's hier was zu sehen.
Du meinst: Wer besichtigt eigentlich hier wen?
Genau.
Beinah ein philosophischer Gedanke, den du da von dir gibst.
Danke, hat mir noch keiner gesagt. Also gut. Weil der Philipp dann noch Lust verspürte, in das Hardrock Café gleich nebenan zu gehen, tat ich mir auch das noch an. Ich muss das in meinem Alter eigentlich nicht mehr haben. Andererseits lockte die Chance, hier endlich wieder mal zu einem richtigen Bier zu kommen. Nach diesem tropenheißen Tag lechzte ich geradezu nach dem vertrauten Gerstensaft. Der Philipp ebenso. Nur wollten sie ihm erst nach Vorlage seines Passes ein Bier ausschenken. Du bekommst in diesem Land nämlich nur dann ein Bier, wenn du das Mindestalter von 21 erreicht hast. Der Philipp war zwar damals schon 23, aber sie glaubten ihm das nicht. Das hat er davon, dass er so jung ausschaut. Mir hat man das sofort geglaubt. Gott sei Dank hatte er den Pass dabei. Sonst hätte er schon wieder eine Cola hinuntergurgeln müssen. Die spinnen, die Amis. Prost!

Am Abend hatten wir dann Lust, richtig schön essen zu gehen und nicht schon wieder Pommes frites in uns reinzumampfen. Wir fanden auch ein Restaurant, das uns gepasst hätte. Als wir aber die Speisekarte studierten und die Preise sahen, verging uns der Appetit schlagartig wieder. Wir hatten uns vorgenommen, auf unserer Reise pro Tag miteinander im Durchschnitt nicht mehr als 50 Euro auszugeben. Hier aber war ein Bier nicht unter 4,50 Euro und eine Pizza nicht unter 10 Euro zu bekommen. Dabei waren das noch die billigsten Sachen. Ein T-Bone-Steak stand mit 20 Euro auf der Karte. Wenn man bedenkt, dass bei dieser Hitze jeder vielleicht zwei Biere trinken und ein T-Bone-Steak verdrücken wollte, wären wir weit über unser Limit gekommen. Also sagten wir wieder unisono: Das machen wir nicht. In der ersten Zeit hielten wir uns auch tatsächlich eisern an diese Regel. Aber je länger die Reise dauerte, desto nachlässiger wurden wir in dieser Hinsicht. Das eine aber hatten wir ziemlich bald begriffen: dass es in Amerika schier unbezahlbar war, gut essen zu gehen.

Wir verließen also das Restaurant und versorgten uns in einem Kaufhaus mit Schinken und Brot. Dazu ein paar Flaschen Cola, weil wir sie gar so mochten. So ausgestattet kehrten wir ins Hotel zurück, setzten uns in unser Zimmer und machten Brotzeit. Schön war's. Währenddessen lief der Fernseher, der läuft in Amerika sowieso ununterbrochen. Es war Montag, der 16. September 2003. Und da bekamen wir zum ersten Mal mit, dass ein Hurrikan namens Isabel unterwegs war, der vom Meer her kam und genau auf Baltimore zusteuerte. Es herrschte eine so große Aufregung, dass es im Fernsehen um gar kein anderes Thema mehr ging. Satellitenfotos zeigten die Ausmaße des Hurrikans. Isabel – eine riesengroße Ansammlung von Wirbelstürmen. Die ganze Nacht sah und hörte man nichts anderes. Am ganzen nächsten Tag ebenso.

Was uns leicht erschütterte, war die Ankündigung, das Zentrum des Hurrikans werde an diesem Freitag, an dem wir eigentlich schon längst über die Berge sein wollten, in Baltimore eintreffen. Und erst am Donnerstag sollten wir das Auto bekommen!

Natürlich gerieten da auch wir in Panik. Und als wir dann am nächsten Tag, also am Dienstag, wieder in die Stadt fuhren, sahen wir an jeder größeren Kreuzung oder Straßenecke, wie (fast ausschließlich) schwarze Arbeiter unter strenger Beaufsichtigung von (ausschließlich) weißen Polizisten Sandsäcke befüllten. Sand, den zuvor Lastwagen hingekippt hatten. Eine gespenstische Szene, weil es sich bei den Arbeitern offensichtlich um Sträflinge handelte, Gefängnisinsassen im Freigang. So was hatten wir noch nie erlebt. Auch das ist Amerika. Ein weiterer Schock.

Erst jetzt wurde auch uns klar, dass mit Isabel was sehr Gefährliches im Anmarsch war. Wir malten uns aus, wie es wohl dem Schiff mit unserem Auto ergehen mochte, wenn es vielleicht ausgerechnet dann Kurs auf den Hafen von Baltimore nahm, während der Hurrikan tobte. Um so wichtiger war es, von hier wegzukommen. Je eher, deso besser.

Überall war Krisenstimmung und überall schienen die Leute sehr nervös zu sein. Das Wetter war aber unverändert schön, über der Stadt wölbte sich ein fast wolkenloser Himmel. Auch als wir dann im Laufe des Tages in ein preiswertes Restaurant einkehrten, jagte im Fernseher eine Sturmwarnung die andere.

Am Dienstag machten wir eine Hafenrundfahrt. Und als wir abends erschöpft ins Hotel zurückkamen und an der Rezeption den Zimmerschlüssel holen wollten, lag ein Fax für uns da. Mit einer äußerst erfreulichen Nachricht: Unser Auto wäre morgen, Mittwoch, in der Früh abholbereit. Einen Tag früher als angekündigt. Na, also.

4. Kapitel

Da ist er doch, der Stamp, schau halt hin, du Lackel, du ausgschamter!

Am Mittwoch, 17. September, dem Tag 5 unserer Reise, checkten wir gleich in der Früh im Hotel aus, fuhren mit unserem Gepäck per S-Bahn in die Innenstadt und schnappten uns ein Taxi zum Hafen. Der Taxifahrer war ein einziger Glückstreffer. Nicht nur, dass er ein überaus netter und hilfsbereiter Typ war und sich allergrößte Mühe gab, uns an die richtige Stelle zu bringen. Er fand auch gegenüber Wachleuten den richtigen Ton, so dass sie das eine oder andere Mal Gittertore öffneten, um uns einfahren zu lassen.

Trotzdem dauerte es eine ganze Weile, bis wir auf diesem riesigen Gelände am richtigen Ort waren, nämlich da, wo wir unser Auto zurückbekommen sollten. Als wir dort eintrafen, war es Viertel vor zwölf. Da hieß es jedoch, wir müssten erst noch zur Einreisebehörde und zum Zoll; das Gebäude sei aber gleich ums Eck. Wir sofort hin und rein.

So richtig begeistert schienen die Zollbeamten dort aber nicht zu sein, als wir von ihnen so kurz vor ihrer Mittagspause noch was wollten. Jedenfalls schaute derjenige, den das schwere Los getroffen hatte, uns abfertigen zu müssen, leicht gekränkt auf seine Armbanduhr und murmelte was von *ten minutes to high noon*. Und dass wir uns gefälligst beeilen sollten.

Andererseits war der Zeitpunkt genau der Richtige: Weil der Mann uns schnell wieder loswerden wollte, haute er blindlings einen Stempel nach dem anderen in unsere Papiere: Nach fünf Minuten war der Fall erledigt.

Als wir das Gebäude wieder verlassen wollten, trafen wir auf Zollbeamte, die vom oberen Stockwerk die Treppe runterkamen und uns ansprachen. Sie hätten von oben den Oldtimer stehen gesehen, ob er uns gehöre und ob sie ihn anschauen dürften. Unser Auto? Nanu, das hatten wir ja selber noch nicht gesehen. Also traten wir mit den Beamten ins Freie und staunten: Tatsächlich hatte man uns den Dixi vor das Gebäude gefahren.

Da stand es nun, unser schönes Auto, wie hingestellt und nicht abgeholt. Was für ein Wiedersehen nach so langer Zeit! Und die Beamten meinten, das sei ja der Wahnsinn, mit so einem kleinen, alten Auto so eine große Tour zu machen, und fanden das alles recht lustig. Ich inspizierte das Auto kurz und stellte fest, dass alles in Ordnung war und nichts fehlte. Dann gingen wir zum Taxi, nahmen unser Gepäck und entlohnten den Fahrer.

Der Rest der Prozedur war in zehn Minuten erledigt.

Jetzt erst konnte unsere Reise wirklich beginnen. Was wir bisher getan und erlebt hatten, war allenfalls ein Vorgeplänkel gewesen, mehr nicht. Der Flug nach London und von dort nach Amerika, die Bekanntschaft mit Marion und Dave, das Seeaquarium von Baltimore und die Pommes frites mit Cola im McDonald's – alles

Kleinkram. Abgehakt. Jetzt erst würden wir in die große weite Welt hinausfahren, Amerika kennen lernen. Und anschließend den Rest der Welt.

Zufrieden mit uns setzten wir uns in den Dixi und winkten den Leuten noch mal fröhlich zu. Dann rollten wir ein paar Meter vor zu einem Häuschen, um uns dort den allerletzten Stempel verpassen zu lassen. Als auch das erledigt war, fuhren wir los. Das Abenteuer konnte beginnen.

Nach hundert Metern war die Fahrt zu Ende. Ein Riesentohuwabohu erst hinter, dann neben uns. Überholte uns doch einer mit seinem Pkw und zwang uns hupend und schreiend, rechts ran zu fahren. Der Mann kroch krakeelend aus seiner hässlichen Karre und befahl uns im Kasernenhofton, auf der Stelle umzukehren und zum Gebäude der Frachtgesellschaft zurückzufahren.

„Why this?", fragte ich in lupenreinem Oxford-Englisch, bei dem ich nur das th *(tee age)* noch nicht so ganz im Griff habe. Worauf er antwortete, wir hätten „no stamp".

No stamp? Da kam er gerade an den Richtigen. Jetzt wurde auch ich ein wenig pampig und fauchte zurück, diesmal aber in gepflegtem Schongauer Englisch: „Was heißt hier no stamp? Stamp is okay! Da ist er doch, der Stamp, schau halt hin, du Lackel, du ausgschamter! Die ganze Mappe hier ist voller Stamps."

So was hatte ihm noch keiner gesagt. Ich hielt ihm sämtliche *stamps*, derer ich bislang in Amerika habhaft geworden war, unter seine freche Nase. Lieber noch hätte ich sie ihm links und rechts um die Ohren gehauen. Er aber scherte sich nicht darum, warf nicht mal einen Blick auf meine gesammelten Werke. Stattdessen wurde er noch böser, als er eh schon war, und nötigte mich, unverzüglich kehrtzumachen. Bevor ich mich von ihm erschießen lasse, dachte ich, kehre ich lieber um. Also wendeten wir.

Und was war's? Wir hatten vergessen, die Hafengebühr zu bezahlen.

Da fiel mir dann auch siedend heiß ein, dass man mich in Deutschland tatsächlich auf diese Gebühr aufmerksam gemacht hatte und dass sie uns in Baltimore abkassiert werden würde. Hatte ich glatt vergessen. Ich entschuldigte mich, zahlte und alles war wieder okay.

Schwupps waren wir wieder 40 Dollar los. Dafür hätten wir im McDonald's schon wieder etliche Portionen Pommes frites in uns reinmampfen können. Mit Cola selbstverständlich.

PS: Stamp bedeutet im Englischen sowohl Briefmarke als auch Stempel. In diesem Fall ging es eindeutig um einen Stempel.

5. Kapitel

Bloß weg von hier!

Bis wir nach vielen Irrungen und Wirrungen aus der Stadt Baltimore herausgefunden und endlich auf der richtigen Straße Richtung Washington gelandet waren, war es schon wieder halb zwei. Trotzdem wollten wir uns die Hauptstadt der USA auf keinen Fall entgehen lassen. Dort würden wir ein Stück weit von Baltimore entfernt sein – und damit auch von dem Ereignis, das sich unaufhaltsam auf diese Stadt zubewegte. Nichts wie fort von hier, dachten wir und sputeten uns. Trotzdem erreichten wir Washington drei Stunden später als vorgesehen.

Natürlich wollten auch wir in Washington nichts anderes anschauen als vermutlich alle Leute, die die Hauptstadt besuchen: das Weiße Haus und das Capitol. Das war unser Minimalprogramm, zu mehr reichte es leider nicht. Aber da tauchten schon die ersten Hindernisse auf. Die Zufahrten zu beiden Gebäudekomplexen waren aus Sicherheitsgründen weiträumig für den Autoverkehr gesperrt. Wir mussten unser Auto ganz weit weg, ja fast am Stadtrand draußen parken und den langen Weg zurück ins Zentrum zu Fuß gehen. Doch auch dieser Versuch scheiterte. Wir gerieten von einer Sicherheitskontrolle in die andere, und irgendwann verging uns die Lust, überhaupt was sehen zu wollen. Stunden wären vergangen, bis wir uns den Sehenswürdigkeiten auch nur auf einen Kilometer angenähert hätten.

Ein einziger Jammer, was dieser 11. September bei den einstmals so heroischen Amerikanern angerichtet hat. In Washington ist uns das besonders unangenehm aufgefallen. Eine traumatisierte Nation. Hoffentlich erholen sie sich davon wieder. Ist ja manchmal kaum zum Aushalten. *This is not America!* Das hat – allerdings schon lange vor dem 11. September 2001 – David Bowie gesungen, von Pat Metheny auf der Gitarre begleitet.

So kam es, dass wir zwar in der Metropole der Vereinigten Staaten von Amerika waren, vom Weißen Haus aber nur was aus weiter Ferne gesehen haben. Immerhin können wir bestätigen: Es gibt das Weiße Haus und es ist auch tatsächlich weiß. Das Capitol schenkten wir uns.

Binnen zwei Stunden war Washington abgehakt: zwei vertane Stunden. Doch jetzt hatten wir erst mal andere Sorgen. Es war schon fast sieben Uhr und wir wussten nicht, wo wir die Nacht verbringen sollten. Sicherlich auf einem Campingplatz; die Frage war nur auf welchem.

Es gab aber auch noch einen anderen Grund, weshalb ich auf die Tube drücken musste. Mir war bekannt, dass in wenigen Tagen in Austin, Texas, der BMW Car Club of America, eine der honorigsten und mitgliederstärksten Vereinigungen von Liebhabern der bayerischen Automarke, seine Jahresveranstaltung abhalten würde. Diese findet jedes Jahr in einem anderen US-Staat statt, und ich hatte dieses Ereignis ganz bewusst in die Reiseplanungen einbezogen. Schließlich ist ja auch mein Dixi von Geburt an ein BMW-Produkt, also wollte ich um jeden

Preis pünktlich in Austin sein. Nur wusste ich nicht genau, wie weit es noch bis dorthin war. Und ob unser Dixi überhaupt in der Lage sein würde, diese Distanz rechtzeitig zu schaffen.

Nach unserem enttäuschenden Besuch in Washington fuhren wir wieder auf den Highway und weiter Richtung Süden. Auf den Karten, die wir dabei hatten, waren dummerweise nur Interstates und Highways verzeichnet, nicht aber Landstraßen. Gerade diese aber wären für unser 15-PS-Auto die Richtigen gewesen. Andererseits hatte ich sehr wohl im Gedächtnis behalten, was uns der gute Dave am Flughafen von Baltimore zum Thema Landstraßen gesagt hatte. Dass sie nämlich nichts taugen.

Gegen neun Uhr, als es schon fast dunkel war, kamen wir an einen Abzweig, an dem der *Camp Ground Front Royal* ausgeschildert war, und wir folgten den Schildern. Am Campingplatz angekommen, stellten wir fest, dass wir die einzigen Gäste waren. Die Campingsaison war bereits vorbei. Selbst in der Dunkelheit machte der Campingplatz einen unaufgeräumten Eindruck. Wir entdeckten auch eine Art Kiosk, in dem noch Licht brannte. Weil es aber schon zu vorgerückter Stunde war, verzichtete ich darauf, dort meine Aufwartung zu machen. Das entsprach zwar nicht meinen Gepflogenheiten, weil ich ja immer alles ganz genau wissen will. Aber ich war zu abgekämpft für solche Aktivitäten, Washington hatte mir den letzten Rest gegeben. Außerdem wollte ich auch keine schlafenden Hunde wecken. Also sahen wir zu, dass wir das Dachzelt entfalteten, eine Kleinigkeit aßen und uns in die Betten verkrochen.

Es war unsere erste Nacht nicht nur auf einem amerikanischen Campingplatz, sondern auch in unseren Betten hoch oben unterm Dachzelt. Die Generalprobe sozusagen. Sie verlief erfolgreich – wenn man das von einer Nacht, in der man gut geschlafen hat, so sagen kann.

Der darauf folgende Tag war Donnerstag, der 18. September 2003. Er war der Tag 6 unserer Reise. Ein Tag, den der Philipp und ich so schnell nicht mehr vergessen werden. Besser gesagt: die Nacht, die diesem Tag folgte.

Aber noch war die Welt in Ordnung. Vom Camp Ground Front Royal konnte man das so nicht sagen. Erst jetzt am helllichten Tag sahen wir, in was für einem Zustand er war. Wie Kraut und Rüben lag alles durcheinander, Tische, Stühle, Luftmatratzen, Müll, Unrat, Äste. Sogar rausgerissene Baumstämme lagen rum. Einfach alles. Für einen Campingplatz eigentlich unmöglich. Aber es kümmerte uns nicht weiter. Mit unseren Gedanken waren wir schon wieder weg. Als wir das auch mit dem Auto sein wollten, öffnete sich die Tür vom vermeintlichen Kiosk und eine Frau trat heraus. Sie rieb sich die Augen, als sie uns sah und schien sich zu wundern. Dann aber kam sie entschlossenen Schrittes auf uns zu.

Ihr Aussehen glich dem des Campingplatzes. Die Frau war fortgeschrittenen Alters, also jenseits der Siebzig. Sie war in unsägliche alte Klamotten gehüllt, hatte zerzaustes Haar und machte insgesamt einen ziemlich runtergerissenen Eindruck. Aber sie war nett. Sie begrüßte uns freundlich, stellte sich als die Besitzerin des Campingplatzes vor und lud uns zu einer Tasse Tee in ihren Kiosk ein. Es würde nur ein paar Minuten dauern.

Okay, dachten wir, auf diese paar Minuten kommt es auch nicht mehr an. Also dankten wir für die Einladung und klopften nach zehn Minuten am Kiosk an. Als die Tür aufging, stand eine völlig andere Frau vor uns. Wir meinten fast, wir hätten uns in der Hausnummer geirrt, so fein hergerichtet hatte sich unseretwegen die alte Dame: die Haare raufgesteckt, Rouge aufgelegt, ein Kettchen umgelegt, gut gekleidet. Fast wie richtig.

Jetzt waren wir es, die sich die Augen rieben. Für uns war sie auf einmal eine völlig andere Frau. Was man doch als Frau alles machen kann, um Männer in Erstaunen zu versetzen!

Natürlich konnte unter diesen Umständen der Tee nicht fertig sein. Bis er fertig ist, sagte sie, sollten wir uns ruhig ein bisschen in ihrer Behausung umschauen. Sie sammle allen möglichen Krimskram. Das machte sie mir gleich noch sympathischer. Aber was wir in ihrem Verhau vorfanden, war größtenteils nur typisch amerikanischer Kitsch.

Zum Beispiel?

Zum Beispiel eine ganze Reihe von Nikoläusen, die man aufziehen kann. Es war ja schon Vorweihnachtszeit, und da haben es die Amerikaner mit dem Santa Claus.

Ich dachte, wir sind gerade mitten im September.

Schon. Aber die fangen da drüben mit dem Spektakel schon ganz früh an. Außerdem lagen da Windrädchen, Cola-Reklameschildchen, Schachteln und Flaschen und Teller rum. Die Frau hat in diesem Gerümpel auch gewohnt. Natürlich fanden wir das alles wunderbar. Sie hatte es nicht anders erwartet und war ganz stolz, dass uns das alles so gut gefiel. Eine richtig gesunde Gesichtsfarbe bekam sie auf einmal. Wenn ihr öfter mal einer ein Kompliment machen würde, dachte ich, müsste sie nicht gar so viel Rouge auftragen.

Kannst ja ganz schön böse sein.

Ist doch nur Spaß.

Ach so.

Irgendeine Erinnerung an Frau und Campingplatz wollte ich trotzdem gern mitnehmen. Nach langem Suchen fand ich ein schönes, amerikanisches Autokennzeichen. Aber ausgerechnet von diesem Stück wollte sie sich auf keinen Fall trennen, da würden einfach zu viele Erinnerungen dranhängen. Alles hier hätte ja irgendeine Geschichte, klärte sie mich auf, auch dieses Schild. Da wäre halt so. Sonst aber war sie ganz nett. Gut, sagte ich dann, wenn sonst schon nichts ging, würde sie sich vielleicht fotografieren lassen. Ich fragte sie. Da bekam ihr Gesicht noch mehr Farbe. Wie ein *model* stellte sie sich in Pose und ließ sich von allen Seiten ablichten.

Zuletzt fragte sie uns noch, ob wir bemerkt hätten, in welchem Zustand der Campingplatz war. Klar haben wir das, sagten wir. Da erzählte sie uns, dass es hier vierzehn Tage zuvor eine Riesenüberschwemmung gegeben habe. Der Campingplatz sei ja gegen einen Berg gebaut, so dass bei dem Unwetter das ganze Wasser heruntergeströmt war und alles – Tische, Stühle, Liegen – in Richtung Kiosk geschwemmt hatte. Darum lag jetzt alles kreuz und quer herum. Und wir

„Für uns war sie auf einmal eine völlig andere Frau" – *Herbert und Philipp erleben, wie sich ihretwegen eine gewöhnliche Campingplatzbetreiberin innerhalb weniger Minuten in eine beinahe attraktive ältere Dame verwandelt*

dachten schon ... Also, ich hab keine Ahnung mehr, was wir dachten. Vielleicht fällt es mir ja wieder ein.

Gegen zehn kamen wir dann endlich weg und fuhren auf der *Interstate* Nummer 221 – weil wir jetzt in Amerika sind, sag ich das künftig nur noch auf Amerikanisch – auf der *Number 221* weiter Richtung Süden. Auf unserer Straßenkarte hatte ich eine Ortschaft mit dem Namen Floyd entdeckt. Floyd, dachte ich mir, klingt irgendwie gut und kam mir vertraut vor. Konnte gut sein, dass ich das damals mit Pink Floyd durcheinander gebracht habe. Jedenfalls mussten wir, um zu dem besagten Floyd zu kommen, von der Interstate runter und auf einer Landstraße weiterfahren.

Die Gegend war fast schon ein bisschen gebirgig und wir kamen auf lange Steigungen – nicht ganz so ideal für den Dixi, der sich in seinem Alter und mit seinen 15 PS bei Steigungen egal welcher Art ganz schön anstrengen muss. Das Wetter: unverändert schön.

6. Kapitel

Isabel
und eine Nacht des Missvergnügens

Am Donnerstag, 18. September, dem Tag 6 unserer Reise, fing es im Laufe des Nachmittags zu nieseln an. Seit wir uns in Amerika aufhielten, das erste Mal, dass es regnete. Nur leicht, aber anhaltend.

Wir fuhren Richtung Texas, also in den Süden, und waren froh über jede Meile, die uns von Baltimore wegbrachte. Nicht, dass wir uns dort nicht wohl gefühlt hätten, ganz im Gegenteil. Ich denke nur an das Seeaquarium und die Fritten im McDonald's. Der Drang, von dieser schönen Hafenstadt wegzukommen, hatte ausschließlich mit Isabel zu tun.

Abgesehen davon, dass es mich interessieren würde, warum *hurricanes* immer Frauennamen tragen, machten uns Radiomeldungen Sorgen, in denen es hieß, der Hurrikan sei planmäßig unterwegs. Planmäßig unterwegs bedeutete nichts anderes als: Isabel würde noch am heutigen Abend Baltimore erreichen. Wir hatten nicht die allergeringste Sehnsucht nach ihr und eher das Gefühl, dass es mit ihr recht ungemütlich werden konnte. Also sahen wir zu, dass wir uns schleunigst vom Acker machten.

Aber da war der ständige Regen, der mich zwang, das Tempo zu drosseln. Und als wir dann auch noch auf der Number 221 im Nationalpark Shenandoah, Virginia, auf eine nicht enden wollende Steigung gerieten, ging es noch ein Stück langsamer voran. Mit vielleicht 10 km/h zuckelten wir dahin. Regen und Steigung, das war nichts für unseren Dixi. Er mühte sich redlich, kam aber kaum noch vom Fleck.

Von Baltimore, Maryland, nach Shenandoah, Virginia, wo wir gerade dahinkrochen, mochten es vielleicht 100 Meilen Luftlinie sein. Nun stehen wir zwei ja nicht gerade im Verdacht, Hurrikan-Experten zu sein. Aber wir redeten uns ein, dass uns die wilde Isabel über diese Entfernung doch wohl in Ruhe lassen würde.

Gegen sechs Uhr nachmittags begegneten wir dem Schild von einem *campground*. Und weil uns das Herumtritscheln im Nieselregen mürbe zu machen begann, verließen wir die 221. Das war vielleicht 70 Meilen vor Charlottesville. Es schien uns auch, als würde es an diesem Tag früher als sonst dunkel werden. Vielleicht lag es am Regen.

Zum angekündigten Campingplatz führte eine schmale, holprige und infolge des Regens glitschige Straße hinauf. Nach wenigen hundert Metern gabelte sie sich. Halblinks ging es weiter den Berg hoch, rechts zweigte man zum Campingplatz ab. Als wir auf den zuhielten und durch das sperrangelweit geöffnete Portal fuhren, sahen wir: Hier ist der Hund begraben. Kein Mensch weit und breit, von Autos keine Spur. Nur hier und da ein Wohnwagen ohne Innenleben.

Ein geöffneter und doch geschlossener Campingplatz.

Trotzdem fuhren wir erst mal rein. Nur um zu schauen, ob sich nicht doch ein bisschen was tut. Wir parkten das Auto, stiegen aus und spazierten auf dem Gelände herum. Eine eigenartige, fast bedrückende Atmosphäre: hier ein durchaus ansehnlicher, geschickt in den Hang hineingebauter und von zahlreichen Bäumen gesäumter Campingplatz. Und dort wir zwei, wie wir ganz allein auf weiter Flur mit hochgestelltem Kragen im Regen herumstaksten und nicht wussten, ob wir uns das wirklich antun sollten.

Wahrscheinlich, sagten wir uns, sehen wir das Ganze falsch. Wir waren es halt anders gewöhnt. In Deutschland wäre nämlich ein wegen Saisonende geschlossener Campingplatz auch wirklich geschlossen. Verrammelt und unzugänglich. Nichts würde mehr gehen.

Okay, allzu viel ging auch hier nicht. Zwar gab es wie auf jedem Campingplatz einen Kiosk. Der aber war ebenso dicht wie die sanitären Anlagen auf der anderen Seite des Platzes.

Etwas komisch war uns schon zumute. Trotzdem entschlossen wir uns nach längerem Zögern, die Nacht hier zu verbringen. Jetzt im Regen noch mal die glitschige Straße runterzufahren und einen anderen Campingplatz zu suchen, von dem wir nicht wussten, ob es ihn überhaupt gab, dazu hatten wir keine Lust mehr. Letztlich waren wir froh, hier gelandet zu sein: Hatte es nicht einen Hauch von Abenteuer, so ganz allein auf einem von allen guten Geistern verlassenen Campingplatz zu residieren und dem Regen zuzugucken? Für solche Fälle waren wir auch bestens ausgerüstet. Was zu essen hatten wir auch dabei.

Also schauten wir uns nach einem geeigneten Standplatz um und entdeckten einen auf der Anhöhe im hinteren Teil des Geländes. Dort gab es vor allem ein Plateau, auf das wir den Dixi so abstellen konnten, dass er quer zum Hang stand. Ein Ort wie geschaffen für uns. Bei dem Regen erschien uns der Platz hier oben jedenfalls vernünftiger als einer unten in der Ebene. Dort konnte sich Wasser ansammeln, und bei anhaltendem Regen konnten wir gezwungen sein, am nächsten Tag in Pfützen herumzuwaten oder gar in einem See zu schwimmen.

Das Dachzelt brachten wir so in Position, dass wir nicht nass werden konnten, wenn wir darunter den Abend verbrachten. Wir hatten uns vorgenommen, uns allen widrigen Umständen zum Trotz nicht die Laune verdrießen zu lassen. Um dem vorzubeugen, leerten wir zum Essen eine Flasche Wein. Richtig gemütlich wurde es noch. Ein richtig romantischer Abend.

Müde, aber zufrieden mit Gott und dem Campingplatz krochen wir gegen elf in unsere Dachbetten hinauf. Ich erinnere mich, dass es zu diesem Zeitpunkt nicht mehr nur wie am Nachmittag vor sich hingenieselt, sondern doch richtig kräftig geregnet hat. Unserer guten Laune tat das keinen Abbruch, es interessierte uns schlicht nicht.

Wenn ich heute, nach über zwei Jahren, allen Ernstes behaupte, ich hätte in dieser Nacht davon geträumt, dass die Welt untergeht, glaubt mir das natürlich kein Mensch. Ich glaube es ja selbst kaum. Tatsache aber ist, dass ich dem Philipp am nächsten Tag, als wir in einem bayerischen (!) Restaurant (von dem im nächsten Kapitel die Rede sein wird) die Ereignisse dieser Nacht Revue passieren ließen, über diesen merkwürdigen Traum erzählte. Also kann er nicht nur ein Hirngespinst gewesen sein.

Sicher weiß ich, dass ich den Höllenlärm, der dann irgendwann um uns herum tobte, anfangs nur im Unterbewusstsein wahrnahm – oder eben als Teil meines Albtraums. Ich glaube, es dauerte Minuten, bis ich kapiert hatte: Hoppla, hier ist ja der Teufel los!

Ich war jetzt zwar hellwach, aber doch noch so verwirrt, dass ich um ein Haar aus dem Bett gesprungen wäre. Vom Dixi-Dach runter. Das wäre mir nicht so gut bekommen.

Von da an aber handelte ich mit Sinn und Verstand, beinahe planvoll.

Zunächst wollte ich die Lärmquelle orten und riss das Dachzelt zur Seite – und sah, dass ich nichts sah. Es war stockfinstere Nacht. Umso mehr hörte ich. Ich kam mir vor wie in einem Katastrophenfilm, in dem die auf laut gestellte Dolby-Surround-Anlage redlich bemüht war, auf allen Kanälen einen ohrenbetäubenden Sound zu erzeugen – einen Mix aus Rauschen und Ächzen und Knirschen und Krachen.

Ich griff zur Taschenlampe. In ihrem fahlen Licht konnte ich erkennen, dass wir mitten in einem Wildbach standen, der von der Anhöhe zu uns herunterstürzte und mitriss, was sich ihm in die Quere stellte – Geröll, Felsbrocken, Äste, ganze Baumstämme. Der Wildbach donnerte an uns vorbei und verschwand unter uns im Dunkel der Nacht. Unser Auto aber ließ er wie durch ein Wunder unbehelligt – es stand, wie ich bei genauerem Hinsehen sah, mit allen vier Rädern auf einer Art Insel. Wie ein Fels in der Brandung. Das Plateau, auf dem wir uns befanden, war ein wunderbarer Platz; eigentlich sogar unsere Rettung.

Ich warf einen Blick auf die Uhr, es war ein paar Minuten nach eins. Jetzt erst holte ich den Philipp aus dem Tiefschlaf: „Aufwachen! Ein Wildbach! Wir müssen weg!" Auch bei ihm dauerte es, bis er was checkte. „Wildbach?" murmelte er. „Was für ein Wildbach?"

Was mir aber in den Sekunden danach durch den Kopf ging, das ist so absurd, dass ich am liebsten gar nicht darüber reden mag.

Jetzt machst du es aber spannend!

Die ganze Situation war spannend, die muss ich nicht noch spannender machen.

Also auf geht's: Was ging dir durch den Kopf?

(lange Pause)   Es war ja nicht nur eine spannende Situation, sondern eine, die für uns nicht ungefährlich war. Und in der ich es auch richtig mit der Angst zu tun bekam. Das passiert mir eigentlich selten.

Es ging jetzt richtig um die Wurscht!

Also hätte mich jetzt eigentlich nichts anderes interessieren dürfen als nur die Frage: Wie kommen wir hier wieder weg?

Stimmt.

Mitten in der Nacht, bei strömendem Regen, auf einer Anhöhe, mitten im Wildwasser. Kein Mensch weit und breit. Angst.

Überlebensangst?
Das nicht. Einfach nur Angst. Das reicht. Und doch kam mir jetzt ein anderer Gedanke in den Sinn. Ein völlig unmöglicher. Es ist unglaublich, aber in diesem Augenblick dachte ich: Wie toll, dass uns das passiert!
Das meinst du jetzt aber nicht ernst?
Ich meine es ernst. Ich dachte mir: Das fängt ja richtig gut an. Kaum sind wir ein paar Tage unterwegs, schon passieren die tollsten Sachen, schon sind wir mitten in einem Hurrikan. Wir waren zwar nicht mitten in einem Hurrikan, wie es mir in diesem Augenblick vorkam, es war ja nur ein Ausläufer von ihm. Oder von ihr, der Isabel.
Du hast also gedacht: Großartig! Ein Ereignis, über das man zu Hause was erzählen kann – der Frau, den Bekannten, den Freunden am Stammtisch in der Blauen Traube. Oder ...
... oder der Presse. Ja, vor allem der Presse. Mir war doch immer völlig klar, dass es ein Stoff für die Presse sein muss, wenn einer hergeht und mit einem Dixi, der gerade mal fünfzehn PS hat und den er sich auch noch selbst zusammengebaut hat, um die Welt fährt. Die Medien lechzen doch nach so was.
Jetzt stell dir aber vor, du machst das, fährst da hin und fährst dort hin, fährst praktisch um die ganze Welt – und es passiert nichts, es klappt alles wie am Schnürchen. Nach einem halben Jahr kommst du zurück und erzählst: Das Wetter war schön, die Straßen waren gut und die Menschen nett. Die Leute hören dir aus Höflichkeit eine Zeitlang zu, wenden sich dann aber ab. Weil du sie zu Tode langweilst. Und erst recht, wenn du so was der Presse erzählst. Klar, die Schongauer Nachrichten bringen auch so eine Geschichte; müssen sie ja, weil du da wohnst. Irgendwas müssen sie ja über einen Mitbürger schreiben, der mit einem Dixi die Welt umrundet hat. Aber eigentlich wollen die Medien schon lieber Geschichten, in denen die Post abgeht.
Und jetzt ging gerade die Post ab.
Mehr, als mir lieb war. Und während wir taten, was zu tun war – schnell runter vom Dach, das Dachzelt weggeklappt, schauen, wie wir von da wegkommen – während wir das alles machten, dachte ich auch immer daran, wie ich diesen Krimi einmal in die Welt hinausposaunen werde. Ehrlich.
Hast du ihn denn auch tatsächlich so in die Welt hinausposaunt, den Krimi? So, wie du es dir vorgestellt hast?
Ich glaube schon.
Wie hört sich das denn an?
Wie – soll ich jetzt das Ganze noch mal von vorn erzählen?
Um Gottes Willen! Nur wie es weitergeht.
Gut. Wo waren wir gleich noch stehen geblieben?
Du warst da stehen geblieben, wo ihr nicht stehen geblieben seid – auf eurem Plateau, hoch oben auf dem Berg.
Na ja, so hoch oben waren wir nun auch wieder nicht. Nur auf einer Anhöhe. Aber in stockfinsterer Nacht und ...
... bei strömendem Regen. Hatten wir schon.

Hoppla, hier ist ja der Teufel los! Bereits in ihrer zweiten Nacht auf dem Dixi geraten die Nockers in den Ausläufer eines Hurrikans. Mit ein bisschen Pech hätte die Reise hier zu Ende sein können

Ach so. Nachdem ich also geschrien hatte, „Wir müssen fort von hier!", fuhren wir tatsächlich drei Minuten später los. Nach ein paar Metern kamen wir zu einem Kreisverkehr. Den hatte ich am Abend zuvor gar nicht gesehen und demzufolge keine Ahnung, wo es weiterging. Wir mussten ja erstmal aus diesem verdammten Campingplatz rauskommen. Weil ich kaum was sehen konnte, fuhr ich aufs Geratewohl in eine der drei Straßen – und stand nach 20 Metern erneut vor einem reißenden Fluss. Also wieder zurück zum Kreisverkehr, eine andere Straße probieren. Zum Glück ist unser Auto kurz gebaut und ich konnte auf diesen engen Straßen einigermaßen wenden. Mit einem Wohnmobil hätte ich ziemlich alt ausgesehen.

Auf verschlungenen Pfaden gelangten wir schließlich zum Ausgang. Davor mussten wir aber noch über eine Brücke. Auch sie stand unter Wasser. Weil sie mit Baumstämmen, Wurzelzeug und Steinen übersät war, konnte sie nicht so ganz tief unter Wasser sein. Wir hatten keine andere Wahl, wir mussten es riskieren. Also tasteten wir uns im Zeitlupentempo und im Slalom über die Brücke – immer auf einen Absturz gefasst.

Es war das gefährlichste Manöver, das ich je mit dem Dixi durchgeführt habe. Nachträglich kann ich nur sagen: Wir hatten ein unbeschreibliches Glück.

Von da an kannten wir uns wieder aus. Wir fuhren durch den Ausgang und dann nach links die glitschige Straße runter, wo wir wieder auf eine befestigte Teerstraße kamen, die Number 221. Die Frage war nun: Quälen wir den Dixi nach rechts den Berg hoch, oder fahren wir links ins Tal hinunter? Wir entschieden uns für rechts, bergauf. Im Tal, dachten wir, würden wir vielleicht wieder im Wasser landen. Davon hatten wir einstweilen genug.

Kaum waren wir aber dreihundert Meter den Berg hochgefahren, war schon wieder Endstation. Wieder versperrte uns ein wildgewordener Gebirgsfluss die Weiterfahrt. Also wendeten wir, ließen das Auto nach unten rollen und tasteten mit einem Suchscheinwerfer die Umgebung ab – auf der Suche nach einem Ort, wo wir im Auto dösen und den Tagesanbruch abwarten konnten. Schließlich fanden wir eine Stelle direkt an einer Felswand, an die wir uns mit dem Dixi dicht dranschmiegten, die Schnauze zum Tal, um leichter wieder fortzukommen.

Es war jetzt kurz vor zwei. Eine einstündige, nervenzermürbende Irrfahrt lag hinter uns.

Im Auto dösend, standen wir bis in der früh um halb sieben an dieser Felswand. Es wurde hell und der Regen hörte auf. Das Schlimmste hatten wir wohl hinter uns.

Weil wir noch einmal in unsere Betten auf dem Dach kriechen wollten, fuhren wir weiter talabwärts. Dort entdeckten wir auf einer Wiese ein Blockhaus. Hier gefiel es uns. Also stellten wir uns vor das Haus, klappten unser Dachzelt auf und legten uns noch mal aufs Ohr. Richtig schlafen konnten wir aber auch hier nicht. Zu laut war das Wummern von Motoren, das aus der Ferne zu uns drang. Später sahen wir, wie schwere Bergungsfahrzeuge – mächtige Radlader und Raupen – Gesteinsbrocken und Baumstämme von den Straßen räumten.

Wir fuhren weiter Richtung Tal. Auch da mussten wir zwei größere Brücken passieren, die Isabel oder ihr Ausläufer übel zugerichtet hatte. Die eine stand nur unter Wasser, die andere, größere, hatte es dagegen fast völlig weggerissen. Weil wir darin aber mittlerweile geübt waren, trauten wir uns über beide und standen am Ende trockenen Fußes wieder auf einer richtigen Straße.

Erst als wir unten im Tal ankamen, war der Spuk für uns vorbei.

Gut, wir können uns heute nicht damit brüsten, wir hätten eine Nacht mit Isabel verbracht. Ich versichere dir aber: Auch die Nacht mit einem ihrer Ausläufer hatte was.

7. Kapitel

Hast du gerade Tafelspitz gesagt?

Die Resi, meine gute Frau. Heute, nach dieser turbulenten Nacht, dachte ich, rufst du sie mal an. Es konnte ja sein, dass sie im Fernsehen was von diesem *hurricane*mitbekommen hatte, sich unseretwegen Sorgen machte oder gar bittere Tränen vergoss. Das muss alles nicht sein, dachte ich, und wollte ihr nur kurz sagen, dass wir war einiges durchgemacht hatten, Gott sei Dank aber mit einem blauen Auge davongekommen waren.

Seit unserem Aufenthalt in Amerika hatte ich nur ein einziges Mal mit ihr gesprochen. Aus Baltimore hatte ich ihr berichtet, dass wir einen angenehmen Flug hatten und gut in Amerika angekommen waren, das Schiff mit unserem Auto aber auf sich warten ließ, da es in Kanada fest hing.

Das Telefonieren war übrigens ein arger Zirkus. Es ist auf der ganzen Welt ein arger Zirkus. In dem einen Land geht es nur mit Telefonkarte, in dem andern nur mit Münzen und ganz woanders nur mit Kreditkarte. Dann haut es mal nicht hin, weil die Vermittlung nach Deutschland nicht funktioniert. Und ein anderes Mal klappt es nicht, weil die Verbindung gestört ist und du kein Wort verstehst. Die Kommunikation nach Hause war eigentlich während unserer ganzen Reise immer schlecht.

Also ging ich in eine Art Internet-Café und rief die Resi von dort aus an. Da ich sie nicht erreichen konnte, versuchte ich es bei meiner Schwester Gerlinde. Die wohnt im selben Haus und würde der Resi alles Berichtenswerte erzählen.

Ich bekam Gerlinde auch tatsächlich an die Strippe und noch während ich sie begrüßte, fiel sie mir ganz aufgeregt ins Wort: Mensch, sagte sie, habt ihr das mitgekriegt mit dem Hurrikan? Bei uns berichten sie im Fernsehen ja andauernd darüber und auch die Zeitungen schreiben was von dem Hurrikan, der nach Baltimore rüberzieht und es muss Baltimore ganz schön erwischt haben und ihr habt doch gesagt ihr seid in diesen Tagen in der Gegend, weil das Schiff mit eurem Auto in Kanada hängen geblieben ist und ihr jetzt auf dieses Schiff warten müsst und hoffentlich hat euch der Hurrikan nicht erwischt und –

– da zwitscherte es plötzlich in der Leitung und die Sprechzeit war zu Ende. Vielleicht war ich auch nur beim Telefonieren versehentlich an einen falschen Knopf geraten. War aber nicht so tragisch, das Wichtigste war ja gesagt. Gerlinde wusste jetzt, dass wir noch lebten. Und ich wusste jetzt, dass man das mit dem Hurrikan auch in Deutschland mitbekommen hatte. Das reichte. Und die frohe Botschaft von unserem Überleben würde die Gerlinde sicher bei der nächsten Gelegenheit der Resi eins zu eins weitergeben.

(Pause)
Du, horch!
Ja, ich horche.
Wenn wir diesen Text so stehen lassen, gibt es Ärger.

Mit der Gerlinde?
Ja.
Wenn sie das Buch liest.
Richtig.
Ich verstehe. Soll ich es also wieder wegklicken?
Ja.
Dann klicke ich es weg.
Ist es schon weg?
Jetzt ist es weg.
Schade. Es war so schön! Könntest du es denn vielleicht auch wieder herzaubern?
Ist schon wieder da. Sag mal: War denn das Telefongespräch auch wirklich so, wie du es erzählt hast?
(keine Antwort)
Aha. Also hast du's erfunden!
(keine Antwort)
Wie war das Gespräch denn wirklich?
Es war so, dass wir uns eigentlich ganz normal unterhalten haben. Es war so normal, dass wenn wir das im Buch so wiedergeben würden, der Leser das Buch zuklappt. So was will doch kein Mensch lesen.
Wenn du das Gespräch nicht völlig frei erfunden, sondern nur ein bisschen zugespitzt hast, mache ich einen Vorschlag. Wir lassen es stehen. Und die Gerlinde kann nicht sauer sein. Weil wir ja schreiben: Das Gespräch mit ihr haben wir ein bisschen zugespitzt. Okay?
Okay.
Also machen wir wieder weiter?
Wir machen weiter.

Noch ein wenig überreizt von den Geschehnissen der Nacht setzten wir unsere Fahrt durch den Nationalpark Shenandoah fort. Es war passenderweise halb zwölf, also fast schon Mittagszeit, als wir plötzlich, weitab von jeglicher Zivilisation, auf der linken Seite hinter einem Gebüsch eine deutsche Flagge hervorragen sahen. Ich vollführte eine Vollbremsung und bog ab. An einer deutschen Fahne vorbeizufahren, wenn ich mitten in Amerika bin, ohne nachzuschauen, was sich dahinter verbirgt – das bringe ich einfach nicht übers Herz.

Was sich in diesem Fall dahinter verbarg, war zunächst ein großes weißes Schild und, 20 Meter zurückversetzt, ein wunderschönes altes Blockhaus. Und weißt du, was auf diesem Schild geschrieben stand?
Nein.
Darauf stand, ich lüge nicht: Deutsches Restaurant Edelweiß. Das gibt's doch nicht, das kann nicht wahr sein, dachten wir. Damit es auch die Einheimischen verstehen, war es auch in Englisch zu lesen: *Edelweiß German Restaurant*. Und darunter, in kleinerer Schrift: *Edelweiß Lane*. Waren wir doch tatsächlich aus Versehen auf der Edelweißstraße gelandet. Was es nicht alles gibt.

Dass wir da rein mussten, verstand sich von selbst. Nach dieser Nacht glaubten wir auch, das Recht zu haben, uns was Gutes zu tun. Nach langer Zeit würden wir hier vielleicht auch wieder mal ein gescheites deutsches Essen bekommen. Vielleicht sogar ein bayerisches, wer weiß. Hunger hatten wir sowieso.

Wir gingen hinein. Es war noch nicht so ganz Mittagszeit, so dass

Dass sie mitten in Virginia auf ein „Edelweiß German Restaurant" mit bayerischer Speisekarte treffen, hätten die Nockers sich auch nie träumen lassen

noch nicht allzu viele Gäste drinsaßen. Das Erste, was uns ins Auge stach, war über der Theke ein Blechschild mit dem Wappen vom Erdinger Weißbier. Das war ja schon mal recht vielversprechend. Was das Thema Bier betraf, konnte also nichts mehr schief gehen. Wir setzten uns an einen etwas abgelegenen Tisch in einer Nische, von wo aus wir das ganze Restaurant und die Theke im Blick hatten. So richtig mitten hineinsetzen wollten wir uns nicht: Wer weiß, was für Leute das sind, die hier in Virginia ein deutsches Restaurant aufsuchen. Und wie die das finden, wenn da mitten drin auch noch zwei leibhaftige Deutsche sitzen. Wir wollten das Ganze mehr aus dem Hintergrund auf uns wirken lassen.

Nachdem wir uns ein wenig umgeguckt hatten, vertiefte sich jeder in eine Speisekarte. Das Tolle an der war, dass sie auf Deutsch war. Schon kamen wir wieder ins Grübeln: Was mögen das für Leute sein, die hier mitten in Amerika deutsches Essen bevorzugen: Deutsche? Deutschamerikaner? Amerikadeutsche? Wir haben es nie erfahren.

Jedenfalls kamen wir uns fast wie im Schlaraffenland vor. Während ich einer alten Gewohnheit folgend die Speisekarte von oben nach unten las, weil oben in der Regel die preisgünstigeren Angebote stehen, und selbst da schon auf Delikatessen wie Schweinswürstl mit Kraut und Münchner Weißwürscht mit Brezn stieß, ging Philipp die Sache mehr von unten an. Dabei konnte er es nicht lassen, jene Gerichte, die ihm in die Augen stachen, mit halblauter Stimme vor sich hinzubrummeln. Kalbsrahmgulasch mit Bandnudeln, Rahmschwammerl und gemischtem Salat, hörte ich. Oder: rosa gebratene Gänsebrust mit karamelisierten Feigen, Kroketten und Blaukraut. Oder: Blut- und Lebergröstl mit Zwiebeln, Bratkartoffeln und Majoran sowie Jägerbraten mit Weißkraut und Bohnen.

Das Deutsche Restaurant Edelweiß entpuppte sich als reinrassiges bayerisches Lokal. Und das mitten in Virginia. Wie gab's denn so was?

Ganz schön geschafft: Offensichtlichtlich gehen Jägerbraten plus Blaukraut plus Schupfnudeln plus Weißbier selbst an einem gestandenen Bayern nicht völlig spurlos vorüber

Für uns schien heute ein richtiger Glückstag zu sein.

Plötzlich kam es mir vor, als hätte ich von Philipps Seite das Wort Tafelspitz vernommen. Tafelspitz? Ich traute meinen Ohren nicht, denn Tafelspitz ist für mich das Oberhöchste. Solange es auf dieser Welt noch gesottenen Tafelspitz vom Kalb mit Bratkartoffeln und geriebenem Apfelkren gibt, habe ich keine Veranlassung, Vegetarier zu werden. Vor allem mit Kren und Kartoffelsalat ist er einfach wunderbar.

„Hast du gerade Tafelspitz gesagt?", fragte ich den Philipp vorsichtshalber. Denn ich war mit meinen Augen immer noch im oberen Drittel der Speisekarte.

„Ja, Tafelspitz gibt's hier", bekräftigte der Philipp und zeigte, wo er auf der Karte zu finden war. Ziemlich weit unten nämlich.

Als ich den Preis sah, kamen mir zwar nicht die Tränen, aber doch wieder die Schweinswürstl in den Sinn. Am allerliebsten aber hätte ich natürlich die Weißwürscht probiert. Aber da stellte ich mir vor, dass sie vielleicht in Deutschland hergestellt und dann, in Schrumpffolie eingeschweißt, hier rübergeschickt werden. Am Ende noch auf einem Frachtschiff, das vier Tage lang in Kanada vor Anker liegt. Also ich weiß nicht recht. Gerade bei Weißwürschten habe ich da immer so ein ungutes –

Geht denn diese Geschichte auch mal weiter?

– Gefühl. Nicht mal den Satz kann man zu Ende sprechen. Aber bitte, dann mach ich es eben kurz. „Weißt was", schlug ich dem Philipp vor, „wir probieren den Jägerbraten." Der war irgendwo im Mittelfeld der famosen Speisekarte. Ein Kompromissvorschlag. Philipp war einverstanden.

Da kam auch schon eine Bedienung, laut Speisekarte handelte es sich um die *hostess* Ingrid, an unseren Tisch, im Dirndl und in Haferlschuhen, ganz so, wie wir es in Bayern kennen. Ich rief ihr ein fröhliches „Grüß Gott" zu und fing an, für jeden ein Erdinger Weißes und einen Jägerbraten mit Blaukraut zu bestellen, auf Deutsch natürlich. Da unterbrach sie mich freundlich, auf Englisch natürlich, und sagte, dass sie nicht deutsch spricht und leider kein einziges Wort von mir verstanden hat, sorry. So war das also hier.

Trotzdem schafften wir es, die Bestellung bei ihr aufzugeben. Das Weißbier wurde uns in Originalgläsern gereicht, was du manchmal nicht mal mehr in München bekommst, und es schmeckte so phantastisch gut, dass wir es heruntergeschüttet hatten, noch ehe der Jägerbraten aufgetischt war. Als sie ihn uns brachte, bestellten wir gleich zwei neue Biere. Auch der Jägerbraten war hervorragend. So, wie er sein musste, richtig gute Hausmannskost. Am liebsten hätten wir auch vom Jägerbraten noch mal zwei Portionen bestellt. Stattdessen orderten wir schlichte Schupfnudeln – als Nachspeise. Weil wir probieren wollten, wie sie so was in Amerika hinkriegen. Auch die Schupfnudeln waren tadellos. Wir mussten schon sehr ausgehungert gewesen sein.

Als es später ans Zahlen ging, fragte ich die Bedienung, ob denn jemand im Restaurant war, mit dem man deutsch reden konnte oder sogar bayerisch. Da erzählte sie, dass sie und ihr Mann – er kam in diesem Augenblick gerade aus der Küche spaziert – dieses Restaurant angepachtet hatten. Von einem Bayern, dessen Frau kürzlich gestorben war und der die meiste Zeit irgendwo in der Weltgeschichte herumgondelte. Das Haus hinter dem Restaurant, das wäre sein Zuhause. Wo er sich zur Zeit aufhielt, wusste sie nicht. Vielleicht sogar in Deutschland.

Dabei hätten wir uns so gefreut, wieder mit jemandem deutsch reden zu können.

Ehe wir uns verabschiedeten, machte die Frau Pächterin von uns noch Erinnerungsfotos vor dem offenen Kamin. In dem loderte sogar echtes Feuer, nicht etwa nur eine Offene-Kamin-DVD, wie man sie neuerdings im Handel erwerben kann.

Als wir wieder ins Freie kamen, war unser Auto von etlichen Leuten umlagert. Leider aber nur von Englischsprechenden. Was die wohl im Edelweiß-Restaurant verloren hatten? Vielleicht hat denen einfach nur das Essen gut geschmeckt.

So muss es wohl gewesen sein, denn: *Bavarian food is the best.*

Edelweiß German Restaurant,
Traditional German Cooking, 19 Edelweiss Lane, Staunton, VA 24401

8. Kapitel

Die reinste Dixiquälerei

An dem Tag, an dem sie Santiago Nasar töten wollten, stand er um fünf Uhr dreißig morgens auf, um den Dampfer zu erwarten, mit dem der Bischof kam.
Was ist denn jetzt wieder los?
So beginnt der Roman „Chronik eines angekündigten Todes" von Gabriel García Márquez. Ein genialer erster Satz. Ich kenne kein Buch, das mit einem besseren anfängt. Und auf den ersten Satz kommt es an. Nicht nur bei einem Buch, auch bei einem Kapitel. Man will ja den Leser neugierig machen, er soll Lust haben, weiterzulesen. Und bei diesem Kapitel will mir einfach kein richtiger erster Satz einfallen. Deshalb, dachte ich, beginne ich mal so.
Interessant. Und worum, bitte, geht es in diesem Kapitel?
Um den Dixi. Er macht auf einmal Probleme. Es ist immer noch der Tag 7 unserer Reise, Freitag 19. September. Heut nacht war die Geschichte mit dem Isabel-Ausläufer, zum Mittag waren wir im Edelweiß-Restaurant und dazwischen war noch dieses Telefonat mit meiner Schwester Gerlinde. So. Das Wetter ist wieder in Ordnung. Gerade geht die Straße ziemlich brutal aufwärts, die Steigung will überhaupt kein Ende nehmen. Genau da sind wir jetzt. Und genau da erzähle ich jetzt weiter. Okay?

Bevor es die Straße hoch ging, kamen wir am Abzweig zu einer Farm vorbei und sahen, dass auch ein Campingplatz ausgeschildert war. Weil es uns für den noch reichlich früh erschien, ignorierten wir ihn und fuhren weiter.

Das ist die Ausgangssituation für dieses Kapitel. Und ich komme einfach nicht drauf, wie es beginnen soll.
Was hatte denn der Dixi für ein Problem?
Er mag keine Steigungen. Und so lange Steigungen wie diese hier schon gar nicht. Mit nur 15 PS würde ich lange Steigungen auch nicht mögen. Sie sind die reinste Dixiquälerei.
Ihr seid also eine lange steile Steigung hochgefahren, und der Dixi hat vor Überanstrengung aus dem letzten Loch gepfiffen.
So ungefähr. Er schnaubte und ackerte und kämpfte mit seiner ganzen wenigen Kraft. Aber irgendwie war die Luft aus ihm raus. Es fehlte ihm die letzte Begeisterung, die du als Auto brauchst, wenn du einen solchen Berg hochkommen willst. Er hatte nicht mehr den richtigen Biss. Verstehst du?
Ich verstehe.
Irgendwie ahnte ich, dass das nicht gutgehen konnte. Wenn du dein Auto derart hart hernimmst, hast du als routinierter Oldtimer-Fahrer immer die Kühlwassertemperatur- und Öldruckanzeige im Blick. Ich konnte also sehen, wie der Motor heißer und immer heißer wurde. Ab 80 Grad, sagt man, wird es kritisch, und bei 100 Grad kocht das Kühlwasser. Normalerweise. Nicht aber, wenn du genügend Glysantine reinschüttest; damit kriegst du den Siedepunkt noch weiter

rauf. Für einen Gussmotor sind zwar selbst Kühlwassertemperaturen von 100 oder 110 Grad Celsius noch kein Problem. Trotzdem blieben wir stehen, als das Thermometer 110 Grad zeigte, um den Motor ein bisschen auskühlen zu lassen.

Klingt schon ein wenig eigenartig, wenn man mit kochendem Wasser einen Motor kühlen will.

Es hat ja nicht gekocht. Würde das Kühlwasser gekocht haben, hätte der Motor Dampf nach vorne rausgeblasen. Das tat er aber nicht. Deshalb fuhren wir auch nach ein paar Minuten wieder weiter. Als wir durch eine leichte Linkskurve fuhren, warf ich wieder einen Blick auf den Öldruckmesser. Und genau in diesem Moment fiel er runter auf Null. Ich blieb sofort stehen. Und als ich nachsah, hatte sich auch tatsächlich schon eine kleine Ölpfütze am Boden unter dem Auto ausgebreitet.

Ja, was ist denn jetzt los, wunderte ich mich und schaute die Sache näher an. Hatte das heiße Öl den Gummianschluss zur Druckschmierung der Kurbelwelle so ausgeweitet, dass ihn die Schelle nicht mehr festhalten konnte. Er war von der Verschraubung runtergeschlüpft und konnte den Motor nicht mehr mit Öl versorgen. Also ist der Druck gefallen und das Öl ergoss sich ins Freie.

Es war ein riesiges Glück, dass ich ausgerechnet in dem Moment auf den Öldruckmesser schaute, als der Zeiger abstürzte. Wäre ich nämlich in diesem Zustand weitergefahren, hätte es schon nach wenigen Metern einen Kolbenfresser gegeben. Der Motor wäre dann im Arsch gewesen. Der Tod am Nachmittag.

Und dann?

Und dann hätten wir das Auto zu einer Werkstatt abschleppen und die Kurbelwelle schleifen lassen müssen. Wahrscheinlich hätten wir auch neue Pleuellager gebraucht. In dem Land wäre das sicher irgendwo zu machen gewesen. Aber es wäre mit großen Problemen verbunden gewesen. Wir waren ja weiß Gott wo. Hier war keine Zivilisation mehr, hier waren nur Berge und Berge.

Da standen wir nun. Da fiel uns ein, dass wir unten am Berg den Abzweig zu einer Art Farm und ein Schild von einem Campground gesehen hatten. Abwärts ging es ja noch mit unserem Auto. Als wendeten wir und fuhren den Berg wieder runter, den sich der Dixi zuvor mit seinen letzten Kräften hochgequält hatte. Wie Sysiphos kamen wir uns vor. Tatsächlich ging es unten rechts zu einem Campingplatz weg. Aber wir waren schon noch ein gutes Stück von ihm entfernt. Als der Dixi ausgerollt war, standen wir erneut und hofften, dass uns vielleicht einer hinschleppt. Aber es tauchte kein einziges Auto auf. Dummerweise standen wir auch noch hinter einer Rechtskurve. Wenn also wirklich einer gekommen wäre, hätte er uns zu spät gesehen und wäre weitergefahren, denn vor der Kurve waren wir nicht zu bemerken.

Da mussten wir einsehen, dass es so nichts wird – dass uns also gar nichts anderes übrig blieb, als hier an Ort und Stelle den Schlauch wieder zu befestigen. Ich schraubte ihn also ganz weg. Dabei ging weiteres Öl verloren. Für solche Fälle habe ich aber immer eine große Kanne Öl dabei.

Nachdem die Sache repariert war, war allerdings auch der größte Teil des Öls weg. Gott sei Dank hatte ich aber zwei Stunden zuvor an der Tankstelle, wo wir zum letzten Mal getankt hatten, zwei große Flaschen gekauft. Als Reserve. Öl kann man schließlich immer brauchen. Außerdem fiel mir ein, dass ich noch ein paar kleinere Flaschen Öl dabei hatte – ein kleiner Sponsoringbeitrag von einem Münchner Ölhersteller. Und weil ich nicht genau wusste, ob der Motor nicht doch einen Knacks abgekommen hatte, dachte ich, haue ich am besten noch dieses Zusatzöl hinein. Auf diese Weise hatte der Motor wieder den gewohnten Ölstand.

Anschließend fuhren wir zum angekündigten Campingplatz weiter, der ungefähr nach einem Kilometer auftauchte. Mittlerweile war später Nachmittag, jetzt passte es schon besser.

Auf dem Campingplatz wurden wir gleich mit großem Hallo von einer Frau empfangen, so als hätte sie schon gewusst, dass da gleich ein altes Auto eintrudelt. Sie bot uns den schönsten Platz in der Nähe von ihrem Rezeptionshäuschen an, in dem man Brotzeit machen und vielleicht auch Gas oder andere nützliche Dinge kaufen konnte.

Eine halbe Stunde später tauchte auch ihr Mann auf. Weil er uns alles zeigen wollte, fuhr er uns mit seinem motorisierten Dreirad kreuz und quer auf seiner Farm herum. Als wir wieder zurückkamen, sahen wir schon von weitem eine Ansammlung von Leuten, die unser Auto bestaunten. Wir bauten ganz cool unsere Campingausrüstung auf und kochten.

Aber immer noch standen Leute um uns herum. Diesmal keine vom Campingplatz, sondern andere, die mitbekommen hatten, dass es hier was Seltenes zu sehen gab. Mit allen zusammen verbrachten wir dann einen netten Abend.

Und das war's dann für diesen Tag.

Das war's dann. Aber der erste Satz für dieses Kapitel will mir einfach nicht einfallen.

Lass von diesem Satz doch einfach das „Aber" weg. Und schon hast du ihn.

Ja – und dann?

Was – und dann?

Dann haben wir keinen Schlusssatz mehr!

9. Kapitel

Erst Patient,
dann Preisträger

Tag 8, Samstag, 20. September: Wie immer, wenn wir morgens aufbrachen, schaute ich nach, ob am Auto alles in Ordnung war. Diesmal aber tat ich das besonders gewissenhaft und ließ erst mal vorsichtshalber den Motor warmlaufen. Um zu sehen, wie es ihm dabei geht. Es war aber alles wie richtig, er hörte sich gut an. Daher war ich mir einigermaßen sicher, dass er nach dem kurzzeitigen Ölausfall am Vortag wohl doch keinen Knacks for ever abbekommen hatte. Wäre auch ein bisschen tragisch gewesen, schließlich standen wir noch immer am Anfang unseres Vorhabens. Was sind schon acht Tage, wenn du noch weit über 150 vor dir hast?

Dennoch war mir mulmig zumute, als wir den einen Kilometer zur Hauptstraße fuhren, nach links auf die Number 221 einbogen und sahen, wie sie sich den steilen Berg hinaufwand und oben im Nirwana verschwand. Schon wieder die Steigung, auf der unser Dixi gestern zunächst nur mühsam gekeucht, später dann aber völlig schlappgemacht hatte!

Okay, ich hatte die Sache so gut ich konnte repariert. Aber auch, wenn alles wieder in Ordnung war, bedeutete dieser Berg schon eine harte Belastungsprobe für uns – vor allem für den Dixi. Würde er es diesmal nach oben schaffen? Oder würde sich bergauf herausstellen, dass der Motor infolge des kurzen Ölmangels doch einen bleibenden Schaden hatte? Derlei spannende Fragen bewegten mich, als wir in die Steigung kamen. Hochkonzentriert und aufrecht sitzend versuchte ich, nicht eine Sekunde lang den Zeiger des Öldruckmesser aus den Augen zu verlieren. Mit zusammengekniffenen Arschbacken harrte ich der Dinge, die da kommen.

Wenn es so ist, dachte ich, dass der Motor tatsächlich eine Macke hat, wäre das schon verdammt saublöd. Schlimmstenfalls würde es das Ende unserer Reise bedeuten. Angestrengt versuchte ich, am Sound des Motors eine Bestätigung herauszuhören, dass er wieder gesund ist.

Was ich hörte, war ein Motor, der deutlich leiser arbeitete als die ganzen Tage zuvor. Ich vernahm ein so kerniges Brummen, dass ich am liebsten laut mitgesungen hätte. Dazu sah ich mit Genugtuung, wie der Zeiger des Öldruckmessers senkrecht nach oben ragte, zwar ein bisschen zitterte, aber eisern in dieser Position verharrte. Und ich spürte, wie der Motor kämpfte, sich mit seiner ganzen Kraft gegen den Berg stemmte und das Auto Meter um Meter nach oben trieb. Erst fünfhundert Meter, dann tausend Meter und schließlich dreitausend Meter – viel weiter, als er gestern gekommen war. Endlich konnten wir weit hinten die Kuppe erkennen. Nach dreitausendsiebenhundertzweiundfünfzig Metern waren wir oben. Geschafft. Schlagartig fiel die Anspannung von uns ab.

Übermütig klatschten wir unsere Hände aufeinander, wie Athleten nach dem Wettkampf.

So glücklich war ich in diesem Augenblick, dass ich gute Lust hatte, anzuhalten, auszusteigen und den Dixi von unten bis oben abzubusseln. Ich hab's dann sein lassen; was sollte denn das Auto von mir denken.

Zwei Stunden später kamen wir nach Floyd. Als wir in den Ort hineinfuhren, bemerkten wir, dass uns von allen Seiten Leute zuwinkten und zujohlten. Wir genossen den Jubel natürlich und winkten fleißig zurück. Diese Stadt, dachten wir, bereitet uns wirklich einen schönen Empfang. Bis wir merkten, dass auch die anderen Autos um uns herum keine ganz alltäglichen waren und der Jubel vielleicht auch ihnen galt. Wir sahen ein paar Amischlitten aus den Fünfzigern und Offroad Cars, wie wir sie bisher nicht kannten. Wir hupten uns gegenseitig an. Hier war richtig was los.

Je mehr wir uns dem Zentrum näherten, desto größer wurde der Trubel und desto vielstimmiger das Hupkonzert. Die meisten Emotionen aber schienen schon wir mit unserem schnuckeligen kleinen Auto auszulösen.

Als wir an einer roten Ampel anhielten, stellte sich ein anderes Auto ganz dicht links neben uns. Der Fahrer kurbelte die Seitenscheibe nach unten, streckte seinen Kopf raus und wollte von mir wissen, ob wir zur Car Show wollten.

Car Show? Ich hatte keine Ahnung, wovon der Mann überhaupt redete und speiste ihn mit einer etwas rätselhaften Antwort ab. Erst als wir weiterfuhren, dämmerte uns allmählich: Es muss in dieser Stadt eine Autoveranstaltung geben, eine Ausstellung vielleicht oder einen Oldtimertreff oder so was in der Richtung. Und plötzlich entdeckten wir auch da und dort Plakate, auf denen der Schriftzug CAR SHOW FLOYD 2003 zu lesen war.

Na also. Wenn wir hier schon zufällig reingeschneit sind, dachten wir, sollten wir auch auf diese Car Show einen Blick werfen, so viel Zeit musste sein. Bei so vielen Plakaten, wie sie hier herumhingen, musste die Car Show schon ein ganz bedeutendes Ereignis für diesen Ort sein. Wir also immer hinter den andern her.

Schließlich gelangten wir an ein großes, von einem Maschendraht umzäuntes Gelände, auf dem wir schon von draußen eine ganze Armada illustrer Automobile stehen sehen konnten. Weil wir hinter den andern hergefahren waren, standen wir unversehens vor der Einfahrt. Als ich zögerlich darauf zusteuerte und nicht recht wusste, ob wir es wagen durften, hineinzufahren, sprang aus einem Häuschen rechts neben der Einfahrt ein Mann und machte uns mit ausladenden Handbewegungen klar, dass wir reinfahren und uns mit dem Auto neben sein Häuschen stellen sollten. So machte ich es auch.

Gleich trat der Mann an unser Auto, begrüßte uns überschwänglich und überfiel mich mit einem Wortschwall, von dem ich nur kapierte, dass es um eine Registration ging. Aus Verlegenheit stotterte ich irgendwas zusammen, dass wir nix Registration haben und eigentlich nur aus Versehen hier gelandet waren.

Nix Registration, das verstand er. Verständnisvoll erklärte er, dass das kein Problem sei. Er würde uns diese Registration an Ort und Stelle ausfertigen. Weil ich aber keine Lust hatte, für dieses Ding am Ende auch noch was bezahlen zu müssen, zierte ich mich und stammelte was von einer geschlossenen Gesellschaft, zu der wir nicht gehörten und schon gar nicht eingeladen wären.

Es nutzte nichts. Der Mann nickte freundlich, verschwand für ein paar Sekunden in seiner Hütte und kehrte mit einem großen Block in der Hand und einer Mappe unterm Arm zurück. Dann setzte er eine Brille auf, zückte einen Kugelschreiber und begann uns auszufragen: wie wir heißen und wer wir sind, wo wir herkommen und was wir noch geplant hätten. Längst waren Philipp und ich aus dem Auto geklettert. Wir gaben uns alle Mühe, seine Fragen zu beantworten.

Nach den persönlichen Informationen kam unser Auto an die Reihe.

„Fabrikat?" – „BMW Dixi."

„Baujahr?" – „1928."

„Wo gebaut?"

Da stutzte ich einen Augenblick. Dann sagte ich selbstbewusst: „Gebaut in Rottenbuch."

Jetzt war er es, der stutzte, kritzelte aber doch was auf seinen Block. Ich warf einen verstohlenen Blick darauf und las: ROTHENBURG. Auch nicht schlecht, dachte ich, und ließ es großzügig durchgehen.

„Zahl der Zylinder?" – „Vier."

„Hubraum? – „Siebenhundertfünfzig Kubik."

„Leistung?" – „Fünfzehn *Horsepower*."

Als alles notiert war, erklärte er uns für registriert und übergab uns die Mappe, die er unter seinen Arm geklemmt hatte. Von nun an, sagte er, wären wir hier Ehrengäste und bräuchten uns vor nichts mehr zu fürchten. So verstand ich das jedenfalls. Dann zeigte er uns einen Platz für unser Auto und empfahl uns, den Truck, wie er unseren Dixi nannte, so in Position zu bringen, dass man ihn auch von allen Seiten bewundern konnte. So ähnlich drückte er sich aus.

Spätestens bei dieser Bemerkung hätte der Groschen bei uns fallen müssen. Er fiel aber nicht.

Abschließend sagte der Mann aus dem Häuschen noch, dass wir von der Veranstaltungsleitung zum Lunch eingeladen und einschlägige Bons in der Informationsmappe wären. Am besten, wir gingen dort innerhalb der nächsten halben Stunde hin, danach sei der Andrang groß. Vor allem aber legte er uns ans Herz, pünktlich bei der Preisverleihung zu sein. Die wäre gleich nach dem Lunch. Er wünschte uns viel Glück und weg war er.

Keiner von uns beiden fragte sich, warum er uns „Viel Glück" gewünscht hatte und nicht einfach nur „Guten Appetit". Wir schnallten einfach nichts!

Inzwischen war unser Dixi wieder einmal belagert, diesmal von den Besitzern der anderen exotischen Automobile. Fachpublikum sozusagen. Und während die einen sich freuten und kicherten, gaben andere irgendwelche Kommentare ab, die wir nicht verstanden. Und manche wollten alles ganz genau über unser Auto wissen: Welche Leistung es hat, wie schnell es fahren kann, ob es ein Dieselfahrzeug ist.

Wir gaben unser Bestes und waren ganz überrascht, wie gut wir mit dem

Englischen zurechtkamen, wenn es um das Thema Autotechnik ging. Der Philipp war mir da natürlich meilenweit voraus, der weiß das noch alles aus seiner Schulzeit. Ich habe ja Englisch nie richtig gelernt, was ich heute sehr bedauere.

Danach stellten wir unser Auto auf dem empfohlenen Platz und in der empfohlenen Weise ab. Dort warfen wir einen flüchtigen Blick in die Informationsmappe. Eine Menge Werbeprospekte waren drin, wahrscheinlich von den Sponsoren der Veranstaltung. Wir hatten es jetzt auch amtlich, dass wir auf der Car Show von Floyd gelandet waren, die einmal im Jahr ausgetragen wird. Höhepunkt der Veranstaltung: die traditionelle Preisverleihung. Bei ihr, so lasen wir, werden nach einem festgeschriebenen Reglement Autos aus verschiedenen Kategorien prämiert. Es gibt alljährlich Trophäen für das schönste, das interessanteste oder das verrückteste Auto. So ungefähr war das.

Dann stießen wir auf die Essensbons. Weil wir seit dem wunderbaren Essen gestern im Edelweiß Restaurant nichts mehr gegessen hatten, machten wir uns auf den Weg zum Lunch. Jetzt essen wir erst mal was, dachten wir, und machen uns hinterher aus dem Staub. Mit der Preisverleihung hatten wir ja nichts am Hut.

Auf dem Weg zum Lunch-Pavillon schauten wir noch ein paar der anderen Autos an und staunten nicht wenig über den technischen Aufwand, den manche betreiben, nur um hier gut dazustehen. Wir sahen alte Karossen über V8-Motoren, die nachträglich mit zwei Turboladern aufgemotzt worden waren. Alle möglichen Fabrikate standen rum, oft von Herstellern, die schon längst das Zeitliche gesegnet hatten.

Erst hielten wir uns an einem alten Ford-Lastwagen Baujahr 1938 auf, dann kamen wir an einem Flossen-Cadillac aus den Fünfzigern vorbei. Ein üppig verchromtes Riesenschiff mit gigantischen Rücklichtern und einem Kofferraum, groß genug, um unseren Dixi darin verschwinden zu lassen. Wie funkelniegelnagelneu stand er da.

Und weil mich interessierte, was ein Auto in so einem blendenden Zustand wert ist, machte ich dem Eigentümer ein paar Komplimente und fragte ihn, ob er bereit wäre, das Ding auch zu verkaufen. Er tat geschmeichelt. Das sei sein Baby, das er hegen und pflegen würde, sagte er. Und falls er es eines Tages verkaufen sollte, würde er es nicht unter 12.000 Dollar tun.

„Nicht unter 12.000 Dollar?" wiederholte ich, weil ich es kaum glauben konnte.

Doch, für 12.000 Dollar würde er mit sich reden lassen. Aus meiner Sicht war das praktisch geschenkt. Und schon kam ich ins Grübeln, ob ich vielleicht ... ich ließ den Gedanken aber gleich wieder fallen. Allein der Sprit, den so ein Monster frisst, wäre in Europa unbezahlbar.

Der Lunch bestand aus Hot Dogs mit Coke. In wenigen Minuten würde es mit der Preisverleihung losgehen. Weil wir mit einigen Leuten um uns herum ins Gespräch gekommen waren und es überhaupt sehr gemütlich hier fanden, entschieden wir uns, nun doch dabei zu sein. Also wandten wir uns dem Spektakel auf der Bühne zu, wo mittlerweile eine Country-Band ihr Bestes gab. Der Raum füllte sich bis auf den letzten Platz. Durch die Bank gestandene Männer, denen ihr Automobil über alles ging.

Im Grunde passte ich ganz gut dazu.

Plötzlich trat Ruhe ein und es traten auf die Bühne: ein hochgewachsener Mann fortgeschrittenen Alters, wahrscheinlich der Verbandsfürst oder der Bürgermeister von Floyd oder auch beides in einer Person, und eine junge blond gelockte Lady in kurzem Rock und roten hohen Stiefeln. Während er sich in der Mitte der Bühne hinter einem Mikrofon aufbaute und huldvoll ins Auditorium hinunterwinkte, versteckte sich die Lady bescheiden im Hintergrund. Der Verbandschef oder der Bürgermeister sprach ein paar Worte zur Begrüßung und gab Erklärungen zur bevorstehenden Preisverleihung ab. Der Mann sprach in einem breiten texanischen Slang. Ich verstand davon nur ein paar Brocken. Jedenfalls fielen die Worte Tradition, Car Show, Floyd, Ehre und – ich kann's freilich nicht beschwören – auch Blut, Schweiß und Tränen. Eine patriotische Rede. Warmer Applaus.

Jetzt kam die Lady aus der Versenkung. Das konnte nur bedeuten, dass jetzt die eigentliche Preisverleihung vonstatten ging. Soweit ich mich erinnere, gab es als Erstes eine Trophäe für den schönsten Roadster der diesjährigen Car Show. Ein Name wurde aufgerufen, und unter dem Applaus der versammelten Autofreaks erhob sich aus den hinteren Reihen schwerfällig ein Typ, der mir, angetan mit schweren Stiefeln und einem breitkrempigen Hut, wie ein als Cowboy verkleideter George W. Bush vorkam. Und während er o-beinig nach vorne schritt und sich schließlich die Treppe zur Bühne hochschleppte, spielte die Kapelle einen Tusch. Der Redner nahm den wuchtigen Pokal, den die Blondgelockte ihm hinhielt, und überreichte ihn mit einem kräftigen und langen Händedruck dem Preisträger. Die gleiche Prozedur wiederholte sich für eine zweite, eine dritte, vielleicht auch für eine vierte oder fünfte Fahrzeugkategorie; ich weiß es nicht mehr.

Was ich dagegen genau weiß, ist, dass ich den Mann auf der Bühne plötzlich was von einem BMW Dixi sagen und dazu auch noch unsere Namen aufrufen hörte: „Herbert und Philipp aus Rothenburg, Germany, bitte auf die Bühne!"

Die Reaktion darauf war ein Gejohle ohnegleichen, gemischt mit donnerndem Applaus und aufmunternden Zurufen. Ein paar Sekunden war richtiges Tohuwabohu im Saal. Ich dachte, ich falle vom Hocker.

Und weil mir das in dem Augenblick alles eher peinlich war und ich nicht recht wusste, wie ich mit dieser völlig unerwarteten Situation umgehen sollte, stupste ich meinen Sohn an. Er sollte es da vorne richten. Der Philipp ist in diesen Dingen sehr geschickt und spricht, wie gesagt, ein ganz passables Englisch. Und irgendwas Nettes musste dem Mann auf der Bühne ja zum Dank für diese große Ehre wohl gesagt werden. Auch würde die blonde Lady mit ihm mehr Freude haben als mit mir, dem Veteranen. Alles zu seiner Zeit.

Stunden später, als wir längst wieder *on tour* waren und anhielten, um uns kurz die Beine zu vertreten, holten wir die wunderbare Trophäe hervor.

Kaum haben sie richtig Fuß gefasst im Land, räumen die Nockers bei einem Schönheitswettbewerb für Automobile auch schon einen ersten Preis ab. Stolz präsentieren sie die soeben erworbene Trophäe auf der Dixi-Kühlerhaube

Auf ihr stand geschrieben:
    FÜR DEN SCHÖNSTEN TRUCK
    CAR SHOW FLOYD
    20. September 2003

Na, so was: Unser putziger Dixi war also ein Lastwagen. Auf diese Idee wäre ich nie gekommen.

Hier ist genau die richtige Stelle, um eine Episode zu verstecken, die ich nicht gerade zu den Highlights unserer Reise zähle. Auch solche Geschichten kamen vor. Ich will sie nicht unter den Teppich kehren, nur weil sie nicht ganz so schön sind. Sie gehören zum Reisen wie die Panne zum Reifen.

An diesem Abend wollten wir unser Nachtlager auf einen Campingplatz in einem Nationalpark an der *Number 58* Richtung Westen aufschlagen. Als wir dort ankamen, trafen wir gleich auf den Verwalter des Campingplatzes. Als er schnallte, dass wir aus Deutschland stammten, freute er sich ganz besonders und verwickelte uns in ein Gespräch.

Das war anfangs ganz in Ordnung, obwohl uns die Unterhaltung auf Englisch Mühe bereitete. Er freue sich deshalb so über unseren Besuch, weil er während der Kriegszeit in Deutschland stationiert gewesen war, berichtete er. Währenddessen räumten wir das Auto aus, klappten das Vorzelt raus und stellten Tisch und Stühle auf. Aus diesem Grund kenne er Deutschland recht gut, fuhr er fort. Er schätze dieses Land und auch die Leute.

Würde er es dabei belassen und sich wieder anderen Dingen zugewandt haben, wäre alles okay gewesen.

Stattdessen sagte er einen Satz, der dem unbeschwerten Abend eine Wendung gab: So wohl habe er sich in unserem Land gefühlt, dass er den Krieg, der zu jener Zeit in Deutschland und ganz Europa tobte, weniger als Krieg, sondern mehr als Urlaub erlebt hatte.

Vielleicht wollte er uns was besonders Schmeichelhaftes sagen; trotzdem lief es uns eiskalt den Rücken runter. Was muss das für ein Ignorant sein, der sieht, wie um ihn herum Bomben einschlagen und Menschen sterben, und dann davon redet, er wäre sich wie im Urlaub vorgekommen? Genauso gut hätten ein Jahr nach dem Tsunami die Touristen in Südostasien vom schönen Wetter dort und einem insgesamt doch recht gelungenen Urlaub schwelgen können.

Es war auch bestimmt nicht so, dass wir den Mann missverstanden hatten. Er wiederholte diese Aussage mehrfach und hörte auch gar nicht mehr auf, unser Land in übertriebener Weise über den grünen Klee zu loben. Es war fast zu viel des Guten.

Schließlich entfachten wir ein Lagerfeuer, um uns einerseits noch was zu brutzeln und uns andererseits die Schnaken vom Leib zu halten. Aber auch vor ihm und seinen immer gleichen Sprüchen wollten wir uns schützen, in dem wir mit dem Feuer eine Art Privatsphäre zu schaffen versuchten und demonstrativ unser karges Abendessen einnahmen.

Es nutzte nichts. Der Mann blieb uns bis zum Ende treu.

Und als wir gegen neun Uhr erschöpft in unsere Betten hochkletterten, hätte er uns auch dorthin um ein Haar begleitet.

10. Kapitel

Die BMW-Werkstatt in Virginia, das Dixiwerk in Eisenach und ein wunderschönes, grünes Tal

Erst am nächsten Morgen sahen wir, wie der Campingplatz von Bergen umstellt war. Dem Dixi würde somit ein neuer Härtetest bevorstehen. Also kontrollierten wir auch diesmal das Auto akribisch. Es stimmte aber alles, und wir fuhren los. Da aber der Dixi die erste Bewährungsprobe nach seinem Schwächeanfall so bravourös bestanden hatte, hatte ich ein durchaus gutes Gefühl, als es in die erste Steigung ging. Und atmete doch auf, als das Auto nicht nur diesen einen Berg ohne Wenn und Aber meisterte, sondern auch noch die vielen anderen, die ihm folgten, brav rauf und runter schnurrte. So als wär nie was mit ihm gewesen.

Nach vielleicht zwei Stunden hatte die Bergkletterei ein Ende. Auf der letzten Kuppe hielten wir an und genossen den Blick in eine wunderbar grüne Tiefebene hinunter. Ein herrlich weiß-blauer Himmel spannte sich über die Landschaft, so dass wir glaubten, nicht auf dem Weg nach Texas, sondern mitten im schönen Oberbayern zu sein.

Wir fuhren weiter und sahen nach ein paar hundert Metern auf einmal ein riesiges weiß-blaues Schild am rechten Straßenrand emporragen. Es gehörte zu einer BMW-Werkstatt. Mitten in den Bergen zwischen Virginia und Texas. Ähnlich wie beim Edelweiß German Restaurant trat ich auch hier auf die Bremse und lenkte das Auto zum Gebäude. Obwohl es auf den ersten Blick einen eher etwas vergammelten Eindruck machte, freuten wir uns, was Vertrautes entdeckt zu haben.

Wir hatten unser Auto noch nicht richtig hingestellt, da begrüßten uns schon die ersten Neugierigen. So einen Besuch bekamen sie nicht alle Tage. Als wir miteinander ins Gespräch kamen und sie mich baten, ein paar Worte zur Herkunft dieses exotischen Automobils zu sagen, stieß ich mit meinem Englisch an meine Grenzen. Immerhin bekamen sie mit, dass wir aus der Gegend von München kämen, also von da, wo auch das Unternehmen BMW seinen Hauptsitz hat.

Einer von ihnen entdeckte auf der Motorhaube das BMW-Emblem, das ich bei unserem Auto als Kühlerverschraubung zweckentfremdete, und konnte einfach nicht glauben, dass auch der Dixi ein BMW-Produkt war. Eigentlich hätte ich zu diesem Thema einiges zu sagen gewusst. Schon wegen der sprachlichen Hürden fasste ich mich aber lieber kurz und gestand, dass dieses BMW-Emblem tatsächlich nicht authentisch war. Es sei nur deshalb dran, weil in Amerika kein Mensch was mit dem Wort „Dixi" anzufangen wusste. Das BMW-Zeichen hingegen würde allen etwas sagen.

„Auf auf dem Original-Dixi des Jahres 1928", fügte ich hinzu, „war tatsächlich nur das Dixi-Emblem mit dem Zentaur vorne drauf. Erst als das Dixi-Werk im November 1928 von BMW übernommen wurde, kam an seine Stelle das BMW-Emblem."

„Und wie lange hat BMW den Dixi dann noch produziert?"

„Leider hat BMW nur noch den Restbestand an Dixis fertig produziert." Darüber aber wäre ich persönlich heute sehr froh, fügte ich hinzu: Weil auf diese Weise die Zahl dieser Autos äußerst gering und der Dixi deshalb ein sehr gefragtes und teures Auto sei. „Was hier steht, ist eine richtige Rarität!"

Der Frager war immer noch nicht zufrieden. In welcher Stadt denn der Dixi produziert wurde und was aus dem Werk geworden ist, wollte er jetzt wissen.

Der erste Teil der Frage war leicht zu beantworten: Der Dixi wurde in der Stadt Eisenach in Thüringen produziert.

Beim zweiten Teil musste ich ein wenig ausholen: dass im Werk Eisenach später der „Wartburg", Typ AWE (Automobilwerke Eisenach), gebaut wurde. Dass nach der Wende in Deutschland 1989 die Autoproduktion in der DDR eingestellt worden ist. Und dass BMW damals weder Interesse am Werk noch am Gelände hatte, obwohl beides einmal BMW-Besitz war.

Was ich ihm aus sprachlichem Unvermögen nicht sagte: Natürlich hatte man damals in Eisenach gehofft, dass BMW dort eine moderne Produktion hochzieht. Das geschah aber nicht, und die Gebäude wurden abgerissen. Nur ein Teil, unter anderem die Kantine, steht noch heute und wird gerade zu einem Museum umgebaut.

„Ich war bestimmt schon fünfmal im Werk Eisenach", erzählte ich abschließend, „weil mir das alles so gut gefällt und mein Dixi dort seine Wurzeln hat."

Nach zwei Stunden und dem einen oder andern Bierchen zogen wir wieder von dannen und fuhren in das wunderschöne grüne Tal hinab.

PS: Alles, was im Werk Eisenach neu entsteht, ist Eigeninitiative. Leider wird das Projekt von BMW nicht unterstützt. Mittlerweile gibt es außerhalb von Eisenach ein BMW-Werk. Eine Werkzeugfertigung; Autos werden dort keine produziert. Aber immerhin ein Rest von BMW und der alten Dixi-Tradition.

11. Kapitel

Der Nocker Herbert — ratlos!

Am Montag, 29. September, waren wir auf einer *Interstate* unterwegs. Wir hatten getankt und waren gerade dabei, eine sanfte, aber sehr lange Steigung hochzufahren, als mir auffiel, dass mit dem Motor wieder was nicht in Ordnung war. Es fing damit an, dass er nicht mehr so schön rund lief und kaum noch Gas annahm. Vor Überanstrengung konnte es nicht sein, die Steigung war wirklich nur harmlos. Normalerweise für unseren Dixi kein Problem. Mit dem waren wir schon ganz andere Berge hochgefahren.

Erst dachte ich an eine vorübergehende Störung. Aber schon bald kamen wir fast gar nicht mehr vom Fleck. Und das ausgerechnet auf einer *Interstate*, auf der wir ohnehin eigentlich nichts verloren hatten. Unser Auto ist mit seinen 60 Stundenkilometern für solche Straßen selbst dann zu langsam, wenn es sein Normaltempo fährt. Aber jetzt mit nur Tempo 20 – das war schon eine arge Zumutung für die anderen Verkehrsteilnehmer. Und außerdem verboten. Nur: Im Augenblick hatten wir keine andere Wahl. Wir konnten schließlich nicht irgendwo ins Gelände abbiegen. Eine peinliche Situation.

Notgedrungen hoppelten wir also auf der Interstate weiter in der Hoffnung, dass nicht eine Polizeistreife in unsere Nähe kam. Die konnten wir jetzt am allerwenigsten brauchen. Was wir dagegen immer dringender brauchten, war ein Rastplatz. Oder einfach nur irgendein ein Platz, auf dem wir das Auto hinstellen und uns in aller Ruhe mit dem neuen Problem auseinander setzen konnten.

Endlich kam eine Tankstelle in Sicht. Mit letzter Kraft krochen wir bis zur Ausfahrt und quälten das malade Auto hinter das Gebäude. Hier würden wir niemandem im Weg stehen und den Betrieb stören.

Diesmal hatte ich wirklich null Ahnung, was für ein Leiden den Motor plagen könnte.

Als Erstes schaute ich mir die Zündung an. Die war aber völlig in Ordnung, an ihr konnte es schon mal nicht liegen. Auch die Zündkerzen sahen astrein aus. Trotzdem wechselte ich sie vorsichtshalber aus, man weiß ja nie. Dann machte ich mich daran, die Ventile zu kontrollieren. Okay, die waren ein bisschen verstellt, aber auch das war nach einer längeren Fahrt normal und konnte kaum die Ursache für den neuerlichen Schwächeanfall des Motors sein. Dennoch brachte ich sie wieder in Ordnung, vielleicht hatten sie ja doch mit dem Problem zu tun. Dann forschte ich bei den Zündkabeln weiter. Ich untersuchte sie alle der Reihe nach. Aber auch bei ihnen konnte ich nichts Anrüchiges finden. Sie waren okay.

Was zum Teufel war es dann?

Vorerst war ich mit meinem Latein am Ende. Ich will nicht behaupten, dass das noch nie der Fall gewesen ist. Aber wenn es um mein Auto ging, war mir so etwas bis dahin eigentlich nie passiert. Der Nocker Herbert – ratlos.

Und mein Sohn Philipp: ebenso. Eigenartigerweise machten wir auch nicht den Versuch, unsere Ratlosigkeit voreinander zu verbergen. Das war, um offen zu sein, ein neues Gefühl für mich: den Sohn spüren zu lassen, dass der Vater nicht mehr weiterwusste. Ist eigentlich nicht meine Art. Weil ich ja doch dem Philipp gegenüber immer noch derjenige sein wollte, der alles wusste und alles konnte. Im Grunde kindisch, ich weiß. Aber wahr.

In diesen Minuten aber legte ich diese blödsinnige Attitüde endlich ab. Und das war gut so. Wahrscheinlich sogar das Beste, was diese ganze Geschichte mit dem störrischen Motor überhaupt bewirkt hat. Damals, hinter der Tankstelle, war mir das aber noch nicht bewusst. Und wenn ich ganz ehrlich bin, wird mir das auch erst jetzt, wenn ich darüber erzähle, so richtig klar. Deshalb habe ich auch bislang noch mit keinem Menschen darüber gesprochen. Nicht einmal mit dem Philipp. Der wird es in diesem Buch lesen – und über seinen Vater staunen. Auch gut.

Wo waren wir gerade? Genau, hinter der Tankstelle. In dieser Ratlosigkeit kam ich auf die Idee, den Plank Hans anzurufen. Ich schaute auf die Uhr, es war elf Uhr vormittags. Spät genug, um guten Gewissens jemanden in Deutschland anzurufen, ohne ihn aus dem Bett zu holen. Ich sagte dem Philipp Bescheid und ging rein.

Wer, Herbert, ist der Plank Hans?

Kann ich dir sagen. In meinem Leben ist das ein ganz wichtiger Mensch.

Nur ganz nebenbei: Natürlich würde man anderswo in Deutschland nicht von einem Plank Hans sprechen; man würde ihn Hans Plank nennen. Nicht aber im bayerischen Oberland, wo ich herkomme. Da ist man der Angerer Schorschi, der Hempel Wolfgang, die Bromberger Evi, die Achmüller Manni und eben der Plank Hans. Und ich der Nocker Herbert. Verstehst du?

Zurück zum Plank Hans. Ohne den, das bekenne ich hier freimütig und gerne, wäre ich nie auch nur auf die Idee gekommen, mit einem Dixi Jahrgang 1928 um die Welt reisen zu wollen! Wenn du dir nämlich vornimmst, dich in einem selbst gebauten Auto in völlig fremden Ländern und Kontinenten zu bewegen, deren Straßenbeschaffenheit du nicht kennst, du nicht weißt, ob es Werkstätten gibt und ob man dort bereit ist, dir zu helfen, wenn du viel zu wenig Platz in deinem Auto hast, um Werkzeug oder gar Ersatzteile mitzunehmen – und so weiter und so fort –, dann bist du, verdammt noch mal, auf Gedeih und Verderb auf dieses Auto angewiesen.

Du musst dich hundertprozentig auf dein Auto verlassen können. Dazu musst du es nicht nur in- und auswendig kennen, du musst auch über jedes winzige Detail Bescheid wissen. Andernfalls ist es besser, du bleibst daheim.

Und weißt du, wann du sicher sein kannst, dass du mit deinem Auto gut vertraut bist? Wenn du es selber gebaut hast und jedes Einzelteil kennst. Wenn du sie alle der Reihe nach selber besorgt und sie, Teil für Teil, selber zusammengefügt hast. Nein: Wenn du sie dreimal, fünfmal, zehnmal zusammengefügt, dreimal, fünfmal, zehnmal wieder auseinander genommen und dreimal, fünfmal, zehnmal erneut zusammengefügt hast. So ist das. Und genau so hab ich das auch mit meinem Dixi gemacht.

Da fällt selbst dem mit allen Wasser gewaschenen Autobastler nichts mehr ein: Herbert Nocker ist mit seinem Latein am Ende

Das gilt für das Auto im Allgemeinen. Mit dem Herzen deines Autos aber, dem Motor, musst du regelrecht zusammengewachsen sein. Fast hätte ich gesagt: du musst mit ihm geschlafen haben. Denn wenn das Herz nicht mehr richtig tut und du nicht in der Lage bist, herauszufinden, woran das verdammt noch mal liegt, hast du keine Chance, es jemals wieder zum Laufen zu bringen. Du kannst deine Reise praktisch vergessen.

Der Motor muss dir, mehr noch als der Rest des Autos, bis ins letzte Schräubchen in allen seinen Funktionen vertraut sein.

Womit ich wieder beim Plank Hans bin. Denn ihm – keinem anderen – habe ich zu verdanken, dass ich heute einen Motor überholen kann. „Überholen", das klingt so simpel und so lapidar. In Wahrheit ist es Kunst. Der Plank Hans beherrscht sie aus dem Effeff, ich mittlerweile auch, aber natürlich nicht annähernd so perfekt wie er. Der Plank Hans hat sie mir in den letzten Jahren beigebracht.

Auch bei der Frage, was ich auf diese Reise alles an Teilen mitnehmen sollte, beriet er mich. Zum Beispiel wollte ich zuerst vier Kolben mitnehmen. Vier Kolben aber wiegen nicht nur viel, sondern nehmen auch eine Menge Platz weg. Da sagte er: Wozu vier Kolben? Nimm doch nur einen einzigen mit. Wenn tatsächlich ein Kolben frisst, dann ist es eben nur einer. Auf so einer Reise kommt so was garantiert nur einmal vor. Was sollst du so viel unnützes Zeug mitschleppen?

Ja, da hatte mir der Hans schon sehr geholfen.

Der Hans ist nicht nur eine der wichtigsten Begegnungen in meinem Leben.

Er ist auch der beste Motorenkenner, den ich jemals kennen gelernt habe. Er kommt aus dem Ingolstädter Raum, aus Beilngries. Er ist ein paar Jahre jünger als ich, so um die sechzig, wollte ursprünglich Pfarrer werden und hat Theologie studiert. Ob er das Studium vorher abgebrochen oder beendet hat, weiß ich nicht. Jedenfalls hat er auf Elektriker umgesattelt. Von frühester Jugend an aber hatte er mit der Restaurierung von Autos und Motorrädern zu tun. Sein Schwerpunkt heute ist Motortuning: Er kann dir aus einem Motor mehr PS herauszaubern, als er von Haus aus hat. In der jüngeren Vergangenheit tunte er in erster Linie Motoren von Glas und BMW. Und Dixi-Motoren. Hans ist da der absolute Profi, kennt Theorie und Praxis und hat einen Namen in der Branche.

Ich dagegen bin Autodidakt und habe meinen ersten Motor im Jahr 1961 überholt, ohne jegliche theoretische Vorkenntnisse, ohne nichts. Achtundzwanzig Jahre lang bin ich mit diesem Motor gefahren. Ich beherrsche das also schon auch. Aber ich hätte nie einen Motor machen können, der standfest genug gewesen wäre, um mit ihm um die Welt zu fahren und der wirklich seine 15 PS hat. Das lernte ich erst ein paar Wochen vor unserer Abreise, und zwar vom Plank Hans, von wem denn sonst. Der war deswegen extra mal einen ganzen Tag lang bei mir gewesen. Da besprachen wir alles und schafften eine ganze Menge.

Am Tag nach dieser Zusammenkunft vollendete ich den Motor, nach seinen Anweisungen. Der Hans schaute ihn sich hinterher an und sagte: Diesen Motor hast du so gut hingekriegt, mit dem kommst du sogar zweimal um die Welt!

Und jetzt stand ich in der Tankstelle und hatte keine Ahnung, wie ich mit diesem Motor auch nur ein einziges Mal um die Welt kommen sollte.

12. Kapitel

Guter Fisch und schlechter Sprit

Es war das einzige Mal, dass ich während unserer Tour den Plank Hans um Rat fragen musste. Einfach nur mit ihm gesprochen habe ich mit ihm öfter, aber eben nur das Übliche – dass alles gut läuft, das Wetter schön und die Straße gut ist. Einmal, jetzt erinnere ich mich, sagte ich ihm aber auch, dass der Motor heiß wurde, und fragte ihn, was ich da machen soll. Tank halt nur Super, riet er. Ist besser für die Kühlung.

Ich hatte ihn auch sofort an der Strippe und erklärte ihm, was los ist. Er aber sagte: „Da ist nichts los. Da kann nichts los sein. Das muss laufen, das Ding." Er fragte nicht mal: Hast du auch da und dort schon nachgeschaut?, sondern sagte nur: Da kann nichts sein. Aus.

Zugegeben, so richtig zufrieden fühlte ich mich nach dem Telefonat eigentlich nicht. Wir stiegen ein und fuhren weiter. Nach wenigen hundert Metern ging es wieder los. Der Motor stotterte und wollte nicht mehr richtig.

Ziemlich eingeschränkt und mit unguten Gefühlen hoppelten wir noch ein paar Kilometer Richtung Baxter zu einem Campingplatz. Ich wollte erst mal eine Nacht darüber schlafen. Als wir dort ausstiegen, musste ich dem Philipp klipp und klar sagen, dass wir in diesem Zustand die Fahrt unmöglich fortsetzen konnten. Unsere Stimmung war auf null.

Es war ein Campingplatz mit einer angeschlossenen *Cat Fish Farm*. Beides gehörte einem Eigentümer, wie der uns, kaum dass wir das Auto abgestellt hatten, stolz kundtat. *Cat Fish*, muss man wissen, ist in Amerika eine begehrte Delikatesse. Waller heißt dieser Fisch bei uns. Weil dem vom Kopf eigenartig geformte Fühler seitlich nach vorn wegragen, schaut er zwar ein bisschen komisch aus, schmeckt aber hervorragend.

Schon als wir auf den Platz rollten, löste unsere Ankunft Jubel, Trubel, Heiterkeit aus. Nicht nur der Eigentümer war sofort zur Stelle, auch etliche andere Leute standen um uns rum. Die meisten von ihnen wären Fischer, erklärte uns der Eigentümer. Gegen Gebühr durften sie in zwei seiner insgesamt drei Weiher nach Herzenslust angeln.

Zunächst sahen wir nur den einen, den großen Weiher, eingebettet in einem weiten Kessel. Später entdeckten wir auch die zwei kleineren. Auch jetzt, zu vorgerückter Stunde, waren noch etliche Fischer zugange. Für den Besitzer, so kam es uns vor, musste die Sache mit dem Cat Fish eine Goldgrube sein. Er zeigte uns, wie er die Fische füttert – mit selbst gezüchteten Goldfischen. Er erklärte uns auch, wie er das Ablaichen managt und wie er mit Hilfe eines trickreich angelegten Sauerstoffsprudelsystems den Fischen das Leben so lange schön macht, bis sie schlussendlich auf dem Teller landen.

Nachdem wir solchermaßen über die Aktivitäten des Campingplatzbesitzers im Allgemeinen und über Cat Fish im Besonderen informiert waren, meldeten wir uns an der Rezeption an und gingen ins Restaurant. Dort war alles von oben bis unten mit allen Varianten von Cat Fish geschmückt. Selbstverständlich orderten wir Cat Fish; an was anderes auch nur zu denken, wäre grotesk gewesen. Wir bereuten es auch nicht. Wann immer sich von nun an auf der Reise die Gelegenheit bot, unseren Hunger mit dieser Fischsorte zu stillen, schlugen wir zu. Auch wenn es ein paar Dollar mehr kostete.

Danach schauten wir noch ein Weilchen dem Treiben der Fischer zu, die immer noch fleißig an den beiden Seen herumwuselten, und verkrochen uns schließlich auf unserem Dixi-Dach. Wir wollten fit sein, um das Problem, das den Dixi und uns plagte, endlich in den Griff zu bekommen.

Es war noch dunkel, als wir uns in der Früh wieder über das Auto hermachten, um dem Problem auf die Spur zu kommen. Gott sei Dank war es dunkel, denn so konnte der Philipp den Funken erkennen, der von der ersten Zündkerze zum Wasserschlauch übersprang, als ich den Anlasser betätigte.

Ein Funke zu einem Wasserschlauch aus Gummi? Merkwürdig. Als ich mir das näher anschaute, erkannte ich, dass der Motor auf nur drei Töpfen lief. Klar, dass er so das Auto nicht fröhlich ziehen konnte.

Also stotterten wir zur nächsten Autowerkstatt. Zum Glück waren das nur zwei, drei Kilometer.

Der Werkstattchef sah so aus, wie man sich bei uns einen Harley-Fahrer vorstellt – bärtig, tätowiert und vollleibig, ungefähr 50.

Zuerst wollte ich einen Satz gerader Kerzenstecker von ihm haben. Zu meiner Verblüffung wollte er aber nur einen Einzigen rausrücken. Was hat er denn, fragte ich mich, und bestand darauf, dass er mir alle vier verkauft. Widerwillig folgte er meiner Anweisung.

Dann wollte ich noch neue Zündkabel kaufen, jetzt war es schon egal. Da sagte der Mann mir doch glatt mitten ins Gesicht, ich soll das bleiben lassen, es wäre eh alles nur rausgeschmissenes Geld. Ich war sprachlos: Das sagte ausgerechnet einer, der vom Verkauf solcher Sachen lebt. Ich verstand die Welt nicht mehr, verzichtete auf die Zündkabel, zahlte und verließ kopfschüttelnd den Laden. Wo gab's denn so was?

Vor dem Laden ersetzte ich einen der gekröpften Kerzenstecker durch einen geraden. Damit, dachte ich, wäre das Problem gelöst: Ein gerader Kerzenstecker zeigt nicht wie ein gekröpfter zum Wasserschlauch hin. Dann tauschte ich die andern drei Kerzenstecker aus; schließlich sollte das nach was aussehen. Gerade und gekröpfte Kerzenstecker an einem Motor – nicht mit mir.

Das alles geschah unter strenger Aufsicht des Werkstattchefs, der mir nach draußen gefolgt war. Ihn schien einerseits unser Auto zu interessieren, andererseits aber auch, was ich daran reparierte.

Als alles getan und gemacht war, startete ich voller Zuversicht den Motor und drehte mit dem Auto ein paar Runden. Da ging das Stottern schon wieder los!

Ich merkte, wie meine Hände feucht wurden und der Schweiß mir ausbrach. Jetzt wusste ich tatsächlich nicht mehr weiter. Und meinen letzten Joker, nämlich den Plank Hans anzurufen, hatte ich schon verspielt. Aber wahrscheinlich hatte er mir nichts anderes sagen können, als: Das kann nicht sein.

Jetzt sah ich richtig alt aus. Zum ersten Mal so alt, wie ich wirklich war: dreiundsechzig.

Nicht verzweifelt, aber ratlos riskierte ich einen Blick zum Werkstattchef. Der lehnte mit verschränkten Armen im Türrahmen und hatte, wie mir schien, mein Tun mit Interesse und Gelassenheit verfolgt.

Auf meinen fragenden Blick hin sagte er: „Wenn Sie es wissen wollen: Ich könnte Ihnen schon sagen, warum der Motor nicht richtig läuft."

Jetzt schlägt's aber dreizehn, dachte ich, und wurde fast ein wenig laut: „Natürlich will ich's wissen. Sag's doch endlich!"

„Sie haben schlechten Sprit im Tank. Das ist alles."

„Schlechten Sprit? Kann man denn hier auch schlechten Sprit tanken?"

„Und ob Sie das können. Hier kommen andauernd solche wie Sie vorbei. Deren Motor streikt. Und alle haben sie schlechten Sprit im Tank."

Jetzt war ich sprachlos. Schlechter Sprit? In Amerika? Ich konnte es nicht fassen. Richtig war, dass wir tatsächlich erst vor vierzig, fünfzig Meilen getankt hatten. Und dass es auch von da an mit unserem Motor immer mehr bergab ging. Da konnte also schon was dran sein.

„Es ist ganz einfach so, dass Ihnen an der Tankstelle der letzte Rest aus einem Container abgefüllt worden ist. Und jetzt haben Sie den Bodensatz im Tank."

Das kapierte ich. So eine Verunreinigung ist mikroskopisch klein. So klein, dass sie wie nichts durch den Benzinfilter geht und sich an den Vergaserdüsen festsetzt. Genau. Das musste das Problem sein. Der Mann hatte Recht. Mir fiel eine Zentnerlast von den Schultern.

Er führte uns hinter das Haus. Dort standen ein Kompressor und alle andere Gerätschaften, die notwendig waren, um den Vergaser zu zerlegen und ihn durchzublasen und überhaupt den Motor einmal gründlich zu reinigen.

Es war schönes Wetter und die Arbeit machte uns Spaß. Weil wir das Gefühl hatten: Jetzt wird alles wieder gut.

Nach drei Stunden stand das Auto fertig da. Wir stiegen ein, starteten den Motor, winkten dem Chef freundlich zu und fuhren los.

Und so fährt das Auto störungsfrei bis auf den heutigen Tag.

Twin Lakes, Catfish Farm
Restaurant, Pay Lake & Camp Ground,
580 Gainesboro Hwy., Baxter, TN 38544

---

13. Kapitel

Nashville, ein Parkwächter und Thomas, der eine alte BMW-Maschine fährt

Dienstag, 23. September. Das Auto lief wie geschmiert, das Wetter war schön, die Straßen waren gut und wir bester Stimmung. Und weil die Welt für uns wieder in Ordnung war, beschlossen wir, Nashville zu besuchen. In der Nähe waren wir ja schon, nämlich auf einem Campingplatz bei Baxter. Von da aus waren es auf der Interstate vielleicht noch dreißig Meilen nach Nashville. Ein Katzensprung.

Nashville, Tennessee – wie sich das schon anhörte. Es genügte, dass ich leise *Nashville, Tennessee* vor mich hin brummelte und mir vorstellte, in ein, zwei Stunden in dieser Stadt zu sein – schon bekam ich Gänsehaut. Dem Philipp ging es sicher anders. In seinem Alter muss er die Orte erst noch finden, deren Klang ähnliche Reaktionen bei ihm hervorrufen. Nashville besuchen zu können, war für mich ein Traum. Aber wie es mit Träumen so ist – manchmal ist es besser, sie gehen nicht in Erfüllung. In diesem Fall verhielt es sich wohl so:

Wir fuhren gegen acht Uhr abends noch in die Stadt und fanden am Broadway, wo sich eine Kneipe neben der anderen drängt, einen Schuppen, der uns auf Anhieb gefiel und wo wir bis zum Abwinken Livemusik hören konnten. Auf dem Podium fast ausschließlich schwarz gekleidete Musiker, die vorwiegend Johnny Cash spielten. Das lag daran, dass der bekannteste Countrysänger aller Zeiten erst wenige Wochen zuvor gestorben war. Tolle Musik, toll dargeboten, mit Tanz und Gesang. Der schwarze Aufzug der Musiker hatte aber nichts mit Trauer zu tun, sondern war eine Hommage an den großen Meister. Cash, der „Mann in Schwarz", war zeitlebens nur in schwarzen Klamotten aufgetreten. Er wurde in den Sechzigern dank Hits wie *Ring of Fire* zum Popstar der Countrymusik, war allerdings auch wegen Tablettensucht und Rowdytums in die Schlagzeilen geraten. In den Siebzigern und Achtzigern verlief seine Karriere wechselhaft. Anfang der Neunziger feierte er ein erstaunliches *Comeback* und wurde zur Ikone der Alternative-Rock-Generation.

In Nashville ist es übrigens nicht üblich, dass eine Band einen ganzen Abend lang immerfort nur in ein und derselben Kneipe spielt. Hier herrscht ständiges Kommen und Gehen, die Bands ziehen von einer Kneipe zur nächsten. Mit Gitarre, Geige, Banjo, Waschbrett und Gesang ist das auch zu machen. Und damit die Musiker auch was verdienen, geht immer wieder der Hut rum. Das ist zunächst mal ganz okay. Wenn der Hut dann aber zum achten oder zehnten Mal zu dir kommt, wirst du nachdenklich: Jetzt ist er ja schon wieder da! Du wirst dabei ja immer ein paar Dollar los. Zu vorgerückter Stunde tut das nur noch halb so weh. Vorausgesetzt, du hast genügend Bier intus. Bei uns zahlst du Eintritt, in Nashville kommt der Hut.

Gegen ein Uhr kehrten wir zum Campingplatz zurück.

Das war für uns Nashville, mehr nicht. Kann man also sagen, ein Traum von mir wäre in Erfüllung gegangen – nur weil ich dort in einer Kneipe fünf Stunden lang Countrymusik gehört hab? Wohl kaum. Zu viel gibt es in Nashville, was ich noch gern erleben möchte. Ich mach's ein andermal, wenn mehr Zeit ist. Die *Hall of Fame*, um nur ein Beispiel zu nennen, möchte ich unbedingt noch mal besuchen.

Insofern ist Nashville für mich als Traum noch lange nicht abgehakt. Ist doch schön: Träume zu haben, die noch nicht ausgeträumt sind. Oder etwa nicht?

In der Johnny-Cash-Stadt Nashville, Tennessee, lassen es die Nockers richtig krachen. Insbesondere Philipp wird am nächsten Tag einen Brummschädel haben

Apropos Johnny Cash. Nicht nur, dass ich zu seiner Zeit seine Musik sehr mochte; mit ihm verbindet mich auch jemand aus meinem Bekanntenkreis. Einer, der das Glück hatte, mit Cash aufgewachsen zu sein. Vor unserer Abreise steckte er mir die Privatadresse von Johnny Cash zu. Falls es uns nach Oklahoma verschlagen würde, meinte er, könnten wir ihn mal besuchen. Und ihm einen schönen Gruß von seinem alten Freund ausrichten.

Wenigstens das ist Johnny Cash in seinem ohnehin nicht so leichten Leben erspart geblieben.

Was mir von Nashville außer dieser wunderbaren Kneipe sonst noch in Erinnerung bleiben wird, sind zwei Menschen. Der eine ein Parkwächter, der andere ein Motorradfahrer.

Beginnen wir beim Parkwächter. Während wir uns in der Kneipe der Countrymusik hingaben, mit den verschiedensten Leuten unsere Gaudi hatten und dem ausgezeichneten Bier zusprachen, wartete unser Dixi auf einem bewachten gebührenpflichtigen Parkplatz auf uns. Als wir dann gegen eins wieder unser

Auto besteigen und den Parkwächter entlohnen wollten, weigerte sich der gute Mann, auch nur einen Cent von uns anzunehmen. Begründung: Für so ein Auto verlange ich nichts.

Und jetzt der Motorradfahrer. Für den muss ich ein bisschen ausholen.

Zunächst einmal war es so, dass wir am Tag darauf, am Mittwoch, den 24. September, auf unserem Dixidach beide mit einem Riesenbrummschädel erwachten. Vor allem der Philipp. Der hatte sich in Nashville, vor allem aber in der Kneipe, wo er mit Gleichaltrigen ins Gespräch gekommen war, besonders gut amüsiert. Vielleicht so gut, dass auch er später mal, wenn er an Nashville, Tennessee, denkt, Gänsehaut bekommt. Allein deswegen würde sich unsere ganze Fahrt schon gelohnt haben.

Es half aber alles nichts. Wenn wir im Zeitplan bleiben wollten, mussten wir weiter. Vor allem in Austin wollte ich ja pünktlich sein. Alles, was danach noch kommen sollte, war mir weniger wichtig. Also räumten wir auf dem Campingplatz unsere Siebensachen zusammen und fuhren noch mal nach Nashville hinein. Von da aus wollten wir auf den *Highway 100* Richtung Memphis kommen. Vor einer Kreuzung schaltete die Ampel auf Rot, und wir bieben stehen. Ebenso ein Motorradfahrer, ganz knapp links neben mir.

Als ich gerade anfangen wollte, mich darüber zu wundern, warum er sich gleich so dicht neben mich stellt, streckte er mir auch schon seine Rechte durchs Fenster herein. Ich war so baff, dass ich sie ihm drückte. Als wäre es völlig selbstverständlich, einem die Hand zu schütteln, der neben dir auf Grün wartet.

Einen Augenblick lang mochte ich ihn etwas irritiert angeschaut haben. Dann aber wusste ich: Der Typ ist okay.

Noch dazu sah ich, dass er auf einer alten BMW-Maschine saß. Da lag es nahe, ihm schnell noch zu sagen, dass auch mein Auto ein BMW-Produkt sei.

Jetzt war er baff. In dem Moment schaltete die Ampel auf Grün und unserer soeben begonnenen Bekanntschaft drohte ein jähes Ende. Da rief er mir noch zu, er würde auf einem Parkplatz rechts um die Ecke auf uns warten. Sprach's, zog mit seiner Maschine an unserem Auto vorbei und bog ab. Natürlich folgte ich ihm; ich konnte gar nicht anders.

Ich seh noch heute, wie er auf den Parkplatz vor seiner hochgebockten BMW steht und auf uns zugeht. Und wie er erst mich und dann den Philipp in die Arme nimmt. So als wären wir alte Freunde, die sich nach Jahren wieder über den Weg gelaufen sind.

Also, das war schon außergewöhnlich. Ein Mann von Mitte 50, schlicht angezogen, um es nett zu sagen.

Nachdem wir uns miteinander bekannt gemacht hatten – er hieß Hugh Thomas –, lud er uns ohne Umschweife zum Mittagessen ein. Ich suchte den Blickkontakt zu Philipp und unsere Augen sagten sich: Wenn das Essen genau so ist wie sein Aufzug, verdrücken wir uns lieber.

Aber mir wollten im Augenblick partout nicht die richtigen Worte einfallen, mit denen wir uns aus der Affäre hätten ziehen können. Also blieb mir nichts anderes übrig als zu sagen, okay, das machen wir. Er war ja auch wirklich ein

Der Typ ist okay, weiß Herbert Nocker auf Anhieb, als er vor einer Kreuzung bei Rot den Motorradfahrer Hugh Thomas kennenlernt

ganz besonders netter Kerl. Vielleicht nur ein bisschen gewöhnungsbedürftig. Sein Haus wäre nur zwei Meilen von hier, sagte er, wir sollten ihm einfach folgen. Es waren aber dann doch nicht nur zwei Meilen, weil er erst noch bei einem Schnellimbiss vorbeifuhr und sich mit Salaten und so was eindeckte; schließlich hatte er Gäste zu bewirten.

Als Hugh Thomas – ich nannte ihn immer nur Thomas, weil ich fälschlicherweise Thomas für seinen Vornamen hielt – als also Thomas vollbepackt wieder rauskam, sagte er, in diesem Laden würde es die besten Salate und Sandwiches von ganz Amerika geben. Dann fuhren wir wieder hinter ihm her, bis er langsamer wurde und rechts in eine Einfahrt einbog.

Wir rieben uns die Augen. Wir standen vor einer prächtigen Villa in Hanglage. Hinter ihr führte ein Steg zu einem schönen großen See. Am Steg lag ein nicht unansehnliches Schiff vertäut. In einer Garage standen zwei ältere, aber gut gepflegte Autos einträchtig nebeneinander, ein VW und eine Mercedes-Limousine. Und jede Menge Modellflieger hingen an der Decke oder standen in Regalen. Das war wohl eines seiner Hobbys. Später sollte sich Thomas als Deutschlandfan outen. Sein Leben lang hätte er, was Motorräder und Autos betrifft, nichts anderes als deutsche Fabrikate besessen.

Wir gingen eine Treppe hoch und wurden von der Dame des Hauses begrüßt. Die beiden führten uns in das Haus. Im Esszimmer war schon alles aufgedeckt. Sogar eine Flasche kalifornischer Wein stand auf dem Tisch. Und während sich seine Frau noch in der Küche zu schaffen machte, setzte sich Thomas im Wohnzimmer ans Klavier und spielte uns was vor. Begleitet vom dezenten Surren eines Ventilators, der von der Decke hing. Sein Klavierspiel und der Ventilator – da kam mir gleich der Film Casablanca mit Humphrey Bogart und Ingrid Bergman in den Sinn.

Nachdem wir wirklich gut gespeist und dabei auch jede Menge Spaß miteinander hatten, gingen wir alle vier die kleine Treppe zum Auto hinunter. Auch die Frau von Thomas wollte es sich anschauen. Da bemerkte Philipp, dass dem Dixi hinten seitlich ein Teil herunter hing. Wir gingen in die Knie und schauten, was los war. Ein Reibungsdämpfer von der Hinterachse hatte sich gelöst.

Da fiel mir auch ein, dass ich am Vortag tatsächlich einen dumpfen Schlag vernommen hatte, als wir wieder mal auf der Standspur eines Highways unterwegs waren. Wenn wir auf einem Highway fuhren, benutzte ich gern die Standspur. Hier behinderten wir nicht mit unserer Tempo-50-Dahinzuckelei den Verkehr. Aber dort liegen immer irgendwelche Teile herum. Meistens Reste von Reifen. Dem Schlag nach zu urteilen, musste es diesmal was Härteres gewesen sein, vielleicht sogar ein Metallteil. Thomas bot sich sofort an, uns zu einer Werkstatt zu begleiten, die das wieder in Ordnung bringt. Und ehe ich ihm erklären konnte, dass ich das Teil mit einem Schweißgerät auch selbst wieder befestigen konnte, saß er abfahrbereit auf seinem Motorrad. Also folgten wir ihm zur Werkstatt. Diese entpuppte sich als eine Werkzeugmacherei, die normalerweise Stanzvorrichtungen baut. Ein edler Betrieb, so wie er aussah. Muss ich eigentlich noch erwähnen, dass auch hier alle Beschäftigten gleich wieder zusammenliefen, nur um unser Auto anzuschauen?

Der Chef persönlich und sein bester Mechaniker kümmerten sich um uns. Die beiden schauten sich die Sache eingehend an. Dann beorderte der Chef ganze vier Mann, die Reparatur durchzuführen. Diese war nämlich, wie sich jetzt herausstellte, doch nicht so einfach, wie ich mir das vorgestellt hatte. Das lag daran, dass ich in die Bodenwanne Zusatzbehälter für Sprit eingebaut hatte. Das war zwar sehr hilfreich, wenn wir auf Strecken mit nur wenigen Tankstellen unterwegs waren, nicht aber bei dieser Reparatur. Um an den Reibungsdämpfer zu kommen, mussten erst die Zusatzbehälter und die am Rahmen festgenietete Bodenwanne ausgebaut werden. Ungefähr zwei Stunden machten die Mechaniker dran herum. Hätte ich es selber gemacht, wäre locker ein ganzer Tag draufgegangen – ausbauen, schweißen, säubern, verschleifen, grundieren, lackieren, einbauen, Behälter einnieten.

Das machten die alles, während wir im Chefzimmer Kaffee tranken und uns die Firma anschauten.

Nach getaner Arbeit war ich auf die Rechnung gespannt. Diese Reparatur, dachte ich, würde ein Vermögen kosten. Als aber kein Mensch Anstalten machte, uns abzukassieren, wandte ich mich an den Thomas. Die Rechnung, fragte er scheinheilig, was für eine Rechnung?

Hatte er doch heimlich, still und leise die Rechnung für uns bezahlt!

Bevor wir uns trennten, wollte ich von ihm noch wissen, wo wir einen kleinen Gaskocher herkriegen konnten. Wir wollten uns ab und zu was braten, und alle

Gaskocher, die wir bisher in den Läden gesehen hatten, waren viel zu groß. Kein Problem, sagte er, dauert nur ein paar Minuten. Schwang sich auf seine Maschine und war fort.

Nach einer Stunde kam ein schweißbedeckter aber freudestrahlender Thomas zurück, mit einer in Krepppapier verpackten Kiste auf dem Sozius. Wir öffneten sie. Drin war genau der Gaskocher, nach dem wir immer schon gesucht hatten. Dazu zwei große Gasflaschen und eine Gaslaterne. Und als es ans Bezahlen ging, winkte er auch diesmal ab.

Während des Essens in seinem Haus hatte er uns anvertraut, dass er eigentlich um vier einen Termin habe. Mittlerweile war es fünf. Ich hatte fast ein schlechtes Gewissen.

Thomas war auch nicht davon abzubringen, vor uns zu der Schnellstraße herzufahren, die nach Memphis führte. Plötzlich bog er zu einer Tankstelle ab. Wir hinter ihm her, weil wir dachten, dass er vielleicht tanken wollte. Falsch gedacht. Nicht er wollte tanken, wir sollten es. Weil der Sprit hier so günstig war. Und nur durch Anwendung sanfter Gewalt konnte ich ihn daran hindern, dass er auch diese Rechnung noch beglich.

Er begleitete uns bis zur richtigen Abzweigung. Dort verabschiedeten wir uns. Mit Tränen in den Augen, wie es sich unter gestandenen Mannsbildern gehört.

Das war die Geschichte von Hugh aus Nashville, Tennessee, den ich Thomas nannte und der eine alte BMW fuhr.

14. Kapitel

Ein schwieriges Kapitel

Am Tag, an dem wir Hugh Thomas, dem Motorradfahrer, begegnet waren, übernachteten wir auf einem Camp Ground in der Nähe von Perryville.
Und schon habe ich ein Problem!
Nämlich welches?
Weil ich jetzt als nächsten Satz sagen müsste: Am Tag darauf, Donnerstag, 25. September 2003, fuhren wir weiter Richtung Memphis, Tennessee, und verbrachten auch diese Nacht auf einem Campingplatz.
Ich verstehe. Euer Leben spielte sich nur noch auf Campingplätzen ab. Ansonsten seid ihr im Auto gesessen. Richtig?
Richtig.
Ist eben nichts passiert.
Genau. Na ja, ein bisschen was schon. Aber nicht solche Sachen wie mit dem Thomas in Nashville oder mit dem Edelweiß-Restaurant. Es gab auch keinen Hurrikan. Nicht mal eine Panne, leider.
Schade. Passiert denn überhaupt noch was auf dieser Fahrt?
Na, du bist vielleicht ein Witzbold! Deswegen schreiben wir doch das Buch! Aber es passiert halt nicht immer und überall was Großartiges.
Vielleicht aber was Kleinartiges. Oder Abartiges.
Kleinartiges schon. Zum Beispiel, dass der Philipp am Freitag, 26. September, Geburtstag hatte.
Na also, ist doch auch schon was. Gratulation nachträglich! Wie alt ist er geworden?
Dreiundzwanzig.
War sonst noch was los an diesem Tag? Eine Begegnung vielleicht?
Ja, eine Begegnung. Auf der Interstate 79 Richtung Süden wurden wir an einer Tankstelle von einem jungen Paar in einem *Range Rover* angesprochen. Sie fragten, ob sie unser Auto anschauen dürften. Klar, sagten wir, selbstverständlich. Nachdem sie es mehrmals umkreist und sich dabei offensichtlich amüsiert hatten, bat er uns, noch fünf Minuten zu bleiben. Er müsste nur schnell seine Kamera von daheim holen. Dieses sensationelle Auto, sagte er, müsste er unbedingt fotografieren.
Einer, der meinen Dixi ein sensationelles Auto nennt, kriegt von mir sogar zehn Minuten. War doch klar, dass wir warteten. Tatsächlich war er auch gleich wieder da und fotografierte den Dixi, was das Zeug hielt. Ob er jemals auch seine Frau so leidenschaftlich fotografiert hat? Alles hätte er in seinem Leben schon gesehen, schwärmte er zwischendurch, noch nie aber so was wie unser Auto. Ein bisschen dick hat er schon aufgetragen, glaube ich. Als er sein Shooting beendet hatte, erzählte er, dass er ein richtiger Autofreak sei. Drei Porsche würden bei ihm in der Garage stehen. Und dazu drei Harley-Davidson. Er war wohl auch ein

richtiger Motorradfreak. Zuletzt drückte er mir seine Visitenkarte in die Hand. Falls wir unterwegs, egal wo, irgendwelche Schwierigkeiten, Pannen, Unfälle hätten, sagte er, sollten wir uns nicht scheuen, ihn anrufen. Er würde dann sofort da sein, wenn's sein muss auch mit Autoanhänger. Außerdem hätte er überall gute Freunde; auch die würden uns bei Bedarf helfen.

Hilfsbereit sind sie also schon, die Amerikaner, auch und gerade zu Fremden. Ich überlege gerade, ob wir in Deutschland auch so freundlich mit Fremden umgehen, speziell mit Amerikanern. Ich weiß nicht so recht ...

Ich weiß auch nicht so recht.

Unser nächster Camp Ground lag in einem Naturpark an einem See. Als wir hinkamen, stand ziemlich nah am Seeufer ein riesengroßes Wohnmobil mit Vorzelt und allem Drum und Dran. Schon von weitem merkten wir: Hier ist was los. Lauter schon etwas betagtere Leute wuselten herum, in großer Überzahl Frauen, und zwar sehr sehr lustige. Entweder, dachten wir, sind sie von Haus aus so gut drauf, oder sie haben schon was getrunken. Als wir ein wenig scheu an ihnen vorbeifahren wollten ...

... gab es gleich wieder ein großes Hallo.

Genau. Sie haben richtig laut zu uns rüber gegröhlt.

Ach, sind wir schon in der Abteilung Abartiges?

Ganz hinten, möglichst weit weg von ihnen, war ein Platz frei. Da stellten wir uns hin und schlugen unser Vorzelt auf. Kaum war das erledigt, besuchte uns eine der lustigen Frauen und wollte uns zum Essen einladen. Eine richtig große Tafel hatten sie bei ihrem gigantischen Wohnwagen aufgebaut. Dann kam noch eine zweite und schließlich noch eine dritte Frau dazu. Sie erzählten uns, dass sie im See viele Fische gefangen hätten und würden sich so freuen, wenn wir ... und so weiter.

An diesem Tag waren wir aber wirklich sehr viel gefahren. Und weil es obendrein sehr heiß gewesen war, waren wir ziemlich groggy. Das versuchte ich ihnen zu erklären. Sie nahmen es sportlich und gingen zu ihren Freunden zurück.

Wir vertraten uns dann am See noch ein wenig die Füße und waren froh, uns aus der Affäre gezogen zu haben. Wenn so extrem lustige Frauen dann noch was getrunken haben, kann das leicht, wie soll ich sagen, kann das leicht ...

... abartig werden.

Genau. Und das gerade an diesem Tag. Es wäre zu viel für uns gewesen.

Am Samstag, 27. September, machten wir einen Abstecher nach Memphis, um uns die Elvis-Gedenkstätte *Graceland* anzuschauen. Wenn ich im Kapitel über Nashville sagte, ich sei ein Verehrer von Johnny Cash, so sage ich in dem Kapitel über Memphis, ich bin auch ein Verehrer des *King of Rock 'n' Roll*. Mich zog es jedenfalls dorthin. Vielleicht hatten wir die falsche Tageszeit und die falsche Anfahrt gewählt. Jedenfalls war in Memphis so ein Riesenverkehr, dass uns die Fahrerei, dieses ständige *stop and go*, zunehmend aufs Gemüt schlug. Auch dem Auto machte es keine Freude. Wenn so ein Dixi nicht richtig laufen kann, sondern nur dahinkriechen muss, fängt er richtig an zu Stampfen. Der Motor, meine ich. Er mag es einfach nicht.

Eine andere Welt: So nah sind sich in den Vereinigten Staaten Ulm und Stuttgart

Nach zwei Stunden übelster Fahrt waren wir endlich vor Ort. Graceland, mussten wir da erkennen, ist nicht nur einfach ein Gebäude. Es ist ein weitverzweigter Besichtigungskomplex an der Peripherie von Memphis, mit allem, was das touristische Herz begehrt. Du kannst im *Graceland Mansion* eine geführte Audiotour machen und dir dabei über Kopfhörer Geschichten aus dem Leben von Elvis und seiner Tochter Lisa Marie erzählen lassen. Oder dir im *Elvis Automobile Museum* alle seine Autos angucken, Zu den Highlights zählen: ein 1955er Cadillac in Pink, ein 1956er Cadillac in Purpur, ein 1973er Stutz Blackhawk, ein MG in Rot (den Elvis im Film *Blue Hawaii* fuhr) und eine ganze Reihe von Harley-Davidson-Motorrädern. Du kannst aber auch im *Elvis' Trophy Building* seine Sammlung an Goldenen Schallplatten, Preisen, Konzertkostümen, Schmuckstücken, Fotos und sonstigen Devotionalien bewundern oder dir im legendären *Heartbreak Hotel* schlicht eine Nacht um die Ohren schlagen.

Als wir in der Schlange standen, die sich vor der Kasse gebildet hatte, nutzten wir die Gelegenheit, um die etwas verwirrende Preisliste zu studieren. Wenn wir das richtig sahen, kostete das Rundumprogramm, das für uns in Frage gekommen wäre, jeden von uns 35 Dollar. Das war kein Pappenstil. Wir sahen uns an, Philipp und ich, und waren uns einig: Für so viel Geld machen wir lieber was anderes. Sagten es und erklärten damit das Unternehmen Graceland für beendet.

Obwohl das Elvis-Mausoleum der eigentliche Grund für euren Abstecher nach Memphis war?

Ja. Aber bei diesen Preisen und diesem Tourismusrummel ist uns einfach die Lust vergangen, wir hatten die Schnauze voll. Es war halt so.

Gehört also auch in die Abteilung Abartiges.

Wie du meinst. Jedenfalls fuhren wir wieder zum Campingplatz zurück. Allerdings wählten wir die Rückfahrt so, dass wir Graceland und die anderen

Elvis-Gedankstätten gut aus der Ferne sehen konnten. War auch schön. Und kostete keinen Dollar.

So ähnlich wie in Washington, wo ihr das Weiße Haus auch nur aus weiter Entfernung besichtigt habt.

Man muss nicht immer ganz dicht vor den Dingen stehen. Manches schaut von weitem besser aus. Das ist meine Erfahrung. So abartig ist sie übrigens gar nicht. „Auf dem Schoße des Modells zu sitzen, das man zu malen beabsichtigt, ist mir nie als die günstigste Stellung erschienen", schreibt der leidenschaftliche Flaneur Julien Green in seinem Reisebuch „Paris". Ihm fiel es schwer, über diese Stadt auch nur eine Zeile zu schreiben, solange er dort war. Er brauchte Distanz. Vielleicht bleibt mir ja Memphis gerade deshalb in so guter Erinnerung, weil ich mich dort eben nicht von einem Elvis-Memorial zum andern habe führen lassen.

Passt ja schon fast wieder unter die Rubrik Großartiges. Völlig unverhofft. Noch was Klein- und Abartiges?

Kaum erwachten wir am Sonntag in der Früh, waren sie schon wieder da, die älteren Damen, die uns zwei Tage zuvor zum Fischessen eingeladen hatten. Diesmal hatten sie jede Menge Trinkwasser als Reiseproviant für uns dabei und wollten, dass wir in jedem Fall noch bis zwei Uhr nachmittags bleiben. Um diese Zeit wäre wieder mal ein großes Fischessen anberaumt. Richtig lieb waren sie zu uns. Es war aber wieder so ein sehr heißer Tag, und schon aus diesem Grund wollten wir nicht erst am Nachmittag vom Fleck kommen. Also entschuldigten wir uns artig, sagten, dass wir heute noch über 100 Meilen Fahrt vor uns hatten und packten unsere Sachen zusammen. Bevor wir aufbrachen, überredeten sie uns aber doch noch zu einem Glas Wein.

Als wir uns endlich in Bewegung setzten, winkten sie uns noch so lange zum Abschied, bis sie im Rückspiegel verschwanden. Wir waren richtig gerührt.

Wie erwartet war auch diese Fahrt wegen der großen Hitze sehr anstrengend. Wir fuhren Richtung Süden durch eine schöne frühherbstliche Landschaft und steuerten nach ungefähr 100 Meilen wieder einen Campingplatz an. Kaum waren wir da, waren wir auch schon wieder von Leuten umringt und wurden nach allen Regeln der Kunst ausgefragt. Ein Ritual, das uns mittlerweile zwar bestens vertraut war, aber nicht mehr ganz die Euphorie bei uns entfachte wie in den ersten Tagen. Vielleicht auch, weil wir an diesem Tag ziemlich abgekämpft waren.

Der Campingplatz war eine richtig große Anlage. Wir stellten gerade das Vorzelt auf und waren dabei, Tisch und Stühle für eine Brotzeit herzurichten, da kam ein netter junger Mann zu uns. Er stellte sich vor und erzählte, er sei Krankenpfleger und mit einer Krankenschwester sowie sechs Kindern im Alter von dreizehn, vierzehn Jahren unterwegs. Und ob wir denen nicht unser Auto zeigen und erklären könnten. Klar, sagte ich, machen wir. Von da an war er fast nicht mehr wegzukriegen von uns. Er wollte alles, wirklich alles wissen – über unsere bisherige Tour, wie es mit uns weiterging, über das Auto und wie wir Amerika und die Amerikaner fanden. Den Kindern erlaubten wir nicht nur, unseren Dixi von allen Seiten unter die Lupe zu nehmen, sondern auch, die Leiter zu unserer Schlafstelle

„Bob" – sein wirklicher Name ist unbekannt – hilft den Nockers, sich in Austin, Texas, zurechtzufinden und lädt sie (vergeblich) zu einem Fischessen ein

hochzuklettern oder in die Küche hineinzuschauen. Dann bemerkte die Krankenschwester, dass der Philipp über und über von Moskitos verstochen war, holte Spray und Salben herbei und verarztete ihn fachgerecht. Der Philipp genoss es. Gebracht hat es ihm weniger. Er sah am nächsten Tag nicht viel besser aus.

Kleinartiges. Noch was von dieser Güte?

Ja. Am Dienstag, 31. September, landeten wir abends auf einem Campingplatz an der *Number 79* in der Nähe von Buffalo und trafen auf eine Gruppe von Pipeline-Schweißern. Die zogen mit mehreren Wohnwagen von einem Ort zum andern und waren überall da, wo Rohre geschweißt werden mussten. Ganz starke Typen, die bestimmt eine Menge Geld verdienten.

(Pause)

Ach, das war's schon wieder? Das war ja ganz was Kleinartiges.

Aber damit wären wir beim Finale dieses Kapitels angelangt. Am Mittwoch, 1. Oktober, fuhren wir auf der 79 Richtung Austin. Wieder wunderschönes Wetter, wieder sehr gute Straßen. Kurz vor Austin tauchte ein Schild auf, auf dem was von einem *Camp Ground* und einem *Lake* drauf stand. Obwohl es erst drei Uhr nachmittags war, sagten wir: Das schaut gut aus, da fahren wir hin. Es war ein schöner Campingplatz mit einem großen Stausee und vielen Fischern. Wir fanden einen guten Platz direkt am See, machten uns was zum Essen, badeten im See, machten einen Spaziergang und leerten eine Flasche Wein. Dann gingen wir ins Bett.

Mann, war das ein schwieriges Kapitel!

Aber wir haben's gar nicht so schlecht hinter uns gebracht, finde ich. Was bin ich froh!

Memphis-Graceland RV Park & Campground,
3691 Elvis Presley Blvd., Memphis, TN 38116

15. Kapitel

Bei Terry und Debbie

Am Donnerstag erwachten wir in der Früh von einem Stimmengewirr. Ich schob das Dachzelt zur Seite und sah unten ein paar Leute stehen, die sich über unser Auto unterhielten. Wir stiegen hinunter und begrüßten sie. Ihr Wortführer war ein junger Mann, den ich hier Bob nenne; seinen richtigen Namen habe ich vergessen. Bob, so stellte sich heraus, war mit seinen Eltern und der näheren Verwandtschaft in einem größeren Wohnmobil aus Austin angereist.

Austin? Da spitzte ich die Ohren: Ob uns dieser Bob nicht vielleicht ein bisschen helfen konnte? Ich erklärte ihm, dass wir auf dem Weg nach Austin wären und dort ein paar Leute besuchen wollten. Leider hätten wir von denen nur ihre Adressen und ansonsten von Austin keine Ahnung. Als wäre es das Selbstverständlichste von der Welt, nahm er die beiden Adressen, zückte sein Handy und ging an die Arbeit.

Nach ein paar Minuten kam er mit einem Stoß Karten und Stadtplänen zurück und erklärte uns haarklein, wie wir fahren mussten, um zu der einen wie auch zu der anderen Adresse zu gelangen. Damit wir uns auf keinen Fall vertun, zeichnete er es auch noch in eine der Karten. Dabei stellte sich heraus, dass beide Ziele nicht weit voneinander entfernt waren.

Zu unserer Überraschung lud er uns im Namen seiner Familie auch noch zum Essen ein. Seine Leute und er hätten gestern einen großen Fisch geangelt und würden sich freuen, wenn wir ihn gemeinsam verspeisten. Platz für uns wäre genügend. Weil das Wohnmobil nur wenige Meter von uns weg war, konnte ich sehen, dass sie unter dem Vorzelt eine richtige Einbauküche aufgebaut hatten – mit Herd und Arbeitsplatte und Spüle und anderen Accessoirs, womöglich sogar mit Spülmaschine. Außerdem standen Gewürze und Salate da, die schon vorbereitet waren. Und ich konnte auch den Fisch sehen, es war tatsächlich ein riesengroßes Exemplar. So, wie sie ihn gerade zubereiteten, wäre er sicher auch sehr schmackhaft gewesen. Weil uns aber die Prozedur zu lange gedauert hätte und ich darauf brannte, endlich nach Austin zu kommen, sagten wir auch hier dankend ab – so wie bei den lustigen alten Damen am Campingplatz zuvor. Wir waren da schon gut geübt.

Als Erstes wollten wir in Austin Terry Sayther besuchen. Er ist nicht nur einer der größten und angesehensten BMW-Händler weit und breit und betreibt eine Werkstatt, Sayther ist auch ein leidenschaftlicher Autoliebhaber, der hauptsächlich ältere BMW-Typen restauriert und karossiert und auf der ganzen Welt Rennen und Rallyes fährt.

Das allein aber wäre noch kein Grund gewesen, bei Terry Sayther, den ich persönlich ja gar nicht kannte, vorbeizuschauen. Ein weiterer war der größte BMW-Club Amerikas, der *BMW Car Club of America*, kurz BMW CCA. Seine wichtigste Veranstaltung, auf der vier, fünf Tage lang wirklich alles versammelt ist, was bei BMW Rang und Namen hat, heißt schlicht „Oktoberfest" und findet einmal im Jahr statt, jedesmal in einem anderen US-Bundesstaat. So war für das Oktoberfest 2004 Kalifornien als Austragungsort geplant.

Oktoberfest – das klingt so bierselig und münchnerisch. In Wahrheit aber handelt es sich um eine äußerst prestigeträchtige Veranstaltung und den wichtigsten Termin der Marke BMW in ganz Nordamerika. Im Jahr 2003, als wir dort waren, wurde das Oktoberfest in Austin, Texas, ausgetragen. Und weil sein Betrieb in ganz Texas einen hervorragenden Ruf genießt und sein Herz so sehr für BMW schlägt, machte der BMW CCA den Lokalmatador Terry Sayther auch zum Organisator dieser Veranstaltung.

Die Empfehlung, am Oktoberfest teilzunehmen, wenn wir ohnehin schon in Amerika sind, und bei dieser Gelegenheit auch Terry einen Besuch abzustatten, bekam ich von Mitarbeitern der *BMW Mobilen Tradition* mit auf den Weg. Außerdem, hatten sie gesagt, wäre Terry ein besonders liebenswerter Mensch und seine Frau Debbie Stuart sowieso. Dank Bobs Aufzeichnungen fanden wir gut in den südlichen Teil von Austin, wo Terrys Betrieb liegt. Die letzten paar Kilometer fuhren wir hinter einem BMW her. Dessen Fahrer musste wohl gerochen haben, dass wir zu *Terry Sayther Automotive* wollten; jedenfalls hatte er uns angesprochen und uns seine Hilfe angeboten.

Das ist Terry Sayther, ein herzensguter Typ, der den Nockers den Aufenthalt in Austin, Texas, zu einem Erlebnis werden lässt

Kaum waren wir vor Ort, trat ein kräftig gebauter Mann aus der Tür, unverkennbar der Chef selbst. Kopfschüttelnd kam er auf uns zu, während wir aus dem Dixi stiegen, und begrüßte uns mit den Worten: „Das gibt's doch gar nicht!" Wir verstanden nicht, was er meinte. Da uns das wohl anzusehen war, erzählte er, vor eineinhalb Stunden hätte ihn ein Unbekannter von einem Campingplatz aus angerufen. Der hatte ihm, dem Terry, weismachen wollen, dass zwei Deutsche zu ihm unterwegs wären, und zwar in einem BMW Jahrgang 1928. Was ihm so unwahrscheinlich vorgekommen war, dass er mit der Bemerkung „Verarschen Sie doch einen anderen!" das Gespräch beendete. Der gute Bob hatte es offenbar vorgezogen, uns von der Abfuhr, die ihm Terry erteilt hatte, lieber nichts zu sagen. Das hatte er richtig gemacht, denn auch uns hätte sie nicht sehr ermutigt.

„Also gibt es euch wirklich!", rief Terry Sayther und konnte eigentlich immer noch nicht glauben, dass es zwei Menschen gab, die mit so einem Auto um die

Mit diesem heißen Schlitten, einem 3er BMW, machen die Nockers gleich am ersten Tag die Stadt Austin unsicher

Welt fahren wollten. Als wir später in seinem Büro eine Tasse Kaffee tranken, ließ er sich von uns alles haarklein erklären. Er war hingerissen von unseren Plänen, aber auch von dem, was wir ihm vom bisherigen Verlauf unserer Tour berichteten. Schließlich fragte er uns, ob wir schon was zum Übernachten hätten. Eigentlich nicht, sagten wir. Und er: Das haben wir gleich.

Darauf führte uns Terry in seine Werkstatt, die mir ein wenig wie eine Bruchbude vorkam, und von dort über einen schmalen Gang in einen großen, ziemlich verwinkelten Abstellraum. Zwischen etlichen frisch lackierten Kotflügeln und anderen Autoteilen stand dort auch ein Doppelbett. In einem kleinen Nebenraum gab es eine Dusche. Wenn wir wollten, sagte Terry, könnten wir hier übernachten.

So richtig anheimelnd fanden wir das Ganze eigentlich nicht. Trotzdem willigten wir ein, wir wollten ihn ja auch nicht vor den Kopf stoßen. Und schon ließ Terry von zwei Mitarbeitern alle herumliegenden Teile entfernen. Nach getaner Arbeit schlug er vor, wir sollten die Gegend ein bisschen erkunden. Allerdings nicht mit dem Dixi, meinte er, dem sollten wir mal eine Atempause gönnen, sondern mit einem 3er BMW, den er als Gebrauchtwagen stehen habe und uns gern zur Verfügung stellen würde. Auch dieses Angebot nahmen wir an. Mit dieser Rakete von Auto fuhren wir ein, zwei Stunden kreuz und quer durch Austin, kehrten erschöpft zu Terrys Betrieb zurück und legten uns bald darauf ins Bett.

Gegen zwei Uhr in der Nacht fuhren wir beide aus dem Schlaf. Nicht nur, dass wir ein lautes, scharrendes Geräusch hörten; wir hatten auch das ungute Gefühl, dass da außer uns noch jemand in diesem stockdunklen Raum war. Der Philipp knipste die Taschenlampe an. Da, wo das Scharren herkam, erfasste der Lichtkegel ein Riesenviech, das auf einem Regal kauerte und uns aus großen Augen anstarrte. Vor Schreck waren wir wie gelähmt. Weder hatten wir eine

Ahnung, was das für ein Tier war, noch wie wir uns von ihm befreien sollten. Von dem auf ihn gerichteten Lichtstrahl wirkte es ebenso überrascht wie wir durch seinen Anblick. Ein rattenartiges Wesen, nur dreimal größer. Ein unheimliches Ding. Noch saß es friedlich da. Wie aber würde sich dieser Zustand verändern, wenn wir es verscheuchten? Eine vertrackte Situation für alle drei Beteiligten.

Der Klügere gibt nach, sagt man. In diesem Fall war es das Tier, das sich nach ein paar Minuten – oder waren es nur ein paar Sekunden? – in die Tiefe dieses unübersichtlichen und im Wortsinn unheimlichen Raumes zurückzog. An ein Weiterschlafen hier drin war natürlich nicht zu denken. Also packten wir schnell unsere Sachen zusammen und schlichen ins Freie hinaus. Dort wartete unser guter Dixi auf uns. Auf seinem Dach fühlten wir uns immer noch am wohlsten. Von da an schliefen wir nie wieder in dieser Bude.

Am nächsten Tag erzählten wir Terry Sayther von unserer nächtlichen Begegnung. Der lachte nur und sagte, das sei ein Opossum gewesen. Opossums wären in dieser Gegend gang und gäbe. Völlig harmlose Tiere. Die Leute hier würden mehr oder weniger mit diesen Viechern leben. So ähnlich, wie sie bei uns in Europa Katzen haben, na ja, vielleicht nicht ganz so. Was da zu uns in der Nacht reingekommen war, konnte vielleicht das Opossum vom Nachbarn gewesen sein. War halt neugierig und wollte sehen, wer sich da in der Werkstatt breit gemacht hat. Nachts, führte Terry weiter aus, müsse man hier mit so allerlei rechnen. Mit Klapperschlangen etwa, oder mit Skorpionen.

Der Terry konnte uns viel erzählen, ich werde nach diesem nächtlichen Treffen nie ein Freund von Opossums werden. Von anderen Leuten, denen ich diese Geschichte erzählte, hörte ich, dass Opossums alles andere als freundlich sind. Da sagt der eine das und der andere jenes. Meine persönliche Erfahrung sagt mir, dass so ein Viech immense Kräfte haben muss. Das, was uns besuchte, hat sich immerhin durch eine Holzwand gearbeitet. Und sich dann Gott sei Dank durch dieses Loch auch wieder verzogen. Ein komisches Tier.

Ich hab eben mal das Wort Opossum in Google eingegeben.
Aha. Und?
72.200 Suchergebnisse in 0,11 Sekunden.
Ja und?
Und bin ich in einem Chatroom gelandet.
In einem was?
In einer Unterhaltung.
Ach so. Ich dachte schon.
Wir lauschen einfach mal mit (buchstabengetreuer und unbearbeiteter Originaltext aus dem Internet):
„Opossums ... Ratte und Fredchen. smile sweet scream
Türlich, wir haben auch n Garten und unsere Katzen durften immer raus und kamen dann auch wieder! Bei ner kleinen Katze sollte man das vielleicht nicht machen. Aber bei nem größeren geht das! -ju-
Die einzige Beutelratten-Adie sind einfach süß, sehr anhänglich, knabbern nicht unbedingt alle Kabel an. Pflegeleicht und kosten nicht viel, weder in

Anschaffung noch Futter. Höchstens der Käfig wird wohl teuer ... Eine Freundin und ich wollen uns so ein bis 2 dieser Viecher holen. Hat jemand Erfahrung mit Oppossums oder kennt wen, der welche hat? Was muss man beachten? PartyMaus79

süß?? nunja, wie groß werden die denn?? Finde ich fredchen hübscher SunnyDevil

Eckel mich vor solchen Tieren! Genauso wie Frettchen die stinken mir zu sehr! Ratten mag ich auch net... Tinuviel

Opppossum sind ja etwas größer, etwa wie ne kleine Katze eigentlich wollte ich ja ne Katze, aber da ich auch keine Garten hab is das nix für ne Katze unglücklich PartyMaus79

meine beiden sind auch reine hauskatzen... die gehen auf dem balkon... aber machen keinen aufstand das sie rauswollen.... aber die dinger sehen aus wie ne mischung aus rt, die wohl in Amerika häufig und hier in Europa zum Teil auch schon als Heimtier gehalten werden sind die Hausspitzmaus-Beutelratten (auch Kurzschwanz-Zwergopossum genannt), diese werden ca. 10-16 cm groß (ohne Schwanz), also etwa so groß, wie eine Rennmaus oder ein Hamster ... "

AUFHÖREN! Ich mag nichts mehr hören von der *PartyMaus79* und dem *SunnyDevil.* Und so einen Schwachsinn findet man im Internet? Wie schrecklich.

Ich erzähle weiter, wenn's recht ist.

Wir verbrachten den Rest der Nacht und auch die Nacht darauf auf unserem Dixi unmittelbar vor dem Werkstattgebäude. Richtig zufrieden waren wir mit dieser Lösung aber nicht. Das lag daran, dass dort ein großer Walnussbaum mit reifen Früchten stand, die immer wieder auf das Dach der Werkstatt herunterdonnerten. Wenn du mitten im Schlaf bist, kann das schon sehr nerven. So gut das alles von Terry auch gemeint war, sehnten wir uns wieder nach einem stinknormalen Campingplatz.

Am nächsten Tag wollten wir Terry und Debbie zum Essen einladen und fragten ihn nach einem geeigneten Restaurant. Beide freuten sich über die Einladung und Terry schlug einen Italiener gleich um die Ecke vor. Da sagte ich, dass wir eigentlich nicht bei einem Italiener, sondern, wenn wir schon hier in Texas wären, viel lieber bei einem Texaner essen wollten. Was Deftiges schwebte uns vor. Steak oder so was.

Steak? Das freute die beiden noch mehr. Sie wussten auch sofort, was für ein Restaurant in diesem Fall in Frage kam. Mehr dazu im nächsten Kapitel. Die Resi hat nämlich schon aufgetischt. Sonst werden die Kässpatzen kalt.

Halt, noch eine Frage: Es war anfangs von zwei Adressen in Austin die Rede. Die eine war die von Terry Sayther. Bei dem sind wir ja gerade. Aber wen wolltet ihr außerdem noch besuchen?

Eins nach dem andern. Mahlzeit!

Terry Sayther Automotive
Independent BMW Service, 1606 Fortview Avenue, Austin, TX 78704

16. Kapitel

In einem texanischen Steakhouse

Mittlerweile war es halb fünf. Terry konnte früher zu arbeiten aufhören und Debbie hatte sich für den Restaurantbesuch schön zurechtgemacht. Wir fuhren los. Aber es dauerte schon eine geschlagene Stunde, ehe wir Austin verließen und Terry das Auto seelenruhig auf einen Highway lenkte. Demnach musste es schon ein gutes Stück zu unserem Texaner sein. Philipp und mir krachten bereits die Mägen. „Geht das vielleicht noch länger?", fragte ich Terry. „Nein, nein, wir sind gleich dort", antwortete er. Tatsächlich legten wir allein auf dem Highway noch mal 70 Meilen zurück.

70 Meilen? Um in Texas bei einem Texaner essen zu gehen, ist das eine ordentliche Strecke. Andererseits aber auch eine gute Gelegenheit für dich, die Frage nach eurem zweiten Ansprechpartner in Austin zu beantworten.

Auch ich konnte es kaum fassen, wie man für einen Restaurantbesuch eine so weite Strecke fuhr. Für amerikanische Verhältnisse ist das anscheinend jedoch völlig normal. Entfernungen sind für Amerikaner nichts. Auf der Fahrt zum Texaner hab ich's begriffen. Auch die Spritkosten spielen für sie offensichtlich keine Rolle. Noch nicht mal heute, obwohl sich gerade in den letzten Jahren – nicht zuletzt durch das Zutun Amerikas – auf unserer Welt doch einiges verändert hat. Zum Beispiel die Ölpreise.

Unser zweiter Ansprechpartner in Austin, um deine Frage zu beantworten, war eine Ansprechpartnerin. Eigentlich mehr eine Privatangelegenheit, auf die ich in diesem Buch gar nicht näher eingehen wollte. Aber bevor du auf falsche Gedanken kommst, erkläre ich es lieber. Es war die Ulla Kalisch. Als sie jung war, lebte sie in Schongau und arbeitete im Fotoladen von meinem Onkel Paul; von daher kannte ich sie, aus meiner Jugendzeit. Der Onkel Paul aber war der Vater von meiner Cousine Evi. Die ist bereits in diesem Buch aufgetaucht, und zwar gleich im zweiten Kapitel, in dem es um meinen Ururgroßvater Guggemos geht. Die Evi war es auch, die mir die Anschrift von der Ulla Kalisch gegeben hatte. Allerdings hieß sie jetzt mit Nachnamen Williford. Die Ulla hatte nämlich vor über zwanzig Jahren, wie man auf gut schongauerisch sagt, nach Amerika rübergeheiratet und lebte seither in Austin. Von ihrem Mann ist sie mittlerweile geschieden.

Ulla wusste, dass ihr sie besuchen kommt?

Eben nicht. Das machte die Sache auch ein wenig schwierig. Denn als ich in Austin Kontakt zu ihr aufnahm, konnte sie sich an mich zuerst gar nicht und dann nur vage erinnern. Ihre Begeisterung, uns zu treffen, hielt sich eher in Grenzen. Erst als wir uns gegenüberstanden, konnte sie mich richtig einordnen. Dann aber freute sie sich richtig über unseren Besuch.

Mittlerweile müssten wir ja auch allmählich beim Restaurant angekommen sein.

So ist es. Als wir dort ankamen, sahen wir, dass es sich nicht nur um ein Restaurant, sondern um eine ganz tolle Anlage mit Swimmingpool und Tennisplätzen handelte. Und das Restaurant – schon von außen ein richtiges Steakhouse, so, wie Philipp und ich uns das vorgestellt hatten. Während der langen Fahrt zum texanischen Restaurant hatten uns Terry und Debbie darauf aufmerksam gemacht, dass es von einem Berliner geführt wurde – was für uns schon deshalb eine gute Nachricht war, weil so die Aussicht bestand, uns wieder mal in unserer Sprache unterhalten zu können.

Wir waren noch nicht ganz im bestens besuchten *Village Steak House*, da begrüßte uns auch schon der Wirt. Er wusste nicht nur unsere Namen, sondern auch, wer wir waren und was wir mit unserem Auto vorhatten. Da hatte Terry gute Vorarbeit geleistet. Allerdings musste er was durcheinander gebracht haben. Wie sich nämlich sofort herausstellte, hatte der Wirt – er hieß aus unbegreiflichen Gründen mit dem Vornamen Adolf – mit Berlin überhaupt nichts am Hut, sondern stammte aus Freiburg. Er freute sich riesig über uns und stellte uns auch seinen Freund, den Koch, vor. Ein Freiburger wie er. Zwei Schwarzwälder waren es also, die das weit und breit beste und preisgünstigste texanische Speiselokal betrieben.

Wir waren gleich per Du miteinander und ich fragte ihn ...
Gibt es denn jemanden, mit dem du das nicht bist?
... nach einem bayerischen oder zumindest deutschem Bier. Das amerikanische Bier, das Budweiser und das Miller, das wir üblicherweise tranken, schmeckte uns nämlich nicht ganz so gut. Lieber tranken wir noch das Corona, ein mexikanisches Bier. Ein deutsches oder gar bayerisches Bier hätte er nicht, sagte Adolf, aber eins, das dem Geschmack sehr nahe käme und das man wie das bayerische auch als „Halbe" trinke. Tatsächlich war es so gut, dass wir, der Philipp und ich, es miteinander im Laufe des schönen Abends auf neun Halbe brachten. Das sei unser Gastgeschenk, sagte Adolf, als wir die Zeche bezahlen wollten.
Gegessen habt ihr auch was?
Na, du bist ja gut. Wir bestellten Porterhouse Steaks mit Kartoffeln und Bohnengemüse. Dass die texanischen Steaks die schmackhaftesten sind, war uns bekannt. Aber ein so gutes, wie ich es an diesem Abend auf den Teller bekam, hatte ich noch nie gegessen. Es war so unglaublich gut, dass wir versprachen, bei nächster Gelegenheit wieder hier zu sein. Es sollte auch so kommen. Zwischen den Freiburgern und uns entwickelte sich während unserer Tage in Austin fast eine richtige Freundschaft.

Zu vorgerückter Stunde wollte ich noch wissen, wie es ihn von Freiburg nach Texas verschlagen hatte. In Freiburg, begann er, sei er Vertreter von Kerzen gewesen. „Von Kerzen?", fragte ich naiv, weil ich dabei mehr an Zündkerzen dachte. „Von was für Kerzen?"

„Von ganz normalen Kerzen halt", antwortete er und wunderte sich, dass ich immer noch nicht kapierte.

„Wachskerzen?", fragte jetzt auch der Philipp, weil unser Dialog wegen der Kerzen nicht weiterkam.

Nach dem Essen ist vor dem Essen: Die beiden Nockers, Debbie und Terry Sayther sowie der Besitzer des vortrefflichen Village Steak House, der Freiburger Adolf Viesel (rechts)

„Genau", sagte er, „Wachskerzen. Jetzt haben wir's."

Was es nicht alles gibt. Das Geschäft mit Wachskerzen, fuhr er fort, wäre übrigens gar nicht mal so schlecht gewesen. Er hatte aber in Amerika einen Freund, der ihm immer zuredete, nach Amerika auszuwandern. Eines Tages tat er es und landete zunächst in New Orleans. Dort arbeitete er sich hoch und brachte es, indem er das und jenes machte, vom sprichwörtlichen Tellerwäscher zum Millionär.

So war das bei Adolf. Heute, sagte er, würden ihm das Lokal, die Tennisplätze, der Swimmingpool, das ganze Land drumherum gehören. Dazu ein paar Meilen weiter ein weiteres Haus mit Grundstück und See und noch ein Haus in New Orleans. Außerdem betreibe er einen Handel mit gebrauchten Unimogs. In Caracas, wohin er diese Fahrzeuge verscherbelte, wären sie alle ganz verrückt nach Unimogs. Dieses Geschäft, sagte er, betreibe er aber nur so nebenbei.

Jetzt aber, schloss er seine Geschichte, sei der Zeitpunkt gekommen, das Lokal und die Tennisplätze zu verkaufen. 1,8 Millionen Dollar wären ihm dafür geboten worden. Mit diesem Geld würde er sich für den Rest des Lebens zur Ruhe setzen können. *The american way of life.*

Adolf war ungefähr so alt wie ich. Ein hochinteressanter Mann. Wir sollten ihm noch öfter begegnen.

Village Steak House
141 G Tahitian Drive, Bastrop, TX 78602

---

17. Kapitel

Terrys Niederlage
und Schwarzwälder Kirschtorte ohne Kirsch

Am Sonntag wollten wir Terry siegen sehen. Also fuhren wir mit Ulla Kalisch, bei der wir zuvor geduscht und wunderbar auf amerikanisch gefrühstückt hatten, zu einem historischen BMW-Rennen, einem, wie uns Terry eingeschärft hatte, für die Beteiligten äußerst prestigeträchtigen *Event*. Weil das doch gut 200 Meilen entfernt war und wir nicht um jeden Preis immer und überall mit unserem Dixi aufkreuzen mussten, fuhren wir mit Ullas Wagen. Der Dixi sollte sich mal ein paar Tage lang erholen; er hatte sich das redlich verdient.

Wie bei Formel 1 und vielen anderen Rennveranstaltungen punkten die Akteure bei diesem historischen BMW-Rennen über die Saison verteilt bei einer ganzen Reihe von Einzelwettbewerben. Strahlender Sieger ist, wer am Ende die beste Punktebilanz hat. Im Jahr zuvor war der Gesamtsieger kein anderer als unser Terry Sayther – weshalb wir natürlich ganz besonders gespannt waren, wie er sich bei der heutigen Prüfung schlagen würde. Schließlich hatte er einen guten Ruf zu verteidigen. Im Gesamtclassement dieser Saison dümpelte Terry bislang allerdings nur im Mittelfeld herum, und die Chancen, den Vorjahreserfolg zu wiederholen, waren gering. Aber vielleicht würde ihm ja ausgerechnet heute der große Coup gelingen.

Aber es war heute nicht Terrys Tag. Schon als wir ihn im Fahrerlager begrüßten und zuschauen konnten, wie sich ein Mechaniker an seinem Auto abmühte, wirkte er auf mich ungewohnt abwesend und angespannt – gar nicht so, wie wir ihn die Tage zuvor erlebt hatten. Na ja, dachte ich mir, so ganz kann auch dieser gewiefte Routinier seine Nervosität nicht verbergen, wenn es um die Wurst geht. Und er wurde mir noch einen Tick sympathischer. Terry menschelte, das gefiel mir.

Dann ging es los. Den Start brachte er noch ganz passabel hin. Als dann aber nach der ersten Runde das Teilnehmerfeld wieder in unser Blickfeld kam und Auto für Auto an uns vorbeizischte, lag Terry an letzter Stelle: Der Gesamtsieger des Vorjahres in aussichtsloser Position. Etwas betreten sahen wir uns an. Eigentlich waren wir ja angetreten, um einen Sieger namens Terry zu bejubeln und uns als seine Fans auch ein bisschen in seinem Glanz zu sonnen. War aber nix. Terry gelang es auch in den beiden darauffolgenden Runden nicht, Boden gutzumachen. Und nach der dritten Runde gab er schließlich auf.

Kein Grund aber für Terry, den Kopf hängen zu lassen. Im Gegenteil, als er zu uns zurückkehrte, während das Rennen noch lief, wirkte er geradezu entspannt. So, als wäre eine schwere Last von ihm abgefallen. Keine Spur von Niedergeschlagenheit. Richtig bewundernswert fand ich es, wie gelassen er mit der Niederlage umging und sie einfach wegsteckte.

Philipp N. mit Ulla in der Box von Terry, der aber anschließend das Rennen in den Sand setzt

Sechs Tage später sollte ich Gelegenheit haben, mich genau an diese Situation und an Terrys Souveränität zu erinnern.

Trotzdem trösteten wir ihn nach Kräften, klopften ihm auf die Schultern und machten ihm Mut, dass es im nächsten Rennen bestimmt wieder besser laufen würde. Was man halt so alles sagt, wenn man jemanden, den man mag und der gerade einen Dämpfer abbekommen hat, wieder aufrichten will.

Terry wäre nicht Terry gewesen, wenn er die vereinten Streicheleinheiten, insbesondere die der beiden Damen Debbie und Ulla, nicht mit Hingabe über sich hätte ergehen lassen – nach dem Motto *Der Gentleman leidet und genießt*. Terry war eben in allem ein Profi, auch im Scheitern. Ich konnte von ihm lernen.

Es wurde noch ein richtig schöner, interessanter Nachmittag. Interessant vor allem deswegen, weil ich anhand dieses Rennens und des ganzen Theaters drumherum zum ersten Mal ein Bild davon bekam, wie stolz und selbstbewusst und stark die Marke BMW sich in Amerika präsentiert. Auch aus den Gesprächen mit den hier anwesenden Autoexperten konnte ich heraushören, was für ein hohes Ansehen der bayerische Automobilbauer offensichtlich in den USA genießt. Ich hatte bislang davon eine falsche Vorstellung.

Und da wurde mir auch klar, warum unser Dixi überall in diesem Land mit so erstaunlich großer Begeisterung aufgenommen wurde: Einmal natürlich, weil es rein aussehensmäßig ein wirklich ganz besonders lustiges Auto ist. Aber auch, weil es ein BMW-Logo am Kühler zierte. Die Marke BMW wird in den Staaten nicht so sehr mit dem Freistaat Bayern als mit Deutschland in Verbindung gebracht. Nach wie vor steht in den USA der Begriff *Made in Germany* nämlich für Verlässlichkeit und Spitzenqualität, Irakkrieg hin, deutsche Verweigerung her. So banal es klingen mag, aber an diesem Nachmittag war ich stolz auf unser Land.

Sie war es, die den Nockers die Tage in Austin versüsste: Die frühere Schongauerin Ulla Williford, geborene Kalisch, am Frühstückstisch mit Herbert N.

Um diesen trotz Terrys Niederlage schönen Tag zu krönen, schlugen wir der Ulla nach dem Rennen vor, nach Bastrop zu fahren und im bewährten Village Steak House einzukehren. Die beiden Freiburger, schleimte ich, würden sicher Freude daran haben, eine so interessante Frau wie sie kennen zu lernen, mit der sie sich noch dazu auf Deutsch unterhalten konnten.

Und so machten wir es auch. Während der langen Anfahrt kam Ulla auch wieder in den Sinn, von diesem Restaurant schon was läuten gehört zu haben. Nur hatte sie sich bisher nie dazu aufraffen können, ihm auch mal einen Besuch abzustatten. Was sicher auch daran lag, dass ihr nach der Scheidung von ihrem Mann als allein stehender Frau der Mumm dazu fehlte.

Nach einem wie erwartet wieder großartigen Essen servierte uns der Koch zur Feier des Tages eine frisch gebackene Schwarzwälder Kirschtorte, die wirklich lecker aussah. Sie habe aber einen entscheidenden Nachteil, gestand der Koch. Es sei eine Schwarzwälder Kirschtorte ohne Kirschschnaps, er bedauere es zutiefst. Leider müsse der fehlen, weil er nicht im Besitz einer Alkohollizenz sei. Was sich Menschen mit merkwürdigen Gesetzen manchmal antun!

So einen schönen Tag, sagte Ulla, als wir sie lange nach Mitternacht wieder daheim ablieferten, hätte sie schon seit Jahren nicht mehr erlebt – Balsam natürlich für meine Seele, der immer noch nicht einleuchten wollte, wie einem der Koch in einem gut geführten Restaurant mit so exzellenten Speisen und Getränken eine Schwarzwälder Kirschtorte ohne Kirschschnaps anbieten kann.

Auch später noch, beim Einschlafen oben auf dem Dixidach, zermarterte ich mir mit dieser Frage mein Hirn.

18. Kapitel

Auf dem BMW-Oktoberfest

Sonntag, 5. Oktober 2003. Nach der wie immer auf unserem Dixidach verbrachten Nacht fuhren wir im Laufe des späteren Vormittags die paar Meilen zur Ulla rüber, zum Duschen und zum Frühstücken. Ein Ritual, an das wir uns schnell gewöhnt hatten und das uns den Aufenthalt in Austin nicht unwesentlich versüßte. Es ist nämlich schon was wert, wenn du dich nach dem Aufstehen in den privaten vier Wänden einer so angenehmen und fürsorglichen Frau wie der Ulla frisch machen kannst.

Nach dem Frühstück schleppte sie eine Schuhschachtel voller Bilder aus ihrer Schongauer Schul- und Lehrzeit an. Es schien ihr, der ausgebildeten Fotografin, geradezu peinlich zu sein, uns die Bilder aus einer Schuhschachtel heraus zu präsentieren. Ähnlich peinlich muss es gestern Nacht dem Koch gewesen sein, als er uns zum Dessert allen Ernstes Schwarzwälder Kirschtorte ohne Kirschschnaps aufgetischt hatte. Im Gegensatz zur Torte ohne Schnaps hatten wir mit den Fotos aus der Schuhschachtel nicht das geringste Problem. Wir erfreuten uns an den Bildern aus unserer gemeinsamen Jugendzeit. Es fehlte nicht viel und ich wäre das eine oder andere Mal in Tränen ausgebrochen, so rührten mich diese Fotos an. Der Ulla, hatte ich den Eindruck, ging es ähnlich. Nur den Philipp ließ das alles ziemlich kalt. Ist ja auch kein Wunder, der war zu dieser Zeit noch ganz woanders.

Trotzdem war uns das alles auf Dauer nicht ganz Recht und wir fragten Ulla, ob sie nicht einen Campingplatz für uns wusste, damit wir nicht immer aufs Neue ihren Tagesablauf störten. Schließlich sei sie berufstätig und müsse sich nun wirklich nicht jeden Tag in der Früh das ganze Kasperltheater mit uns antun. Sie verstand uns. Ebenso müsste uns Terry verstehen, wenn wir ihm eröffneten, dass wir unser Nachtlager demnächst nicht mehr vor seinem Hauseingang aufschlagen würden. Am Dienstag, dem 14. Oktober, wollten wir unseren Standort verlegen.

Heute am Sonntag aber lud uns die Ulla zu einer Sightseeing-Tour mit ihrem Auto ein und zeigte uns die Stadt Austin von ihren schönsten Seiten. So brachte sie uns zum Beispiel auf einen Aussichtspunkt hoch oben auf einem Berg, von dem aus man nicht nur die Stadt aus einem ungewohnten Blickwinkel bewundern, sondern bis zum Colorado River rüberschauen konnte, da wo die schönsten Villen standen.

Am Nachmittag fuhren wir dann zum Hyatt Hotel. Dort sollte das traditionelle Oktoberfest des *BMW Car Club of America* beginnen, das wir auf keinen Fall versäumen wollten. Und weil in Texas in allen BMW-Belangen unser Freund Terry Sayther die Lufthoheit hat, hatte ihn, ich erwähnte es bereits, der Club auch zum Organisator der Veranstaltung bestellt. Klar wäre es für ihn das i-Tüpfelchen schlechthin gewesen, wenn er am Tag zuvor bei dem Rennen ganz

vorne mit dabei gewesen wäre. Im Hyatt wollte ich auch den Herrn Blumoser treffen.
Muss man den kennen? Ist der in diesem Buch schon mal vorgekommen?
Der Herr Blumoser? Von dem habe ich zwar schon mal was erzählt, im Buch kommt er bislang aber trotzdem nicht vor.
Wie soll es denn das geben?
Indem du diese Geschichte einfach unter den Tisch fallen gelassen hast.
Jetzt schlägt's aber dreizehn! Was soll denn das für eine Geschichte gewesen sein?
Die Geschichte von einer Begegnung, die ich mit mehreren Herren der *BMW Mobile Tradition* auf einer Veranstaltung in Stuttgart hatte ...
Ah, jetzt erinnere ich mich!
... und die mir das Angebot machten, den Dixi auf irgendeinem Schiff mit nach Amerika zu nehmen.
Woraus aber dann nichts wurde. Und du dich danach als Buchbinder Wanninger betätigen musstest.
Genau.
Genau. Darum ging es im Kapitel „Schiffsmeldungen". Da hast du aber gesagt, du wolltest nicht verraten, vom wem du da verladen worden bist.
Ich hab's ja auch nicht verraten. Jedenfalls ist der Herr Blumoser derjenige, der mir damals in Stuttgart den Tipp gegeben hatte, auf jeden Fall das BMW-Oktoberfest in Austin zu besuchen. Das war im Frühjahr. Wir hatten uns, wie gesagt, soeben auf einer Veranstaltung in Stuttgart kennen gelernt. Der Herr Blumoser sagte damals, auch er selber würde in Austin sein und nannte mir den genauen Termin und die Adresse. Worauf ich ihm sagte, dass dann auch wir es so einrichten und dort sein würden.

Weil er aber nirgendwo aufzufinden und auch das Oktoberfest noch nicht so richtig in Schwung gekommen war, schlug die Ulla vor, doch der berühmten *6th Street* einen Besuch abzustatten. Dort würde es jede Menge guter Restaurants und Kneipen mit Livemusik geben. Das machten wir dann auch und zogen mit Ulla von einem Lokal ins andere – bis auf einmal wie aus heiterem Himmel der leibhaftige Herr Blumoser vor mir stand, mit ein paar Kollegen im Schlepptau. Und weil es gerade auch allerhöchste Zeit für ein Dinner war, nämlich halb elf in der Nacht, hielten wir gemeinsam nach einem Restaurant Ausschau. Leider vergeblich, weil die in Frage kommenden Restaurants entweder die Küche oder als Ganzes schon geschlossen hatten. Und in einem üblichen Stehlokal wollten wir diesen Tag dann doch nicht beenden. Also verabredeten wir uns für den nächsten Tag.

Als wir am Montag wieder beim Hyatt auftauchten, diesmal mit unserem Dixi, baten uns die Verantwortlichen des *BMW CCA*, das Auto doch unmittelbar vor dem Hotel hinzustellen, als Ausstellungsstück. Dort standen schon mehrere andere BMW-Typen herum, auch solche, die in Europa offiziell noch gar nicht öffentlich vorgestellt worden waren. Und unser Auto mittendrin. Danach machte uns Terrys Frau Debbie, die ebenfalls hier zugange war, mit Wynne Smith, der

Geschäftsführerin des Clubs, bekannt. *Executive Director* steht auf ihrer Visitenkarte, die ich, zwei Jahre danach, gerade in meiner Hand halte.

Nach dem Gespräch mit Wynne bekamen wir Teilnehmerkarten um den Hals gehängt; bei geschätzt 200 Teilnehmern musste schließlich alles seine Ordnung haben. Mit dieser Karte hatten wir freien Zugang zu allen Veranstaltungen und konnten kostenlos den Shuttle Bus benutzen. Allerdings kamen wir kaum zu was, weil wir an unserem Auto ununterbrochen von Teilnehmern, aber auch von Journalisten umlagert waren und Rede und Antwort stehen mussten. Wie oft wir gefragt wurden, wie viele PS das Auto hat und wie schnell man damit fahren kann und ob wir Dieselkraftstoff tanken würden – ich weiß es nicht mehr. Wir gaben natürlich bereitwillig Auskunft und stellten uns immer wieder in Pose. Aber nach fünf Stunden wurde es mir fast zu viel. Der Philipp zeigte da eindeutig die bessere Kondition. So umschwärmt waren wir jedenfalls auf unserer Reise bislang noch nie.

Bleibt die Tatsache, dass unser Dixi das mit Abstand am meisten fotografierte und gefilmte Fahrzeug war. Obwohl um uns herum ja wirklich die ganz heißen Schlitten standen.

Spät abends kehrten wir zur Werkstatt von Terry Sayther zurück. Dort stellten wir wie immer unseren braven Dixi vor der Eingangstür ab, kletterten aufs Dach und fielen todmüde ins Bett. Beim Ausziehen der Schuhe kamen mir dann noch mal die Bilder aus Ullas Schuhkarton in den Sinn. Und als ich gleich hinterher wieder über die Schwarzwälder Kirschtorte mit ohne Kirschschnaps ins Grübeln kam, müssen mir die Augen zugefallen sein.

Oktoberfest 2003
BMW Car Club of America, Inc., October 5 – 10, Austin, TX

19. Kapitel

Concours d'Élégance mit Ohrenstäbchen

Am Dienstag, 14. Oktober, verlegten wir unsere Wohnstatt auf den Campingplatz, den uns Ulla anempfohlen hatte. Dann fuhren wir zum Hyatt Hotel, stellten unser Auto auf, beantworteten Fragen. Dabei hatte ich auch Gelegenheit, das Gespräch mit den Leuten von der BMW Mobilen Tradition fortzusetzen, vor allem das mit dem Herrn Blumoser.

An diesem Dienstag passierte uns noch was Schönes. Von einer BMW-Vertretung in Austin, Texas, fragte uns ein Mitarbeiter, ob wir Interesse an einer Probefahrt mit dem neuesten Z4 hätten. Klar, machen wir, sagten wir. Man hatte von diesem neuen BMW-Sportwagen in Deutschland ja immer nur was gehört, aber nie was Konkretes über ihn erfahren. Ich wusste nicht mal, wie er aussieht. Und jetzt durften wir ihn sogar fahren. Ohne Umschweife bekamen wir Schlüssel und Papiere ausgehändigt, fuhren los und machten mit diesem Renner mit offenem Verdeck die Stadt Austin und Umgebung unsicher.

Ein großes Erlebnis für zwei, die seit Wochen nur mit einem Oldtimer durch die Lande zogen.

Am Mittwoch das gleiche Spiel, am Donnerstag ebenso. Nur, dass wir uns an diesem Tag auch noch die Brücke anschauten, die über den Colorado River führt. Sie war schon wegen der Fledermäuse sehenswert. Angeblich hausen Millionen von ihnen unter der Brücke. Eigentlich, heißt es ja, würde Fledermäusen die Stille über alles gehen. Warum sie dann ausgerechnet unter dieser Brücke hängen, über die Tag und Nacht der Verkehr donnert, wissen wahrscheinlich nur sie. Ein ohrenbetäubendes Gezirpe und Gequietsche und Geflatter herrscht dort. Man muss es mögen. In jedem Fall aber ein auf der ganzen Welt sicher einmaliges Spektakel.

Anschließend wollten wir im Palmeras einkehren, einem mexikanisches Restaurant gleich gegenüber dem Hyatt Hotel. Als wir eintraten, kam uns die Chefin, eine Mexikanerin, entgegen. Sie hatte uns beobachtet, wie wir das Auto vor ihrem Restaurant einparkten und stürzte mit ihrem brasililianischen Mann auf die Straße, um es zu bestaunen. Danach spendierte sie aus lauter Begeisterung erst mal jedem ein mexikanisches Bier und betete uns ihre ganze Speisekarte runter. Dabei verriet sie uns die ganz besonderen Schmankerln ihrer Küche.

So kam es, dass wir erst drei geschlagene Stunden später wieder im Dixi saßen und unter Absingen bayerischen Liedguts unseren Campingplatz ansteuerten. Dort erholten wir uns erst mal von den Geschehnissen des Tages. Denn am Abend mussten wir wieder fit sein, da waren wir zu einem Dinner eingeladen. Der Gastgeber, so war uns hinter vorgehaltener Hand gesagt worden, wäre der angeblich reichste Mann von Texas. Sollten wir uns das etwa entgehen lassen, nur weil wir im Augenblick ein wenig derangiert waren?

Am Donnerstag half uns die Ulla bei der Beschaffung der Visa für unsere Weiterreise nach Mexiko.

Am Freitag fand vor dem Hyatt erst ein großes Foto-Shooting für Presse und Fernsehen statt. Und gleich danach, gegen zehn Uhr, begann der Internationale Concours d'Élégance, eine Art Schönheitswettbewerb für Automobile.

Als ich zum ersten Mal diesen Namen hörte, war mir klar, dass wir bei diesem Wettbewerb unbedingt mit unserem Auto dabei sein mussten. Auch die anderen Teilnehmer bestürmten uns, uns zu beteiligen. Doch als ich nach und nach mitbekam, wie das genau ablaufen sollte, verging mir gleich wieder die Lust. Wäre ich doch nur standhaft geblieben und hätte ich mich nicht wieder breittreten lassen! Also, entschied ich dann, machen wir halt in Gottes Namen mit.

Es kam so, wie es kommen musste: Um überhaupt teilnehmen zu können, mussten wir, das war Bedingung, das Auto von unten bis oben waschen und polieren lassen. Notgedrungen stimmte ich zu, machte es dann aber doch nicht. Ich wollte einfach nicht mit einem gewaschenen und polierten Auto weiterreisen. Ich wollte mit einem Auto unterwegs sein, dem man die Strapazen seiner Reise auch ansehen konnte. So wie einem alten Mann das lange Leben ins Gesicht geschrieben ist und er trotzdem gut aussehen kann. Jeder einzelne Dreckspritzer am Auto und jeder Kratzer bedeutete für mich eine Geschichte, die ich weder weggewaschen noch wegpoliert haben wollte.

Der Wettbewerb fand unweit vom Hotel in einem Park statt, wo den Teilnehmern in einem kleinen Pavillon Kaffee und Kuchen gereicht wurden. In einem anderen Pavillon konnte man einem Violinkonzert lauschen oder sich, in einem dritten Pavillon, vom einem lustig gekleideten Mann eine Tätowierung verpassen lassen. Das wäre ja alles noch gut gewesen.

Doch plötzlich sahen wir, wie vier Prüfer des Concours d'Élégance von Auto zu Auto gingen, wie sie aus einer Schachtel Ohrenstäbchen hervorholten und damit hinter jeden Gummi und in jeder Ritze herumstocherten. Nur um herauszufinden, wie dreckig es dort war. War nach so einem Drecktest der Wattebausch des Ohrenstäbchens schwarz, wurde das nächste Ohrenstäbchen aus der Schachtel genommen. Für jedes schwarze Ohrenstäbchen gab es einen Punkteabzug. Ein, zwei Stäbchen blieben bei jedem Auto liegen. Concours d'Élégance auf texanisch.

Bevor wir flüchten konnten, machten die vier auch schon an unserem Auto herum. Und als sie nach fünf quälenden Minuten endlich von dannen zogen, um das nächste Auto auf seine Reinheit und Schönheit zu überprüfen, ließen sie zwölf Stäbchen bei uns zurück. Damit war der Wettbewerb für uns gelaufen. Und gerade der wäre es gewesen, den wir mit unserem Dixi gewinnen hätten können.

Schade! Denn der erste Preis in einem Wettbewerb, der den Namen Concours d'Élégance trägt – das wäre was gewesen, was mich schon ganz besonders erfreut hätte! Es hat nicht sollen sein.

20. Kapitel
We are the Champions!

Für den Abend stand die Siegerehrung auf dem Programm. Wir machten uns ein bisschen fein, obwohl man in Amerika auf diese Dinge nicht halb so viel Wert legt wie bei uns. Dennoch sah man auch hier Herren in Anzug und Krawatte und Damen in eleganter Abendrobe. Aber man sah auch andere, die in Jeans herumliefen. Wir gehörten zu der Fraktion derjenigen, die mit Sacko angetan waren, und wenn wir uns im Raum umsahen, war das auch völlig okay.

Die Feierlichkeiten fanden ebenerdig in einem großen rechteckigen Saal statt, der halb abgedunkelt war. Wenn man ihn betrat, befand sich genau gegenüber an der entgegengesetzten Schmalseite ein flaches Podium mit einem Pult mit der Aufschrift *Hyatt Hotel* und dahinter eine Riesenleinwand, über die bunt gemischt Szenen des heutigen Tages huschten. Außer vielen schönen Autos war natürlich auch – ich nehme an – die Prominenz zu sehen. Ab und zu kamen auch wir mit unserem lustigen Dixi ins Bild, wie wir vor dem Hotel stehen und Maulaffen feil halten. Dazu dudelte neben dem Podium eine Band mit Geige, Banjo und Klavier vor sich hin.

Am Entrée hatten sich einige der Clubhonoratioren aufgebaut. Jeder eintretende Gast wurde von ihnen per Handschlag begrüßt. In unserem Fall tat es Wynne Smith, die Geschäftsführerin, die uns auch gleich zu dem uns zugedachten Tisch führte. Ein Tisch für sechs Personen, seitlich. Ein guter Tisch, wie ich fand. Als wir hinstrebten, wartete bereits ein Herr, der die Rückenlehne seines Stuhles umklammert hielt. Wir machten uns bekannt und erfuhren, dass es kein Geringerer war als der neue Direktor der BMW Mobilen Tradition. Für mich eine glückliche Fügung, denn mit der Mobilen Tradition hatte ich ja immer wieder zu tun, im Guten wie im, nun ja, nicht ganz so Guten. Ich warf einen Blick auf die anderen Tischkärtchen und sah, dass außer diesem Herrn von BMW und einem weiteren, an den ich mich heute nicht mehr erinnern kann, Debbie und Terry Sayther unsere Tischnachbarn waren. Also fast ein Heimspiel.

Dennoch befiel mich, als wir Platz nahmen, plötzlich leichtes Unbehagen, für das ich zunächst keine Erklärung wusste, das sich im Laufe des Abends aber steigern und mich erst ganz zuletzt wieder verlassen sollte. Zunächst aber wurde dieses Gefühl von wunderbaren texanischen Steaks verdrängt. Sie hatte ich mir schon den ganzen Tag über eingebildet, und jetzt wurden sie uns tatsächlich auch auf den Teller serviert. Dazu gab es Bier oder Wein und andere Getränke, alles vom Feinsten. Ein wunderbares Festmahl.

Währenddessen lief das Spektakel auf der Großbildleinwand munter weiter. Sobald aber unser Dixi auftauchte, und das war immer wieder der Fall, kam es mir so vor, als gehe ein Raunen durch den Saal und würden manche der Gäste auf uns deuten. Ob es auch tatsächlich so war oder ich mir das alles nur einbildete, kann ich heute, über zwei Jahre danach, nicht mehr verlässlich sagen.

Ich war den Abend über wie in Trance. Ich weiß nur, dass ich diesen Abend als einen empfand, an dem der Dixi und die zwei Nockers aus Deutschland im Mittelpunkt standen. Vielleicht war es das, was mich in Unruhe versetzte. Ich hatte eine solche Situation bis dahin nicht erlebt.

Als das Dinner sich dem Ende zuneigte und am Podium die letzten Vorkehrungen für die Siegerehrung getroffen wurden, steigerte sich meine Unruhe. Ich gestehe, dass ich bis heute in zahlreichen Interviews, aber auch in ebenso vielen anderen Gesprächen, zum Beispiel bei uns am Schongauer Stammtisch, immer wieder behauptet habe: Es war für uns eine Riesenüberraschung, als wir an diesem Abend in Austin vom BMW Car Club of America einen Preis gewannen, wir waren auf das nicht im Geringsten vorbereitet.

Heute sage ich: Das stimmt so nicht. Als nämlich die Trophäenverleihung begann, ging mir durch den Kopf: Wenn du hier keine Trophäe bekommst, bist du ein Depp. Als Depp kam ich mir ohnehin schon ein bisschen vor, weil ich es nicht verstanden hatte, aus diesem verfluchten Concours d'Élégance mehr zu machen. Hättest du dich nicht so widerborstig geweigert, dein Auto reinigen zu lassen – es hätte mich nebenbei gesagt keinen Dollar gekostet –, würdest du jetzt nicht mit leeren Händen dastehen. Ja, der Concours d'Élégance, genau das wäre nämlich die Disziplin gewesen, für die sie dir eine Trophäe hätten überreichen können. Für was sonst sollst du sie denn jetzt bekommen? Heute, Nocker, gehst du leer aus. Und du selbst hast es vermasselt.

Fuck Concours d'Élégance!

So, jetzt weißt du es. Nur dieser Gedanke hat mich beschäftigt, als ich mein texanisches Steak zerkleinerte und Bissen für Bissen in meinen Mund schob.

Als es mit der Siegerehrung losging, war ich vollends von der Rolle. Ich bekam feuchte Hände und war nicht imstande, dem zu folgen, was vorne auf dem Podium alles abging. Verstehen konnte ich eh nichts. Ich glotzte nur mit einem starren Lächeln im Gesicht auf die Riesenleinwand und tat im Übrigen so, als stünde ich über den Dingen. Tief in der Scheiße stand ich, nirgendwo anders, verstehst du?

Da half es auch nichts, dass mich der Terry ab und zu von der Seite anstupste. Wusste er vielleicht über meinen Seelenzustand Bescheid und wollte mir Mut machen, nach dem Motto: Man muss auch mal eine Niederlage einstecken können? Dass er, Terry, das konnte, hatte er ja neulich bei dem Rennen, das er in den Sand gesetzt hatte, hinreichend bewiesen. Aber konnte ich es? Jedenfalls gingen mir seine aufmunternden Gesten eher auf den Geist als dass sie mir was nutzten. Ich kam mir in diesen Sekunden vor wie der letzte Depp. Der Depp von Rottenbuch.

Am besten, ich würde diese ganze Geschichte zu Hause totschweigen. Das BMW-CCA-Oktoberfest in Austin? War da was? Also, davon weiß ich leider nichts. Wird schon nicht so wichtig gewesen sein.

Währenddessen neigte sich die Trophäenverleihung dem Ende zu. Es waren Trophäen für die verschiedensten Kategorien verliehen worden: für das schönste Auto, für denjenigen, der mit seinem Auto den besten Slalom gefahren ist, natürlich auch für den Gewinner des Concours d'Élégance und für etliche andere Disziplinen. Und jedesmal war vor der Überreichung vorne am Pult ein kleiner Film auf der Leinwand zu sehen, zur Einstimmung auf den betreffenden Trophäenempfänger. Und jedesmal brandete Applaus auf, wenn der Gewinner dann, begleitet von einem Tusch der Band, nach vorne zum Podium schritt und stolz die Auszeichnung in Empfang nahm.

Nach der soundsovielten Trophäe stand nur noch eine vorne. Eine aus Acrylglas und die begehrteste, die zu vergeben war: der Erste Preis. Und dass jetzt der Höhepunkt der Veranstaltung bevorstand, war schon an der rhetorischen Frage des Speakers vorne am Pult zu bemerken:

„Und nun, meine Damen und Herren, was meinen Sie wohl, wer wird in diesem Jahr diese Trophäe überreicht bekommen, den Ersten Preis des BMW Car Club of America auf dem Oktoberfest 2003 in Austin?"

Totenstille im Raum. Kaum hatte er die Frage gestellt, lief wieder ein kleiner Film über die Leinwand. Ein Film, der unseren Dixi von allen Seiten zeigte und auch den Philipp und mich, wie wir auf Leute einredeten. Und bevor ich zu ahnen begann, was da geschah und sich da anbahnte, hörte ich auch schon, wie unsere Namen fielen und donnernder Applaus im Saal einsetzte.

„First Place for Herbert und Philipp Nocker from Germany!", rief der Mann ins Mikrofon.

Ich weiß nur noch, dass ich wie gelähmt auf meinem Stuhl verharrte und Terry mir mit dem Ellenbogen einen Stoß in die Seite versetzte – und zwar so, dass ich ihn auch später in der Nacht noch spüren sollte, hoch oben auf dem Dixidach, immer dann, wenn ich mich umdrehte. Ein wunderbarer Schmerz.

Da erwachte ich aus meiner Erstarrung. Ich schob meinen Sessel so ungeschickt zurück, dass er beinahe nach hinten umkippte, und erhob mich. Und zerrte auch den Philipp hoch.

Da standen wir nun, mein Sohn und ich, verneigten uns artig nach allen Seiten und winkten den Menschen um uns zu, die sich ihrerseits längst von ihren Plätzen erhoben hatten und mir die wunderbarsten Standing Ovations meines Lebens zuteil werden ließen. Ich klammere jetzt ganz bewusst den Philipp aus. Der ist noch ein junger Kerl und vielleicht erhält er einmal Standing Ovations, die über das hinausgehen, was er in Austin erlebt hat. Ich wünsche es ihm von Herzen. Sein Leben liegt noch vor ihm.

So wahnsinnig es klingt, aber als ich so da stand und mit beiden Armen mal dahin, mal dorthin winkte und mich immer wieder verneigte, sind mir, verdammt noch mal, die Bilder von den fahrenden Filmvorführern in den Sinn gekommen und was ich damals mit ihnen verbunden habe: dass auch ich einmal in die Situation komme, von anderen Menschen bewundert zu werden, und sei es nur für ein paar Sekunden.

Wenn das so etwas wie mein Lebenstraum war, so war er hier und jetzt, am 17. Oktober 2003 um zweiundzwanziguhrdreißig in Austin, Texas, in Erfüllung gegangen. Ich spürte, wie meine Augen nass wurden. Und verbeugte mich noch tiefer und noch länger.

Schon wieder eine Trophäe: „First place for Herbert and Philipp Nocker from Germany!" – am 17. Oktober 2003 in Austin, Texas. Ein Tag, den vor allem Herbert N. nie vergessen wird

Als dieser kurze Rausch vorbei war und ich wieder geradeaus schauen konnte, gab ich dem Philipp das Zeichen, die Trophäe vorne in Empfang zu nehmen. Er kannte ja mittlerweile die Prozedur.

Als wir vielleicht eine Stunde später den Ort des Geschehens verließen und uns zum Ausgang hinbewegten, klopften uns wildfremde Menschen auf die Schultern oder reckten anerkennend ihre Daumen in die Höhe.

An diesem Tag, kann man sagen, waren wir die Stars des Abends.

21. Kapitel

Earl und Nick

Auf unserem Reiseplan stand auch ein etliche tausend Meilen langer Abstecher in den Norden der USA, nach Oregon. Dort wollten wir René Eichmann besuchen, der in dem Ort Cave Junction ein Weingut betreibt. Die Frage war nur, ob wir uns dabei nicht zu viel zumuteten. Es war nämlich schon eine gewaltiger Ritt dorthin.

Wer bitte ist René Eichmann?

Dem René bin ich in meinem Leben einziges Mal begegnet, vor drei Jahren, als er unseren Nachbarn Tom Michael in Rottenbuch besuchte. Die beiden waren seit etlichen Jahren eng befreundet. Leider ist Tom seit zwei Jahren nicht mehr unser Nachbar. Er ist 2001 mit seiner Frau Andrea nach Kanada ausgewandert, in die Wildnis, wie wir hier in Rottenbuch gerne sagen, weil er wirklich nur äußerst schwer telefonisch zu erreichen ist. Entsprechend spärlich war der Kontakt, den wir seither miteinander hatten.

So konnte Tom auch nichts von unseren Plänen wissen und insbesondere nichts darüber, dass wir vorhatten, eventuell auch seinem Freund René in Oregon einen Besuch abzustatten – die Chance überhaupt, uns nach Jahren wieder mal zu treffen. Vielleicht das letzte Mal in diesem Leben.

Für Tom, das war mir klar, würde so ein Treffen allerdings eine Autofahrt von über 1200 Meilen bedeuten. Er würde aus entgegengesetzter Richtung von Kanada nach Cave Junction anreisen müssen. Dem Tom, so wie ich ihn kannte, war das aber zuzutrauen. Deshalb nahm ich mir fest vor, mich rechtzeitig bei ihm zu melden, falls wir tatsächlich René besuchen würden.

Auf der nunmehr anstehenden Fahrt nach Oregon wollten Philipp und ich mitten durch den Wilden Westen fahren, das Monument Valley besuchen und ebenso den Grand Canyon. Außerdem wollten wir bei dem berühmten Friseur Angel Delgadillo an der *Route 66*, am Sequoia National Park mit seinen Mammutbäumen und in der Goldgräberstadt Gold Strike Village in San Andreas vorbeikommen. Und natürlich in Las Vegas ein paar Tage sein.

Als ich schon Tage zuvor Terry in diesen Plan einweihte, riet er uns dringend davon ab, diese Tour mit dem Dixi zu machen. Um diese Zeit könnte da und dort schon Schnee liegen, und überhaupt sei einem Oldtimer mit 15 PS die Strecke nicht zuzumuten. Stattdessen würde er uns kostenlos einen ziemlich neuwertigen 328er zur Verfügung stellen, also das M-Modell von BMW, seine Mechaniker würden es noch einer Inspektion unterziehen. Ein sehr leistungsstarkes Auto, das ich nie zuvor gefahren war.

Okay, sagte ich, wenn es so ist, machen wir's eben. Unseren Dixi würden wir so lange bei der Ulla in die Garage abstellen.

So kam es, dass wir bei Terry, einen Tag nach unserem Triumph im Hyatt, einen sehr noblen dunkelblauen BMW übernahmen, mit dem man sich schon sehen lassen konnte. Dazu drückte er uns noch eine Karte vom Grand Canyon und – „für alle Fälle" – drei Dosen Öl in die Hand.

Am Sonntag, dem 19. Oktober, verabschiedeten wir uns morgens von der Ulla und die Reise ging los. Als Tagesziel nahmen wir uns Amarillo im Wilden Westen vor.

Es sollte anders kommen. Kaum waren wir über die *Route 183* auf dem *401 Highway 84 East* Richtung Amarillo gelandet, sahen wir ein gutes Stück abseits vom Highway an einen Hang ein total schönes altes Haus stehen. Es gefiel uns derart gut, dass wir es in jedem Fall anschauen wollten, vom Highway runter und zum phantastischen Haus fuhren.

Ein wunderbarer Planwagen wie aus der Trapperzeit stand davor. Und an der Hauswand eine Bank, auf der links und rechts zwei Indiander in vollem Ornat, mit Federschmuck und so, es sich wohl ergehen ließen. Ein Mann und eine Frau. Leider nur ausgestopft. Über der Schwingtür, die ins Hausinnere führte, stand in anmutiger Schrift *Texas Ranger Motel*. Nicht schlecht, dachte ich. Und obwohl noch nicht mal richtig Mittagszeit war und wir mit unserem Superauto erst ein paar lächerliche Kilometer hinter uns hatten, schlug ich spontan dem Philipp vor, hier zu übernachten. Auch er fand das gut. Obwohl wir keine Ahnung hatten, wie es drinnen aussah. Es musste ganz einfach toll sein.

Als wir durch eine Schwingtür hineingingen, empfing uns die Besitzerin und sagte, dass sie Ginger heiße. Ein schöner Name für eine blonde, nicht unattraktive Frau in den Vierzigern mit strahlend blauen Augen. Ginger erzählte uns, dass dies das Haus ihres Vaters sei, der einmal ein berühmter Ranger war. Nach seinem Tod hätten sie und ihr Mann ein Motel daraus gemacht. Überhaupt befänden wir uns hier in Santa Anna, Texas, an einem historischen Platz, meinte sie; doch über dieses Thema würden wir sicher noch einiges von ihrem Mann erfahren.

Der war dann auch gleich zur Stelle. Ein Indianer, wie man auf einen Blick erkennen konnte, verheiratet mit einer blauäugigen Blondine. Er schloss uns von der ersten Sekunde an ins Herz.

Nach dieser kurzen Begegnung gingen wir in unser Apartment, wo wir uns als Erstes was zum Essen kochten. Wir hatten uns zuvor in einem Supermarkt mit reichlich Fleisch eingedeckt. Und wenn es nicht in der Hitze kaputt gehen sollte, musste es jetzt gegessen werden. Um die noch fehlenden Utensilien anzuschleppen, ging der Phillip noch mal zum Auto rüber. Barfuß, weil unser Apartement ebenerdig war. Plötzlich hörte ich ihn schreien, als wäre er von einer Tarantel gestochen. Es war aber keine Tarantel, sondern ein Skorpion. Und Gott sei Dank hatte der meinen Sohn weder gestochen noch gebissen, nur erschreckt. Denn um ein Haar wäre der Philipp auf ihn draufgetreten – seine erste Begegnung mit einem Skorpion.

Das Gute daran war, dass der Philipp von da an nie wieder barfuß in der Gegend herumgelaufen ist. Bis auf den heutigen Tag. Sogar im eigenen Bad geht er seither nur noch mit Schlappen an den Füßen rum.

Als ich nach dem Essen ein paar leere Dosen ins Auto brachte, lief ich dem Indianer über den Weg. Spontan lud er mich ein, von dem Essen zu probieren, das er gerade zubereitet hatte. Ich lehnte dankend ab. Wir hätten soeben gegessen und wären total satt. Nichts würde mehr gehen. Was er darauf sagte, ahnte ich mehr, als dass ich es verstand, hörte sich aber ein wenig an wie der uralte bayerische Sinnspruch: Ein bisserl was geht allaweil!

Da gab ich mich geschlagen und folgte ihm in einen Raum, in dem es vor lauter Trophäen und Speeren und Schildern und indianischem Kopfschmuck nur so wimmelte. Am Tisch saß ein älteres Ehepaar, wahrscheinlich Durchreisende wie wir, zusammen mit drei Kindern. Auf dem Tisch ein Riesentopf. Extra für uns, sagte der Indianer, hätte er in dieses Essen Bavarian Sausages hineingeschnippelt. Jetzt konnte ich natürlich schon gar nicht mehr Nein sagen. Trotzdem interessierte es mich, wie es ihm gelungen war, mitten in Texas bayerische Wurst aufzutreiben. Da zeigte er mir die Reste einer weiß-blauen Verpackung. Auf ihr stand Bavarian Sausages. Hatte er die doch glatt in einem Supermarkt besorgt! Nur um uns eine Freude zu machen.

Als der Indianer den Deckel lupfte, um mich in den Topf gucken zu lassen, stieg eine wunderbare Duftwolke auf. Gut, dachte ich, während er zwei tiefe Teller aus einer Kommode holte, dann nehm ich in Gottes Namen halt ein Bisserl was mit, aus Anstand. Er füllte beide Teller bis zum Rand. Auch dein Sohn, sagte er allen Ernstes, soll nicht leer ausgehen. Zuletzt klemmte er mir noch das Besteck unter beide Arme. Die Servietten hätte er mir am liebsten in den Mund gestopft.

So ausgestattet, schleppte ich mich im Zeitlupentempo zu unserem Apartment. Als ich es betrat, hatte sich der Philipp bereits aufs Ohr gelegt, um sich von unserem opulenten Mittagsmahl und dem Bier, das wir uns dazu gegönnt hatten, ein wenig zu erholen. Als er aber sah, wie ich die beiden Teller auf eines der Nachtkästchen jonglierte und das Besteck stilvoll dazudrapierte, war er wieder hellwach und sagte mit einer Entschiedenheit, wie ich sie von ihm weder vor diesem Ereignis noch jemals danach erleben durfte:

NEIN! KOMMT ÜBERHAUPT NICHT IN FRAGE! NEIN, DAS SCHAFFE ICH NICHT! NEIN, MEINE SUPPE ESS ICH NICHT!

Worauf ich nicht umhin kam, ihm, dem jungen Spund mit bayerisch-indianisch auf die Sprünge zu helfen: Ein bisserl was geht allaweil!

Wir probierten erst ganz, ganz zaghaft. Rindfleisch, Schweinefleisch, Hühnchenfleisch und viel Gemüse waren drin. Und alles auf wundersame Weise veredelt mit einem Hauch von Rauch, der an abgehangenes Zedernholz erinnerte. Wie er diesen herrlichen Rauch da reingebracht hat, der Indianer, ist mir bis heute ein Rätsel.

Das Gericht schmeckte so, wie es auch zuvor geduftet hatte: einfach großartig. Einfach bombastisch. Philipp und ich aßen alles ratzeputz weg und hätten danach fast auch noch die Teller ausgeschleckt.

Als wir die Teller zurückbringen und uns für dieses wunderbare Mahl bedanken wollten, kamen wir, der Indianer, der Philipp und ich, miteinander ins Gespräch. Er stellte sich uns als Earl vor. Im Gegenzug verriet ich ihm, dass ich der Herbert bin und dies mein Sohn, der Philipp, ist.

Zwei, die sich ein Leben lang gesucht und irgendwo in Texas gefunden haben: Earl, der Indianer, und Herbert, sein Spielkamerad

Als Erstes wollte er Fotos von uns machen, und zwar vor dem Haus, mit dem alten Planwagen aus der Trapperzeit. Auf seinen Vorschlag hin bestiegen wir ihn, nahmen vorne auf der Bank Platz, auf der normalerweise der Kutscher sitzt, und taten so, als würden wir mit den Lederriemen imaginäre Pferde zügeln. Earl schoss ein Bild nach dem anderen.

Dann wechselten wir die Location. Jetzt wollte er, dass wir es uns auf der Bank vor dem Haus bequem machen, auf der bereits die beiden ausgestopften Indianer auf uns warteten. Wir setzten uns zwischen das Paar und Earl fotografierte und fotografierte. Er hatte damals schon so eine Digitalkamera, mit der man unendlich viele Fotos und dazu auch noch kleine Filme machen kann.

Und immer, wenn er einen neuen Einfall hatte und mich ansprach, nannte er mich Nick. Beim ersten Mal dachte ich noch, ich hätte mich verhört. Beim zweiten Mal dachte ich, dass er sich wohl verhört hatte. Dann aber schloss ich nicht mehr aus, dass der Name Herbert auf indianisch vielleicht Nick heißt – es gibt ja die unglaublichsten Sachen auf dieser Welt.

Zuletzt fand ich mich damit ab. War ich halt für ihn der Nick. Ist ja auch kein hässlicher Name, oder.

Da kam auch ich auf eine hübsche Idee. Ich schlug Earl vor, mich zu filmen, wie ich aus der Pendeltür rauskomme und mich zu dem ausgestopften Indianerpaar setze. Diese Idee fand er richtig gut. Endlich hatte er, der knapp Fünfzigjährige, einen gut ein Dutzend Jahre älteren Spielkameraden gefunden, einen ähnlichen Kindskopf, wie er selbst einer war.

Earl sagte: „Moment mal, Nick! Ich muss dich erst noch richtig einkleiden."
Wir gingen beide in den ersten Stock und landeten in einer Art Schlafzimmer. Dort öffnete er einen gewaltigen Schrank, der von oben bis unten mit Waffen vollgepfropft war – vom Colt über die Winchester bis hin zur Pumpgun war alles da.

Als Erstes legte mir Earl einen John-Wayne-Mantel um die Schultern, in den ich dreimal hineingepasst hätte. Dann drückte er mir eine Winchester in die Hand, die ich natürlich prompt völlig falsch anfasste. Also machte er mir vor, wie man das Ding wirklich in die Hand nahm und wie man es sich beim Schießen in die Hüfte stemmte. Dazu bekam ich einen mächtigen Hut aufgesetzt.

So angetan trat ich bei laufender Kamera aus der Pendeltür. Aber nur einen Schritt. Musste ja erst mal schauen, ob sich nicht irgendwo der Feind verbirgt. Mit finsterer Miene spähte ich nach links und nach rechts und hielt dabei die flache Hand über die Augen.

Dann ging ich so o-beinig wie ich nur konnte in Richtung Bank, nickte dem Indianer freundlich, aber unverbindlich zu und setzte mich direkt neben die Squaw. Weil sie mich aber kaum beachtete, räusperte ich mich und fragte sie höflich nach ihrem Namen. Als sie stumm blieb, fiel mir ein, dass ich wohl einen Fehler begangen hatte. Wie konnte ich nach ihrem Namen fragen, ohne mich zuvor selbst bei ihr vorgestellt zu haben. Also entschuldigte ich mich und erklärte ihr, dass ich der Nick, äh, der Herbert aus Rottenbuch bin.

Plötzlich vernahm ich ein Geräusch. Wie von einer Tarantel gestochen – hatten wir das heute nicht schon mal? – sprang ich auf und entdeckte einen Feind, wie er ums Hauseck schielte! War ich doch mit dieser Squaw tatsächlich in eine Falle gelockt worden.

Instinktiv riss ich die Winchester hoch und stemmte sie mir fachgerecht in die Hüfte – genau so, wie ich es vor zwei Minuten oben in Earls Schlafzimmer gezeigt bekommen hatte.

Klappe zu, der Film war im Kasten.

Mei, hat das den Earl gefreut! Er strahlte über das ganze Gesicht. So ein Kasperltheater hatte mit ihm noch keiner seiner Gäste veranstaltet. Da waren genau die Richtigen aufeinander getroffen. Der Philipp hielt sich lieber im Hintergrund, dieses Getue war ihm zu kindisch. Er hatte ja auch Recht.

Dann hatte Earl einen neuen Einfall: Hier in der Gegend würde man immer noch altes indianisches Werkzeug finden, und ob wir nicht Interesse hätten ... Selbstverständlich hatten wir. Also wollten wir auf die Suche gehen. Aber schon nach ein paar Metern blieb Earl stehen.

„Wartet einen Augenblick", sagte er, „ich hab noch was vergessen."

Er verschwand in der Pendeltür und kehrte nach wenigen Sekunden mit einer Machete in der Hand zurück.

Als wir ein paar hundert Meter gegangen waren, klaubte er ein Stück Zedernholz auf. Er prüfte es kurz und fing dann an, es mit der Machete zu bearbeiten. Er tat dies derart geschickt, dass in wenigen Sekunden aus dem zunächst eher nichtssagenden Teil ein ansehnlicher Stecken entstand, aus dem oben ein kleiner Ast heraus ragte. Mit den Worten „Der gehört von nun an dir, Nick", drückte er

Soeben hat Herbert N. im Schlafzimmer von Earl den Umgang mit einer Winchester erlernt – schon fuchtelt er mit dem Ding freudestrahlend vor dem Haus herum

mir den Stecken in die Hand. Ich dankte ihm und nahm mir vor, diesen Stecken ewig in Ehren zu halten. Damals konnte ich nicht ahnen, dass ich Monate später, als wir in Australien waren, mit diesem Stecken noch erhebliche Schwierigkeiten haben würde. Ich besitze ihn noch heute. Wahrscheinlich ist er mein wertvollstes Erinnerungsstück von unserer ganzen Reise.

„Wenn du hier in der Gegend herumläufst, Nick", erklärte er mir, „musst du in jedem Fall mit dem Stecken alle zehn Sekunden auf den Boden stoßen. Ungefähr so." Er machte es mir vor.

„Und wofür ist das gut?", fragte ich.

„Gegen die Klapperschlangen. Die sind ja blind, wie du weißt. Aber mit diesem Geräusch" – er stieß den Stecken noch mal fest auf den Boden – „kannst du sie verscheuchen." Das leuchtete mir ein. Wenn er gewusst hätte, dass der Philipp hier soeben noch barfuß herumgetappt war ...

Dann zählte Earl auf, was man mit so einem Stecken außer Klapperschlangen vertreiben noch alles machen kann: über einen Graben hüpfen; einen Steinhaufen umdrehen, um zu sehen, was sich drunter verbirgt; wenn's regnet ein kleines Zelt machen, in dem man über den Stecken eine Jacke legt und sich druntersetzt. Man kann damit auch Bast schaben, und ein Feuer entfachen. Und der kleine Ast am Stecken sei dafür da, dass man in die Astgabel einen anderen Stecken schräg hineinlegt und sich über dem Feuer was braten kann. Was Earl, der Indianer, über einen einfachen Stecken alles zu erzählen wusste, war umwerfend.

Mit einem Strick befestigte er schließlich oben querdrauf am Stecken noch kunstgerecht eine Adlerfeder. Damit das Ganze auch indianisch aussah.

Dann marschierten wir mit ihm einen Berg hinauf. Oben fanden wir vor einer tischähnlichen Steinplatte ein riesengroßes, schon ziemlich vergammeltes Holzkreuz vor. Der bei unserem Filmaufnahmen eben noch so ausgelassene Earl bekam einen richtig ernsten Gesichtsausdruck, als er erklärte, dass wir uns hier an einem der historischen Plätze Amerikas befänden. Von hier aus habe die Christianisierung und Kolonialisierung Amerikas begonnen.

Der Steintisch fühlte sich so schön warm an, dass ich Lust hatte, mich rücklings drauf zu legen und in die Ferne zu schauen. Weit, weit weg konnten wir den *Santa Fe Express* sehen und hören.

Schließlich zündete Earl eine Zigarette an. Nach nur zwei, drei Zügen reichte er sie mir. Weil ich dachte, es wäre vielleicht ein besonderes Ritual und die Zigarette eine Art Friedenpfeife, machte auch ich, der Nichtraucher, ein paar Züge und gab die Zigarette dem Philipp weiter. Als ich den Earl schließlich fragte, was wir da eigentlich rauchen, sagte er nur ein einziges Wort: Marihuana. Ich fiel gleich aus allen Wolken und sagte: Um Gottes Willen, so was hab ich ja noch nie geraucht!

Ich rauchte, aber ich spürte nichts. Wo er denn das Marihuana herhätte? Aus dem eigenen Garten, sagte er ganz cool.

Wir waren weit weg von zu Hause, wir saßen an einem historischen Platz Amerikas, wir sahen und hörten in der Ferne den Santa Fe Express und wir rauchten mit einem echten Indianer eine Marihuana.

Für mich war das einer der ganz großen Momente unserer Reise. Vielleicht sogar in meinem Leben.

Wir gingen danach den Berg wieder runter und fingen endlich zu suchen an. Ich entdeckte einen kleinen Steinhaufen und ging auf ihn zu – da packte mich Earl an meinem Ärmel und hielt mich zurück. „Das darfst du niemals machen, Nick!", schimpfte er. Hinter so einem Steinhaufen könnten sich Skorpione und Schlangen verbergen. Dafür hätte er mir doch extra den Stecken angefertigt. Jetzt merkte ich mir das und Earl hatte keinen Grund zur Klage mehr.

Dann gelangten wir zu einem Feld und buddelten ein bisschen darin herum. Und tatsächlich fand ich ein interessantes Stück, einen schönen echten alten Faustkeil, wie ihn die Indianer früher mal verwendet hatten.

Dann führte Earl uns noch in sein kleines Privatmuseum neben dem Rangerhaus. Da waren ganz tolle Sachen drin. Besonders stolz war er auf zwei klappbare Rasiermesser aus Ranger-Zeiten. Das eine war total verrostet und das andere noch wie neu. Die besten Sachen, sagte er und hob das nicht verrostete Teil in die Höhe, sind Made in Germany. Schon deshalb würde es ihn so freuen, uns zwei kennen gelernt zu haben. Dann schenkte er mir eine alte Silbermünze, eine deutsche Mark aus dem Jahr 1915.

Anschließend gingen wir mit ihm noch in den ersten Stock, diesmal aber nicht ins Schlafzimmer mit dem Waffenschrank, sondern in eine Art Büro, wo er einen PC stehen hatte und im Nu die Bilder ausdrucken konnte, die er zuvor von uns gemacht hatte. Es war beeindruckend, was er alles besaß und alles konnte.

Dann machte er auch noch Musik. Er spielte nicht nur passabel Klavier, sondern auch Panflöte, Keyboard, Gitarre, Mundharmonika und Schlagzeug. Und wenn er nicht gerade Panflöte spielte, sang er auch noch dazu. Es war wirklich gut zum Anhören. Gern, sagte er, hätte er uns von dem, was er uns gerade vorgespielt und aufgenommen hatte, eine CD gebrannt. Nur habe er gerade kein Gerät zum Überspielen da. Darauf sagte ich: Kein Problem, irgendwie kommen wir schon wieder mal zusammen.

Ein hochtalentierter Indianer. Und eine richtig tolle Begegnung.

Zuletzt wollte ich noch von ihm wissen, warum er mich Nick nannte und nicht Herbert, wie ich eigentlich heiße.

„Weil du so ausschaust wie Nick Nolte", lautete seine knappe Antwort.

Viele Monate später, als wir wieder daheim in Rottenbuch waren, schaute ich mir als eine meiner ersten Amtshandlungen den Film „Kap der Angst" auf DVD an, mit Nick Nolte in einer der beiden Hauptrollen. Eine besonders sympathische Rolle spielt er in diesem Film ja nicht gerade; aber eine gewisse Ähnlichkeit zwischen uns ist sicher nicht zu leugnen. Bisher war ich eher mit Sepp Maier verglichen worden. Der Nocker Herbert – eine Mischung aus Sepp Maier und Nick Nolte?

Am nächsten Tag verabschiedeten wir uns wehmütig von ihm. Am liebsten wäre ich nicht nur ein paar weitere Tage, sondern ein paar Wochen bei ihm geblieben. Auch weil er erzählte, dass er öfter mal Barbecue und Brunch veranstalten würde. Anscheinend hatte er es gern, wenn Leute um ihn rum waren. Leider finden aber nur wenige zu ihm und seinem Texas Ranger Motel. Weil es ziemlich abseits liegt.

„Hier war aller Anfang", kritzelte ich hinterher in mein Buch, direkt unter die paar Zeilen, die mir „To Nick Nolte" der Earl hineingeschrieben hat – meine Erinnerung an ihn und seine blauäugige Frau Ginger und an Santa Anna, den Ort in Texas, der als Erster besiedelt und christianisiert worden war.

Mit den Jahren zieht es mich offensichtlich immer mehr an Orte, die an einen Anfang erinnern. Vielleicht eine Alterserscheinung.

Vielleicht noch ein Wort zu dem erwähnten Buch. Neben dem Tagebuch, das zu führen mich manchmal schon eine arge Überwindung kostete, zählt dieses Buch zu meinen wichtigsten Erinnerungsstücken unserer Reise. Mein Devotionalienbuch. Leider hatte ich es erst in Austin erstanden. Sämtliche Visitenkarten, die ich während der ganzen langen Reise ergattern konnte, sind darin verewigt. Ebenso jede Menge Stempel. Vor allem aber die Widmungen von Menschen, die uns begegnet sind und uns was bedeutet haben.

Zum Beispiel die von Earl, dem Indianer.

Texas Ranger Motel
401 HWY 84 East, Santa Anna, TX 76878

22. Kapitel

Über Lubbock, Amarillo, Tucumcari, Santa Fe und Taos zum Monument Valley

Puh, war das Kapitel lang! Das mit Abstand längste in diesem Buch. 21, 6 Kilobyte.
Lang und schön. Jetzt kommt wieder leichtere Kost. Höchstens 10 Kilobyte. Wie viel hatte das mit dem Champions?
Nur 10,2.
Danke. Und das mit dem Tafelspitz?
12,2.
Aha. Nur damit ich eine Orientierung hab.
Diese Reise nach Oregon, fanden wir, hatte ja toll angefangen. Der Preis, den wir dafür bezahlen mussten, war, dass wir von Earl und Ginger und ihrem Texas Ranger Motel erst so spät los kamen, dass wir keine Chance mehr hatten, noch nach Amarillo zu kommen. Das hatten wir uns eigentlich für Montag, 13. Oktober, vorgenommen. Zur Strafe mussten wir in Lubbock, Texas, in einem *Super 8 Motel* eine Nacht einlegen. Auch die ging vorüber.
So erreichten wir Amarillo erst am Dienstag. Die Fahrt dorthin: großartig! Ganz so, wie wir es uns immer erträumt hatten, eine Fahrt durch den Wilden Westen. Rote Berge, unendliche Steppen, blaue Berge, strahlender Sonnenschein, nie gesehene Tiere. Menschenleer. Grandios. Selten hat mich eine Landschaft mehr beeindruckt. Eigentlich gar keine. Den Philipp in seinen jungen Jahren sowieso nicht.
Und wir mitten durch mit unserem dunkelblauen, vor Kraft strotzenden BMW.
Vorübergehend aber veränderte sich diese Landschaft, links und rechts flogen unendlich weite Ölfelder an uns vorüber. Ölfelder, so weit das Auge reicht. Da musste ich auf einmal an die Ulla in Austin denken. Die hatte uns nämlich gesagt: Wenn ihr in diese Gegend kommt, werdet ihr erstaunt sein, wie es hier stinkt!
Deshalb lenkte ich das Auto an den Straßenrand und wir stiegen aus. Es stank wirklich entsetzlich. Es stank infernalisch. Es stank so grauenhaft, dass wir flugs wieder in unsere Karre krochen und die Mücke machten.
Und was war es, das da so widerwärtig stank?
Auch das hatte uns die Ulla erklärt. Der Gestank rührt von den vielen, vielen Ölpumpen her. Das heißt: nicht eigentlich von den Ölpumpen, sondern von dem, was sie zutage fördern. Öl, sagte sie, ist nichts anderes als zersetzte Materie, die nach Millionen Jahren von ganz tief unten ans Tageslicht raufgeholt wird. Kein Wunder, dass das gottserbärmlich stinkt. Ölpumpen, die Tag und Nacht arbeiten. Der arme James Dean, dachte ich. In seinem letzten Film *Giganten* musste er ja einen Ölmulti spielen. Wie er das nur ausgehalten hat. Zumindest verstand ich

Ein Hauch von Stonehenge: Die zehn über Kopf in den Sand gesteckten Cadillacs an der Route 66 – ein millionenfach fotografiertes Motiv

jetzt, warum sich die Liz Taylor von Jimmy ab- und dem Spießer Rock Hudson zugewandt hatte. Natürlich nur im Film.
 Wie viel Kilobyte haben wir schon?
 3,03. Mit Überschrift.
 Lächerlich. Um die Mittagszeit herum erreichten wir Amarillo, Texas. Das war früher mal ein berühmter indianischer Ort, in dem Freiheitskämpfe ausgetragen worden sind. Heute ist es einer, in dem vor allem viele Touristen herumlaufen. In meiner Jugendzeit habe ich Bücher gelesen, in denen Amarillo eine bedeutende Rolle spielte. Allein schon den Namen fand ich stark. Jetzt waren wir mittendrin. Amarillo, erinnerte ich mich schwach, war in der damaligen Zeit ein Fort, das immer wieder von den Indianern angegriffen wurde. Selbstverständlich hielt ich zu ihnen. Auch heute gibt es noch Forts in Amarillo, eines davon besuchten wir – und danach waren wir auch schon wieder weg.
 Von Amarillo ging es auf der Route 66 weiter zur *Cadillac Ranch*. Noch nie gehört? Ist Kunstkennern aber ein Begriff. Man erkennt es schon von weitem an seinem Markenzeichen. Das sind zehn Cadillacs, die angeblich der Besitzer auf seiner Farm kopfüber in den Sand eingraben ließ. Nur die Hinterteile ragen nach oben raus. Ein beeindruckender Anblick. Als wir ankamen, waren natürlich viele Leute da; ein millionenfach fotografiertes Motiv. Leider wird es auch von Sprayern heimgesucht und mit allen möglichen Farben beschmiert. Es soll auch welche geben, die von dieser Skulptur was wegnehmen und stehlen. So sieht die Zehnergruppe auch aus. Eigentlich nur noch ein Fragment von dem, was sie mal war. Von morbidem Zauber.
 Einer von denen, die sich an diesem Kunstwerk vergangen haben, ist der Nocker Herbert. Während Philipp Schmiere stand, schnitt auch ich ein Stückerl

von einem Reifen raus und ließ es als Souvenir mitgehen. Wer mich in Rottenbuch besucht, kann sich's anschauen.
Wo sind wir jetzt?
Bei 4,89 Kilobyte.
Noch nicht einmal die Hälfte? Geht ja ganz schön mühsam heute.
Und vor allem: Es passiert ja nix!
Kann ich denn was dafür?
Ja.
Wieso denn das?
Weil ihr die Strecke mit einem langweiligen BMW und nicht mit dem Dixi gefahren seid. Mit dem Dixi hätte es sicher ab und zu einen Menschenauflauf gegeben. Oder wenigstens eine Panne. Auch darüber freut sich der Leser.
Da ist sogar was dran. Eine ganz andere Frage: Wie hat noch mal der allererste Italo-Western geheißen? Du weißt schon, der, mit dem der Clint Eastwood so berühmt geworden ist. Irgendwas mit Dollars.
Für eine Handvoll Dollar?
Genau. Auch den Regisseur Sergio Leone und den Komponisten Enno Morricone hat dieser Film berühmt gemacht. War ja auch ein ganz besonders toller. In einer der ersten Szenen sieht man einen Zug, wie er von einer schnaubenden und pfeifenden Dampflokomotive gezogen in einen gottverlassenen Bahnhof mitten in der Prärie einfährt. Es ist der Bahnhof von Tucumcari. Nur ein Einziger steigt aus. Rat mal wer!
Der Clint Eastwood.
Falsch! Der Lee van Cleef steigt da aus. Mit seinem Pferd. Ich will damit nur sagen: Insidern sagt dieser Ort Tucumcari was. Dort stiegen wir im *Motel 6 LP* ab. Ich kann mich weiß Gott an schönere Nächte erinnern.

Nach Tucumcari, New Mexico, waren wir über die Original-66 gekommen, und in Tucumcari endete sie auf einmal, die alte *Route 66*. Ging plötzlich nicht mehr weiter. Es kann allerdings sein, dass sie das inzwischen wieder tut; die Straße sollte ja neu ausgebaut werden. Damals aber hörte sie hier auf. Wir mussten also umdrehen und dann solange auf der *Interstate 40* zurückfahren, bis wir wieder auf die Original 66 kamen und schließlich zur Abzweigung 285 nach Santa Fe, New Mexico. Wo wir auch hin wollten.

Auch diese Fahrt war einsame Spitze. Es war kein Verkehr und wir fuhren durch eine traumhaft wilde Landschaft. Dann kamen wir nach Santa Fe. Ist schon eine sehr beeindruckende Stadt. Neue Häuser dürfen dort nur im indianisch-mexikanischen Stil gebaut werden, irgendwie kuppelartig und aus Holz und so, dass man aus dem Dach rausschauen kann. Schwer zu beschreiben.

Weil Santa Fe eine wunderschöne Altstadt hat, ist sie zu einem touristischen Zentrum verkommen. Leider. Ein Souvenirladen steht neben dem anderen. Kann einem schon ein bisschen die Freude verderben. Es ist ein einziger Jammer, wie durch den Tourismus die schönsten Stätten auf dieser Welt zugerichtet werden. Kannst aber nichts dagegen tun. Schade. „Von zu vielen Blicken verbraucht sich die Welt, nutzt sich ab wie eine alte Karte", schreibt der polnische Schriftsteller

Vor so einem Hintergrund sitzt es sich gut: Herbert N., das atemberaubende Monument Valley im Rücken

Andrzej Stasink in seinem Roman „Unterwegs nach Badadag", einer Ansammlung von Reiseskizzen aus Ungarn und Rumänien, Moldavien und Albanien, der Ukraine und der Slowakei. Zugegeben, ein anderer Teil unserer schönen Welt.

Das war am Tag 33 unserer Reise, am Mittwoch, den 15. Oktober: *Thanks for having lunch at the Catamorent Bar in Santa Fe, New Mexico*, schrieb mir an diesem Tag eine Kathi McKenna in mein Widmungs-, Stempel- und Visitenkartenbuch. Leider kann ich mich an sie nicht mehr erinnern.

Dann fuhren wir weiter nach Taos, New Mexico, was ursprünglich ein Indianerdorf war. 1610 wurde es von Weißen besiedelt. Sehr historisch. Und sehr touristisch. Wir übernachteten im Hacienda Inn.

Das sind ja wirklich alles ganz heiße Geschichten.

Ich hab doch angekündigt, dass in diesem Kapitel etwas leichtere Kost kommt. Hat mir nur wieder keiner geglaubt. Wie ist der neueste Stand?

8,53 Kilobyte.

Gut. Dann könnten wir in diesem Kaptel gerade noch das Monument Valley schaffen.

Das Monument Valley? In nicht ganz eineinhalb Kilobyte? Das geht nicht, das hat noch keiner geschafft! Da bin ich persönlich jetzt aber wirklich sehr gespannt.

Am Donnerstag, 23. Oktober, gelangten wir zum eigentlichen Höhepunkt der Wildwestromantik, dem Monument Valley. Wir fuhren in den Ort Kayenta, Utah, von dort bogen wir rechts ab in Richtung Monument Valley. Weil es schon abendlich wurde, hielten wir nach einem Hotel Ausschau, fanden aber keines. Also mussten wir uns mit einem *camp ground* zufrieden geben, *Goulding's Monument Valley Trading Post and Lodge*. Auch diese Nacht werden wir nicht vergessen. Weil wir kein Zelt dabei hatten, schlief ich im Auto und der Philipp auf einem Picknick-Tisch. Außer, dass wir schon komfortabler übernachtet haben, war die Welt für uns in Ordnung: Wir waren mitten in einem Tal, umgeben von gewaltigen Bergen und bizarren Felsen, und hatten einen freien Blick zum Monument Valley. Und dazu natürlich dieser berühmte Sonnenuntergang, der alles in rotes Licht taucht. Unbeschreiblich.

Am nächsten Tag fuhren wir zum schönsten Aussichtspunkt im Monument Valley, dort war es noch herrlicher und noch gigantischer. Genau so, wie man es uns erzählt hatte. Ach was, tausendmal schöner! Wir hatten allerdings auch noch besonderes Glück, es waren gerade die Tage des sagenumwobenen Indian Summer, wenn alles, Bäume, Sträucher, einfach alles, in bunter Pracht ist. Ein Fest der Farben. Die Natur leuchtet, flimmert und schimmert goldgelb, rosarot, violett, silberblau. Wie bei uns im Allgäu der Herbst. Ein Mekka für Fotografen.

Und?

10,3 Kilobyte.

Und ohne Überschrift?

10,1.

Sehr gut. Praktisch eine Punktlandung.

Das Monument Valley in weniger als eineinhalb Kilobyte! Das hat's noch nie gegeben! Gehört unbedingt ins Guinness Buch der Rekorde. Chapeau!

Schwätzer, ausgeschamter.

Super 8 Motel

Lubbock-Civic Center, 501 Avenue Q, Lubbock, Texas 79401.

Motel 6 LP (Accor Hotels)

2900 Tucumcari Blvd., Tucumcari, NM 88401

Hacienda Inn

1321 Paseo del Pueblo Sur, Taos, NM

Goulding's Monument Valley Trading Post and Lodge

Monument Valley, Utah 84536-0001

---

23. Kapitel

Bei Angel Delgadillo, dem Meister der Rasierkunst

Auch in diesem Kapitel wieder leichte Kost?
Kann man so sagen.
Also auch wieder diese malerischen Städte- und Landschaftsschilderungen?
Red' du nur. Weil alles so toll ausgesehen hat, lauter rote heiße Erde um uns herum, wollten wir mit unserem Auto noch ein Stück weiter ins Tal hinunterfahren, haben das dann aber sein gelassen, wegen der miserablen Straße. Bevor noch was kaputt geht, sagten wir, fahren wir lieber wieder zurück zu unserem Campground. Dort haben wir dann noch mal übernachtet.
Entschuldigung, ich hab ein wenig den Überblick verloren. Wo sind wir denn eigentlich gerade?
Eben waren wir noch auf dem *Goulding's Monument Valley Campground*, brechen jetzt aber auf in Richtung Grand Canyon. Es ist Freitag, 17. Oktober, ein Uhr nachmittags. Tag 36 unserer Reise.

Es war kaum Verkehr auf der Strecke, alles ziemlich menschenleer. Die Gegend ist ja auch sehr menschenfeindlich. Es wächst fast nichts und es ist wahnsinnig heiß. Aber für uns Europäer trotzdem hochinteressant. So viel Natur und so viel Schönheit auf einmal. Immer wieder tauchten Navajohütten auf, in denen noch Leben war. Allerdings waren es ziemlich primitive und verkommene Behausungen. Die Navajos müssen schon sehr, sehr arme Indianer sein.

Mit Hilfe der Karte, die uns der Terry noch im letzten Augenblick zugesteckt hatte, nahmen wir eine Abkürzung und waren plötzlich am Glen Canyon, dem östlichen Ausläufer des Grand Canyon. Da geht's schon los mit den bizarren Felsformationen und diesen eigenartigen Schluchten, die wie der Negativabdruck eines Gebirges aussehen. Im Glen Canyon wird für ein Kraftwerk der Colorado River gestaut – der *Glen Canyon Dam* mit einer Mordsstaumauer, von der aus es 210 Meter kerzengerade runter zum Colorado River geht. Weil ich ein Schweizer Taschenmesser dabei hatte und damit ja was anstellen hätte können, wurde uns in die dazugehörige Informationshalle der Eintritt verwehrt. Die Angst der Amerikaner vor Anschlägen und Terroristen hat uns wirklich durchs ganze Land begleitet.

Dann weiter Richtung Grand Canyon gefahren, und zwar wieder durch eine Landschaft, die so phantastisch ist, dass ich gar nicht erst den Versuch unternehmen will, sie zu beschreiben. Das haben andere, die das besser können ...
Habe ich dich etwa verärgert?
... längst und tausendfach getan. Ich behaupte sogar, diese Landschaft ist so außergewöhnlich, dass man sie nicht einmal fotografieren kann. Klar gibt es haufenweise guter, ja herausragender Fotos vom Grand Canyon. Aber wenn du

selber davor stehst und dieses unerhörte Naturereignis anschaust, weißt du, dass alle diese Fotos, so gut sie auch sein mögen, nur ein müder Abklatsch von der Wirklichkeit sind.

Plötzlich wurden wir angehalten und mussten 20 Dollar bezahlen, weil wir uns schon im *Nationalpark Grand Canyon* aufhielten. Hatten wir gar nicht gemerkt. Diese 20 Dollar haben uns aber weiter nicht gestört, sie waren für das, was wir hier sehen und erleben durften, eine gute Investition. Dazu kam, dass wir ja einge Nächte lang nicht in Hotels, sondern auf Campingplätzen oder im Auto geschlafen hatten; so dass wir uns diesen Luxus durchaus leisten konnten. Nach einer Meile tauchte dann ein Campground auf, der sich dadurch auszeichnete, dass er nicht mit Personal besetzt war. Wer ihn benutzen wollte, hat in einen Briefkasten einfach fünf Dollar reingeschmissen und das war's.

Da übernachteten wir. Kaum zu glauben, aber in der Nacht fielen die Temperaturen unter den Gefrierpunkt. In unserem Zelt, das wir uns mittlerweile besorgt hatten, froren wir wie noch nie. Da half es auch nichts, dass wir uns nachts noch alle möglichen Sachen angezogen haben, doppelt, dreifach. Deshalb beschafften wir uns am nächsten Tag als allererstes Pudelmützen. Tagsüber war es affenheiß, nachts saukalt. War ja auch schon Mitte Oktober.

Total erfroren standen wir Samstag, 18. Oktober, sehr früh auf. Auf dem Weg zur Dusche sprach mich eine junge Frau auf Deutsch an. „Das war aber gestern ein netter Abend", sagte sie. Ich sah sie ratlos an. „Wir waren unweit von Ihrem Zelt", fügte sie hinzu, und jetzt begriff ich. „Wir konnten mithören, wie Sie Ihrem Sohn aus dem Tagebuch vorgelesen haben." Darin hatte ich die letzten Tage beschrieben, was wir so alles erlebt hatten. Vor allem die Geschichte mit Earl. Die Frau kam aus Erding, einem Vorort von München, war schon seit einigen Tagen mit ihrem Mann im Grand Canyon unterwegs und konnte uns ein paar Tipps für den heutigen Tag geben.

So empfahl sie uns, in Canyon Village den berühmten Bahnhof zu besichtigen. Das machten wir und hatten dabei großes Glück. Denn gerade, als wir dort eintrafen, fuhr der berühmte *Grand Canyon Train* aus dem Jahr 1928 in den Bahnhof ein und blieb stehen. Natürlich sind auch da wieder jede Menge Touristen ausgestiegen, immerhin aber im Beisein von Reisebegleitern, die schöne Originaltrachten anhatten, und einer Countryband. War schon eine tolle Sache.

Danach fuhren wir an alten Häusern vorbei zum Aussichtspunkt. Von dem aus konnten tief unter uns jene Winzig-Hubschrauber sehen, wie sie herum schwirren und die sich der wohlhabende Tourist für ein mittleres Vermögen mietet. Wir haben es von oben besser gesehen.

Abends kehrten wir zum Campingplatz zurück. Diesmal zogen wir uns für die Nacht aber richtig warm an.

Am Sonntag, den 19. Oktober, brachen wir bereits um sieben Uhr in der Früh auf. Wir wollten nach Las Vegas, das war unser Grobziel, wussten aber, dass wir es bis zum Abend nicht schaffen würden. Viel wichtiger war mir nämlich, dass wir nach Seligman, Arizona, kommen. Die ehemalige Eisenbahnsiedlung ist eine noch unverfälschte Kleinstadt an der historischen Route 66 – noch richtig Wilder

Westen, deshalb auch berühmt und trotzdem noch nicht dem Tourismus anheim gefallen.

Noch berühmter als Seligman aber ist Angel Delgadillo. Das ist ein Barbier, der seit seiner Geburt in Seligman lebt, seinen Friseurladen direkt an der Hauptstraße hat und deswegen so berühmt ist, weil er als Wortführer von denen gilt, die die Route 66 wieder zum Leben erwecken wollen. Sein ganzes Tun gilt der 66. Er hat ihr Aufblühen ebenso erlebt wie ihren Untergang. In einer Riesenbude verwahrt er alle Reliquien, die er im Laufe der Jahrzehnte zum Thema Route 66 gesammelt hat: Tankstellen, Autos, Schilder und sonstiger Krimskrams. Außerdem hat er noch einen Souvenirladen.

Auch Angels Bruder Juan, ein Spaßvogel besonderer Art, sammelt alles, was mit der Route 66 zu tun hat und betreibt dazu den legendären Snow Cap Drive Inn, ein, wenn man es nett sagen will, kleines Restaurant, in dem sich die ganz hartgesottenen Harley-Fahrer aus der ganzen Welt treffen.

Nun hatte ich mir in den Kopf gesetzt, mir um jeden Preis von diesem berühmten Angel Delgadillo eine Rasur verpassen zu lassen und mich extra seit fünf Tagen nicht mehr rasiert. Es war aber Sonntag, der Friseurladen geschlossen, der Meister nicht da. So schnell gibt sich aber der Nocker Herbert aus Rottenbuch nicht geschlagen. Also betrat ich den Souvenirladen und lernte Vilma, Angels Frau, kennen. Ich musste ihr mein Anliegen nicht erst groß schildern; sie konnte es in meinem Gesicht lesen.

Moment mal, sagte sie, nachdem sie von der Dringlichkeit des Problems überzeugt war, ich ruf den Angel an. Und als dieser hörte, wer da von ihm rasiert werden wollte, sagte er seiner Frau nur: Ein German? Da komm ich auf der Stelle! Schwang sich auf sein Fahrrad und war in fünf Minuten da. Ein schlanker, hochgewachsener Mann von dunkler Hautfarbe mit schlohweißem Haar in den Siebzigern. Nach der Begrüßung ließ er mich in einem der Sessel Platz nehmen, lehnte meinen Kopf behutsam nach hinten und legte einen schwarzen Umhang über meine Schultern. Dann fragte er mich nach meinem Wohlbefinden. Hätte er mich jetzt auch noch gefragt, ob ich Vollnarkose bevorzuge oder doch lieber nur Teilnarkose – ich wäre keineswegs überrascht gewesen. Wahrscheinlich hätte ich mich für Vollnarkose entschieden.

Dann rasierte er mich.

Kunst hat viele Ausdrucksformen. Die einen können sich an Musik erfreuen, andere an schönen Bildern, an bildender Kunst oder an Literatur. Nie aber hätte ich für möglich gehalten, dass auch eine Rasur ein Kunstakt sein kann. Bei Angel Delgadillo war sie es. Angel war ein Künstler, und ich das Medium, an dem er seiner Kunst Ausdruck verlieh.

Fast zehn Minuten brauchte er, bis er alle für die Rasur notwendigen Gerätschaften, Mixturen und Ingredienzien zusammengetragen und griffbereit um sich herum drapiert hatte – die Arbeitsvorbereitung, könnte man sagen. Für mich war es die Ouvertüre. An normalen Tagen mochte sie weniger Zeit in Anspruch nehmen. Heute aber war Sonntag.

Dann kam der erste Akt. Mit heißen Tüchern deckte der Meister mein

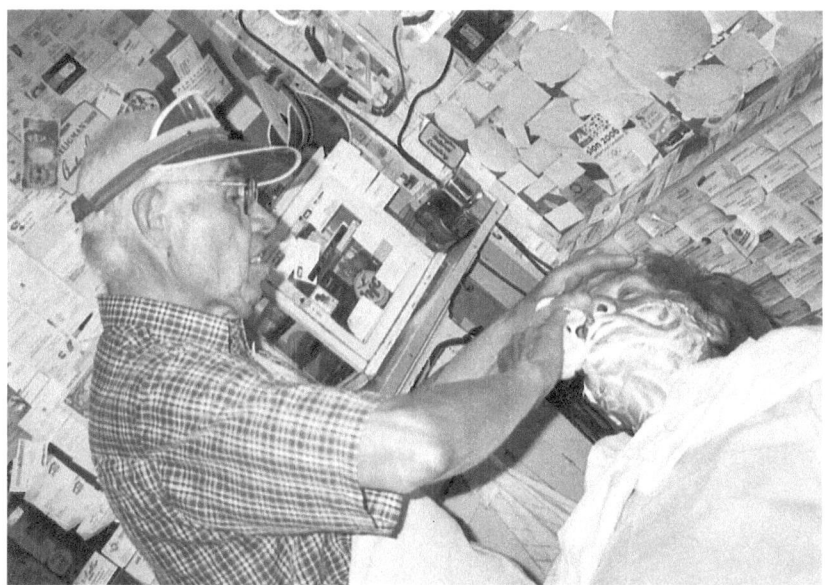

Der Meister und sein Kunstwerk: Der Friseur Angel Delgadillo, wie er gerade dabei ist, dem Nocker Herbert die Rasur seines Lebens zu verpassen

Gesicht ab. Er machte es so, dass ich meine Vermummung durch einen schmalen Augenschlitz gerade eben noch wahrnehmen und bestaunen konnte. Das war nötig, um den Bart weich zu bekommen. Nach einer Minute nahm er die Tücher ab und entsorgte sie mit einem gezielten Wurf in ein gut zwei Meter entfernt stehendes Behältnis aus Chrom.

Der zweite Akt: das Auftragen des Rasierschaums. Nicht etwa schnöde Creme aus einer Tube, mit der er mich da mit einem prachtvollen Pinsel einbalsamierte, sondern eine vor meinen Augen aus vier verschiedenen Seifen gewonnene wohlriechende Köstlichkeit. Es war zugleich eine Gesichtsmassage, wie ich sie bislang noch nie erleben durfte, so entspannend, dass Bilder von meiner frühesten Kindheit in meinem Kopf hochkamen und ich unter dem Pinsel des Meisters beinahe eingeschlafen wäre. Dauerte bestimmt fünf Minuten.

Dann kam der dritte Akt, gleichsam der Höhepunkt, nämlich die Rasur an sich. Dazu bediente er sich eines überlangen Rasiermessers, dessen Griff mit Perlmutt bestückt war. Und schon kam mir mein indianischer Freund Earl in den Sinn, der, wie ich ihn kennen gelernt habe, von diesem Act bestimmt einen Film gedreht und anschließend auch noch vertont hätte. Mit solcher Kunstfertigkeit bewegte Delgadillo das Rasiermesser über Kinn und Wangen, dass ich annehmen musste, er habe zuvor die Struktur meines Bartwuchses studiert. Oder gelesen, wie Günter Netzer sagen würde. Diese Prozedur dauerte auch wieder sieben oder acht Minuten.

Im vierten Akt wusch er mir mit warmem Wasser und einem besonders wei-

Das Werk ist vollendet. „Jetzt bist du so glatt wie ein Affenarsch!", sagt der Meister der Rasierkunst, bevor sich die beiden voreinander verbeugen und ihre Wege sich wieder trennen

chen Tuch die Schaumreste vom Gesicht, im fünften Akt, dem Finale, verwöhnte er es mit verschieden duftenden Essenzen, von sportlich-frisch bis herb-viril.

Alles in allem brauchte der Mann für sein Kunstwerk eine gute halbe Stunde. Alles geschah mit einer Sorgfalt, einem Aufwand und einer Leidenschaft, wie ich es noch nie erlebt habe. Zumindest nicht beim Rasieren. Wobei ich an dieser Stelle eingestehen muss, dass ich mich bis dahin auch noch nie hatte rasieren lassen. Sollte mir aber eines Tages wieder einmal der Sinn danach stehen, dann würde ich mein Gesicht nur einem einzigen Barbier auf der ganzen Welt anvertrauen: Angel Delgadillo in Seligman, Arizona. Nicht einmal die lange Anfahrt könnte mich dabei abschrecken. So viel ist mir mein Gesicht einfach wert.

„Jetzt bist du so glatt wie ein Affenarsch", sagte der Meister der Rasierkunst, als er sein Werk vollendet hatte. Was angesichts der vorangegangenen Zeremonie fast ein wenig prosaisch klang.

Trotzdem verneigten wir uns ehrfurchtsvoll voreinander.

Angel & Vilma Delgadillo
217 E. Route 66, Seligman, Arizona 86337

24. Kapitel

Von Seligman über Oatman nach Las Vegas

Nach getaner Arbeit schlug Angel Delgadillo vor, im Restaurant seines Bruders noch eine Kleinigkeit zu essen. Das machten wir auch und kamen dort noch mit ein paar anderen Leute ins Gespräch. Unter anderem mit einem Polizisten aus Deutschland, der mit einer Harley unterwegs war. Delgadillo empfahl uns, Oatman, einen kleinen Ort in der Nähe, zu besuchen. Das wäre noch eine richtige alte Goldgräberstadt, bei der auch hundert Jahre danach noch alles funktionieren würde. Sogar Gold würde da noch geschürft werden.

Die Straße nach Oatman führte durch eine wilde Landschaft, vorbei an alten romantischen Häusern. Im Ort selber hochgelegte Bürgersteige und Restaurants mit Schwingtüren. Wie in einem Western. Toll, dachte ich, dass es so was noch gab. Mir gefiel das so gut, dass ich dem Philipp spontan vorschlug, in einem dieser außergewöhnlichen Häuser zu übernachten. Ich hatte auch schon eins im Auge. Bei dem hatte ich schon von außen einen schönen Saloon mit Cancan-Tänzerinnen ausgemacht. Und in einem der Zimmer oben, die man nur über eine Treppe erreichte, die mitten im Saloon hochführt, übernachten wir, dachte ich. So hatte ich es jedenfalls in vielen Cowboyfilmen gesehen. Ich fand das herrlich!

Aber der Philipp zog nicht mit. Da brachte ich mit Nachdruck die Cancan-Tänzerinnen in die Diskussion, vielleicht war er ja auf die noch gar nicht aufmerksam geworden. In so jungen Jahren passiert einem so was schon mal. Aber es nutzte nichts, der Philipp wollte hier partout nicht bleiben. Nicht in diesem Haus und nicht in dieser Ortschaft. Er wollte einfach nur weg von hier, egal wohin. Und zwar sofort.

Nun habe ich als Vater ja gelernt, dass man sich über die Wünsche vor allem der eigenen Kinder nicht so einfach hinwegsetzen soll. In diesem Fall aber, gestehe ich, fiel es mir außerordentlich schwer. Trotzdem gab ich nach. Wir stiegen also in unser Auto und fuhren los. Schweigend. Als wir an den Ortsrand kamen, konnte ich aber nicht mehr länger an mich halten. „Warum zum Teufel willst du denn hier nicht übernachten?", presste ich hervor. Philipp schaute mich mit seinen großen Augen an. Verständnislos, wie ich mich erinnere. Endlich sagte er: „Ja sag mal, riechst du denn nicht, wie furchtbar es hier stinkt?"

Jetzt, wo er es sagte, fiel es auch mir auf. Es roch hier wirklich sehr streng, da musste ich dem Philipp leider Recht geben. Nüchtern betrachtet, war es auch kein Wunder. Es war affenheiß in diesem Ort, die Straßen waren zum Teil unbefestigt. Und überall standen Pferde herum, die, angebunden an diesen Geländern, wie man sie aus den Filmen kennt, treu und ergeben auf ihre Herrchen warteten, die sich währenddessen drinnen im Saloon in aller Seelenruhe den Kragen vollschütteten. Wer wollte es den Pferden verdenken, wenn sie nicht die Situation

Herbert Nocker diesmal als Goldgräber, in Oatman, Arizona. Ein Ort, in dem es so entsetzlich zum Himmel stinkt, dass Philipp sich weigert, hier zu übernachten

nutzten und allein schon aus lauter Langeweile ihre Notdurft verrichteten? Die Pferde in Oatman scheißen und pieseln, was das Zeug hält, und das seit hunderten von Jahren. Klar, das hier alles dampfen und stinken musste.

Komisch finde ich im Nachhinein nur, dass ich das nicht auch sofort gerochen hatte. Ich, der ich sonst mit meiner Nase auch die allerfeinsten Gerüche wahrzunehmen in der Lage bin. Wahrscheinlich hatten mir die Can-Can-Tänzerinnen meine Sinne vernebelt.

Statt uns also in dem schönen stinkenden Oatman niederzulassen, übernachteten wir elf Meilen weiter auf dem *Campground Blackstone R.V. Park*, mitten in der Mojave Wüste bei den *Black Mountains*. Da war auch ein kleiner Laden dabei, in dem wir uns, obwohl Sonntag war, mit dem Notwendigsten versorgen konnten. Abends waren es 32 Grad.

Bei ebenso unerträglicher Hitze setzten wir am Montag die Fahrt Richtung Las Vegas, Nevada, fort – und standen plötzlich vor dem Hoover Staudamm. Eine Meile davor waren wir sehr genau kontrolliert worden. Ich verstehe es ja auch. Schließlich wollen die Amerikaner nicht nicht riskieren, dass der größte Staudamm der Welt von Terroristen zerstört wird. Der *Hoover Dam* staut den *Colorado River* und wurde eigentlich nur gebaut, um Las Vegas mit Wasser und Strom zu versorgen.

Nachmittags um zwei trafen wir in Las Vegas ein, fanden auch gleich in zentraler Lage am *Las Vegas Boulevard* eine bezahlbare Suite im *Westward-Hotel Casino*. Dort konnten wir u.a. den Zockern zuschauen, wie sie ihr Geld beim Black Jack oder an einarmigen Banditen verjubelten.

Das Wetter war schön, das Zimmer war schön. Jetzt brauchten wir auch noch ein schönes Essen. Als wir von Restaurant zu Restaurant gingen und die Speisekarten studierten, fiel uns auf, dass überall Steak mit Lobster angeboten wurde. Wie kann denn Steak mit Lobster schmecken, fragten wir uns und bestellten im nächsten Restaurant Steak mit Lobster. Dieses sonderbare Gericht war nicht nur auffallend preisgünstig, sieben Dollar mit Salat, es schmeckte auch auffallend gut. Für unser Geld bekamen wir tatsächlich ein Supersteak mit einem Riesenlobster.

Gezockt haben wir nicht. Das sollte man auch nur, wenn man es wirklich kann: Wo man die Chips wechselt, wie man mit den einarmigen Banditen umgeht – wir wären damit nie klargekommen. Außerdem wollten wir natürlich auch kein Geld verlieren. Jeder Dollar, den ich bei so etwas verliere, würde mich bis ans Ende meines Lebens reuen.

Am Dienstag gingen wir in *Chinatown* so richtig schön chinesisch essen. Wir saßen noch nicht richtig im Sam Woo Restaurant, da wurde uns schon eine Riesenschüssel Eierflaumsuppe auf den Tisch gestellt. Wir stürzten uns sofort darauf, und erst, als wir die Schüssel geleert hatten, kamen wir drauf, dass sie eigentlich auch noch für den nächsten Tisch gedacht war. Das war uns zwar peinlich, war aber nicht mehr zu ändern. Außerdem hatte sie uns vorzüglich geschmeckt. Als uns dann aber auch noch das Hauptgericht aufgetischt wurde, fingen wir beide ein wenig zu schwächeln an. Obwohl wir uns allergrößte Mühe gaben, schafften wir es nicht und kamen nicht umhin, uns den Rest in Alufolie verpacken zu lassen. Das Paket entsorgten wir dann heimlich in unserem Hotel. Schließlich stand uns noch die Eierflaumsuppe bis zum Kragen. Und eigentlich auch noch der Riesenlobster vom Tag zuvor.

Als wir dann am Mittwoch, 22. Oktober, diese schöne Stadt wieder verlassen wollten und zu unserem Auto gingen, war ein Strafzettel an der Windschutzscheibe festgeklemmt. Wegen falschen Parkens. Nach dem ersten Schreck und nach genauem Studium der Mitteilung *(Proper Parking Validation is required)* kamen wir zu dem Ergebnis, dass es sich hier nicht um einen Strafzettel handelte, sondern lediglich um den freundlichen Hinweis, künftig dem Parkverbot mehr Aufmerksamkeit zu schenken. Na, sowas. Das hatten wir auch noch nicht erlebt.

Jetzt verneigten wir uns erst recht vor dieser schönen Stadt und fuhren Richtung *Sequoia National Park* mit seinen Mammutbäumen weiter in den Norden. Es dauerte aber, bis wir aus Las Vegas raus waren und wieder durch die trockene und heiße Wüste fuhren. Wir legten an diesem Tag eine ziemlich lange Strecke zurück. Und als wir schließlich den *Lemon Cove Sequoia Campground* erreichten, war es schon sehr dunkel.

Blackstone R.V. Park
136 Scenic and Large Full Hook-Up Spaces,
Off Hwy. 95 on the Road to Oatman, 3299 Boundary Cone Rd.,
Mohave Valley, Arizona 86440

Westward Casino
2900 Las Vegas Blvd. So., Las Vegas, Nevada 89109

T & T Ginseng Inc.
4115 Spring Mountain Rd., E103, Las Vegas, Nevada 89102

25. Kapitel

Die Mammutbäume
im Sequoia National Park

Am Donnerstag, 23. Oktober, rief ich gleich in der Früh Tom und Andrea Michael in Kanada an, unsere ehemaligen Rottenbucher Nachbarn, deren Trauzeuge ich war und die, ich erwähnte es bereits, zu Beginn des Jahres ausgewandert waren. Ich hatte schon die Tage zuvor versucht, sie zu erreichen, war aber nie durchgekommen. Diesmal aber klappte es, Tom war an der Strippe. Als ich ihm sagte, wo wir gerade waren und dass wir in wenigen Tagen in Oregon eintreffen und seinen Freund René in Cave Junction besuchen würden, fiel er aus allen Wolken. Er versprach, sämtliche Hebel in Bewegung zu setzen, um ebenfalls nach Cave Junction zu kommen. Festlegen aber konnte er sich nicht, dazu war mein Anruf zu überraschend gewesen.

Schon die Tatsache, dass es mir gelungen war, mit Tom und Andrea Kontakt im fernen Kanada aufzunehmen, versetzte mich in positive Stimmung. Vielleicht würde es doch noch mit uns beiden klappen – oder mit uns dreien, wenn auch Andrea mitkommen würde. Für Philipp war das Treffen alter Nachbarn verständlicherweise nicht die ganz große Herzensangelegenheit; er kannte die beiden zu wenig.

Auf unserer Fahrt Richtung Norden machten wir auch einen Abstecher in den *Sequoia National Park*. Das war mir ungeheuer wichtig. Dieser Park war mir nämlich aus der Schulzeit in Erinnerung geblieben. Wir benutzten damals ein Erdkundebuch, in dem mich vor allem ein Foto schwer beeindruckte, obwohl es nur schwarzweiß und nicht von guter Qualität war. Aber es waren darauf Bäume zu sehen, die so gewaltig und so hoch waren, dass sie schier in den Himmel hineinragten. Die klitzekleinen Menschen, die auf dem unteren Bildrand herumwuselten und nur bei genauem Hinsehen, am besten mit der Lupe, zu erkennen waren, ließen diese Bäume noch gigantischer erscheinen, als sie es ohnehin schon waren. Ein Wahnsinnsbild. Darunter stand nüchtern: die weltberühmten Mammutbäume vom Sequoia National Park in Kalifornien, USA.

Diese Bäume einmal im Leben in Wirklichkeit zu sehen, war mir seit meiner Schulzeit ein Bedürfnis.

Manchmal ist es ja so, dass du von irgendwas eine bestimmte Vorstellung hast. Und bist enttäuscht, wenn du dann tatsächlich davorstehst. Mir ist das schon einige Male so gegangen, was auch daran liegen kann, dass ich vielleicht eine besonders wilde Phantasie habe, die in meinem Kopf Bilder entstehen lässt, die weitab von der Realität sind. Ich sage das, weil ich fürchtete, dass es mir mit den Mammutbäumen ähnlich gehen könnte. Und tatsächlich: aus der Ferne, zumindest aus der Richtung, von der wir herkamen, sahen sie erschreckend unspektakulär aus. Auf dem Foto im Schulbuch wirkten sie weitaus beeindru-

Im Sequoia National Park: Nicht der junge Mann ist General Sherman; der berühmteste aller Mammutbäume hinter ihm heißt so

ckender. Dann aber kamen wir zum Eingang des Parks, zahlten jeder zehn Dollar Eintritt und fuhren hinein. Und schon nach hundert Metern sagten wir: Das gibt es nicht! Wir mussten stehen bleiben und aussteigen. Und kamen aus dem Staunen gar nicht mehr heraus: So was von gewaltigen Bäumen hatten wir noch nie erlebt. Ein Naturwunder, wie es beeindruckender nicht sein kann. Weder auf unserer Reise, auf der wir einer ganzen Reihe außergewöhnlicher Naturerscheinungen begegneten, etwa dem Crand Canyon oder dem Monument Valley, noch davor oder danach.

Man kann dort mit dem Auto zwischen den Bäumen herumfahren. Es gibt aber auch einen Riesenbaum, der auch auf den meisten Postkarten abgebildet ist, bei dem die Straße mitten durch den Baum führt. Als wir ihn entdeckten, war aber die Durchfahrt gesperrt. Was nicht weiter schlimm war, weil die Straße insgesamt so raffiniert angelegt ist, dass du eigentlich immer Spaß dran hast, dich zwischen diesen Giganten als kleines Nichts da unten durchzuschlängeln.

Die Parklandschaft reicht von *Grand Forest Village* bis nach *Grand Grove Village*, das sind immerhin **15 Meilen** (((((????))))). Dabei war ich immer davon ausgegangen, dass es nur ein paar Bäume sind, zehn vielleicht oder höchstens 20, bei denen es dem Herrgott gefallen hat, sie so groß zu machen, wie sie da im Sequoia National Park stehen. Es sind aber hunderte von Bäumen in dieser Größe. Und sie sind hunderte von Jahre alt. Der Größte ist eingezäunt, ist 84 Meter hoch, hat einen Umfang von 31 Metern und wiegt 1250 Tonnen. Er heißt Sherman, nach einem General, der im zweiten Weltkrieg zu Ehren gekommen ist,

Hier gibt sich Herbert Nocker redlich Mühe, einen Mammutbaum zu umgreifen

und wird gehegt und gepflegt. Am Boden fanden wir kleine Samenzapfen, vielleicht drei Zentimeter lang, und dachten, das kann doch nicht möglich sein, dass diese Riesenbäume nur so winzige Zapfen hervorbringen. Bei einer Kiefer bei uns messen die Zapfen bis zu fünfzehn Zentimeter. Natürlich nahmen wir ein paar von diesen Winzlingen mit, um sie daheim herzeigen zu können.

Ein richtiger Naturschutzkult wird mit diesen Bäumen veranstaltet, viele Leute sind damit beschäftigt, die Bäume am Leben zu erhalten. Und wenn sich irgendwo Ungeziefer einnistet, wird es ausgebrannt: auch das war neu für uns. Fast alle Bäume haben solche Brandwunden. Offenbar ist das Ausbrennen die natürlichste Art, das Ungeziefer zu beseitigen. Nicht mit Chemie und Spritzen.

Nachdem wir irgendwann von den Mammutbäumen genug hatten, fuhren wir auf dem *Highway 180* nach Piedra, California, gingen ein bisschen spazieren und ließen uns am *Lakeridge Campground at Pine Flat Lake* nieder. Dort übernachteten wir in unserem Zelt. Sogar noch nachts war es dort ordentlich warm.

Am Freitag, 24. Oktober, bewegten wir uns weiter nach Norden durch eine gebirgige Landschaft und auf einer sehr kurvenreichen Straße. Zu allem Überfluss war es auch noch sehr heiß. Nach einer eher anstrengenden und insgesamt nicht ganz so schönen Fahrt landeten wir in San Andreas, einer alten kleinen Stadt zwischen North Fork und Oakhorstin. Von dort aus war es nur ein Kilometer zur alten Goldmine *Gold Strike Village*, die zur Besichtigung geöffnet war. Zu ihr gehörte auch ein kleines, aber feines Museum mit wunderschönen alten Werkzeugen, das einen wirklich in die Vergangenheit zurückversetzen konnte und den Besucher glauben ließ, hier würden nach wie vor Minenarbeiter Gold schürfen. Auf dem *Campground Gold Strike Village* übernachteten wir. Zur Abwechslung war diese Nacht saukalt.

Weil ich endlich beim Winzer René Eichmann in Cave Junction, Oregon, sein wollte, erledigten wir am Samstag, 25. Oktober, Sacramento im Schnelldurchlauf und legten an diesem Tag insgesamt 500 Kilometer zurück – die bislang längste Strecke unserer Tour. Die Gegend, die wir durcheilten, kam uns mit seinen saftigen grünen Wiesen richtig vertraut vor. Wir glaubten, wir wären im Allgäu unterwegs. Eine herrliche Gegend. Erst spät in der Nacht fanden wir einen Campingplatz.

Am Sonntag, 26. Oktober, wuschen wir Wäsche und setzten uns erst gegen Mittag wieder in Bewegung. Über die *Number 5* nordwärts kamen wir an die Grenze von Oregon. Zum ersten Mal kontrollierte hier die Staatenpolizei unsere Pässe. Sonst waren wir beim Übergang von einem Bundesstaat zum andern immer nur durchgewinkt worden. Kalifornien und Oregon trennt also nicht nur eine symbolische, sondern eine richtige Grenze. Auch bei der Ausreise wurden wir wieder kontrolliert. Die Kalifornier wollen halt nicht, dass man ihnen Ungeziefer einschleppt.

Lemon Cove Sequoia Campground
32075 Sierra Drive, Lemon Cave, CA 93244

Lakeridge Campground at Pine Flat Lake
30547 Sunnyslope Road, Piedra, CA 93649

Sequoia National Park
Three Rivers, CA

Grant Grove
Kings Canyon, CA

Gold Strike Village Mobilhome and RV Park
1925 Gold Strike Road, San Andreas, CA 95249

26. Kapitel

Hoher Beinwurf und Spagatsprünge in Cave Junction

Nach dem Grenzübergang nach Oregon waren es nur noch wenige Meilen nach Cave Junction und zum Weingut von René Eichmann. Wir fanden es auf Anhieb, was schon deshalb kein allzu großes Kunststück war, weil seine *Bridgeview Winery* neben dem berühmten *Oregon Caves National Monument* zu der größten Touristenattraktion im Umfeld dieser rührigen Kleinstadt zählt.

Wen wir dagegen nicht fanden, war der Meister selbst. René habe in seinen Weinbergen zu tun, erklärte uns in astreinem Deutsch seine Mutter Lilo Eichmann zur Begrüßung; es sei ja gerade Erntezeit. Klar, Erntezeit war gerade – wir hatten das natürlich keine Sekunde lang bedacht, freuten uns aber, ausgerechnet zu dieser besonderen Zeit hier gelandet zu sein. Ob sich unter diesen Umständen René viel um uns kümmern würde, war für uns kein Thema. Wir würden in dieser wunderbaren Gegend schon was mit uns anzufangen wissen.

Frau Eichmann, eine gebürtige Deutsche, die wir von Anfang an, obwohl wir völlig unangemeldet plötzlich vor ihrer Tür standen, als äußerst liebenswerte Frau schätzen lernten, erzählte uns auch gleich, wie es sie einmal vor soundsovielen Jahren nach Amerika verschlagen hatte. Wie so häufig war auch hier die Liebe mit im Spiel. In diesem Fall die Liebe zu einem Amerikaner, dem sie zwecks Heirat in seine Heimat folgte. Dieser Ehe, die später allerdings in die Brüche ging, entstammte René, der schon in frühen Jahren ein besonderes Faible für das Thema Botanik entwickelte. In zweiter Ehe heiratete Lilo ihren jetzigen Mann Bob Eichmann. Dieser erkannte nicht nur, dass das umliegende Land mit seinen sanften Hügeln für den Weinanbau wie geschaffen war, sondern hatte auch die nötigen Mittel, um es zu erwerben.

Das größte Verdienst von Bob Eichmann aber war, dass er in René das Potenzial für einen Weinbauern entdeckte. Einen Weinbauern der Sonderklasse, wie sich später herausstellen sollte. Denn im Laufe der Jahre räumte eben dieser René sämtliche Preise und Auszeichnungen ab, die in diesem Metier zu gewinnen waren. Als ihm der erste Wein gelungen war, so erzählte uns Frau Eichmann, habe ihm sein Stiefvater Bob zur Anerkennung für seine Leistung einen großen *Kenwood Truck* geschenkt. Heutzutage ist René mit seiner *Bridgeview Winery* längst zum größten Weinverkäufer Oregons und zum achtgrößten Riesling-Produzenten der USA avanciert. Sein Areal, auf dem in einem Forellenteich wilde Enten und weiße Schwäne herumschwimmen, wird gern für Hochzeiten, Jubiläumsveranstaltungen und andere besondere Events genutzt. Es war schon ein toller Platz hier. Und eine tolle Familie, in die wir hier unversehens hineingeraten waren.

Weil gerade Mittagspause war, strömten von allen Ecken und Enden die Erntehelfer zusammen. Ein Ritual, das sich täglich in der Bridgeview Winery in einem besonders großen Raum wiederholte und an dem wir eine Woche lang teilhaben sollten. Uns, den Gästen aus *Germany*, wies Frau Eichmann sehr energisch zwei Plätze mitten im Geschehen zu. An diesem Tag tischte sie zu unseren Ehren deftige deutsche Küche auf und kredenzte uns auch gleich eine Kostprobe von ihrem eigenen Wein. So gut wurden wir hier aufgenommen, dass wir uns wie daheim fühlten. Oder sagen wir: fast wie. Denn so gut wie daheim fühle ich mich tatsächlich auch nur in Rottenbuch. Und sonst nirgends auf der Welt.

Nach dem Essen rief Frau Eichmann ihren Sohn an und informierte ihn über den überraschenden Besuch. René war auch in wenigen Minuten zur Stelle und schien sich über unseren Besuch sehr zu freuen. Wir kannten uns ja schon ein bisschen von Rottenbuch, als er vor Jahren einmal unsere Nachbarn Tom und Andrea besucht hatte, die jetzt, wie gesagt, irgendwo in der kanadischen Wildnis lebten. Damals hatte René auch zum Ausdruck gebracht, wie sehr er sich freuen würde, uns auf seinem Weingut begrüßen zu dürfen, falls wir mal in Amerika drüben wären. Zu jenem Zeitpunkt konnte er das auch in aller Gelassenheit sagen, denn von einer Reise nach Amerika war damals noch nicht die Rede. Und von einem Projekt Erdumrundung schon gar nicht. Jetzt aber hatte René die Wirklichkeit eingeholt: Wir waren unwiderruflich und leibhaftig da.

Kaum hatte René uns begrüßt, musste er auch schon wieder fort – gerade kam wieder neue Ernte rein. Seine Mutter fragte uns, ob wir schon was zum Übernachten hätten. Nachdem wir verneinten, sagte sie, das passe ganz gut, denn sie würde Bungalows vermieten und jetzt in der Nachsaison wären einige von ihnen frei. Wenn wir uns selbst verpflegten, meinte sie, könnten wir selbstverständlich in einem wohnen. Wir willigten gerne ein. Sie gab uns den Schlüssel, erklärte uns den Weg, wir fuhren hin – und waren über alle Maßen entzückt: Das uns zugedachte Haus mitsamt seiner Veranda war über und über von Weintrauben überwuchert. Wir kamen uns vor, als wären wir im Weinparadies gelandet. Falls es so was überhaupt gibt.

Bestens ausgeruht fuhren wir am nächsten Tag gleich in der Früh wieder zum Weingut und trafen dort auf einen René, der noch müde war. Weil der Kenwood spätabends noch mit einer gewaltigen Ladung Weintrauben eingetroffen war, hatte er die ganze Nacht auf den Beinen sein müssen. Trotzdem hatte er noch genügend Kraft und Geduld, uns ein wenig mit den logistischen Abläufen seiner Weinproduktion vertraut zu machen. Nach seiner Beschreibung gelangten die Weintrauben mit Hilfe eines Staplers von der Ladefläche des Trucks über einen mächtigen Trichter in eine Spirale, in der sie gnadenlos zerquetscht und gepresst wurden. Von da aus wurde der dabei entstandene Weintraubensaft in die Tanks gepumpt. Wir schauten dem Geschehen interessiert zu.

Dann machte uns René den Vorschlag, einen Ausflug an den Pazifischen Ozean zu machen. Der wäre nur etwas mehr als zwei Autostunden von hier entfernt, und der Philipp könnte am *Gold Beach* das Hochseeangeln ausprobieren.

Klar machten wir das und erlebten eine wunderschöne Fahrt durch die Redwood-Wälder. Und tatsächlich konnten wir nach zwei Stunden von einer Kuppe auf den Pazifik hinunterschauen. Das erste Mal auf dieser Reise, dass uns so ein riesengroßer Ozean buchstäblich zu Füßen lag. Am Gold Beach hielten wir als Erstes nach einem Restaurant Ausschau, von dem aus wir den Blick auf den Ozean noch eine Weile genießen konnten, und fanden das *Riverview Restaurant*. Mit dem Hochseeangeln war es allerdings nichts mehr, die Saison war gelaufen. Dafür konnten wir einer Horde von Robben zuschauen, die sich nicht weit von uns im Wasser tummelte. Zu all dem spannte sich über die Bucht auch noch eine uralte Brücke – ein Anblick, bei dem jedes Foto zum Postkartenmotiv wurde.

Nach der zweieinhalbstündigen Rückfahrt wollten wir in Cave Junction noch ein Bier trinken gehen und landeten in einem Lokal, das man durch Schwingtüren betrat. Wir stellten uns an die Bar und mussten uns dort vom Keeper sagen lassen, dass wir zu spät dran wären. Der jährliche Höhepunkt des Ortes wäre vor einer Woche gewesen, und den hätten wir leider verpasst. Sprach's und legte eine Kunstpause ein. Wir schauten den Mann ratlos an, weil wir keine Ahnung hatten, wovon er da redete. Der jährliche Höhepunkt in Cave Junction sei, erklärte er schließlich, wenn die Goldgräber mit ihren Rössern aus allen Richtungen in den Ort kommen, um sich für den Winter mit Lebensmitteln und Werkzeug einzudecken. Das sei immer ein Riesenremmidemmi, sagte er, da werde in den Saloons auch schon mal scharf geschossen. Manchmal würde es dabei sogar Tote geben. Nur diesmal, sagte er fast bedauernd, wäre es eher langweilig gewesen. Nur ein paar Verletzte hätte es vor einer Woche gegeben. Nur ein paar Verletzte? Na, da waren wir schon fast wieder froh, nicht dabei gewesen zu sein. Denn langweilige Veranstaltungen sind uns ein Graus.

Allen Ernstes: Es wurmte uns einerseits, dieses Riesenspektakel nicht *erlebt* zu haben. Andererseits waren wir froh, es *überlebt* zu haben. So konnten wir den Tag noch genießen – bei gutem Bier und Country Musik vom Feinsten. Dabei lernten wir einen der Musiker, den Drummer Doug Rhodes, kennen. Ein paar Tage darauf sollten wir ihm noch mal über den Weg laufen.

Am nächsten Tag, es war inzwischen Dienstag, der 28. Oktober, gab uns René einen neuen Ausflugstipp. Diesmal riet er uns, die *Oregon Caves*, die berühmten Höhlen mit dem dazugehörigen Nationalpark zu besuchen. Auf der kurvenreichen Bergstraße dorthin kamen wir uns wieder einmal wie daheim im Allgäu vor. Wir schlossen uns einer eineinhalb Stunden dauernden Führung an und fanden die Vielfalt an Formen und bizarren Gebilden in den gigantischen Höhlen schlicht überwältigend.

Wieder zurück im Weingut, versuchte René, seinen alten Bekannten aus Düsseldorfer Zeiten anzurufen, den Tom, der jetzt in Kanada am Ende der Welt lebte. Es blieb beim Versuch, die Verbindung kam nicht zustande.

Gegen neun Uhr abends lief bei der Maschine, die die Strunke und die Blätter von den Weintraubenstauden entfernt, der Motor heiß. Wenn diese Maschine nicht läuft, erklärte uns René, steht die gesamte Produktion still. Es hätte nicht einmal Sinn, den Lastwagen zu entladen. Der würde dann die ganze Nacht vollbeladen rumstehen. Mit vereinten Kräften brachten wir den Motor wieder zum Laufen. Das käme öfter vor, sagte René, weshalb er für den Notfall einen Reservemotor stehen habe.

René war also nicht nur botanisch begabt und ein Weinbauer par excellence, er schien auch technisch mit allen Wassern gewaschen zu sein.

Am Tag darauf besuchten wir das *Wildlife Images Rehabilitation and Education Center*, eine 1981 gegründete, segensreiche Einrichtung, in der verletzte oder erkrankte Wildtiere gehegt und gepflegt werden, bis sie wieder der Natur zurückgegeben werden können. Die Anlage ist auch zugleich eine Art Tierpark, und zwar mit Tieren, wie du sie nicht alle Tage zu sehen bekommst. Da gibt es Wölfe, Pumas und Luchse, die so groß wie Schäferhunde sind. Es gibt aber auch Ottern und Greifvögel aller Art, zum Beispiel den Weißkopfadler, das Wappentier der USA. Eine besondere Attraktion sind die Kodiakbären. Als wir uns ihrem Gehege näherten, saßen sie gelangweilt auf ihrem Hintern. Nur einer schien uns begrüßen zu wollen und machte Anstalten aufzustehen. Als er sich dann tatsächlich erhob, war das so ein Riesenapparat, dass es beinahe dunkel wurde. Ein bestimmt drei Meter hoher Koloss, dem man mit seinen Riesenpranken in freier Wildbahn lieber nicht begegnen möchte. Alle diese Tiere waren einmal schwer verletzt hierhergebracht worden, machten aber den Eindruck, als wären sie wieder fit. In einem Prospekt las ich, dass allein die Nahrung der Schwarzbären im Jahr 130.000 Dollar kostet. Trotzdem war der Eintritt frei.

Gegen fünf Uhr nachmittags waren wir wieder im Weingut. René konnte Vollzug melden: Endlich war es ihm gelungen, den Wahlkanadier Tom am Telefon zu erwischen. Und nicht nur das. Nur um uns zu treffen, waren Tom und seine Frau Andrea auch bereit, mit dem Auto die Gewalttour von Kanada nach Cave Junction auf sich zu nehmen. Schon am Abend des nächsten Tages wollten sie bei uns im Bungalow eintreffen, René hatte ihm die Anfahrt zu uns genauestens beschrieben. Bei aller Freude über Toms Besuch fragte ich mich, wie er das wohl schaffen wollte. Zwölfhundert Meilen innerhalb 24 Stunden sind kein Honiglecken. Aber ich kannte den Tom und wusste: Was er sagt, das macht er auch.

Abends war uns noch nach einem Bier zumute. Warum wir deswegen ausgerechnet in einen Tanzschuppen gingen, weiß ich nicht mehr. Möglicherweise war das Poster daran schuld, das neben dem Eingang hing. Du weißt ja, wie sehr ich auf Bilder anspreche.

Ich sage nur: fahrende Filmvorführer und Ururgroßvater auf dem Hochrad.

Eben. Wie hieß nochmal dieser französische Maler, du weißt schon, der mit seinen Tanz- und Bordellszenen. dieser Kleinwüchsige oder „Vergratene", wie man bei uns in Schongau sagen würde?

Meinst du den Toulouse-Lautrec?

Genau den meine ich, Henri de Toulouse-Lautrec. Es war ein Plakat von ihm, mit Cancan-Girls drauf. Irgendwie musste es uns gefallen haben – oder auch nur mir, das kann schon sein. Jedenfalls saßen wir plötzlich mittendrin oder, besser gesagt, ganz dicht vor den Tänzerinnen. Denn wo Cancan draufsteht, ist Cancan auch drin. Wir saßen im *Red Gardens*, kamen uns aber vor wie im Moulin Rouge. Ich war zwar noch nie im Moulin Rouge, aber ungefähr so stelle ich es mir vor. Ein Liveauftritt von Cancan-Girls. Dass ich so was im nordwestlichsten Zipfel der Vereinigten Staaten erleben würde, hätte ich mir auch nie träumen lassen.

Und tanzten die Ladies auch, wie es sich gehört, nach dieser berühmten Operettenmusik von Jacques Offenbach? (Helmut Schneikart versucht, Herbert Nocker ein paar Takte vorzusingen)

Kann sein; beschwören möcht ich's lieber nicht. Denn erstens war es das erste Mal, dass ich Cancan erlebt habe, und zweitens kann ich mich nicht mehr erinnern. Zumindest nicht an die Musik. An etwas anderes dagegen umso mehr ...

Du würdest es uns aber nie verraten.

Doch. Der Abend wird mir deshalb für immer im Gedächtnis bleiben, weil eine der Damen mir eine besondere Ehre zuteil werden ließ. Begleitet von einem, wie soll ich sagen, eindeutigen Blick warf sie mir ihr Strumpfband zu.

Wahrscheinlich wollte sie es dem Philipp zuwerfen und hat nur nicht richtig getroffen.

Haha.

Und weiter?

Nichts weiter. Ein bisschen peinlich war's mir halt. Eigentlich heißt es ja, ab einem bestimmten Alter würde man keinen roten Kopf mehr bekommen. Also entweder stimmt dieser Spruch nicht ...

... oder du hast dieses Alter ganz einfach noch nicht erreicht.

Jedenfalls wusste ich im ersten Augenblick nicht so recht, was ich mit diesem verdammten Ding anfangen sollte. Ich saß da wie ein begossener Pudel und hatte das ungute Gefühl, das ganze Lokal schaut nur auf mich.

Und im zweiten Augenblick?

Im zweiten Augenblick legte ich das Ding dezent neben mein Bierglas und versuchte den Eindruck zu erwecken, als wäre es für mich das Normalste auf der Welt, dass mir eine Frau ihr Strumpfband überlässt. Das Gesicht, das ich dazu gemacht habe, musste besonders peinlich gewesen sein. Wie würdest denn du in so einer Situation reagieren?

Ich würde in so eine Situation erst gar nicht kommen.

Und wenn doch?

Würde ich mich genauso blöd anstellen wie du. Eigentlich idiotisch. Wir sind einfach nicht souverän, wir zwei. Statt dass man sich mit dem Ding in der Hand erhebt und es wie eine Trophäe hochhält.

Und dafür am Ende auch noch Applaus von den anderen Insassen, äh, Zuschauern ...

Voyeuren.

... bekommt. Hinterher wurde ich belehrt, dass das Mädel mich mit dieser Geste auserwählt hätte, mit ihr ins Séparée zu gehen. Oder wenigstens an die Bar. Ob's stimmt, weiß ich nicht. Jedenfalls blieb ich erst mal regungslos sitzen und trank konsequent mein Bier weiter. Alles andere wäre sicher auch sehr teuer gekommen. Das Strumpfband hat uns von da an übrigens auf der ganzen Reise begleitet. CAVE JUNCTION steht drauf. Ein besonders wichtiges Stück in meiner Sammlung ...

... die an Absonderlichkeiten nicht gerade arm ist. Interessiert es dich, was man im Internet zum Thema Cancan lesen kann?

Nur wenn's nicht wieder so ein Schmarren ist wie neulich das mit den Opossums.

Ich zitiere: *„Cancan (französisch ‚Geschwätz', ‚Lärm') ist ein schneller Tanz im 2/4-Takt, der um das Jahr 1830 in Paris entstand. Diese Nachahmung des spanischen Fandango war zunächst Gesellschaftstanz und wandelte sich gegen Ende des 19. Jahrhunderts zum erotischen Bühnenschautanz mit typisch hohem Beinwurf und Spagatsprüngen, der in Cabarets und Revues aufgeführt wurde. Besonders weil man den Tänzerinnen dabei unter die Röcke schauen konnte, wurde der Cancan bald polizeilich verboten, was seiner Beliebtheit keinen Abbruch tat."*

Hoher Beinwurf und Spagatsprünge – genau so ist es. Da haben sich die Amerikaner ja mal ganz was Tolles von den Franzosen abgeschaut. Ich fahre mit der Berichterstattung von den Ereignissen in Cave Junction fort.

Den Donnerstag, 30. Oktober, verbrachten wir in erster Linie damit, zu *relaxen* und am Auto ein paar Kleinigkeiten in Ordnung zu bringen. Ansonsten waren wir auf die Ankunft von Tom und Andrea gespannt. Wahrscheinlich würden sie erst in den Morgenstunden eintrudeln. Als sie um Mitternacht noch nicht da waren und wir ins Bett gehen wollten, hängte ich noch einen Zettel an die Tür. Darauf ermunterte ich Tom und Andrea, wann immer sie eintreffen würden, kräftig an die Tür zu klopfen und uns gnadenlos aus den Betten zu holen – wir wären auf alles gefasst. Natürlich hatten wir auch Betten für sie vorbereitet.

Doch erst in der Früh um acht Uhr hörten wir jemanden an unsere Tür klopfen. Wir öffneten sie, und tatsächlich stand der gute alte Tom stand da. Allein, ohne Andrea. Völlig fertig sah er aus, der Tom. Jede einzelne der zwölfhundert Meilen, die er zurückgelegt hatte, um mich zu treffen, war ihm ins Gesicht geschrieben. Da ich merkte, dass mir die Tränen in die Augen schießen wollten, machte ich etwas, was ich mit Tom noch nie gemacht hatte: Ich umarmte ihn und ließ ihn erst dann wieder los, bis sich meine Gefühlswallung wieder halbwegs gelegt hatte.

Tom, der halb erfroren zu sein schien, war abgesehen von ein paar Tankstopps die ganze Strecke an einem Stück durchgefahren. Andrea ließ sich entschuldigen, sie sei gerade so in eine Arbeit vertieft gewesen, dass sie nicht mitkommen konnte. Tom erzählte, er sei schon um zwei Uhr in der Nacht hier gewesen und habe auch den Zettel gelesen. Trotzdem habe er sich nicht getraut, uns aus dem Schlaf zu reißen. Stattdessen habe er versucht, im Auto zu schlafen. Dabei habe es ihn aber so gefroren, dass er, um das Auto aufzuheizen, immer wieder mal kreuz und quer im Ort herumgefahren sei. Ja, du bist halt doch ein dummer Kerl, sagte ich zu dieser Geschichte. Aber so ist er eben, der Tom. Um ihn auch innerlich aufzuwärmen, boten wir ihm Whiskey mit Cola an. Erst zierte er sich und wollte diese Therapie nicht mitmachen. Dann tat er's aber doch, und das war auch gut so, weil wir auf diese Weise viel ungehemmter in der Vergangenheit schwelgen konnten. Immerhin waren wir einmal so gut befreundet, dass ich einst, als Andrea und Tom heirateten, den Trauzeugen gegeben habe. Ruckzuck war die Flasche leer.

Als er nach dem Duschen wieder hergerichtet und fit war, ging es auch schon wieder auf Mittag zu. In ausgesprochen aufgeräumter Stimmung fuhren wir drei zu René. Auch der freute sich sehr, nach über einem halben Jahrzehnt seinen Freund Tom wieder mal zu sehen. Weil sich in diesen Jahren bei beiden allerhand verändert hatte, wollte ihnen der Gesprächsstoff nicht ausgehen. Diesmal hatte Frau Eichmann dafür gesorgt, dass es zum Mittagessen Steaks gab, allerdings in einer Variante, wie wir sie in Amerika bislang noch nicht kennen gelernt hatten. Hier gab es zum Steak eine Schüssel Gemüse mit Rosenkohl, Kohlrabi und gelben Rüben. Dazu in separaten Schalen verschiedene Crèmes, in die man die einzelnen Steakhappen eintauchen konnte. Eine Art amerikanisches Fondue, das, wie unschwer zu erkennen war, allen Beteiligten vorzüglich schmeckte. Vor allem dem Tom. Jedenfalls sah er nach dem Essen fast wieder wie richtig aus. Von den zwölfhundert Meilen in seinem Gesicht waren nur noch höchstens dreihundertfünfzig da.

Obwohl es bei Eichmanns überaus gemütlich war, verabschiedeten wir uns bald nach dem Mittagsmahl. Auf dem Weg zu unserem Bungalow kamen wir an einer Brauerei vorbei und entschlossen uns spontan, auch da mal kurz reinzuschauen. Es war eine Ein-Mann-Brauerei. Der Brauer, der uns gleich erzählte, dass seine Vorfahren Deutsche waren, stellte sechs verschiedene Biersorten her, unter anderem bayerisches Märzenbier. Klar, dass wir es ausprobieren mussten. Die anderen Sorten natürlich auch, das Märzen aber ganz besonders. Es war auch das Beste im gesamten Sortiment. Schade nur, dass diese Brauerei ein wenig abgelegen ist. Ich meine jetzt von Rottenbuch aus gesehen. Sonst würde ich, weil's so schön drin war, ab und zu mal wieder rein gehen.

In Wirklichkeit würdest du zu den Cancan-Girls gehen und nachschauen, ob die mit dem Strumpfband noch da ist.

Ja ja. Schade aber auch, dass in dieser Brauerei nur dann wirklich was los zu sein scheint, wenn die Goldgräber, siehe oben, einmal im Jahr über diesen 1225-Einwohner-Ort mitten im Illinois River Valley herfallen. Wir waren ja dann noch öfter in dieser Brauerei und haben jedesmal die Biere rauf und runter probiert. Und immer waren wir ziemlich unter uns.

Nur einmal nicht. Da füllte sich das Lokal zu vorgerückter Stunde etwas mehr. Das lag daran, dass an diesem Tag Halloween war, was für die Amerikaner ja ein ganz besonderer Feiertag ist.

Abends, nach dem Biertrinken mit Tom, waren wir bei Lilo und Bob Eichmann privat eingeladen. Sie leben in einem Haus, das von außen wie die Shilo Ranch aussieht. Und innen wimmelt es nur so vor lauter Antiquitäten. Bob ist ein großer, wuchtiger Typ mit kurz geschorenen Haaren, ein Amerikaner wie aus dem Bilderbuch. An diesem Abend probierten wir einen Jahrhundertwein aus der eigenen Produktion. Das ging bis in die Nacht hinein.

Auf dem Heimweg kamen wir an einer Kneipe vorbei, aus der bis auf die Straße hinaus Livemusik tönte. Vor allem den Tom zog es da hinein. Er ist ja ein alter Gitarrenspieler und wird ganz wild, wenn er gute Musik zu hören bekommt. Aber ganz so wild wurde er heute nicht mehr. Schon bald bemerkte ich, wie seine

Ausgelassene Feierstimmung im Haus von Réne Eichmann beim Wiedersehen mit Tom. Dieser ist extra aus Kanada angereist, um seinen früheren Nachbarn Herbert Nocker noch einmal zu treffen

Augen immer kleiner und kleiner wurden. Und irgendwann legte er seinen Kopf auf den Tisch und schlief ganz ein. Die lange Fahrt steckte ihm noch ganz schön in den Knochen.

Zuvor aber hatte sich Doug Rhodes zu uns an den Tisch gesetzt. Das war jener Schlagzeuger, dem wir schon mal in einer anderen Kaschemme begegnet waren. Mit ihm konnte Tom, ehe er zu Schwächeln begann, natürlich bestens über Musik fachsimpeln. Bei dieser Gelegenheit schob Doug schon mal seine Jacke hoch, um uns zu zeigen, was er da im Gürtel stecken hatte. Eine Pistole. Eine richtige Pistole, gell, nicht irgendein Kinderspielzeug! Da sei überhaupt nichts dabei, meinte Doug, als er unsere entsetzten Gesichter sah; in Oregon und in Kalifornien wäre es erlaubt, Waffen auch öffentlich zu tragen. Eigentlich wie im Jemen, dachte ich mir; auch dort laufen ja alle Männer wenn auch nicht mit Pistolen, so doch mit Krummsäbeln herum. Allerdings sichtbar, nicht unter einer Jacke versteckt. Auch Doug bestätigte, dass es in Cave Junction vor allem dann hoch her ging, wenn die Goldgräber in die Stadt kamen, und dass dann tatsächlich auch herumgeballert werde. So war das hier.

Am nächsten Tag, es war Samstag, der 1. November, schliefen wir bis zehn Uhr und machten danach einen Spaziergang zum Illinois River hinunter. Dort, hatte uns René gesagt, könnten wir laichenden Lachsen zuschauen. Es waren sogar riesengroße Lachse, die sich in diesem engen Gebirgsfluss tummelten und zum Laichen hierher kamen. Der Philipp, der Schlingel, wollte verbotenerweise einen Lachs angeln; Gott sei Dank biss keiner an. Erst später erfuhren wir, dass die Lachse, wenn sie laichen, überhaupt nichts fressen. Schon gar nicht den Köder, den ihnen der Philipp mit seiner Angel anbot. Aber allein, wie sie herumsprangen, war ein tolles Spektakel. Es waren richtig große Apparate, der Größte war bestimmt einen Meter lang.

Am Nachmittag waren wir wieder privat eingeladen, zur Abwechslung diesmal bei René. Weil er vorhatte, Barbecue zu machen, erklärten wir uns bereit, das dafür notwendige Fleisch zu besorgen. Er empfahl uns einen Fleischer im nächsten Ort. Der Haken war nur, dass es bis zu diesem nächsten Ort sage und schreibe siebzig Meilen waren. Siebzig Meilen für ein paar Pfund Fleisch! René fand das nicht ungewöhnlich. Da fahren wir immer hin, wenn wir Fleisch einkaufen, sagte er ganz cool. So machen sie es in Amerika. Noch. Das kann sich ja auch eines Tages ändern. Mich erinnerte es an unseren Aufenthalt in Austin, wo wir ja auch, nur um zu diesem formidablen Steak House der beiden Freiburger zu kommen, eine ähnlich lange Strecke in Kauf genommen hatten. Nicht einmal. Dreimal!

Um sechs Uhr abends ging es bei René los. Die Stimmung war jedoch ziemlich gedrückt. Das kam daher, dass Renés 19-jährige Tochter und ihr 20-jähriger Freund an diesem Nachmittag in einen schweren Autounfall verwickelt waren, bei dem es sogar einen Toten gegeben hatte. Die beiden wären zwar unschuldig gewesen. Dennoch drückte dieses Ereignis natürlich auf die Stimmung. Wir taten uns schwer, tröstende Worte zu finden, zumal in einer fremden Sprache.

Leider mussten wir uns am Sonntag von Tom verabschieden. Wir taten das schon in aller Früh, damit er eine Chance hatte, seine 1200-Meilen-Rücktour an einem Tag zu bewältigen. Tom hatte uns erzählt, dass in Kanada um diese Zeit schon so viel Schnee lag, dass es durchaus in Frage gestellt war, ob er es nach Hause schaffen würde. Im Radio jedenfalls hatten sie Schnee angekündigt. Zu beneiden war er nicht, der Tom. Philipp und ich legten uns anschließend noch mal ins Bett und konnten uns noch ein bisschen ausruhen.

Wie wir später von ihm erfuhren, war er doch noch gut nach Hause gekommen. Nur hatte er bei seiner Einreise nach Kanada eine Menge Zoll zahlen müssen. Für ein Sechserpack Wein, den ihm sein Freund René mitgegeben hatte.

Am Montag, 3. November, ging es dann auch für uns wieder weiter. Als wir uns von Frau Eichmann verabschiedeten und für die sieben Übernachtungen in ihrem Bungalow bezahlen wollten, weigerte sie sich, auch nur einem einzigen Dollar von uns anzunehmen. Über das Abschiednehmen von ihr und René sage ich nur: Es war ganz schön traurig.

Danach machten wir uns auf den Weg nach San Francisco. Der beste Weg, um von Oregon dorthin zu kommen, ist zweifellos der *Highway Number One*.

Bridgeview Vineyards Inc.
4210 Holland Loop Road, Cave Junction, OR 97523

Wildlife Images Rehabilitation & Education Center
11845 Lower River Road, Grants Pass, OR 97523

Oregon Caves National Monument
19000 Caves Highway, Cave Junction, OR 97523-9716

Wild River Handcrafted Beers, Wild River Brewing & Pizza Company
249 North Redwood Hwy, Cave Junction, OR 97523

27. Kapitel

Hitchcock, Horror, San Francisco

Neben der *Route 66* gilt der *Highway Number One*, auf dem man am Ozean entlang nach San Francisco kommt, als Amerikas berühmteste Straße. Vielleicht wirkten bei mir noch die wunderbaren Tage nach, die wir in Cave Junction erleben durften, und ebenso dieses unwahrscheinliche Zusammentreffen mit meinem früheren Hausnachbarn Tom – jedenfalls war ich an diesem Tag so euphorisiert, dass mir der Highway Number One auch als die schönste Autostrecke vorkam, auf der ich jemals gefahren bin. Meine Begeisterung schien sich auch auf Philipp zu übertragen, der wie immer neben mir saß, eine Straßenkarte umklammert hielt und noch viel besser als ich die herrlichen, palmengesäumten Strände und Dünenlandschaften sehen konnte, die Wellen, die gegen hohe Granitfelsen branden, und die dichten Wälder mit den gigantischen Redwoodbäumen.
Der *Pacific Coast Highway*, wie diese Straße auch noch heißt, ist nur zweispurig ausgebaut und windet sich streckenweise in engen Haarnadelkurven über tiefe Canyons. Insgesamt beträgt die Strecke zwischen Los Angeles und San Francisco 756 Kilometer, die du zwar an einem Tag bewältigen kannst, aber nicht solltest. Denn sonst entgehen dir Orte wie das Küstenstädtchen Bodega Bay. Schon mal was davon gehört? Hier hat 1963 Alfred Hitchcock seinen Filmklassiker „Die Vögel" gedreht. Um das berühmte Schulhaus aus dem Film zu sehen, mussten wir jedoch einige Meilen von der Küste in das Landesinnere. Im malerischen Hinterland liegt der Schwesterort Bodega. Neben dem Schulhaus war auch die benachbarte Holzkirche ein wichtiger Handlungsort des Thrillers. Hier begann so harmlos, was später zu dem Grauen wurde, das über die Einwohner der Stadt kam. Nur Vögel waren gerade keine da.
Für diejenigen, die sich nicht nur für diesen Film, sondern für Bodega Bay insgesamt interessieren, wurde dort das *Sonoma Coast Visitors' Center* errichtet.
Ist dir übrigens schon mal aufgefallen, dass im gesamten Film keine Musik zu hören ist?
Ist mir nicht aufgefallen. Ich habe aber nie darauf geachtet, wenn ich ehrlich bin. Musik ist ja eher deine Abteilung.
Es gibt zwar einen Soundtrack, aber er besteht nur aus elektronisch simulierten Vogelschreien und Flügelschlägen.
Aha. Interessant.
Interessant ist auch, dass es eine Kurzgeschichte von Daphne du Maurier war, die Hitchcock zu diesem Film inspirierte. Ihm hatte dabei gefallen, dass es um ganz gewöhnliche Vögel ging. Mit Geiern oder anderen Raubvögeln, sagte er, hätte er den Film nicht gedreht.
Sag mal, woher weißt du denn das alles? Hast du dich mit diesem Film etwa näher beschäftigt?
Eigentlich nicht. Ich surfe nur gerade ein bisschen im Internet herum.

Historischer Schauplatz: In Bodega Bay hat Alfred Hitchcock seinen berühmten Film „Die Vögel" gedreht, hier am Kirchplatz gab's die erste Vogel-Attacke

Ach so, im Internet bist du schon wieder. Ich verstehe.

Hochinteressant auch, was Meister Alfred Hitchcock einst dem französischen Regisseur Francois Truffaut über diesen Film erzählte. Soll ich –

Spuck's aus!

Ich zitiere: „Während der Dreharbeiten in Bodega Bay habe ich in der Zeitung aus San Francisco gelesen über Raben, die Lämmer angegriffen hatten, das hatte sich ganz in der Nähe unseres Drehortes ereignet. Ich habe mit einem Bauern gesprochen, der mir erzählt hat, wie die Raben auf die Lämmer heruntergestoßen und über ihre Augen hergefallen sind. Das hat mich dann inspiriert zu dem Mord an dem Farmer mit den ausgehackten Augen."

Genau: Eine Horrorszene war es, die diesem famosen Buch noch gefehlt hat. Das hätten wir jetzt auch im Kasten.

Jetzt fehlt nur noch Sex and Crime.

Über Sex wirst du von mir auch nichts erfahren. Könnte ja sein, dass die Resi dieses Buch liest, und dann habe ich den Ärger. Nein, danke! Und *Crime*? Bitte sehr: Zum Übernachten steigen wir im *Skylark Motel* ab, einer nicht unschönen Bungalowanlage in Novato, California. Statt eines Zimmerschlüssels drückt mir der Typ an der Rezeption eine Card in die Hand. Zimmer 12, sagt er. Während der Philipp noch ein paar Sachen aus dem Auto holt, gehe ich die eine Etage hoch, gehe zum Zimmer 12 und versuche, die Tür aufzusperren. Es klappt nicht. Ich stelle die Card auf den Kopf und probiere es noch mal – wieder Fehlanzeige.

Das gibt's doch nicht, denke ich, beginne innerlich zu fluchen und stochere mit der Card erst so rum, dann andersrum in diesem verdammten Schlitz herum – und erschrecke fast, als plötzlich die Tür aufgeht. Ich gehe rein und fühle es geradezu: Hier stimmt was nicht. Ein intensiver Badezimmergeruch umfängt mich, aber die Tür zum Bad ist zu. Dafür steht die Terrassentür einen Spalt breit offen. Und auf dem Tisch steht ein halbgefülltes Wasserglas.

Ich merke, wie mir der Achselschweiß gefriert.

Ob derjenige, der hier wohnt, mein Stochergeräusch an der Eingangstür vernommen und sich über die Terrassentür aus dem Staub gemacht hat? Oder sind es nur die Nachwirkungen von Hitchcock und der Bodega Bay?

Und schon bin ich mitten in einem anderen Hitchcock-Thriller. Diesmal lässt „Psycho" grüßen, denn ist es wirklich ausgeschlossen, dass sich nicht noch jemand im Bad aufhält? In der Dusche? Hinterm Duschvorhang?

Ich nehme meinen ganzen Mut zusammen und öffne die Badezimmertür. Diffuses Licht, alles unter Dampf, aber keiner da. Oder vielleicht doch – hinter dem zugezogenen Duschvorhang? Ich reiße ihn auf. Die Dusche ist leer.

In diesem Augenblick spüre ich, dass jemand hinter mir steht.

Der Philipp.

Woher weißt du das?

Ich dachte mir's ganz einfach. Wer außer dem Philipp sollte schon hinter dir stehen?

Na du bist mir ja vielleicht ein Komiker! Genausogut hätte auch jemand mit 'nem Messer hinter mir stehen können. Gerade im Raum San Francisco oder Los Angeles, also da, wo wir uns ja gerade aufhielten, passieren jeden Tag irgendwelche Schrecklichkeiten. Nicht nur in Hitchcock-Filmen.

Jedenfalls gingen wir einigermaßen verunsichert zur Rezeption runter und versuchten, dem Mann klarzumachen, dass Zimmer 12 schon belegt war, allerdings von einem, der sich mittlerweile verdünnisiert hatte. Und dass er uns doch bittschön ein anderes Zimmer geben möge, möglichst eins für uns allein. Kein Problem, sagte er, bat uns aber, ihn erst noch ins Zimmer 12 zu begleiten; er wolle sich den Fall gemeinsam mit uns beiden noch mal anschauen. Als er alles gesehen hatte – die frisch benutzte Dusche, das benutzte Wasserglas am Tisch und die geöffnete Terrassentür – war er so von den Socken, dass er augenblicklich sein Handy hervorholte und hektisch in der Gegend herumzutelefonieren begann.

Da musste sich doch tatsächlich jemand ohne sein Wissen in dem Hotelzimmer eingenistet haben!

In Zimmer 16, das wir dann bezogen, machten wir uns als erstes was zu Essen. Mit dem Gaskocher, den uns Hugh Thomas besorgt hatte. Du weißt schon, dieser großartige Typ in Nashville, der ...

... der mit der alten BMW-Maschine tanzte, ich meine natürlich: fuhr.

Mittlerweile waren wir Profis genug, so dass wir nicht auf die Idee kamen, uns *ham and eggs* etwa im Wohnzimmer zu brutzeln, wo an der Decke ein Rauchmelder befestigt war. Der Kenner macht so was selbstverständlich im Bad in der Dusche.

Am Montag, 3. November, erreichten wir San Francisco, wo der *HWY 1* über die *Golden Gate Bridge* führt und man stadteinwärts kräftig zur Kasse gebeten wird, was mir nicht bekannt war.

Von Fisherman's Bay hat man einen guten Blick über die Bucht und auf die Skyline von San Francisco.

Wir stellten unser Auto gleich am Hafen ab, an der *Fisherman's Bay*, um von da aus ein paar kleine Ausflüge zu machen. Zum Beispiel zur Insel Alcatraz mit ihrem berühmt-berüchtigten Gefängnis, das wir aber nicht besichtigten, weil es nur per Boot zu erreichen war, aber immerhin aus der Ferne auf uns wirken ließen. Über Alcatraz gibt es nicht nur einen Kinofilm wie über Bodega Bay, sondern deren drei: „The Rock" mit Sean Connery, „Flucht von Alcatraz" mit Clint Eastwood und „Der Gefangene von Alcatraz" mit Burt Lancaster.

Das ehemalige Gefängnis wird angeblich von einer Million Besucher im Jahr besucht. Nicht gerade wenig, wenn man bedenkt, dass jeder Einzelne mit dem Boot rübergebracht werden muss. Genau das, was wir uns nicht antun wollten. Wer die Audio-Tour auf die toll gelegene Insel mitmacht, bekommt einen Walkman um den Hals gehängt, auf dem ein Sprecher einem in allen nur denkbaren Sprachen die durchaus interessante Geschichte der Insel erzählt, während der Zuhörer in den Gefängnisräumen herumspaziert. Man erfährt dabei, dass hier auf Alcatraz in den Jahren 1934 bis 1963 die berüchtigtsten Kriminellen Amerikas festgehalten wurden. Unter ihnen Al Capone. Alcatraz war das sicherste Gefängnis in den USA. Allerdings wurde es auch zum Inbegriff für die schlimmste mögliche Art von Gefangenschaft. Die fast vegetationslose Insel erhielt nicht umsonst die Beinamen „Fels der Verzweiflung", „Insel des Teufels" oder auch nur „The Rock" (der Fels). Die Insel bekam ihren Namen übrigens von ihren ersten spanischen Besuchern im 16. Jahrhundert. Alcatraz heißt auf deutsch Pelikan. Auf diesem rauen Sandsteinbrocken nisteten einst unzählige dieser Vögel.

Das zu wissen, reichte uns vollauf; das mussten wir nicht auch noch sehen. Was uns dabei allerdings entging, war der bestimmt einmalige Blick, den man von Alcatraz auf die Skyline von San Francisco, die Golden Gate Brücke, Angel Island und die Oakland Bay Brücke haben musste. Man kann halt nicht alles haben.

San Francisco ist eine Millionenstadt und irgendwie viel größer, als ich mir das vorgestellt hatte. Der normale Mensch schaut sich in dieser Stadt außer Alcatraz vielleicht Chinatown, den Union Square, Fisherman's Wharf oder die Market Street an. Vor allem die Market Street hat es in sich. Sie ist zugleich die Hauptschlagader und die südliche Grenze der Innenstadt. Fast alle öffentlichen Verkehrsmittel kommen hier vorbei. Am südlichen Ende der Powell Street, wo sie auf die Market Street trifft, ist eine Wendeplattform für *cable cars*. Das Vehikel fährt langsam auf die Drehplattform und wird dann von den beiden Schaffnern einmal um 180 Grad gedreht und auf das andere Gleis gestellt.

Hier stehen auch die mitfahrwilligen Touristen in zum Teil fünfzig Meter langen Schlangen und warten manchmal eine geschlagene Stunde. Steckt man dem Schaffner ein paar Dollar zu, lässt er einen auf dem Trittbrett mitfahren – für viele das Oberhöchste. Interessant ist auch, dass die Cable Cars immer mitten in einer Straßenkreuzung halten, damit Fahrgäste ein- und aussteigen können.

Schon interessant. Nur weiß vielleicht unser Leser gar nicht, was eine Cable Car überhaupt ist.

Aber du erklärst es ihm. Denn wie ich dich kenne, surfst du schon wieder im Internet und weißt über alles Bescheid.

Über alles nicht. Aber über Cab Cars. Die Cable Car – man sagt tatsächlich die Cable Car – ist erstens eine sehr kuriose Sehenswürdigkeit, zweitens ein öffentliches Verkehrsmittel und drittens das weltbekannte Markenzeichen von San Francisco.

(Pause)

War's das etwa schon?

Eigentlich ja. Aber bittesehr, wenn du meinst, dass unser Leser noch mehr erfahren soll – ich hab schon noch was zu bieten: Die erste Cable Car fuhr am 1. August 1873. Von da an traten die Cable Cars ihren Siegeszug in San Francisco an. Bis zur Jahrhundertwende waren 600 Wagen im Einsatz. Das Schienennetz betrug 160 Kilometer. Doch das Erdbeben 1906 und die motorisierten Verkehrsmittel gefährdeten den Fortbestand der Cable Cars. 1964 wurden sie unter Denkmalschutz gestellt, als einziges Verkehrsmittel auf der Welt. Heute gibt es noch drei Linien mit 40 Wagen und einem Schienennetz von 17 Kilometer.

Wurden die Cable Cars nicht anfangs von Pferden gezogen?

Eben nicht. Die Cab Cars sollten den schwierigen und gefährlichen Lasttransport mit Pferden auf den steilen Straßen von San Francisco ablösen. Es gab immer wieder schwere Unfälle mit Pferdekutschen, bei dem die meist vierspännigen Wagen rückwärts die steilen Straßen herunterrasten. Da die Cab Cars erheblich sicherer waren, konnten jetzt auch Gegenden einbezogen werden, die bis dahin, weil sie so hoch oben lagen, verkehrstechnisch fast unzugänglich waren, zum Beispiel der Stadtteil Nob Hill. Damit haben die Cable Cars auch einen beträchtlichen Anteil an der städtebaulichen Entwicklung von San Francisco. Übrigens war der Erfinder des Cable-Car-Systems ein Engländer. Er hieß Smith Hallidie und war ein Fabrikantensohn.

So, ich denke, das reicht erst mal zum Thema Cable oder Cab Car.

Wie gesagt, es gibt in San Francisco etliche Sehenswürdigkeiten und Dinge, für die sich die üblichen Touristen interessieren.

Wir dagegen hatten uns vorgenommen, wenn wir schon mal hier waren, dem bayerischen Lokal *Schroeder's Cafe* einen Besuch abzustatten. Unser Besuch im *Edelweiß German Restaurant* hatte sich ja auch bewährt. Also besorgten wir uns einen Stadtplan und marschierten los. Als wir es endlich fanden, trauten wir unseren Augen nicht. Wir standen vor einem Restaurant, das mit dem Münchner Kindl links und der bayerischen Flagge rechts genauso aussah, wie sich der Amerikaner eine urbayerische Wirtschaft vorstellt. Und drinnen wurden tatsächlich Schweinswürstl mit Sauerkraut und Erdinger Weißbier angeboten. Und das mitten in San Francisco!

Der Name geht auf den preußischen Einwanderer Henry Schroeder, vormals Heinrich Schröder, zurück, der das Restaurant im Jahr 1893 eröffnete. Am 18. April 1906 wurde es von einem Erdbeben zerstört, nach ein paar Jahren aber wieder aufgebaut. Eines der ältesten Restaurants der Welt. Ein Restaurant mit Geschichte. Sie war auch nach der Neueröffnung im Jahr 1911 äußerst bewegt. Aber gehört sie in dieses Buch?

Das Einzige, was uns in Schroeder's Cafe ein wenig melancholisch stimmte, war, dass auf einem Plakat für ein bayerisches Bier namens Beck's geworben wurde. Also ließ ich den Kellner kommen und machte ihn darauf aufmerksam, dass Beck's zwar ein gutes, aber kein bayerisches Bier sei. Er aber beharrte darauf, Beck's wäre schon deshalb ein bayerisches Bier, weil es hier schwarz auf weiß auf dem Plakat stand.

Bevor wir uns gegenseitig an den Kragen gingen, trat die Chefin persönlich an unseren Tisch, hörte sich interessiert unseren Disput an und entschied dann salomonisch: Wenn die zwei schon aus Bayern kommen, werden sie auch wissen, ob Beck's ein bayerisches Bier ist oder nicht. Punktum. Ihr jedenfalls sei Beck's als bayerisches Bier verkauft worden und sie habe das auch geglaubt, was sie jetzt natürlich zutiefst bedauere. Natürlich müsse dann auch sofort die Werbung verschwinden. Sprach's und löste das Plakat vorsichtig von der Holzwand – so vorsichtig, dass uns völlig klar war: Das Plakat würde keine fünf Minuten nach unserem Abgang wieder genau an der Stelle hängen, an der es schon immer gehangen hatte. Was ja auch völlig okay war. Hauptsache, wir hatten unseren Spaß. Und die Chefin hoffentlich auch.

Als es auf den Abend zuging, suchten wir uns ein Quartier, fanden aber erst eines in Santa Cruz, California, nämlich das Mission Inn, direkt am Highway 1. Während in den Hotels, in denen wir bisher abgestiegen waren, niemals ein Frühstück zu bekommen war, gab es im Mission Inn sogar ein besonders gutes.

Am Dienstag, 4. November, fuhren wir den ganzen Tag lang auf dem Highway 1 Richtung Los Angeles. Dabei kamen wir an einem See vorbei, in dem lauter Baumstämme schwammen. Weil aber der dazugehörige Parkplatz voller Autos war, dachten wir, dass es hier vielleicht noch was anderes zu sehen geben musste und zwängten uns auch noch dazu. Als wir uns dann dem See näherten, stellten wir mit Erstaunen fest, dass die Baumstämme keine Baumstämme, sondern ausgewachsene Seekühe waren. Sehkühe, die laut einer Erklärungstafel von ganz weit weg hergekommen waren und sich hier zum Paaren eingefunden hatten. Ein sonderbares Schauspiel. Die Seekühe stiegen auch aus dem Wasser und tappten schwerfällig auf der Sandbank herum, wo man sich ihnen bis auf einen Meter nähern konnte. Seekühe und Sehleute waren hier lediglich durch einen einfachen Maschendrahtzaun voneinander getrennt.

So ganz nah trauten wir uns an diese eigenartigen Tiere allerdings nicht heran, weil ich wusste, dass Tiere in der Paarungszeit mitunter aggressiv sind. Für die Riesenviecher musste das hier wie im Paradies sein. Laut Erklärungstafel würden sich die Tiere, seit sie von den Menschen in Ruhe gelassen wurden, geradezu explosionsartig vermehren. Futter war für sie in Hülle und Fülle da.

Man hatte uns davor gewarnt, auf der Number 1 zu tanken, das wäre eine einzige Abgezocke. So gern wir uns an diesen Rat gehalten hätten, irgendwann musste es einfach sein. Und richtig: Während wir sonst für eine Gallone 1,75 Dollar bezahlten, kostete sie hier 2,99 Dollar.

Dann kamen wir nach *Morro Bay*, einem Ort, der durch einen gewaltigen 176 Meter hohen Felsbrocken im Meer, eben den *Morro Rock*, Berühmtheit erlangt hat und seine ganze Schönheit beim Sonnenuntergang entfaltet. Ein grandioses Schauspiel, dem wir auf dem *Morro Dunes Campground* beiwohnten. Der Morro Rock ist auch Nistplatz vieler Küstenvögel und steht unter Naturschutz. Er ist auch Nistplatz für den fast ausgestorbenen Falken Peregrin.

Nicht weit vom Morro Rock ist die Einfahrt zum Hafen von Morro Bay, dem größten Hafen an der kalifornischen Küste und Anlegeplatz zahlreicher Fischerboote.

Ich erinnere mich noch gut, wie entspannt wir an jenem Abend am Strand entlanggingen, in eines der vielen Restaurants einkehrten und uns wunderbar frisches Seafood mit einer Flasche Wein auftischen ließen. Müde, aber beglückt von der Schönheit dieser Küstenregion legten wir uns danach in unserm Zelt zum Schlafen nieder.

Sonoma Coast Visitor's Center
Bodega Bay, CA 94923

Skylark Motel
275 Alameda del Prado, Novato, CA 94949

Schroeder's Cafe
Fine Bavarian Food, 240 Front Street, San Francisco, CA 94111

Mission Inn
2250 Mission Street, Highway 1, Santa Cruz, CA 95060

Morro Dunes Travel Trailer Park & Resort Campground
1700 Embarcadero, Morro Bay, CA 93442

28. Kapitel

Jim Proffit
und sein Six Million Dollar Baby

Jetzt erzähle ich mal eine ganz andere Geschichte, die von Jim Proffit. Ein lustiger Name, was? Aber er könnte gar keinen passenderen haben! Hör dir das mal an:

Es war einmal ein altes BMW-Coupé. Das stand im hintersten Winkel eines Stadels, irgendwo in Kalifornien, zwischen Nichts und Garnichts. Jim Proffit machte große Augen, als er es entdeckte, denn dieses Modell kannte er nicht. Und das kam beim passionierten Autosammler und Restaurator nur selten vor. Die Karosserie war aus Aluminium und stromlinienförmig. Nicht unbedingt schön, aber zweckmäßig. Ein Rennauto. Und als Jim in die Knie ging, um zu schauen, was sich darunter verbarg, sah er ein Kunstwerk – einen Gitterrohrrahmen, wie er filigraner nicht sein konnte.

Damit wusste Jim Proffit erst einmal genug: Dieses Auto war ein Unikat und für nichts anderes als die ganz speziellen Erfordernisse eines einzigen Rennens entwickelt worden. Nur für welches? Das war die Frage.

Egal. Jim Proffit musste dieses Auto haben.

Der Besitzer, sichtlich froh darüber, dass endlich mal jemand Interesse zeigte an dieser merkwürdigen alten Karre, die ihm nur Platz wegnahm, sagte zu Jim: Dieses Ding, das kannst du haben!

Über den Preis war man sich schnell einig. „Für eine Handvoll Dollar", um auch mal einen Filmtitel zu zitieren, konnte Jim das Auto gleich mitnehmen. Und zwar mit einem richtigen Kaufvertrag; darauf legte er Wert.

Das war 1985.

Eines schönen Tages – es muss um die Jahrtausendwende gewesen sein – erfuhr Jim, dass man bei BMW auf der Suche nach einem ganz besonderen Auto sei. Und zwar nach dem stromlinienförmigen BMW 328, den *Mille Miglia Coupé Touring*. Mit ihm, so hieß es, hätten 1940 Fritz Huschke von Hanstein und Walter Bäumer – dem Kenner sagen diese Namen was – die *Mille Miglia* gewonnen.

Die Mille-was?

Die Mille Miglia. So heißt das berühmte Rennen auf den legendären tausend Meilen von Brescia nach Rom und zurück. Die Mille Miglia fand zum ersten Mal im Jahr 1927 statt. Das Besondere an diesem Rennen ist, dass es auf öffentlichen Straßen ausgetragen wird. Es war von Anfang an eine Domäne italienischer Fahrer und italienischer Autos: Alfa Romeo beherrschte das Geschehen vor dem Krieg, Ferrari nach 1947.

Interaktiv wie wir sind, habe ich eben mal in Google unter Mille Miglia nachgeschaut. Und weißt du, was ich da gefunden habe?

Nein.

Die Begeisterung der Rennfahrer und Zuschauer über dieses Rennen, lese ich, kannte damals keine Grenzen. Aber auch nach der Wiederbelebung des Rennens im Jahr 1977 soll die Mille Miglia storica, wie sie jetzt wohl heißt, jedes Jahr Millionen Menschen in ihren einzigartigen Bann ziehen.

Aha. Ist das alles?

Nein. Das Faszinierende an der Mille Miglia, findet der Streckenrekordhalter Stirling Moss, wären die Menschen: „Sie haben diesen Enthusiasmus. Das ist es, was es für mich ausmacht." Fast jedes Jahr wären neue Teilnehmer- und Besucherrekorde zu vermelden.

Na ja. Kommt vielleicht noch was?

Noch ein interessantes Zitat frisch aus dem Internet: „Eine Erklärung für das Phänomen Mille Miglia scheint ganz einfach: ‚Es ist das Rennen in Italien schlechthin', sagt Giuliano Canè, der die Mille Miglia storica schon sechsmal gewann, öfter als jeder andere Fahrer in Vergangenheit und Gegenwart. Jacques Ickx – Journalist und Vater des berühmten Rennfahrers Jacky Ickx – fügt hinzu: ‚Die Mille Miglia ist ein ganzes Leben, das in zwölf Stunden durchlebt wird. Es ist die Quintessenz des Abenteuers und ein Beitrag zur Herausforderung des Unmöglichen. Die Mille Miglia mag ein Ausbund an Torheit sein, ein sportlicher Wahnsinn, aber sie ist immer glorreich und heldenhaft.'"

Damit gebe ich zurück an Herbert Nocker und den BMW 328.

Das ist auch gut so, denn jetzt geht die Geschichte ja eigentlich erst richtig los. Denn in einem Fachblatt konnte Jim Proffit sozusagen den Steckbrief des gesuchten Autos lesen. „Dieser einzigartige BMW", stand darin, „war 1939 von Touring in Mailand karossiert worden. Das Chassis mit der Nummer 85368 wurde mit einem filigranen Gitterrohrrahmen und einer Außenhaut aus Aluminium ausgestattet. Diese ‚superleggera' – superleichte – Karosserie mit der Touring-Nummer 2312 machte das fahrfertige Coupé ganze 780 Kilogramm leicht. Mit dem 130 PS starken Reihensechszylinder unter der Haube erreichte der Zweisitzer eine Spitzengeschwindigkeit von 220 km/h."

Filigraner Gitterrohrrahmen? Außenhaut aus Aluminium? Jim Proffit liefen heiß-kalte Schauer den Rücken rauf und runter, ging sofort zu seinem BMW und schaute nach, welche Nummern er intus hatte. Er konnte kaum seine Freude zügeln, als er am Chassis die Zahl 85368 entzifferte. Nur der Vollständigkeit halber warf er noch einen flüchtigen Blick auf die Touring-Nummer. Er war keineswegs überrascht, als er die Zahl 2312 sah.

Der gesuchte BMW war sein BMW.

Als man das in München erfuhr, wollten sie ihm das Auto auf der Stelle abkaufen. Man traf sich. Und mit dem Kaufvertrag unterm Arm sagte Jim Proffit: Das Auto könnt ihr gerne haben.

Als sie ihn aber fragten, wie viel sie ihm dafür geben dürften, sagte Jim ganz cool: Sechs Millionen Dollar.

Das war's dann auch. Denn jetzt zeigten ihm die BMW-Unterhändler den Vogel und sagten: Sechs Millionen Dollar? Da bauen wir das Fahrzeug lieber noch mal neu, das kommt uns billiger. Ist auch weiter kein Problem, wir haben ja von dem Auto noch ein Fahrgestell und ein paar andere Sachen rumliegen. Das macht uns ein Spezialbetrieb in England.

Und so geschah es auch. Allerdings kostete auch der Nachbau etliche Millionen, egal ob Dollar, Pfund, Mark oder Euro. Nur eben doch nicht ganz so viel, wie Jim Proffit verlangt hatte. Dann wollten – es muss im Jahr 2002 gewesen sein – die BMWler die Mille Miglia sponsern, die ja immer von einem Hersteller gesponsert wird, und schoben ihr nachgebautes Auto an den Start. Dort aber wurden ihnen von den Veranstaltern unmissverständlich klar gemacht: No, no, no, hier starten nur Originalautos! Mit nachgebauten Autos fangen wir erst gar nicht an. Kommt nicht in Frage.

Das war sehr konsequent von den Veranstaltern, aber auch mutig, war doch BMW einer der Hauptsponsoren des Rennens.

Man kann sich gut vorstellen, wie lang die Gesichter waren, die sie jetzt bei BMW machten. Aber es half nichts. Also machten sich die Unterhändler erneut auf den weiten Weg nach Kalifornien, um Jim Proffit kleinlaut zu fragen, ob er das Auto nicht vielleicht doch hergeben würde.

Jim Proffit ist kein Unmensch, das Geschäft kam zustande.

Für wie viel?

Weil ich den Fall mit allergrößtem Interesse über Jahre hinweg verfolgt hab, kenne ich natürlich den Preis, den BMW letztendlich für dieses Auto bezahlen musste.

Nämlich?

Es muss genügen, wenn ich dir unter uns sage: Jim Proffit ist heute ein wohlhabender Mann. Das Auto steht heute im BMW-Museum in München.

Es gibt dazu eine interessante Pressemitteilung von BMW. Herausgegeben am 14. November 2002. Überschrift „Heim nach München: BMW 328 Coupé Touring". Darunter heißt es: „Eine über 50-jährige Odyssee geht zu Ende: Das BMW 328 Mille Miglia Coupé Touring, mit dem Fritz Huschke von Hanstein und Walter Bäumer 1940 die Mille Miglia gewannen, kehrt nach München zurück.

Im Rahmen einer Pressekonferenz mit anschließender Ausfahrt wurde das Fahrzeug jetzt vom Vorbesitzer, dem US-amerikanischen Oldtimer-Enthusiasten Jim Proffit, der BMW Group Mobilen Tradition übergeben. Vor 17 Jahren hatte es der kalifornische Sammler Jim Proffit entdeckt und restauriert. Seither nahm es an zahlreichen Concours d'Élegance, historischen Rennen und auch an den Mille Miglia Wettbewerben teil. Proffit und BMW Group einigten sich nun auf die Rückgabe des einmaligen Wettbewerbswagens, einem Meilenstein in der Geschichte der Bayerischen Motoren Werke.

Die Renngeschichte des Autos ist nicht weniger faszinierend als sein Lebenslauf.

Mitte der Achtziger Jahre entdeckte der kalifornische Sammler und Restaurator Jim Proffit den einmaligen BMW Rennwagen und brachte ihn in seinen Besitz. Über Jahre hinweg restaurierte und rekonstruierte Proffit das Coupé und brachte es in einen wieder einsatzfähigen Zustand. Bei historischen Autorennen war Proffit damit eindrucksvoll präsent und spielte bereits damals mit dem

Zwei, die sich seit Jahren kennen und schätzen: Der umtriebige Autorestaurator Jim Proffit (links) mit dem Globetrotter Herbert Nocker

Gedanken, den Wagen irgendwann einmal an seinen Ursprungsort zurückzuführen.

Nach langen Verhandlungen mit der BMW Group Mobilen Tradition konnte schließlich im Sommer 2002 eine Einigung erzielt werden."

Jetzt hätte ich eigentlich nur noch die Frage, warum du diese zweifellos interessante Geschichte ausgerechnet in diesem Buch zum Besten gibst.

Weil ich den Jim Proffit seit Jahren kenne und weil ich ihn, wenn ich schon mal in Kalifornien war, besuchen wollte. Ich habe Jim vor etlichen Jahren in Rosenheim (Bayern) kennen gelernt und wir sind uns auch danach noch einige Male über den Weg gelaufen. Und jedes Mal, wenn wir uns trafen, ging er ausgesprochen nett mit mir um. Ich sehe ihn, wie er mit einer größeren Schachtel echter Brazil-Zigarren unterm Arm dasteht, und wie er mir, dem Nichtraucher, eine in den Mund steckt und anzündet. Damit er zufrieden war, machte ich das Spiel mit und zog ein bisschen an der Zigarre. Aber sobald er sich umdrehte, versteckte ich das Ding.

Doch, der Jim Proffit ist ein prima Typ.

Ich hätte ihm ja gern unseren Besuch angekündigt. Aber jedes Mal, wenn ich seine Nummer wählte, hob jemand ab und ich hörte eine Frauenstimme „Hallo" sagen. Aber immer, wenn ich „Herbert Nocker speaking" sagte, wurde auch schon wieder aufgelegt. Ärgerlich.

Weil ich aber die Adresse von Jims Werkstatt besaß, fuhren wir einfach hin. Es dauerte stundenlang, bis wir sie fanden. Das Problem war, dass wir sie in San Pedro suchten und nicht in Long Beach, wo sie eigentlich ist. Man kann ja auch mal was durcheinander bringen, oder? Und dann war die Werkstatt, als wir sie endlich fanden, auch noch geschlossen. Also ging ich um das Gebäude herum, um zu schauen, ob es vielleicht noch einen Hintereingang gab. Das war auch so. Ich wollte die Tür gerade öffnen, als aus ihr ein hochgewachsener Mann trat – Jim Proffit himself.

Die Begegnung war so unerwartet, dass wir beide erschraken; er allerdings ein bisschen mehr als ich.

Nachdem er seine Sprache wiedergefunden hatte, rief er: Mensch, Herbert! Du? Hier?

Er konnte es kaum glauben. Jim kam gerade frisch aus Europa, war erst vor wenigen Minuten mit dem Flieger gelandet und musste auch gleich weiter zu einem anderen Termin. Das ist halt so, wenn du ein gefragter Mann bist. Und Jim war jetzt einer. Aber eine Stunde wollte er sich mit uns schon nehmen.

Bevor er einen Rundgang mit uns machte und uns seine automobilen Schätze zeigte, erzählte ich ihm, wie wir versucht hatten, ihn anzurufen, und eine Frau immerzu den Hörer aufgelegt hätte. Klar, sagte er, das machte sie neuerdings bei jedem Anrufer, den sie nicht kannte. Seit die Geschichte mit dem Verkauf des BMW 328 weltweit publik war, sagte er, werde er von Gott und der Welt angerufen. Vor allem von Banditen und Kriminellen, die ihm ans Geld wollten. Er lebe seither in ständiger Gefahr. Das sei die Schattenseite dieses Deals.

Armer reicher Jim Proffit. *Have a fine Drive*, kritzelte er mir zum Abschied noch schnell in mein Visitenkarten- und Devotionalien-Buch. Und fort war er.

So geschehen am Mittwoch, den 5. November 2003.

Das war sie, die Geschichte von Jim Proffit. Hat sie dir gefallen?

Sie ist tatsächlich ein Kapitel für sich.

DVD Mille Miglia
(Deutsch, Englisch, Italienisch)
Edition „Faszination Automobil", 106 Minuten.
Die schönsten Momente des legendären Oldtimerrennens
von 1996 bis 2002

29. Kapitel

Drei blaue Augen in L.A.

Am Abend machten wir in einer Kneipe die Bekanntschaft mit einer gut aussehenden blonden Dame, die sich als gebürtige Düsseldorferin entpuppte, und ihrem Ehemann, einem schon etwas älteren Mexikaner. Sie war, wie sie sagte, ein Besatzungskind und, als ihr amerikanischer Vater sie in seine Heimat mitnahm, gerade mal zwei Monate alt. In gutem Deutsch erzählte sie uns nicht nur, dass sie schon seit vielen Jahren mit ihrem Mann in Los Angeles lebte, sondern legte uns auch ihren gesamten Lebenslauf dar. Weil den ihr Mann offenbar schon kannte und die Unterhaltung ohnehin ein wenig am Mexikaner vorbeilief, war er nicht ganz ausgelastet und bestellte für uns vier einen Jägermeister nach dem andern. Um genau zu sein: Jägermeister vom Fass, von dem wir bis dato gar nicht gewusst hatten, dass es ihn überhaupt gibt.

Als auch ich mal eine Runde ausgeben wollte, gab's fast Ärger mit dem Mexikaner, weil er nicht davon abzubringen war, dass alleine er es war, der die Lufthoheit über den Jägermeister vom Fass hatte und partout alles auf seine Rechnung gehen sollte.

Je mehr der Jägermeister floss, desto mehr kam bei mir das Gefühl auf, dass die blonde Frau es auf mich abgesehen hatte. Zumindest rückte sie immer näher an mich ran und schaute mir immer tiefer in die Augen. Was hat sie denn, fragte ich mich und schmunzelte sie natürlich auch ein bisschen an. Und wie aus heiterem Himmel sagt sie plötzlich halb an mich, halb an ihren Mann gerichtet: Sie müsse mich andauernd anschauen, weil ich so schöne blaue Augen habe. Auf Amerikanisch, so dass auch ihr Mann es verstehen konnte.

Erinnerst du dich an Cave Junction und die Geschichte mit dem Strumpfband?

Und ob.

Genauso ging's mir diesmal. Ich fühlte, wie ich einen puterroten Kopf bekam und wäre am liebsten im Erdboden versunken.

Du hältst aber auch schon gar nichts aus.

Vor allem wusste ich bis dahin gar nicht, dass ich blaue Augen hab. Hab ich denn überhaupt welche? (Herbert Nocker und Helmut Schneikart schauen sich in die Augen)

Also, ich weiß nicht. So richtig blau finde ich sie eigentlich nicht. Eher grau-grün oder so.

Grau-grün? Ich schau sie mir nachher lieber selber mal an. Grau-grün? Dass ich nicht lache.

Jedenfalls drehte sie den Kopf jetzt wieder ganz zu mir rüber, sah mich diesmal besonders durchdringend an und wiederholte auf Deutsch: Du hast wirklich wunderschöne Augen. Und aus lauter Verlegenheit, irgendwie auch meinem Sohn Philipp gegenüber, stotterte ich: Das hat mir ja noch nie ein Mensch gesagt.

Daran kannst du sehen, was Jägermeister vom Fass alles anrichten kann.
Wahrscheinlich bekommt man von ihm auch blaue Augen. Allerdings nur vorübergehend.
So wird's sein. Der Mexikaner hat dann die ganze Rechnung bezahlt. War mir dann auch recht. Und als wir uns voneinander verabschiedeten, betonte sie, wie sehr sie sich darüber gefreut hätte, mit uns zu reden, und das noch auf Deutsch. Und dass man sich im Leben ja immer zweimal trifft. Gott bewahre!
Dann waren die beiden weg.
Mein lieber Schwan. Bevor aber Philipp und ich dazu kamen, das Geschehen der letzten Stunden noch mal aufzuarbeiten, vernahmen wir aus dem Nebenraum Livemusik und wechselten die Szene. Zuerst begriffen wir überhaupt nicht, was da abging. Wir kamen uns vor wie in einem Tonstudio, das mit Aufnahmeequipment nur so vollgestopft war, und sahen eine Bühne, auf der sich Gesangskünstler jeglichen Alters und Geschlechts präsentierten – einige mit größerem Erfolg, die meisten mit geringerem. Bei manchen Sängern waren wir ganz von den Socken, so lupenrein haben sie Country gesungen.
Irgendwann begriffen wir, dass wir wohl mitten in einer *Casting Show* gelandet waren, auf der CDs aufgenommen wurden, die dann die verschiedenen Plattenfirmen bekamen. Sicher bin ich mir nicht, aber ich glaube, so war's. Vielleicht war es auch so etwas wie *Deutschland sucht den Superstar* auf Amerikanisch. Was weiß ich.
Jedenfalls gefiel es uns da so gut, dass wir bis um ein Uhr sitzen blieben und danach noch, leicht enthusiamiert, draußen herumgeschlendert sind. Hab ich eigentlich schon gesagt, dass wir uns zu diesem Zeitpunkt etwas außerhalb von Los Angeles aufhielten? Insofern war es beinahe unverantwortlich, in dieser Gegend nachts einfach so herumzulaufen. Aber das wurde uns erst im Nachhinein bewusst. Es heißt ja, L.A. sei die kriminellste Stadt Amerikas. Und nachts sowieso. Wir sind aber mit einem blauen Auge davongekommen.
Mit insgesamt drei blauen Augen also.
Meine sind ja grau-grün, hast du eben noch behauptet. Aber zurück zu L.A. Vielleicht hätten wir ja gut daran getan, uns zur Vorbereitung auf unseren Besuch in Los Angeles den grandiosen Film *L.A. Confidential* anzuschauen. Zumindest hätten wir dann gewusst, dass man in L.A. nicht einmal den *Cops* vom *Los Angeles Police Department (LAPD)* trauen sollte. Du kennst doch den Satz *Wozu Feinde, wenn man solche Freunde hat?* Wenn man diesem Film Glauben schenkt, müsste man ihn abwandeln in *Wozu Verbrecher, wenn man solche Cops hat?*
Gott sei Dank blieb es uns erspart, mit ihnen nähere Bekanntschaft zu machen.

Best Value Inn
29601 S. Western Ave, Rancho Palos Verdes, Los Angeles, CA 90275

30. Kapitel

Zurück in Austin

Nach einer eher kurzen Nacht im Best Value Inn kurvten wir am Donnerstag, den 6. November, mit dem Auto erst noch eine Stunde lang in L.A. herum, ehe wir auf die *Interstate 10 East* fuhren, um auf ihr allmählich wieder nach Austin zurückzukommen.

Zunächst aber war Tucson, Arizona, unser nächstes Etappenziel. Wobei wir einen großen Bogen um Phoenix, Arizona, machten, weil wir mitbekommen hatten, dass dort gerade irgendwelche Brände wüteten. Und mit denen wollten wir eigentlich nichts zu tun haben. Wir übernachteten in der Nähe von Tucson.

Für alle, die jemals nach Tucson kommen: Der Name spricht sich wie Tuusonn oder wie *two sun* aus. Das habe ich dort gelernt und gebe mein Wissen hiermit weiter.

Tucson ist eine kleine Stadt im Süden Arizonas, 160 Kilometer südlich von Phoenix und 96 Kilometer nördlich der mexikanischen Grenze gelegen. Sie liegt in einer Wüstenebene, umgeben von dürren, steilen Bergen. Ebenso wie Phoenix, hat die Stadt sich zu einer Ruhestandsgemeinschaft für ältere Bürger entwickelt, die das ganzjährig warme Wetter und das kostengünstige Leben genießen. Das Klima in Tucson ist immer trocken, mit Temperaturen zwischen warm und extrem heiß. Im Sommer können es manchmal mehr als 45°C werden.

Die Wüste drumherum ist voller gigantischer Saguaro-Kakteen, die bis zu zehn Meter hoch werden. *Old Tucson*, auch das gibt's, ist eine nachgeahmte Westernstadt, die eigentlich als Kulisse für Wildwestfilme gebaut wurde. Heute ist es ein Themenpark mit Unterhaltung, Restaurants, Geschenkläden und zahlreichen Schauspielern, die in Westernkostümen herumspringen.

In der *Davis Monthan Airbase* nahe Tucson finden Flugzeuge ihre ewige Ruhe. Im größten Flugzeugfriedhof der Welt lagern an die 5200 Zivil- und Kampfflieger, Hubschrauber und Transportmaschinen, darunter Hunderte von gewaltigen B-52 Bombern. Es ist schwer, sich so viele Flugzeuge an einem Ort vorzustellen. Wegen der günstigen klimatischen Bedingungen von Süd-Arizona und des milden Winters werden einige der Flugzeuge auch nur zwischengelagert. Drei Viertel der hier angelieferten Flugzeuge aber landen irgendwann auf dem Schrottplatz und müssen dann als Ersatzteillager herhalten. Gespenstisch und unheimlich sind vor allem die riesigen Stahl-Skelette, denen der Wind schon durch die Rümpfe pfeift. Es gibt auch ein beachtliches Außengelände. Dort kann man an die 250 Flugzeuge sehen, darunter waren drei B 52 Bomber, eine SR 71 Blackbird sowie viele Navy und Airforce Flugzeuge. Meistens sind es Militärflugzeuge, wie die Harrier – die die Amerikaner schon lange aus dem Verkehr gezogen haben, wie etliche F 15 Phantom – aber auch jede Menge ziviler Flugzeuge.

Im benachbarten *Pima Air Museum* sprach uns ein älterer Herr an, sagte, dass er Thomas Drugan heiße, Manager sei und eherenamtlich für *390th Memo-*

Herbert N. auf dem mitten in der Wüste gelegegen größten Flugzeugfriedhof der Welt nahe Tucson, Arizona

rial Museum Foundation arbeite. Thomas, ein ehemaliger Kriegsflieger, wie sich herausstellte, bot sich an, uns durch dieses einzigartige Museum zu führen.

Tatsächlich wusste uns Thomas in einem Gemisch aus Amerikanisch und Deutsch eine Menge über jeden einzelnen Flieger zu erzählen, allerdings auch über sich selbst. Zum Beispiel, dass er im zweiten Weltkrieg einen längeren Zeitabschnitt in München verbracht hatte. Dieser Aufenthalt musste ihm ganz besonders gut gefallen haben. So gut, dass er gar nicht aufhören konnte, davon zu schwärmen, immer wieder sehnsuchtsvoll My heart, my heart! sagte und dabei seine rechte Hand aufs Herz legte. Was ich so interpretierte, dass er in der bayerischen Landeshauptstadt ein Gschpusi, also eine Freundin, gehabt haben musste.

Oder einen Herzfehler.

Auch das wäre nicht ausgeschlossen. Jedenfalls erinnerte er sich gern an München; für ihn wäre es eine der schönsten Zeiten seines Lebens gewesen.

Dann war's wohl doch eher ein Gschpusi.

Der Mann führte uns zum schnellsten Flugzeug der Welt, zu einem Tarnkappenbomber, sowie zur *Airforce One*, die von Kennedy und Johnson genutzt wurde.

Dann standen wir plötzlich vor einer B-29, die einen auffallend gehegten und gepflegten Eindruck machte und um die sich auch besonders viele Museumsbesucher scharten. Und dann erklärte er uns, dass das genau das Flugzeug war, das am Montag, den 6. August 1945, morgens die Atombombe auf Hiroshima abgeworfen hatte. Er konnte sogar sagen, wie der Pilot hieß (Colonel Paul W. Tibbets), welchen Namen das Flugzeug hatte (Enola Gay) und wie die Seriennummer der Maschine lautete (44-86292). Und dass es Punkt 08.15 Uhr Ortszeit war, als die Atombombe aus dem vorderen Schacht der B-29 fiel. Er erzählte auch, dass Enola Gay der Name von Tibbets Mutter war, dass Tibbets den Bomber eigenmächtig auf den Namen seiner Mutter getauft hatte und dass diese, als sie Wochen später von dieser Ehre erfuhr, still gelächelt haben soll.

Ich weiß ja nicht genau, wie wir bei uns in Deutschland mit so einem Bomber umgehen würden, der 200.000 Menschen getötet und unermessliche Folgeschäden hinterlassen hat, die bis in unsere Zeit nachwirken. Ich glaube aber, bei uns würde man das Ding eher verstecken. Oder Kriegsgegner würden es anzünden. In Amerika aber wird es verherrlicht.

Jedenfalls ist es schon ein sehr merkwürdiges Gefühl, wenn du vor diesem Flugzeug stehst.

Es sind wohl alles Kriegsveteranen, die sich hier zur Verfügung stellen und Führungen machen. Wir blieben fast den ganzen Tag dort. Es war insgesamt ein sehr interessantes Erlebnis. Zum Abschied sagte der Kriegsveteran noch einmal *My heart, my wonderful girl*, fügte aber diesmal noch ein *oans, zwoa, drei gsuffa* hinzu. Er hatte seine Lektion wirklich gut gelernt.

Dann ging's nach El Paso, Texas, wohin sich, wie wir erfuhren, Europäer nur selten verirren. Verständlich, denn die 600.000-Einwohner-Stadt liegt nicht nur im fernen Westen von Texas und 1.126 Meter über dem Meer, sondern auch weit abseits der anderen texanischen Metropolen. El Paso gehört sogar zu einer anderen Zeitzone als das restliche Texas und ist lediglich durch den Rio Grande von Ciudad Juárez in der mexikanischen Provinz Chihuahua getrennt. Einige Grenzübergänge verbinden beide Städte, die sich zwar durch den Grad des relativen Wohlstands unterscheiden, beide aber sind von Atmosphäre und Lebensart her eher zur mexikanischen Sphäre zu rechnen. El Paso ist auch Ausgangspunkt für Fahrten in den *Guadalupe Mountains National Park*.

Sechzig Meilen vor El Paso fanden wir ein *Number 6 Hotel* und sprachen, ehe wir zu Bett gingen, noch dem Wein zu, den uns René in Oregon bei unserer Abreise noch zugesteckt hatte. Wieder waren wir Austin ein paar hundert Meilen näher gekommen.

Am Samstag, 8. November, riefen wir schon in aller Früh daheim an, um der Resi zu ihrem Geburtstag zu gratulieren, legten 850 Meilen zurück und kamen gegen 21.00 Uhr bei Ulla Williford in Austin, Texas, an. Es war wie ein Nachhausekommen, wenngleich die Wiedersehensfreude verhalten ausfiel. Ulla hatte gerade ihre Freundin Marion aus Irland zu Besuch, deren Mann ein paar Wochen zuvor bei einem Autounfall ums Leben gekommen war. Es wurde ein sehr langer Abend, weil wir uns furchtbar viel zu erzählen hatten.

Außerdem zeigte uns Ulla auch noch die inzwischen entwickelten und vergrößerten Fotos, die sie bei unseren gemeinsamen Unternehmungen vor drei Wochen geschossen hatte. Wie lange das schon wieder her war. Und wem wir in der Zwischenzeit nicht alles begegnet waren – Earl, dem Indianer; Delgadillo, dem Meisterfriseur; René, dem Weinbauern und seiner Mutter; Tom, der extra aus Kanada gekommen war, um mich zu sehen; und Jim Proffit, der das Geschäft seines Lebens gemacht hatte.

Und nicht zu vergessen die namenlose Frau in in L.A., die in deinem Gesicht blaue Augen gesehen haben wollte. Und den Kriegsveteranen, der euch durch den Friedhof der Flugzeuge geführt hat.

Wenn du meinst. Aber eigentlich gehören die beiden nicht in diese Reihe. Die mit den blauen Augen und der Tom in Kanada – das passt auf keinen Fall zusammen. Vergiss es.

Am Montag, 10. November, brachten wir Terry Sayther das Auto zurück. Dabei feierten wir auch ein Wiedersehen mit unserem braven Dixi, schließlich hatten wir uns drei Wochen lang nicht gesehen. Natürlich weiß ich, dass es Quatsch ist, aber ich bin felsenfest davon überzeugt: Auch der Dixi hat sich gefreut, dass wir wieder da waren. So wie sich eben nur ein Auto über etwas freuen kann. Ich hab's bemerkt.

Für diesen Abend hatte Terry das traditionelle Jahresessen für seine Belegschaft anberaumt, und er lud uns ein, ebenfalls daran teilzunehmen. Das nahmen wir gerne an. So gingen wir also abends ins Hoover's Cooking, saßen mit den Mechanikern und ihren Frauen zusammen und unterhielten uns prächtig.

Ich hatte es besonders gut, weil ich neben einer tollen Mexikanerin saß. Ihr Mann, ein Amerikaner, war Mitarbeiter von Terry. Sie brachte uns bei, was wir sagen sollen, wenn wir in Mexiko einer Frau begegneten, nämlich *Mujeres bonitas, tu eres bonita*. Was das heißt, habe ich leider vergessen. Du wunderschöne Frau oder irgendsowas.

An unserem letzten Abend in Austin, am Donnerstag, den 13. November, luden wir Ulla und Marion ins Restaurant *Artz Rib House* ein.

390th Memorial Museum Foundation,
Pima Air and Space Museum
6000 E. Valencia Road, Tucson, Arizona 85706

Aerospace Maintenance and Regeneration Center (AMARC)
on Davis-Monthan Airforce Base, Tucson

Hoover's Cooking
2002 Manor Rd., Austin, TX 78722

Artz Rib House
2339 South Lamar Blvd., Austin, Texas 78704

31. Kapitel

Hola, no hablo español!

Als wir uns am Donnerstag, 13. November, von Ulla und Marion verabschiedeten, war uns klar, dass für uns jetzt ein neues Kapitel begann.
Was war bisher geschehen? Am 13. September, einem Samstag, hatten wir uns am Münchner Flughafen von der Resi verabschiedet. Vor genau 62 Tagen. Dann der Flug nach Baltimore, das quälende Warten auf unser Auto und schließlich unsere Fahrt nach Austin. Das war sozusagen der erste Teil unserer Reise. Oder die erste Etappe; ich glaube, das klingt besser.
Entschieden besser!
Diese erste Etappe dauerte zwanzig Tage. Nach einer zehntägigen Pause begann am 12. Oktober in Austin die zweite. An diesem Tag stiegen wir von unserem Dixi in Terrys schicken dunkelblauen BMW 328 um und machten uns auf den langen Weg in den nordwestlichsten Zipfel der USA, nach Oregon. Auch dort, in Cave Junction, legten wir ein paar Tage Pause ein. Diese zweite, dixilose Etappe endete 28 Tage später, am 8. November, als wir wieder in Austin eintrafen. Für ein paar Wochen war diese texanische Stadt unser Dreh- und Angelpunkt gewesen.
Und heute, am Tag 63 unserer Reise, würden wir die USA verlassen und wieder mit unserem guten alten Dixi in eine ganz andere Welt aufbrechen – erst nach Mexiko und von da aus dann in die mittel- und südamerikanischen Länder. Der Beginn der dritten und vielleicht schwierigsten Etappe.
Erstes wichtiges Etappenziel war Laredo.
Laredo gibt es gleich zweimal. Laredo, Texas, liegt unmittelbar an der Grenze zu Mexiko am Nordufer des Rio Grande, die Schwesterstadt Nuevo Laredo am gegenüberliegenden Südufer des Flusses, im äußersten Norden des mexikanischen Bundesstaates Tamaulipas.
Bleiben wir einen Augenblick in Laredo, Texas. Die Stadt hat an die 200.000 Einwohner, liegt 126 Meter über dem Meer und wurde 1755 gegründet. Zu dieser Zeit wurde die Region *Nuveo Santander* genannt und war Teil der Spanischen Kolonie Neu Spanien. 1840 war Laredo die Hauptstadt der *Unabhängigen Republik von Rio Grande*. 1846 wurde sie durch die Texas Ranger besetzt.
Die Grenze bei Laredo/Nuevo Laredo ist Ausgangspunkt der ursprünglichen *Carretera Panamericana*, einer Schnellstraße, die über Mexico City nach Mittelamerika und von dort – mit Unterbrechung in Darién, Panama – in alle Staaten Südamerikas führt.
Nuevo Laredo hat über 300.000 Einwohner, liegt 188 Meter über dem Meer und wurde hundert Jahre später als Laredo, Texas, gegründet. Und zwar genau im Jahr 1845, als nach dem Anschluss von Texas an die USA sich ein Teil der Einwohner von Laredo weigerte, US-Amerikaner zu werden. Nach der Festlegung des Río Bravo als Staatsgrenze überquerten sie diesen und ließen sich auf der südlichen, mexikanischen Seite nieder. Der Legende nach nahmen sie dabei

die Reste ihrer Verstorbenen mit, um sie in Mexiko zu begraben. Daher stammt das Motto der Stadt *Siempre con la Patria*, was so viel heißt wie: Immer mit der Heimat.

Als Grenzstadt ist Nuevo Laredo nicht nur Umschlagplatz des legalen internationalen Güterverkehrs, sondern auch des Drogenhandels. Die Grenze zu Laredo, insbesondere die von dort ausgehende *Interstate 35*, gilt als das größte Eintrittstor für Drogen in die Vereinigten Staaten. Nach Berichten kämpfen zwei Drogenkartelle, das Sinaloa-Kartell und das Golf-Kartell, um die Vorherrschaft der Route über Nuevo Laredo. Besonders berüchtigt waren dabei die Zetas, ehemalige Spezialeinheiten der mexikanischen Armee und Killer des Golf-Kartells.

Ich erzähle das so genau, um zu zeigen, worauf wir uns einließen, als wir in diese Region fuhren.

Aus dem Internet erfahre ich gerade, dass insbesondere in den letzten beiden Jahren – also nach eurer Zeit – die Mordrate in Nuevo Laredo stark zugenommen hat. Im Juni 2005, lese ich, wurde der neue Polizeichef sechs Stunden nach seiner Amtseinführung erschossen.

Da kannst du mal sehen! Auf dem *Highway 181* Richtung Süden zu dieser gruseligen Schwesterstadt wurden wir von der *Highway Police* gestoppt. Es war aber ein sehr netter Polizist, der nur unsere Papiere kontrollieren wollte, uns aber auch ermahnte, immer ganz rechts zu fahren, wenn andere Autos hinter uns herfahren würden. Weil wir ja mit unserem Dixi nicht schneller als 40 Meilen oder 60 km/h fahren konnten und eigentlich auf einem Highway nichts verloren hatten.

Was mir auch noch in Erinnerung geblieben ist von dieser Fahrt: Dass es auf einem bestimmten Streckenabschnitt über alle Maßen fürchterlich gestunken hat, und zwar interessanterweise Meile für Meile anders, einmal nach Stinktieren, dann wieder nach Ölfeldern. Jedes Ölfeld stank auf seine Art. Du hältst es nicht für möglich, was Ölfelder für ein hundsgemein bestialisches Odeur absondern können.

Du ringst ja geradezu nach Worten!

Dort habe ich geradezu nach Luft gerungen! Am liebsten würdest du dort nämlich die Luft anhalten. Es ist wirklich unglaublich. Beinahe unerträglich. Pfui Teufel! Aber nach ungefähr einer Stunde ging auch das vorbei.

Dann kamen wir in einen Vorort von Laredo, wo es von Mexikanern nur so wimmelte. Zwei davon fragten wir, ob sie einen Campground für uns wüssten. Klar, sagten sie, hier ganz in der Nähe wäre einer. Wir also hin. Er lag an einem schönen See, dem Casa Blanca Lake. Bevor wir uns dort niederließen, deckten wir uns noch in einem *Wal Mart* mit dem Notwendigsten ein, fuhren dann zum Campingplatz zurück. Dort klappten wir das Zelt auf, aßen und tranken und gaben uns ansonsten den Moskitos zum Fraß hin. Die fühlten sich am See mindestens genauso wohl wie wir.

Am Samstag, 15. November, wollten wir nach Mexiko einreisen. Kurz vor der Grenze hielten uns mitten in Laredo zwei junge, nicht unsympathische Mexikaner an und fragten sehr höflich, ob sie nicht unser Auto fotografieren dürften. Selbstverständlich durften sie, und zum Dank halfen sie uns, schnell und vor allem an der richtigen Stelle zur Grenze zu kommen. Auf der amerikanischen Seite wurden wir nicht kontrolliert, mussten aber drei Dollar bezahlen.

Auf der mexikanischen Seite gerieten wir an einen mürrischen Zöllner, der darauf bestand, dass wir unseren Laderaum hinten öffneten. Außerdem wollte er Visa-Karten und Versicherungen sehen.

Visa-Karten hatten wir, aber keine Versicherungen. Stattdessen drückten wir ihm alle Papiere, die wir finden konnten, in die Hand, deuteten auf unser Auto und die dort dargestellte Reiseroute, um ihm zu zeigen, wo wir noch überall hinwollten, und sagten immer wieder *No hablo español!* – ich spreche nicht Spanisch! Diesen kleinen Zauberspruch hatte uns der gute Terry in Austin eingeschärft. Mit ihm, so meinte er, würden wir durch Mexiko und ganz Mittelamerika kommen. Eigentlich sogar um die ganze Welt.

Tatsächlich war auch schon der erste Versuch erfolgreich.

Denn irgendwann spannte der Mann, dass mit uns nicht viel anzufangen war und gab entnervt auf. Mit Abscheu haute er auf das eine oder andere Papier noch einen Stempel drauf. Dann schickte er uns angewidert weiter. Sein Gesichtsausdruck sagte: Mit solchen Deppen wie mit uns hatte er es noch nie zu tun gehabt. Womit wir gut leben konnten. Hauptsache, wir waren in Mexiko. *Viva México!*

Du sprichst ja astreines Spanisch. Dann weißt du sicher auch, was dieser Text auf Deutsch heißt: Hola, me gustaría aprender los idiomas inglés y francés. Me gustan mucho ambos idiomas. Estoy dispuesta á que aprendas y practiques español conmigo.

Nein. Und was heißt er?

Keine Ahnung.

Hä? Und warum steht er dann im Buch?

Weil es lustig ist.

Findest du? Also manchmal hast du schon einen sehr eigenartigen Humor.

Findest du?

Und wenn dieser Text vielleicht gar nichts Lustiges ist, sondern, sagen wir mal, was Unanständiges?

Du meinst: was Rassistisches?

Zum Beispiel.

Dann haben wir den Salat.

Und schlimmstenfalls einen zweiten Karikaturenstreit. Aber bitte sehr, wenn du meinst.

Chaparral Motel
16 Hwy 80 North, Kames City, TX 78118

Lake Casa Blanca International State Park
5102 Bob Bullock Loop, Laredo, Texas 78044

32. Kapitel

Das geht ja schon gut los!

Schon auf den ersten paar Metern auf einer mexikanischen Straße wurden wir belästigt. Unter dem Vorwand, uns den Weg zu zeigen, machten es sich zwei junge Typen links und rechts auf unseren Trittbrettern bequem – mit dem Hintergedanken, ein paar Pesos zu ergattern. Dazu riefen sie immer wieder *permite, permite!* Dieses *permite!* verstand ich so, dass sie mitgenommen werden wollten. Das hätte uns gerade noch gefehlt. Als wir dann auf eine Autobahn kamen und die beiden noch immer wie Kletten an unserem Auto hingen, riss mir der Geduldsfaden. Ich vergewisserte mich, ob Autos hinter uns waren. Das war nicht der Fall. Also fuhr ich ein paar kräftige Schlangenlinien – und schon waren wir die Plagegeister los.

Die Straße war hundsmiserabel und führte noch dazu mitten durch einen Slum. Das sollte das vielgepriesene Mexiko sein? Nach zwanzig Kilometern kam es noch schlimmer. Wir gerieten in eine Verkehrskontrolle. Einer der Polizisten fragte uns nach unseren Aufenthaltsgenehmigungen; denen für uns und der fürs Auto.

Aufenthaltsgenehmigungen? Hatten wir nicht, weder für uns, noch fürs Auto. Also sagten wir wieder fleißig unser *Hola, no hablo español!* und ein weiteres Mal *No hablo español!* Aber es nutzte nichts. Zwar hielt auch dieser Typ uns für blöd, er schien im Nehmen aber entschieden härter zu sein als sein Kollege an der Grenze in Nuevo Laredo. Auch dass wir ihm alle nur verfügbaren Papiere unter die Nase hielten, beeindruckte ihn nur wenig. Ein richtig harter Brocken.

Das Einzige, was ihm zu unserem Kasperltheater einfiel, war, dass er uns dringend empfahl, umzudrehen und zur Grenze zurückzufahren. Zu einer bestimmten Behörde, die uns diese Scheiß-Aufenthaltsgenehmigungen erteilen würde. Da wurde uns klar: An dem Typen hier kämen wir nicht vorbei. Mexiko gefiel uns immer weniger.

Zum Glück stand noch eine ältere Dame in der Nähe. Sie hatte mit dem Ganzen zwar nichts zu tun, gehörte aber zu irgendeiner Bank und bekam das Drama mit. Auf Englisch riet sie uns: Leute, macht das, was er sagt, fahrt zurück, sonst habt ihr in Mexiko nichts wie Ärger. Oder ihr müsst immerfort irgendwelche Beamte schmieren.

Weil das Letztere ein teurer Spaß sein konnte, fügten wir uns in unser Schicksal. So hilfsbereit war die Dame, dass sie uns auch noch eine Skizze anfertigte, damit wir diese Behörde in Nuevo Lareda leichter finden konnten.

Und schon waren wir wieder Richtung Grenze unterwegs, auf dieser miserablen Straße, durch diesen Slum. Die nette Dame hatte uns das so genau erklärt und aufgezeichnet, dass wir tatsächlich die Behörde auch auf Anhieb fanden. Davor ein vollgeparkter Riesenparkplatz. Wir waren also nicht die Einzigen, die hier was wollten. Überraschenderweise aber ging die Prozedur relativ zügig und schmerzlos über die Bühne, so dass wir beinahe den Eindruck hatten, bevorzugt behandelt worden zu sein. Damit lagen wir wohl gar nicht so sehr daneben. Denn der Spaß kostete immerhin 100 Dollar. Wahrscheinlich hatten sie uns so eingeschätzt, dass wir zu den wenigen gehörten, die in der Lage waren, diese Gebühr auch zu bezahlen.

Für unser Geld bekamen wir einen bunten Aufkleber für die Scheibe, ein paar Eintragungen in irgendwelche Papiere und vor allem das gute Gefühl, dass jetzt eigentlich nichts mehr schiefgehen konnte. Das Abenteuer Mexiko konnte beginnen. Wir jedenfalls waren bereit.

Zum dritten Mal befuhren wir die Zwanzig-Kilometer-Strecke. Wieder die schlechte Straße und wieder durch den Slum. Dann kam auch wieder der Kontrollpunkt in Sicht. Ich drosselte das Tempo. Gefasst und guten Mutes sahen wir einer erneuten Überprüfung entgegen. Aber diesmal hielten es die Jungs nicht einmal für notwendig, aus ihrem Kabuff herauszukommen. Kein Schwein kümmerte sich um uns. Nicht mal einer, der uns wenigstens durchwinkte. Für sie waren wir nicht mehr interessant, dieser Fall war für sie schon längst erledigt.

Mexiko. Ich will hier nicht versuchen, dieses Land, in dem wir uns jetzt frei und legal bewegen durften, zu beschreiben oder gar zu erklären.

Das haben schon tausend andere vor dir getan. Außerdem wäre es auch nicht konsequent. Du hast es ja auch bei eurer Einreise in die Vereinigten Staaten nicht gemacht.

Da hast du natürlich wieder mal vollkommen Recht.

Man kann es ja für alle diejenigen, die wirklich null Ahnung von diesem Land haben, in einem einzigen Satz sagen: Mexiko ist wegen seiner Geschichte, seiner Kultur, seiner einzigartigen Landschaft und seiner Menschen eines der faszinierendsten Länder der Welt.

Aus dem Internet?

Mehr oder weniger.

Aha. Ein wunderbarer Satz. Er passt nämlich auch für die USA.

Oder für Italien. Und für Frankreich.

Eigentlich doch auch für Deutschland, oder? Bei uns könnte man sogar noch hinzufügen: Wir sind Papst.

Und Bundeskanzlerin.

Genau. Hinzu kommt, dass uns zumindest am Tag unserer Einreise nie und nimmer in den Sinn gekommen wäre, von Mexiko als einem faszinierenden Land zu sprechen. Zunächst lernten wir dieses Land nämlich genau von seiner entgegengesetzten Seite kennen.

Du meinst jetzt wegen des Hin und Hers mit den Aufenthaltsgenehmigungen?

Ach was, das war doch längst abgehakt. Nein, was uns wesentlich mehr zu schaffen machte, war die Fahrt nach Monterrey. Und der Versuch, dort in der Nacht bei strömendem Regen, auf halsbrecherischen Straßen und dichtem Verkehr ein Hotel zu finden.

Aber jetzt mal schön der Reihe nach.

Unser Tagesziel war also Monterrey. Das ist nicht nur die Hauptstadt des Bundesstaates Nuevo León, es ist auch die Stadt mit der besten Lebensqualität Lateinamerikas und der bedeutendste Industriestandort von Lateinamerika. Monterrey liegt im Nordosten von Mexiko am – zumeist ausgetrockneten – Fluss Santa Catarina. Er teilt die 1,2-Millionen-Stadt in zwei Teile.

Monterrey hat einen Spitznamen, nämlich *La Ciudad de las Montañas* („Stadt der Berge"), weil es von Bergen umgeben ist. Der südliche Vorort San Pedro Garza García liegt sogar schon im Gebirge Sierra Madre Oriental.

Im Vorort San Nicolás de los Garza gibt es zwei kleine erloschene Vulkane, den Sierra del Topo und den Topo Chico. Im Westen der Stadt erhebt sich der Sierra de las Mitras. Der heißt so, weil er ein Profil hat, das wie die Mitra eines Bischofs aussieht. Im Osten dominiert der unverwechselbare Cerro de la Silla, dessen nördlicher Gipfel auf 1288 Meter hochragt. Nördlich des Flusses ist der Sierra del Obispado, dessen Gipfel der Standort des Bischofspalastes (Obispado) ist. An dieser Stelle fand eine der wichtigsten Schlachten des mexikanisch-amerikanischen Krieges statt.

Donnerwetter, was du alles weißt.

Da staunst du, was? Bist halt nicht der einzige Mensch mit Internetzugang, gell.

Ach, so ist das! Dann brauchst du mich ja eigentlich gar nicht mehr!

Musst deswegen aber nicht gleich depressiv werden. Ein paar kleinere Aufgaben hab ich schon noch für dich.

Zum Beispiel nachher mal kurz die Diele feucht durchwischen.

Eine phantastische Idee! Im Internet steht übrigens auch, dass in Monterrey das Klima weitgehend trocken wäre, und zwar bis auf, ich zitiere, „gelegentlich auftretende, heftige Regengüsse". Dass es die tatsächlich gibt, davon konnten der Philipp und ich uns persönlich überzeugen. In so einen Regenguss kamen wir nämlich kurz vor Monterrey. Und im Stadtgebiet wurde aus dem Regenguss ein richtiger Wolkenbruch und mir klar, dass der Spruch *Es schüttete aus allen Kübeln* nicht nur eine leere Phrase ist.

Wenn es doch nur der Regen allein gewesen wäre! Mit dem wären wir schon irgendwie zurechtgekommen. Aber es war ja auch Nacht, und wir fuhren auf einer Stadtautobahn, auf der auch um diese späte Stunde noch Riesenverkehr herrschte. Sie war zwar zum Teil sechsspurig ausgebaut, aber so miserabel, wie eine Straße nur miserabel sein kann.

Schlimm und richtig gefährlich waren vor allem die vielen Riesenlöcher, weil sie unter Wasser standen und man sie ebenso wenig erkennen konnte wie diese blödsinnigen Schweller, die ich sowieso hasse. So, wie sie den Dixi und uns durchschüttelten, waren die bestimmt zehn, fünfzehn Zentimeter hoch. Es war ein Blindflug, den wir da veranstalteten. Ein Blindflug über eine Wasserfläche. Eine Horror-Fahrt war das. Eine meine stärksten Erinnerungen an Monterrey.

Zu diesem Zeitpunkt hatten wir, wie du verstehen wirst, von Mexiko die Schnauze gestrichen voll. Von wegen faszinierendes Land. Eine einzige Zumutung war es.

Und unter diesen Umständen ein Hotel zu finden, und zwar am besten auch ein preisgünstiges, war keine leichte Übung. Jetzt rächte sich, dass wir beim Grenzübertritt so viel Zeit verplempert hatten. Wenn wir irgendwo links oder rechts von der Autobahn etwas Hotelähnliches entdeckten, befanden wir uns vielleicht gerade auf einer der mittleren Spuren und hatten keine Chance, von der Straße runterzukommen. Und manchmal gab es weit und breit auch keine Ausfahrt. Von allen Seiten wurden wir von anderen Fahrzeugen bedrängt. Wir fuhren und fuhren und wussten nicht wohin.

Irgendwann sahen wir dann rechts in der Ferne einen Koloss von Hotel. Ich setzte den Blinker und der Philipp öffnete das Fenster, um den anderen Verkehrsteilnehmern anzeigen zu können, dass wir die Spur wechseln wollten. Bei dem starken Verkehr und dem fürchterlichen Regen war das alles nicht so einfach. Sprungweise pirschten wir auf die rechte Außenspur und schafften es gerade noch rechtzeitig, die Autobahn zu verlassen. Dass das Hotel nicht nur ein Riesenkasten war, sondern auch sündhaft teuer sein musste, merkten wir, als wir auf seine imposante Auffahrt gelangten. In der Nähe des Hoteleingangs hielt ich an – und ebenso ein anderes Auto, das schon die ganze Auffahrt hinter uns hergefahren war. Ein junger Mensch stieg aus, kam zu uns herüber und sagte:

„Grüß Gott, ihr kommt's doch aus Deutschland, nicht wahr?" Ein Mexikaner, der deutsch sprach und unser Kennzeichen richtig gedeutet hatte.

„Ja, wieso sprechen Sie denn so gut Deutsch?", fragte ich ihn als Erstes. Und da stellte sich heraus, dass er in Erfurt studiert und dort seine Frau kennen gelernt hatte und jetzt mit ihr in Mexiko lebte. Und falls wir was zum Übernachten suchten, könnte er uns behilflich sein. In diesem Hotel hier – und er wandte sein Gesicht in Richtung Eingangsportal – sei es doch viel zu teuer. Wenn wir ihm folgten, würde er uns zu einem preiswerteren Hotel bringen. Allerdings müsse er zuvor noch seinen Vater anrufen. Der würde sich nämlich immer so freuen, wenn er Leute aus Deutschland treffen konnte und sicher auch kommen wollte. Der junge Mexikaner machte einen sehr vertrauensvollen Eindruck.

Wenige Minuten darauf traf der Vater ein, auch er ein sehr sympathischer Mann. Sie fuhren voraus, wir hinterher. Tatsächlich brachten sie uns zu einem schönen Hotel, mitten im Zentrum und sicher um die Hälfte billiger als der große Schuppen, in dem wir um ein Haar gelandet wären. Und weil gleich nebendran eine kleine Kneipe war, schlug ich vor, da drin gemeinsam noch ein Bier zu trinken. Ein Bier? Es müssen wohl mehrere gewesen sein. Es wurde nämlich noch ein richtig angenehmer Gaudiabend.

Danach wankten wir, der Philipp und ich, erschöpft und leicht angesäuselt, aber zufrieden in unser Hotel. Das ging ja schon gut los in Mexiko, dachte ich beim Einschlafen.

Drei Stunden zuvor waren wir noch der Verzweiflung nahe gewesen..

Plaza del Arco
Pino Suárez Nte. No. 935, Centro, Monterrey, N.L. Méx. C.P. 64000

---

33. Kapitel

Einer, der in die Welt hinausging

Das alles geschah am Samstag, dem 15. November.

Am Tag darauf fuhren wir weiter Richtung Süden, zur Abwechslung mal auf einer großen, breiten und halbwegs intakten Straße. Nach 70 Meilen sah ich plötzlich links am Straßenrand sechs ausgewachsene Männer mit mexikanischen Hüten stehen. Und da mir einer zuwinkte, wendete ich und fuhr zu ihnen hin, gegen den ausdrücklichen Widerstand vom Philipp, der mir unmissverständlich zu Verstehen gegeben hatte: „Nix, komm fahr weiter!".

Sie begrüßten uns sehr freundlich. Und weil da ein ganz kleiner Tante-Emma-Laden war, wir Durst hatten und ich einen Höhenflug, kaufte ich außer unserem Bier gleich auch noch eine Sechserpackung für die Männer mit ihren mexikanischen Hüten. Das beeindruckte sie schwer.

Als ich sie mir dann beim Biertrinken ein bisschen näher anschaute, sah ich, dass sie alle um die Hüfte herum eine merkwürdige Ausbuchtung hatten. Weil ich von Haus aus ein neugieriger Mensch bin, fragte ich einen der Männer in einem länderübergreifenden Gemisch aus Amerikanisch, Bayerisch und *Hola, no hablo Español!*, was denn das wohl sei, dieser Höcker da, und zeigte mit dem Finger sozusagen auf seinen Bauchnabel.

Der Typ war hocherfreut, dass sich einer für ihn so stark interessierte, schob bereitwillig seine Jacke hoch und machte den Blick frei auf einen breiten, handgearbeiteten Ledergürtel, vor allem aber auf eine schwere Pistole mit einem wuchtigen Perlmuttgriff.

Jessas, geht denn das schon wieder los, dachte ich, und erinnerte mich einen Augenblick an Cave Junction in Oregon, wo sie auch mit ähnlichen Dingern quietschfidel in der Öffentlichkeit herumgesprungen sind.

Danach hielt es einer der sechs Männer für angebracht, sich uns vorzustellen, sagte auf Englisch, dass sie Polizisten wären und er ihr Patron. So zumindest verstand ich ihn; er konnte aber auch gesagt haben, dass sie zwar das Recht hätten, sich Polizisten zu nennen, aber keine echten waren. Egal. Dann fragte er uns, wie uns Mexiko gefiele und ob wir hier schon was Negatives erlebt hätten. Sollte ich ihm sagen, dass wir mit der Qualität der Straßen höchst unzufrieden waren und uns gestern das Sauwetter beinahe um den Verstand gebracht hatte? Nein, sagten wir stattdessen, wir wären ja noch ganz neu in diesem Land und hätten noch so gut wie nichts erlebt. Das wundere ihn aber, dass wir das so sagen, antwortete der Patron. Von anderen Reisenden würde er nur immer hören, dass hier andauernd was passierte. Diebstähle, Raubüberfälle, sonst was. Wenn uns Derartiges zustoßen sollte, versprach er, würde er sich selbstverständlich für uns einsetzen. Sprach's und leerte seine Bierdose.

Dann fragte er uns, ob wir denn schon was zum Übernachten hätten. Nix haben wir, antwortete ich und fragte ihn auch gleich, wie es denn in der Gegend

Kommen sich beim Biertrinken näher: Die Nockers (auf dem Bild Philipp) und eine Gruppe mexikanischer Polizisten, die aber in Wirklichkeit gar keine sind. Zumindest keine echten

mit Hotels so ausschauen würde. Da kommt jetzt lang keines mehr, sagte er und legte seine Stirn in Falten. Aber er hätte einen Vorschlag. Neben diesem Tante-Emma-Laden hier wäre noch ein Häuschen und ein freier Platz. Auf dem könnten wir unser Auto hinstellen und übernachten. Und damit wir wirklich unbesorgt schlafen können, sagte er, würde er jetzt gleich auch noch zwei Polizisten herbeordern. Die würden dann die ganze Nacht ein Auge auf uns haben. Nahm sein Telefon und gab ein paar Anweisungen. Tatsächlich kam nach wenigen Minuten ein Pick-up mit zwei Uniformierten angerollt.

Die beiden machten es sich in dem Häuschen bequem und passten dann auch wirklich die ganze Nacht auf uns auf.

Doch ehe die Nacht begann, hatten wir uns im Tante-Emma-Laden ausreichend mit Tequila eingedeckt und saßen jetzt vor unserem Auto, um mit ihm den schönen Abend zu genießen. Da kam ein Indio des Wegs. Weil er so nett zu uns herüberschaute, begrüßten wir ihn und luden ihn ein, sich doch zu setzen und mit uns einen Tequila zu trinken. Weil er vielleicht nicht jeden Tag einen Tequila

zu trinken bekam, freute ihn das natürlich ungemein. Später gesellten sich noch ein paar Leute aus der Nachbarschaft dazu.
Und so wurde auch das wieder ein sehr vergnüglicher Abend.
Am Montag, dem 17. November, waren wir schon früh um sechs auf den Beinen. Wir räumten gerade unsere Klamotten zusammen, da trat ein junger Mexikaner aus dem Tante-Emma-Laden und kam direkt auf uns zu. Er grüßte artig und fragte auf Englisch, ob wir ihm erlauben würden, ein paar Fotos von uns zu machen. Natürlich durfte er das und wir kamen miteinander ins Gespräch. Wir erfuhren, dass er in Mexico City studierte, gerade aber zu Hause war, im Haus vom Tante-Emma-Laden wohnte und sich riesig darüber freute, Deutsche kennen zu lernen. Die Mexikaner würden die Deutschen sehr schätzen, sagte er, das wäre vor allem das Verdienst von Alexander von Humboldt.

Wenn er das so gesagt hat, sollten wir uns Alexander von Humboldt in diesem Buch zumindest in einem Absatz widmen. Er dürfte ja tatsächlich der einzige Deutsche sein, dessen Ruhm auch heute noch bis in die USA, nach Russland, Frankreich und Japan reicht. Und eben auch, wie wir sehen können, bis nach Mexiko.

Gibt es dafür eigentlich eine Erklärung? Ich meine, außer Humboldt hat es ja auch noch andere große Deutsche gegeben. Goethe zum Beispiel.

Unter uns gesagt, kann ich diese Frage nur mit einem tiefen Blick ins Internet beantworten.

Traurig, traurig. Da sprechen wir von einem der größten Deutschen und müssen im Internet nachschauen, warum er denn so groß war.

Über Humboldt was aus dem Internet herauszuholen ist besser, als ihn in diesem Buch zu übergehen.

Richtig. Also schieß endlich los.

Zuerst vielleicht dieses Zitat: „Der Mann war nicht nur ein Forscher allerersten Ranges; er war schon vor zweihundert Jahren ein bekennender Weltbürger und ist als überzeugter Demokrat hervorgetreten. Jeglicher Rassismus war ihm fremd. Alexander von Humboldt war ein Universalgelehrter, aber kein Stubenhocker; seine abenteuerlichen Expeditionen können heute noch Menschen aus aller Welt begeistern. Umso bedauerlicher ist es, dass Deutschland sich zwar gern auf diesen faszinierenden Mann beruft, sein Werk jedoch kaum zur Kenntnis nimmt." („Die Andere Biblothek", 2004)

Da haben wir's schon. Ist ja hochinteressant. Hast du noch etwas auf Lager?

Klar, jede Menge. Sogar unendlich viel. Hier noch ein paar andere Zitate: „Humboldts Neugier umfasste Himmel und Erde. Ich wünschte, eine Zeitmaschine könnte ihm heute einen Blick aus einem Raumschiff auf die klaren Gipfel der Anden, den Golf von Mexico oder auf das Kaspische Meer bei Astrachan ermöglichen." (Sigmund Jähn, erster Deutscher im All)

„Er war der größte reisende Wissenschaftler, der jemals gelebt hat." – „Ich habe ihn immer bewundert; jetzt bete ich ihn an." (Charles Darwin, 1809-1882)

„*Das was Sie uns geleistet haben, geht so weit über die Poesie hinaus, dass die Poesie sich wohl anmaßen darf, Sie bey Leibesleben unter ihre Heroen aufzunehmen.*" *(Johann Wolfgang Goethe an Alexander von Humboldt)*

Und von Reinhold Messner stammt dieses Zitat: „*Sechs Andengipfel, sechs Erstbesteigungen im Gehrock vor fast zweihundert Jahren – ein beneidenswerter Vorgänger, ein bewundernswertes Vorbild!*"

Schön auch, was der derzeitige Bundespräsident Horst Köhler über Humboldt sagt: »*Er war neugierig. Er war mutig. Das war einer, der in die Welt hinausging, um die Welt anzuschauen und dann die Welt, die er so beobachtet hat, wissenschaftlich zu ergründen. Wie kaum ein anderer steht Alexander von Humboldt für das Beste an Deutschland, für unsere Stärken und Fähigkeiten. So einen könnten wir heute, im Jahr 2004, in Deutschland wirklich gebrauchen.*«

Sehr gute Zitate. Manchmal findest du auch was Gutes im Internet.

Einer, der in die Welt hinausging, um die Welt anzuschauen – eigentlich müsste ja der Bundespräsident auch euch belobigen.

Vielleicht macht er das ja noch, wenn er dieses Buch liest. Aber statt die Welt anzuschauen, wie es Humboldt getan und der Bundespräsident so gewürdigt hat, schauten wir uns den Schweinestall des jungen Mexikaners an. Er betrieb außer seinem Studium nämlich auch noch Schweinezucht. Mehr oder weniger aus dem Laden heraus fütterten sie eine Sau, die allerdings in einem richtigen Dreckloch hauste, anders kann man das nicht nennen. Eigentlich war es Tierquälerei, würde ich sagen.

Das war aber jetzt ein ziemlich krasser Übergang.

Trotzdem war das eine tolle Begegnung, nicht nur mit dem Studenten, sondern überhaupt mit diesen Leuten: auch schon am Abend zuvor. Wenn du sie verstehst, auch wenn du nicht ihre Sprache sprichst, kommst du vom Hundertsten ins Tausendste. Natürlich hätten wir auch immer nur *Hola, no hablo Español!* sagen können, wie es uns der Terry geraten hat, und wir wären aus dem Schneider gewesen.

Aber dann hätten wir auch gleich in Rottenbuch bleiben können.

Buchtipp: Von Mexiko-Stadt nach Veracruz.
Beiträge zur Alexander-von-Humboldt-Forschung, Band 25.
Tagebuch von Alexander von Humboldt.
Erschienen: 2005.
Aus der Reihe: «Beiträge zur Alexander-von-Humboldt-Forschung»,
ISBN: 3-05-004136-6. 184 Seiten.
Erschienen bei Akademie Verlag GmbH

---

34. Kapitel

Die Sierra Madre
und die schlimmste Fahrt der ganzen Reise

Einen ganzen Tag lang fuhren wir auf der 85, einer ausnahmsweise einmal gut ausgebauten Straße, Richtung Victoria. Wenn wir durch Ortschaften kamen, musste ich höllisch aufpassen, weil die Leute manchmal mitten auf die Straße irgendwas zum Trocknen hingelegt hatten. Immer wieder sahen wir auch Indiohütten, die aber aus der Ferne einen eher verwahrlosten Eindruck machten. Gegen fünf Uhr abends begann ich unruhig zu werden; wir hatten noch nichts gefunden, wo wir übernachten konnten.

Um diese Zeit wurde die Gegend bergig. Und als wir wieder mal eine starke Steigung erklommen hatten, sahen wir linker Hand eine Hütte mit einem Feuer davor und einen Mann, der Müll verbrannte. Da fragen wir mal, ob die was für uns haben, schlug ich dem Philipp vor. Der versprach sich davon aber weniger und war eher fürs Weiterfahren.

Das Miteinander von Fahrer und Beifahrer ist oft nicht so einfach; vor allem ist es nicht ganz fair, weil ja der Fahrer im Zweifelsfall, wenn schon nicht am längeren Hebel, so doch am Lenkrad sitzt und somit die Fahrtrichtung bestimmt. Philipp, kann ich mir gut vorstellen, muss manchmal darunter gelitten haben. Noch dazu wo ich einer bin, der stur oft genau nur das tut, was er für richtig hält.

Wenn es so war, lieber Philipp, möchte ich an dieser Stelle bei dir Abbitte leisten. Ich weiß, dass du es manchmal schwer mit mir hattest. Aber, dieses Kompliment muss ich dir schon machen, du hast dich wacker gehalten. Ein anderer wäre sicher öfter mal aus der Haut gefahren. Ich jedenfalls wollte so einen Schlaumeier, wie ich wohl einer bin, nicht so lange ertragen und neben mir sitzen haben. Auch das musste mal gesagt werden.

Ich bewundere den Philipp eh schon die ganze Zeit. Der muss ja wirklich ein ganz ein Pflegeleichter sein.

Der Philipp ist vor allem ein ganz Ruhiger und Besonnener. Davon wirst du noch eine Kostprobe bekommen, wenn ich gleich erzähle, was da noch alles geschah.

Als wir beim Haus angelangt waren, das zugleich wohl auch so eine Art Kiosk war, stand eine Frau davor. Ich fragte sie, ob sie ein Bier für uns hätte. Sie bejahte sehr freundlich, kredenzte uns das Bier, lud uns ein, Platz zu nehmen und stellte uns Stühle hin. Außerdem sollten wir ein paar Schritte machen und schauen, was es da zu sehen gab. Wir folgten ihr und waren ganz erstaunt, in vielleicht siebzig Meter Entfernung einen wunderschönen großen See zu sehen. Als wir wieder zum Kiosk zurückgingen, blinzelte ich durch die offene Tür und sah dort einen kleinen Herd drinstehen. Da fragte ich sie, ob sie uns auch was zum Essen

Idylle am Rande der Sierra Madre, nicht weit von Victoria. Weil es den Nockers hier so gut gefällt, verbringen sie an diesem Platz gleich mehrere Tage

kochen würde. Ja, gerne, sagte sie, heute hätte sie Fisch mit Bratkartoffeln im Angebot. Wir bestellten das Gericht, ohne weiter darüber nachzudenken. Als wir aßen, kam auch noch ihr Mann dazu, der zuvor Müll verbrannt hatte. Der aber sagte immer nur in einem fort: Salata! Salata! Einen Salat bestellten wir aber trotzdem nicht. Denn wenn ich auf meinen Reisen eins gelernt habe, dann war es das, dass man als Mitteleuropäer in solchen Ländern keinen Salat isst. Hast du das gewusst?

Na, du bist aber gut! Ich bin doch seit über zwanzig Jahren mit der Marianne zusammen. Was meinst du wohl, wie oft wir schon in solchen Ländern waren und ich dort eben keinen Salat esssen durfte, obwohl ich Salat ausgesprochen gern esse. Natürlich nur, wenn's kein Tomatensalat ist. Den mag ich nämlich von Haus aus nicht.

Viele Monate später habe ich diese Geschichte dem Terry Sayther erzählt. Und als ich ihm sagte, was wir da oben in den mexikanischen Bergen gegessen haben, schlug er, der Mexiko-Kenner, die Hände überm Kopf zusammen: Man dürfe um Himmels Willen in Mexiko doch keinen Fisch essen; der wäre ja voller Pestizide und Quecksilber. Ich kann nur sagen, uns hat dieses Essen gut geschmeckt. Vor allem aber haben wir es alle beide überlebt. So ein paar Pestizide und das bisschen Quecksilber können doch zwei gestandenen Bayern nichts anhaben!

Irgendwann sagte ich zur Frau, sie hätte uns mit einem guten Bier und einem wunderbaren Essen verwöhnt. Ob wir hier vielleicht auch unser Auto abstellen und übernachten könnten? Ja selbstverständlich, sagte sie. Ihr Mann und sie wären sowieso gerade dabei, das Ganze hier ein wenig touristischer aufzuziehen. Sie könnte uns so was wie ein kleines Hotel anbieten. Mit einer Terrasse und einem Dach aus Maisblättern. Das hörte sich gut an. Wir schauten uns das an und fanden es tatsächlich sehr romantisch. Also stellten wir unser Auto hin und bauten unser Dach-Nachtlager auf; es war ja nachts nicht kalt.

Maria Isabel und Hernandez Gonzales, die beiden vom Kiosk. In einem nahegelegenen See kann Philipp nach Herzenslust angeln, fängt aber keinen einzigen Fisch

Und weil es uns hier so gut gefiel, blieben wir gleich mehrere Tage. Auch dem Philipp gefiel es gut. Das füge ich ausdrücklich hinzu, weil er ja anfangs ein wenig herumgemosert hatte. Das war in der Nähe von Victoria. Ich weiß zwar noch, wie die beiden vom Kiosk hießen, nämlich Maria Isabel und Hernandez Gonzalo, aber nicht mehr den Namen des kleinen Hotels. Wenn es denn überhaupt schon einen Namen hatte; denn die Gastronomie steckte ja bei denen noch in den Kinderschuhen. Wir konnten dort in aller Ruhe unsere Reifen flicken; weil wir ja gleich ziemlich am Anfang, als wir nach Mexiko eingereist sind, eine Reifenpanne hatten. Habe ich das etwa nicht erzählt? Und der Philipp konnte nach Herzenslust im See angeln. Erwischt hat er allerdings nichts.

Abends kamen dann immer Freunde zum Kiosk, bestaunten das Auto und tranken ein Bier mit uns. Auch die Tochter, eine junge Lehrerin, die gut Englisch sprach, war manchmal mit dabei. Man ließ sie immer nur neben dem Philipp Platz nehmen, so dass ich schon fast den Eindruck hatte, dass da eine Art Anbahnung stattfinden sollte. Der Philipp ließ sich aber nicht aus der Ruhe bringen. Der hatte ja damals schon eine Freundin. Mit der weilt er übrigens gerade auf Bali, falls das hier jemanden interessiert, was offenbar nicht der Fall ist.

Am Mittwoch, 19. November, fuhren wir die 85 Richtung Süden und kamen nach Ciudad Valles, eine 100.000-Einwohner-Stadt im mexikanischen Bundesstaat San Luis Potosí. Zu meiner Freude sah ich gleich am Ortsanfang eine größere Ford-Werkstatt, es war nämlich höchste Zeit, das Auto wieder einmal abzuschmieren. Als wir davor anhielten um hineinzugehen, musste uns einer gesehen und diese Entdeckung sofort seinen Kumpels weitergegeben haben. Jedenfalls legten im Nu an die dreißig Beschäftigte ihre Arbeit nieder und versammelten sich draußen bei unserem Auto. Eine Arbeitsniederlegung der besonderen Art. Und als ich pantomimisch um eine Fettpresse bat und einer von ihnen auch tatsächlich so ein Ding anschleppte, rissen sie sich geradezu darum; alle wollten sie unser Auto abschmieren. Als wir danach losfahren wollten, machte es Peng! und wir hatten unseren zweiten Platten in Mexiko, diesmal links hinten. Ich konnte gar nicht so schnell schauen, schon war das Auto wieder aufgebockt und der Reifen geflickt. In der Zwischenzeit versorgte uns einer mit einer kleinen mexikanischen Flagge, die ich auch gleich am Auto befestigte. So ausgestattet, konnten wir künftig von einem Land zum andern fahren und, wie es bei der Schifffahrt üblich ist, Flagge zeigen: rechts die deutsche und links die von dem jeweiligen Land, in dem wir uns gerade befanden. Währenddessen schleppte ein anderer ein paar Aufkleber von Ciudad Valles an, zur Erinnerung an diese Stadt. Als ich sie befestigte, bekam ich auch noch Applaus von allen. Tat mir irgendwie gut.

Dann ging die Fahrt weiter Richtung Sierra Madre Oriental. Gut, man hatte uns von dieser Gegend eher abgeraten. Sie sei extrem bergig und voller Banditos. Weil aber unser Dixi in der Vergangenheit auch mit schlimmsten Steigungen zurechtgekommen war, schlugen wir alle Warnungen in den Wind und machten uns auf den Weg. Bevor es aber mit den Steigungen losging, wurden wir von fünf grimmig dreinblickenden Uniformierten gestoppt. In ziemlich scharfem Ton verlangte ihr Wortführer unsere Papiere. Er bekam sie, sofort und vollständig, und machte gleich ein etwas freundlicheres Gesicht. Und weil bei mir die Euphorie noch ein bisschen nachwirkte, die ich an der Ford-Werkstatt aufgetankt hatte, steckte ich jedem der fünf die obligatorische Dixi-Nocker-Spezial-Postkarte zu. Darauf wurden die Polizisten so nett, dass es uns schon fast wieder zu viel wurde. Als wir weiterfuhren, winkten sie uns sogar noch nach.

Bald darauf kamen wir in die Berge und durch ein paar indianische Dörfer, die einen unverfälschten Eindruck machten.

Nach einer Stunde Fahrt war es schon wieder an der Zeit, nach einem Platz zum Übernachten Ausschau zu halten. Aber es ging wirklich brutal steil bergauf. Manchmal musste der Dixi gegen Steigungen von zwölf Prozent ankämpfen. Rechts der Abgrund und links nichts wie Felsen. Anhalten unmöglich.

Bald darauf fing es zu dämmern an. An ein Hotel war hier mitten in den Bergen nicht einmal zu denken. An einer kleinen Ausbuchtung blieben wir stehen, um uns und unserem Dixi eine Verschnaufpause zu gönnen. Da hielt hinter uns ein Auto und zwei junge Mexikaner mit einem toll gekleideten, gut aussehenden Mädchen gesellten sich zu uns. Die Typen waren ziemlich tätowiert und wirkten ein wenig furchterregend. Irgendwas passiert gleich, dachte ich. Aber eigentlich bestaunten sie nur unser Auto und stellten die üblichen Fragen. Die Unterhaltung lief über das Mädchen, sie sprach gut englisch. Ob sie als eine Art Lockvogel fungierte? Ich tat mich schwer, sie einzuschätzen. Unvermittelt fragte sie uns, was wir hier überhaupt suchten. Eine gute Frage: Was suchten wir hier eigentlich? Ach so, ein Hotel. Ein Hotel?, fragte sie. Wenn das so wäre, würde sie uns allerdings raten, wieder zurückzufahren, denn hier oben würde es kein Hotel geben, nur Banditos. Die trieben in dieser Gegend ihr Unwesen. Wir sollten uns vor ihnen in Acht nehmen. Wenn wir aber wollten, sagte sie, könnten wir auch bei ihr und ihren Freunden übernachten; sie hätten Platz für uns.

Wie ich aber die Frau und vor allem die beiden Kerle mit ihren Tätowiertungen und finsteren Gesichtern so vor uns stehen sah, fiel es mir schwer, mir eine Nacht mit ihnen vorzustellen. Ein kurzer Blickkontakt mit Philipp – und ich wusste, wir dachten dasselbe.

Ich meine, vielleicht taten wir den Dreien unrecht. Nur weil einer tätowiert ist und finster dreinschaut, muss er nicht gleich ein Bandit sein. Aber irgendwie kam mir die Sache nicht geheuer vor. Also dankte ich ihr freundlich für das Angebot, vermied es aber zu sagen, was wir stattdessen vorhätten. Damit war das Gespräch beendet. Sie verabschiedeten sich, setzten sich in ihr Auto und fuhren weiter.

Wir warteten noch eine Weile und überlegten, wie es mit uns weitergehen sollte. Umzukehren und nach Ciudad Valles zurückzukehren, kam nach der fünfstündigen Fahrt für uns nicht in Frage. Hier stehen bleiben konnten wir aber auch nicht. Also setzten auch wir unsere Fahrt fort. Meine – allerdings durch nichts begründete – Hoffnung war, dass wir noch ein, zwei Stunden fahren und dann im wahrsten Sinne des Wortes über den Berg sein würden. Uns werde schon nichts passieren.

Das war abends um sieben.

Aber die Fahrt nahm und nahm kein Ende. Endlich gelangten wir an eine Kuppe und meinten, der Spuk habe endlich ein Ende und von hier aus könne es nur noch bergab gehen. Aber nein, nach wenigen hundert Metern ging es erneut steil bergauf. Mittlerweile war es stockdunkel.

Dann war es neun.

Es ging dann doch mal ein Stück eben dahin. An den Lichtern, die plötzlich vor uns wie aus dem Nichts auftauchten, konnten wir erkennen, dass wir uns auf ein Dorf zubewegten und atmeten auf. Wenigstens wohnten hier Menschen, und ob es rechtschaffene waren oder Banditen – es war uns im Augenblick egal. Am Dorfeingang wurden wir wie vor jeder mexikanischen Ortschaft von einem Schweller begrüßt. Wäre ich selbst ein Bandit, dachte ich, würde ich mir diese Schweller zunutze machen. Jedes Auto kann hier nur im Schritttempo drüberkriechen – die beste Gelegenheit, sich darüber herzumachen. Aber wir waren ja keine Banditen, sondern nur diejenigen, die sich bei jedem Schweller oder jeder Kurve vor einem Überfall fürchteten. Ja, wir bekamen es richtig mit der Angst zu tun. Natürlich war auch in diesem Dorf nichts los und von einem Hotel keine Spur. Also blieb uns gar nichts anderes übrig, als die Fahrt fortzusetzen und auf den nächsten Ort zu hoffen.

Um uns vor unliebsamen Überraschungen zu bewahren, kam der Philipp auf die Idee, aus dem Seitenfenster heraus mit dem Suchscheinwerfer jede Kurve auszuleuchten. Für mich als Fahrer war das Gold wert, was ich aus diese Weise alles erkennen konnte. Aber die Freude hielt nicht lange an, weil es draußen um diese Tageszeit hundsgemein kalt wurde. Erstaunlich nur, wie unbeeindruckt von allem in dieser Nacht unser Auto die Berge rauf und runter geschnurrt ist, so als hätte es mitbekommen, dass es uns in der Sierra Madre auf keinen Fall in Stich lassen durfte. Weil es sein Pensum so vorbildlich erledigte, redete ich ihm immer wieder gut zu und sagte ihm: Du schaffst das schon! Manchmal streichelte ich es auch ein bisschen; aber nur, wenn der Philipp nicht zuschaute. Sonst hätte er ja vielleicht angefangen, sich um den Zustand seines Vaters zu sorgen.

Irgendwann war es drei Uhr nachts.

Nach dreizehn Stunden bergauf und bergab waren wir so geschafft, dass wir einfach nicht mehr weiterkonnten. Wenn jetzt ein Ort kommt, beschlossen wir, dann bleiben wir einfach stehen. Egal, wie gut er uns gefällt. Nach einer kleinen Bergabfahrt kam auch einer. Als Erstes sahen wir linker Hand eine Polizeistation und schräg gegenüber, hundert Meter weiter, einen Parkplatz. Ein paar große Lastwagen standen drauf. Die Kombination Polizeirevier plus Parkplatz gefiel uns außerordentlich gut.

Mensch, sagte ich zu Philipp, hier bleiben wir erst mal. Der aber war um diese Zeit so fertig, dass er auch damit einverstanden gewesen wäre, wenn ich das Auto mitten auf der Fahrbahn abgestellt hätte.

Kurze Verschnaufpause in den Bergen der Sierra Madra. Egal, wo sie anhalten, immer tauchen Menschen auf, die was von den Nockers wissen oder mit ihnen und ihrem Dixi fotografiert werden wollen

Wir kuschelten uns auf die Sitze. Ins Zelt hinauf gingen wir nicht; es war ja schließlich kein Campingplatz. Und einfach wild campen wollten wir nicht. Schon gar nicht in Mexiko.

Aber an Schlafen war nicht zu denken. Erstens war es bitterkalt. Und zweitens befand sich der Parkplatz am Fuße jenes Gefälles, das wir zuvor heruntergefahren waren, und was auch immer wieder schwere Lastwagen taten. Es waren ja nicht viele, jede Viertelstunde kam einer daher und haute voll die Motorbremse rein. Am schlimmsten waren die Lastwagen mit Retarderbremse ohne Schalldämpfer – und das war die Mehrheit. Ungeniert bremsten sie den ganzen Berg herunter. Wie sollten wir bei diesem gigantischen, ohrenbetäubenden Furzen entspannt schlafen können? Manchen mexikanischen Lastwagenfahrern merkt man richtig an, wie sehr ihnen der Lärm Spass macht und wie gern sie andere Leute damit erschrecken. Drei Stunden hielten wir es aus. Dann mussten wir einfach weiter. Da war es vielleicht sechs, aber immer noch stockdunkel.

Natürlich konnten wir nicht wissen, dass uns die schwierigste Strecke noch bevorstand. Um sie zu bewältigen, mussten wir uns eine volle Stunde im zweiten Gang bergauf quälen. Ich wundere mich noch heute, wie das der Dixi schaffte. Er kam dabei nicht mal mehr auf Betriebstemperatur. Nicht mal auf 80 Grad, obwohl wir ja doch ständig in einer höheren Drehzahl fuhren. Wahrscheinlich war ihm das tausendmal lieber, als bei der Hitze tagsüber schuften zu müsen. Ich verstand ihn ja.

Später ging es irgendwann auch mal wieder bergab und wir dachten, jetzt haben wir es geschafft. Unten war eine Tankstelle mit einem großen Parkplatz. Da stellen wir uns noch mal hin, sagte ich zu Philipp. Es stand nur ein einziger Lkw da. Hinter ihm parkten wir, bauten nun doch unser Zelt auf und versuchten zu schlafen.

Es war Donnerstag, der 20. November, gegen sieben Uhr in der Früh.

Kaum hatten wir es uns todmüde bequem gemacht, kam der Tankstellenbesitzer daher und brüllte uns an: Wir sollten auf der Stelle abhauen, sonst würde was passieren. So was hatten wir in Mexiko noch nicht erlebt. Er tobte richtig. Da fragte ich ihn, ob er mit fünf Dollar einverstanden ist. Sofort war er wie ausgewechselt und gut aufgelegt. Fünf Dollar sind für einen einfachen Mexikaner viel Geld.

Aber mit dem Schlafen war es jetzt auch nichts mehr und so sagten wir: Nix wie weg von hier. Wir tankten noch bei ihm und machten uns wieder auf den Weg. Die Uhr zeigte halb acht.

Wir redeten zwar kaum noch was, waren uns aber einig: Das war die bisher schlimmste Fahrt auf dieser Reise. Dann näherten wir uns einer Kleinstadt. Am Ortsschild hielt ich an, stieg aus und küsste den Boden zum Dank dafür, dass wir das alles gut überstanden hatten und wir wieder auf einer besseren Straße fahren durften. Wir fanden auch gleich noch einen Laden, wo wir uns ein bisschen verpflegen konnten.

Das war unsere Fahrt durch die Sierra Madre. Wer über Mexiko auch nur ein bisschen Bescheid weiß, dem ist bekannt, dass diese Gegend zu den schlimmsten überhaupt gehört. Was die Kriminalität und die Straßenverhältnisse betrifft.

Als ich an einer Tankstelle Sprit nachfüllte, drängte sich ein Haufen finsterer Gestalten um unser Auto. Die waren mir jetzt auch Wurscht. In aller Seelenruhe machte ich heißen Tee; wir waren ja doch ziemlich übernächtigt und ausgefroren. Der Philipp schlief noch. Und als er wach war, wollte er nicht aufstehen.

Oder er konnte es einfach nicht.

Motel Lexus
Carr. Fed. México-Texcoco km. 2.3 La Magdalena, Atlipac, C.P. 56500 La Paz,

Hotel Quinto Sol
Av. Hidalgo No. 26, Barrio Purificaciòn, San Juan Teotihuacan, C.P. 55812

Hotel Miami
Carretera Fed., Alvarado, Alvarado-Veracruz km. 1

Cascades de Aqua Azul
Parque Natural Turistico

35. Kapitel

Teotihuacán, der Bundespräsident und ein Adlerkopf mit Federn

Und wohin geht es heute?
Zur Ausgrabungsstätte Teotihuacán. Liegt ungefähr 40 Kilometer nordöstlich von Mexico City, in der Mitte des Hochtales von Mexiko.
Wir fuhren immer nur nach Gefühl, denn wenn wir nach unserer Landkarte fuhren, verirrten wir uns andauernd. Nachmittags um vier Uhr waren wir dort.
Nun muss ich sagen, dass ich diese Ausgrabungsstätte schon vor gut zwanzig Jahren mal besucht habe, im Rahmen einer ganz normalen Reise. Trotzdem hat es mich auch jetzt wieder hingezogen. Aber wie so oft, wenn ich wieder an einen Ort komme, an dem ich vor langer Zeit schon mal gewesen bin, war ich ein wenig enttäuscht.
Woran lag's?
Keinesfalls daran, dass mich diese Ruinenstätte von der ersten indianischen Hochkultur Zentralmexikos nicht mehr so interessierte. Ich war damals einfach nur jünger gewesen und hatte das alles zum ersten Mal erlebt. Und mein Gedächtnis hatte diesen Ort anders abgespeichert.
Anders, als du ihn jetzt, beim zweiten Mal, wahrgenommen hast.
Ja. Wie ja überhaupt alles, was in der Vergangenheit für uns einmal schön und okay war, in Wirklichkeit oft gar nicht so schön und okay ist. Nimm ein Buch in die Hand, das du in deiner Jugend schon mal gelesen hast, und du wirst das bestätigen. Oder schau dir einen Film an, von dem du ganz früher mal begeistert warst: Er wird dich langweilen. Es ist so. Schade eigentlich.
Andersherum ist es ja vielleicht ganz gut so. Stell dir mal vor, wie schrecklich es wäre, wenn all das Negative, das sich im Laufe des Lebens so in uns ansammelt, sich nicht doch allmählich in der Erinnerung verklären oder, manchmal besser noch, ganz aus unserem Gehirn verabschieden würde.
Das stimmt natürlich auch wieder. Im Fall meines Wiedersehens mit Teotihuacán verhielt es sich so, dass ich vor allem über die rasante Zunahme des Kommerzbetriebs bestürzt war. Wobei es sich aber gewiss nicht um eine Verdrängung der oben beschriebenen Art handelte; nein, es war die pure Wirklichkeit. So ist es halt: Der immer mehr um sich greifende Tourismus macht nach und nach seine Ziele kaputt.
Und beraubt sich damit letztlich seiner Geschäftsgrundlage.
Zu besichtigen in Teotihuacán.
Leider nicht nur da.
Der Name Teotihuacán kommt aus dem Aztekischen. Die ursprünglichen Namen der Bewohner der Region und der Stadt, nach der heute das 30 Quadratkilometer große Areal benannt ist, sind unbekannt. Aber: Keine Stadt, kein Staat,

Die Ausgrabungsstätte Teotihuacán. Hier läuft Herbert N. dem deutschen Bundespräsidenten über den Weg, was zumindest für Herbert ein großes Erlebnis ist

kein Volk hat je größeren Einfluss auf das übrige Mesoamerika gehabt als Teotihuacán. Nicht einmal die Azteken, deren Kultur ein gutes halbes Jahrtausend später begann. Es ist auch nahezu sicher, dass Teotihuacán die Metropole eines Reiches war, das mächtiger war als später das der Azteken.

Das Internet lässt grüßen.

Na, wenn schon. Hauptsache, es ist interessant, oder?

Teotihuacán ist das größte religiöse Zentrum des aztekischen Mexikos. Die Bewohner hinterließen Bauwerke, die so monumental waren, dass die Azteken später behaupteten, Riesen hätten sie erbaut. Von den Bewohnern ist nicht viel bekannt. Es wird vermutet, dass sie aus dem Norden kamen und sich später mit Zuwanderern aus anderen Regionen vermischten. Man weiß, dass sie gute Bauern waren und Mais, Bohnen oder Baumwolle anbauten. Außerdem sollen sie sehr gute Weber, Töpfer, Maler und Schöpfer von schönen Mosaiken aus Halbedelsteinen gewesen sein. Typisch für die Teotihuacán-Keramik sind die zylindrischen Dreifußgefäße mit Deckel.

Teotihuacán war vom ersten bis zum siebten Jahrhundert besiedelt. Warum die Stadt dann verlassen wurde, ist nicht gänzlich geklärt. Bei Ausgrabungen wurden Brandspuren entdeckt; vielleicht war also eine Feuersbrunst die Ursache für das Verlassen der Metropole.

Übrigens sind aus dieser hoch entwickelten Kultur keinerlei Schriftzeichen übermittelt. Komisch, was?

Apropos Schriftzeichen. Nachdem wir unser Auto geparkt hatten, lasen wir auf einer Tafel, dass die Anlage bis 18.00 Uhr offen ist. Klar, dass der Philipp wild darauf war, die vielen Treppen zur Sonnenpyramide hinaufzusteigen – so wild, wie ich es vor zwanzig Jahren gewesen war. Diesmal aber wollte ich mir andere Sachen anschauen.

Von der Sonnenpyramide war der Philipp so begeistert, dass er sich auch noch die Mondpyramide vornahm. Immer bewaffnet mit der Fotokamera, die ich gleich sehr, sehr vermissen sollte. Schließlich zog es mich doch wieder auf die Sonnenpyramide hinauf, mit deren Bau bereits 200 oder sogar 300 Jahre vor unserer Zeitrechnung begonnen worden war.

Und als ich danach wieder auf dem großen Platz unten vor den Pyramiden stand, fuhr, von einem Traktor gezogen, ein Anhänger im Schritttempo an mir vorbei, auf dem eine Menge Leute saßen. Nur einer mitten unter ihnen, ein großgewachsener, schlanker und älterer Herr in dunklem Anzug, erhob sich auf einmal, suchte den Blickkontakt mit mir und fing gleichzeitig an, mir mit beiden Armen zuzuwinken. Ich schaute schnell nach links und rechts, ob auch wirklich ich der Adressat dieser Begrüßung war. Aber da ich ziemlich allein auf weiter Flur war und nur ein paar Holländer und Amerikaner weiter hinten noch herumstanden, konnte nur ich es sein, den der Mann meinte. Also ahmte ich seine Geste nach und winkte aufs Geratewohl zurück. Da erst erkannte ich ihn – unseren Bundespräsidenten Johannes Rau.

Ehrlich? Und er hat dir zugewinkt?

Ich schwör's dir.

Kanntest du ihn denn?

Ach wo. Woher soll ich ihn denn kennen?

Weiß ich nicht. Zuzutrauen wär's dir. Du quatschst ja jeden an, der dir über den Weg läuft. Und bist auch gleich mit jedem per Du. Darum kennst du ja auch Tod und Teufel.

Aber nicht den Bundespräsidenten. Wie gern hätte ich jetzt die Kamera gehabt und ein Foto von dieser wahrhaft einmaligen Szene gemacht! Das wär's nämlich gewesen. Und bevor ich noch darüber nachdenken konnte, wie toll es dann auch noch gewesen wäre, wenn es mir gelungen wäre, ihn vielleicht sogar zusammen mit unserem Rund-um-die-Welt-Dixi abzulichten, war der Tross schon wieder verschwunden und die Chance vertan.

Benommen ging ich ein paar Schritte weiter. Da sprach mich eine Frau auf Deutsch an:

„Na, haben Sie ihn erkannt, unseren Bundespräsidenten?"

„Ja, freilich", sagte ich, immer noch leicht verwirrt.

„Ich hab's gesehen, wie er Sie begrüßt hat."

„Und ich hätte ihn so gerne fotografiert, den Bundespräsidenten mit meinem alten Auto, das ich draußen auf dem Parkplatz stehen hab!"

„Ach so", sagte sie bewundernd, „dieses schöne Auto da draußen, das gehört also Ihnen? Da muss ich Ihnen ja fast gratulieren!"

So kamen wir miteinander ins Gespräch. Aber nur ein bisschen, weil die Geschichte mit dem nicht zustande gekommenen Foto mich immer noch wurmte und daran hinderte, einen vernünftigen Gedanken zu fassen. Ich war sozusagen auf stand by.

Am Parkplatz stand dicht neben unserem Auto ein großer Bus. Und als wir uns vorsichtig an ihm vorbeimanövrierten, um weiterzukommen, brach im Bus ein unbeschreibliches Gejohle aus. Wir sollten doch bitte noch mal anhalten, sie möchten unser Auto sehen und mit uns reden, schrien sie. Ein Bus mit deutschen Urlaubern, die an unserem Kennzeichen gesehen hatten, von wo wir herkommen. Wir taten ihnen den Gefallen, blieben noch mal stehen und stiegen wieder aus. War ja auch für uns schön, nach einer längeren Durststrecke wieder mal auf Deutsche zu treffen.

Das gibt's doch gar nicht, sagten sie, ihr hier, mitten in Mexiko, mit einem Oldtimer aus Deutschland!

Es war halt wieder mal ein großes Hallo, wie es für uns mittlerweile Routine war. Wir unterhielten uns mit einigen von ihnen, beantworteten die immer gleichen Fragen und erkundigten uns nach ihnen, was sie als Nächstes anschauen würden und wo sie wohnten. Das wusste insbesondere die mexikanische Reiseleiterin ganz konkret. Da fragten wir sie auch gleich, ob ihr ein günstiges Hotel für uns in der Nähe bekannt sei. Klar kenne sie eins, sagte sie, das Hotel Quinto Sol in der Avenida Hidalgo, und zeigte uns, wie wir dort hinkommen.

So fuhren wir kerzengerade zum Hotel Quinto Sol.

In diesem Hotel durften wir am Vorabend auch noch eine folkloristische Aufführung erleben. Weil ich mich hinterher mit einigen der Tänzer unterhielt und mich für ihre außergewöhnlichen farbenfrohen Trachten interessierte, kleidete mich einer von ihnen, ein ausgesprochener Spaßvogel, entsprechend ein. Der Philipp hat mich fotografiert, so dass es ein Bild gibt, das den Nocker aus Rottenbuch mit einer Art Adlerkopf und Federn zeigt. Steht mir eigentlich ganz gut, diese Tracht, finde ich.

Ein Bayer in Mexiko. Auf einer Folklore-Veranstaltung lässt sich Herbert N. von Einheimischen stilgerecht ein- und verkleiden. „Steht mir eigentlich ganz gut", findet zumindest er

Am Tag darauf, es war Freitag, der 21. November, schauten wir uns die heute 45.000 Einwohner zählende Stadt Teotihuacán ein wenig an, die einst die größte Stadt des amerikanischen Kontinents war. Teotihuacán, um das noch hinzuzufügen, bedeutet „Der Ort, wo man zu Gott wird" und der Legende nach versammelten sich hier die Götter, um über die Erschaffung des Menschen zu beraten. Wir waren aber nur hier, um uns die mittlerweile schon ziemlich langen Haare abschneiden zu lassen. Also

suchten wir einen Friseur. Wir fanden auch einen Schuppen, an dem FRISEUR geschrieben stand. Friseur heißt nämlich auch im Spanischen Friseur.
Gott sei Dank, sonst hättet ihr nie und nimmer einen gefunden.
Wir läuteten. Es dauerte ein Weilchen. Dann öffnete uns Mann mit schlechten Zähnen. Er stellte gleich klar, dass nicht etwa er der Friseur war, was für uns eine gute Nachricht war, sondern seine angetraute Frau. Diese trat dann auch bald persönlich in Erscheinung. Sie ließ uns in ihren Salon eintreten und schnitt jedem von uns die Haare – mit einer Hingabe und Klasse, die mich schon fast wieder an Angel Delgadillo, den grandiosen Figaro der Route 66, erinnerte. Meine Güte, wie lang war das schon her.

Anders als bei Delgadillo saßen wir jedoch bei dieser Künstlerin in einer richtigen Bruchbude, in der noch die Haare vom Vortag, wenn nicht sogar von der Vorwoche herumlagen. Das war uns wurscht. Hauptsache sie leistete vortreffliche Arbeit. Und das tat sie.

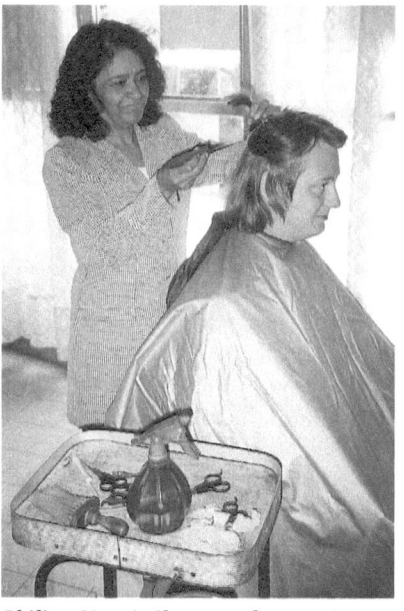

Philipp N., wie ihm gerade von einer mexikanischen Künstlerin ein Haarschnitt verpasst wird. Eine Freude für umgerechnet nicht ganz 5 Euro. Und das „im Ort, in dem man zu Gott wird"

Danach sahen wir wieder wie richtig aus. Das Vergnügen kostete jeden von uns 54 Pesos, fünf Euro pro Mann. Besser kann man sein Geld gar nicht anlegen.

Und weil uns gerade der Sinn danach stand, ließen wir uns von jungen Mexikanern anschließend auch noch die Schuhe putzen; sie hatten es dringend nötig.

Dringend nötig hatte auch unser Dixi was, nämlich frisches Öl. Also besorgten wir ihm eins. Er schien sich richtig zu freuen, als wir ihm sein kostbares Lebenselexier verabreichten.

Ein Vormittag, an dem wir alle drei zufrieden waren. Mit uns, unserm Schicksal und überhaupt. Und das so fern der Heimat. Irgendwo in Mexiko.

Hotel Quinto Sol
Av. Hidalgo No. 26, Barrio Purificaciòn, San Juan Teotihuacán, C.P. 55812

36. Kapitel

Begegnung mit einem Namenlosen

Das Tagesziel am Samstag, den 22. November ...
... hieß Puebla. Weil wir so überhaupt gar keine Ahnung hatten, wie es von Teotihuacán aus weiterging, machten wir den Fehler, uns an unsere Straßenkarte zu halten. Wie vorauszusehen war, wurde daraus auch wieder eine Irrfahrt. Sie fing so an, dass uns die Karte weismachen wollte, wir müssten, um nach Puebla zu kommen, erst mal durch Mexico City. Diesen Moloch, diese wahrscheinlich größte Stadt der Welt, wollten wir aber gerne umgehen. Das schon deshalb, weil ich vor zwanzig Jahren, als ich schon mal da war, überfallen worden bin. Das steckte mir noch in den Knochen.

Nun wusste ich noch, dass es um diese Stadt herum eine Ringstraße gibt. Was ich nicht wusste, war, dass man für sie Maut bezahlen muss. Gut, haben wir also Maut bezahlt. Aber schon nach einem halben Kilometer huschten wir an einem Schild vorbei, auf dem wir was von Puebla lasen. Gehorsam verließen wir die Ringstraße wieder. Gleich darauf kam ein Kreisverkehr und nach hundert Metern noch einer – aber nach einem Hinweis auf Puebla suchten wir vergeblich. Und als er zu unserer Freude dann doch wieder unerwartet auftauchte und wir ihm folgten, waren wir prompt wieder auf der Ringstraße und mussten erneut Maut bezahlen.

Entweder wurden wir hier richtig gelinkt, oder wir kapierten das System einfach nicht. Wahrscheinlich war es beides. So kurvten wir gute zwei Stunden herum, bis wir endlich eine Straße fanden, die angeblich nach Puebla führte. Aber gerade, als wir anfangen wollten, uns darüber zu freuen, mussten wir feststellen, dass wir wieder in Teotihuacán waren. Es war zum Heulen. Wir sind ja eigentlich nicht blöd, dachten wir, und können uns normalerweise ganz gut an den Himmelsrichtungen orientieren. Aber in dieser Stadt und ihrer vertrackten Ringstraße versagten alle unsere Instinkte.

Außerdem wollten wir nicht andauernd zur Kasse gebeten werden.

Also suchten wir jemanden am Straßenrand, der uns weiterhelfen konnte. Endlich fanden wir jemanden, der uns halbwegs vertrauenerweckend erschien. Er zeigte uns zwar den richtigen Weg Richtung Puebla. Allerdings mussten wir in Kauf nehmen, noch mal nach Mexico City reinzufahren, was wir ja eigentlich um jeden Preis vermeiden wollten. Aber es half nichts, da mussten wir durch, buchstäblich. Da kamen wir auf einmal an einem richtigen Luxus-Hotel vorbei. Eigentlich nicht genau das, was wir suchten. Aber weil wir von dem Herumgeirre in Mexico City die Nase voll hatten, checkten wir kurzentschlossen ein; in der Hoffnung, es würde uns schon kein Vermögen kosten.

Das Luxushotel trug den schönen Namen Motel Lexus. Teuer und gut. Natürlich mit TV. So dass wir mit einem James-Bond-Film und dem beruhigenden Gefühl, dass James-Bond-Filme auch nicht mehr das sind, was sie mal waren,

Dixi mit Philipp vor mexikanischer Landschaft. Die zum Teil miserablen Straßen setzen dem Oldtimer, aber auch den beiden Reisenden zuweilen ganz schön zu

einschlafen konnten. Das war am Freitag, 21. November. Zum Ausgleich übernachteten wir am Tag darauf versehentlich in einem Motel, in dem man normalerweise mit einer Frau, jedoch nicht der eigenen, absteigt. Wie gesagt: versehentlich. Wir bemerkten das erst gegen Mitternacht. Und da war's uns dann auch egal. Worauf es uns ankam, war, dass der Schuppen gut und nicht zu teuer war. Und mit umgerechnet 25 Dollar war er das auch nicht. So günstig war der Preis, dass wir noch eine weitere Nacht in dieser Absteige blieben.

Aha. Da wird sich die Resi aber ihren Teil denken, wenn sie diese Passage liest.

Genau. Sie wird sich denken, hoi, die sind aber sparsam mit dem Geld umgegangen!

Weil wir in den letzten Tagen viel durch staubige Gegenden gefahren waren, wollte ich den nächsten Tag nutzen und unser Auto abschmieren. Frisches Öl hatte er ja erst bekommen.

Auf der Suche nach einer Werkstatt gingen wir in Richtung Stadtzentrum. Schon nach zwei Kreuzungen entdeckten wir eine Werkstatt, die sich vor allem dadurch auszeichnete, dass sich bei ihr ziemlich alles im Freien abspielte. Dort gab es auch zwei Gruben, so dass ich, wenn wir dann später mit unserem Auto anrückten, den Dixi auf so eine Grube stellen und bequem von unten abschmieren könnte.

Aber so weit waren wir noch nicht. Noch standen wir da und schauten dem Treiben zu. Da kam ein Mann auf uns zu, der nicht wie ein Mexikaner ausschaute. Er war auch keiner. Es war ein Amerikaner, und ihm gehörte der ganze Laden. Männer wie ihn trifft man unterwegs immer wieder. Sie sind braungebrannt, hager und schlecht rasiert. Sie können über fünfzig sein, aber wenn sie reden, wenn ihre Augen leuchten, und wenn sie sich bewegen, dann wirken sie um die Hälfte jünger. Traveller eben. Er aber war was anderes.

Ich weiß seinen Namen nicht mehr, und selbst wenn ich ihn noch wüsste, würde ich den Teufel tun, ihn hier preiszugeben. Denn der Amerikaner hatte nicht das geringste Problem, uns zu erzählen, dass er ein Aussteiger war, und zwar einer mit krimineller Vergangenheit. Deshalb musste er sich hier in Mexiko verstecken. So, wie er uns das schilderte und wie er uns vorkam, musste er schon was Größeres auf dem Kerbholz haben. Offensichtlich wurde er in Mexiko aber nicht von den US-Behörden verfolgt. Als Existenzgrundlage hatte er diesen Betrieb aufgezogen und sich mit seinem Service, klar, auf amerikanische Autos spezialisiert.

Wie denn das Geschäft so geht, wollte ich von ihm wissen. Gut, sagte er, Sie sehen es ja. Und wies mit großer Geste auf seinen Betrieb.

So ungefähr wie der Trigema-Chef, dessen Auftritt in unserem Werbefernsehen kurz vor der Tagesschau immer von einem Bananen fressenden Affen angekündigt wird?

So ungefähr, ja, Anders als beim Trigema-Chef werkelten bei dem Amerikaner aber nur an die sechs, sieben Leute.

Die er auch bestimmt nicht ganz so hoch bezahlt hat wie sein deutscher Kollege.

Das kann schon sein. Aber immerhin. Ich fand den Typen schon irgendwie bewundernswert. In diesem Augenblick schien er es zu genießen, freimütig mit Leuten sprechen zu können. Mit Unbekannten, von denen er nicht befürchten musste, dass sie ihn danach verpfeifen.

Und was lernen wir daraus?

Dass du, wenn du was ausgefressen hast, in Mexiko, wo es eh ziemlich drunter und drüber geht, bestimmt leichter untertauchen kannst als anderswo. Und dass du hier, wie man an diesem Beispiel sehen konnte, auch gute Geschäfte machen kannst.

Aber du musst versteckt leben und ständig auf der Hut sein. Ob das auf Dauer eine so große Freude ist?

Ich kann's mir nicht so recht vorstellen.

Nach getaner Arbeit wollte er uns für abends zum Essen einladen, er würde hier ein paar nette Lokale kennen. Aber mir war die Sache dann doch nicht so ganz geheuer, auch wenn er ein zugegebenermaßen guter Typ war. Ich dankte ihm für die Einladung und redete mich darauf hinaus, dass wir morgen leider schon in aller Früh weitermüssten.

Da zeichnete er uns noch schön auf, wie es von hier aus am besten nach Puebla geht.

Motel Lexus
Carr. Fed. México-Texcoco km. 2.3 La Magdalena, Atlipac, C.P. 56500 La Paz

37. Kapitel

Krabben, Fernsehen, Autogramme

Tatsächlich waren wir am nächsten Tag geistig so frisch, dass es uns mit der Skizze des namenlosen Amerikaners auf Anhieb gelang, erstens wieder aus Mexico City herauszufinden und zweitens auf die Straße nach Puebla zu kommen. Kaum waren wir drauf, wurden wir auch schon von der Transitpolizei gestoppt. Drei Männer, die unsere Lizenz sehen wollten. Kein Problem, sie klebte ja an unserem Auto. Da waren wir dann nachträglich doch froh, dass wir sie damals bei unserer Einreise in Laredo noch besorgt hatten, trotz der Umstände. Die Polizisten waren dann sehr freundlich und zeigten uns, wie wir nach Puebla kommen. So lieb und brav waren sie, dass ich sie sogar noch fotografieren durfte.

Dann ging's zur Abwechslung mal wieder viel bergauf, so dass bei uns die berechtigte Frage auftauchte: Besteht dieses Land denn nur aus Bergen? Nach etlichen Stunden ging es dann auch wieder mal bergab. Wir konnten von weitem Puebla sehen und kamen wieder in flachere Gegenden. Trotzdem: Puebla liegt immer noch 2270 Meter hoch, Mexico City sogar noch ein bisschen höher. Und wieder hatte der Dixi eine enorme Leistung vollbracht. Ich konnte richtig stolz auf ihn sein.

Und diese schlechten Straßen! Wenn du das Gefühl hattest, jetzt geht's auch mal ein Stück eben dahin, dann tauchte unverhofft wieder ein riesengroßes Schlagloch auf. Mit einem andern Auto kannst du ihm ja vielleicht ganz gut ausweichen. Aber mit dem Dixi Slalom fahren, ist beinahe ein Kunststück. Es kostet vor allem eine Menge Kraft. Und im letzten Moment landest du dann eben doch ab und zu in so einem Loch.

Die Fahrerei in Mexiko war schon sehr anstrengend, für den Fahrer und fürs Auto. Und sicher auch für den Beifahrer, der sich nicht einfach zurücklehnen kann, sondern immer mit angespannten Arschbacken dasitzen muss. Doch, der Philipp musste schon auch eine Menge ertragen.

Dafür wurden wir mit der Sicht auf wunderschöne Bergdörfer belohnt, konnten Indios beim Maispflücken zuschauen und uns am Geschrei der Kinder erfreuen, wenn wir an ihnen vorbeifuhren. So ein Auto hatten sie noch nie gesehen. Und würden es auch nie wieder sehen.

Puebla, um das vorauszuschicken, ist die Hauptstadt des gleichnamigen Bundesstaates Puebla, wurde 1531 gegründet, ist heute eine der größen Städte Mexikos und hat, wie wir uns beim Durchfahren überzeugen konnten, noch viel von ihrem kolonialen Charme bewahren können.

Dem Internet entnehme ich, dass hier am 5. Mai 1862 die erfolgreiche Schlacht gegen die Franzosen stattgefunden hat. Heute ist dieses Datum in Mexiko nationaler Feiertag. Puebla ist außerdem Namensgeber für die typisch mexikanische „mole poblano", eine Schokoladensauce, die zusammen mit Huhn gegessen wird. Ein Nationalgericht, dass wir aber nicht ausprobiert haben.

Mittelpunkt der Stadt ist die Plaza de Armas (Zócalo), die deshalb wunderschön ist, weil zahlreiche Bäume und allerhand Pflanzen dem müden Autofahrer und seinem Copiloten erholsamen Schatten spenden. Von den Türmen der Kathedrale aus dem 17. Jahrhundert hat man eine fantastische Aussicht auf die Vulkane Popocatépetl und Iztaccíhuatl. Fast protzig wirkt die reich mit Gold verzierte Kuppel der Capilla del Rosario im Innern der Iglesia de Santo Domingo. Ebenso schön verziert, jedoch aus ganz anderem Material, ist die Fassade der Casa del Alfeñique, was übersetzt „Zuckerbäckerhaus" bedeutet. Tatsächlich wurde den ohnehin schmückenden Talaverakacheln mit dem Stuckwerk das Sahnehäubchen aufgesetzt. Im Innern ist das Regionalmuseum untergebracht.

In Puebla hat es von *New Beetles* nur so gewimmelt. Ist ja auch kein Wunder: Volkswagen hat seit 1964 ein Werk mit einer Produktionskapazität von über 400.000 Fahrzeugen und 500.000 Motoren. In Puebla werden der Jetta und der New Beetle für den Export in die ganze Welt gebaut. Bis kurz vor unserem Besuch in Puebla, nämlich bis Juli 2003, lief auch noch der legendäre „Käfer" vom Band. Mit 14.000 Mitarbeitern ist VW einer der größten Arbeitgeber in Mexiko. Infolge des Engagements von Volkswagen hat auch eine Reihe mittelständischer Unternehmen aus Deutschland Werke in Puebla eröffnet.

Irgendwann fuhr ein Ami-Pick-up direkt neben uns her, mit lauter Mexikanern, die uns zuwinkten. Mexikaner in dunklen Anzügen und mit Krawatten – ein eher seltener Anblick. Einer beugte sich vor und rief uns in bestem Deutsch zu: „Ich wünsche Euch eine gute Fahrt!" Ich denke mal, dass das alles Manager von VW waren, die einen Deutschkurs absolviert hatten. Wir winkten enthusiastisch zurück und ließen dazu auch noch unsere Hupe ertönen.

Immer und überall mussten wir an Mautstellen halten und blechen. Mal bei einer Brücke, mal bei irgendeiner Straße. Es war nicht viel, was wir jedesmal bezahlen mussten, aber es addierte sich. Davon hatte uns weder ein Mensch was gesagt, noch war darüber in unseren schlauen Büchern zu lesen.

Von Puebla aus, wo wir uns nur ein paar Stunden aufhielten, ging es für uns Richtung Veracruz weiter. Dort wollte ich deshalb unbedingt hin, weil ich auch da schon mal vor zwanzig Jahren war. Aus unerklärlichen Gründen reizte es mich, meinen eigenen Spuren zu folgen. Ein besonderer Fall von Nostalgie wahrscheinlich. Aber wir schafften es auf der Autobahn 150 nur bis hundert Kilometer vor Veracruz, weil wir dort auf ein Restaurant stießen. Das gefiel uns so gut, dass wir im dazugehörenden Hotel auch gleich übernachteten.

So kamen wir erst am Sonntag, 23. November, nach Veracruz. Die Landschaft des gleichnamigen Bundesstaates erlebten wir als abwechslungsreich, wir sahen sanfte Hügel und dicht bewaldete Berge, dazu Flüsse, Seen, Lagunen und endlos weite Ebenen.

Im Bundesstaat Veracruz bedeckt tropische Vegetation weite Teile der Küstenlinie. Die Golfküste von Veracruz mit ihren 750 Kilometern Stränden gilt nicht gerade als ein klassisches Badeziel; aber die besten Strände finden sich an der Costa Esmeralda und südlich von Veracruz. Veracruz grenzt im Osten an den Golf von Mexiko, im Norden an Tamaulipas, im Südosten an Tabasco. Westlich grenzt Veracruz an die Staaten Puebla, Hidalgo und San Luis Potosl, im Süden an Oaxaca und Chiapas. Der beste Kaffee des Landes wird nahe der Städte Cordoba und Orizaba geerntet, die weltweit beste Vanille stammt aus der Gegend um Papantla.

Der heutige Bundesstaat Veracruz gilt als die Wiege der mexikanischen Kultur. Im Süden haben die Olmeken, die Mutterkultur Mexikos, ihre tonnenschweren Spuren hinterlassen. Das Alter der markanten Kolossalköpfe, aus Basaltstein gehauen, wird auf über 3000 Jahre geschätzt. Erst seit Anfang dieses Jahrhunderts wird die Kultur der Olmeken erforscht. Im nördlichen Landstrich lebten die Huaxteken. In Zentral-Veracruz mit El Tajín als wichtigstem Zentrum gab es verschiedene Kulturen, ehe sich in der Postklassik die Totonaken niederließen.

Ich staune, was du alles weißt, seit du selber im Internet herumsurfen kannst. Waren nicht die Totolaken auch die Erfinder vom Fußballtoto?

Die hießen nicht Totolaken, sondern Totonaken. Musst schon ein bisschen hinhorchen, ehe du deine seltsamen Späßchen in unserem Buch treibst. Würden sie Totolaken geheißen haben, hätten sie übrigens den Totoapparat erfunden.

Ein seltsames Späßchen.

In der Stadt Veracruz freuten wir uns schon richtig auf die mexikanischen Krabben, die ich damals – ja, schon wieder die Nostalgie! – immer gern gegessen hatte, weil sie so groß sind. Jedenfalls viel größer als die europäischen. Also peilten wir gleich den Hafen an. Die Lokale machten alle einen topsauberen Eindruck. Bevor wir aber mit dem Krabbenessen loslegten, schauten wir uns erst noch den Fischmarkt an. Dort aber ging es derart unappetitlich zu, dass uns erste Zweifel an unserem Vorhaben kamen. Das Zeug lag alles in Blutlachen herum und die Hitze trug dazu bei, dass alles fürchterlich zum Himmel stank. Weil mir alles so furchtbar erschien, nahm ich die Kamera, um dokumentarisch belegen zu können, was hier so abging; sonst glaubt es einem ja keiner.

Da machte es Ratsch! Wollte mir doch tatsächlich einer den Fotoapparat aus der Hand schlagen!

Du meinst den Totoapparat.

Ha, ha. Damit war uns die Lust auf Krabben endgültig vergangen. Stattdessen suchten wir das alte Grand Café. Das wäre berühmt, hatte man uns gesagt. Ich weiß aber nicht mehr, warum. Jedenfalls sind wir hin und aßen dort Spaghetti Bolognese und tranken ein vorzügliches mexikanisches Bier dazu.

Frisch aus dem Internet gezapft hier noch ein paar Anmerkungen zur Stadt Veracruz. Sie war über Jahrhunderte hinweg das wichtigste Eingangstor in die »neue Welt« und ist traditionell Mexikos wichtigster Importhafen am Golf und die älteste Stadtgründung der Spanier auf mexikanischem Boden. Die reichen Güter, die auf den Schiffen von und nach Europa verladen wurden, lockten Piraten an, dadurch wurde Veracruz das Ziel von zahlreichen Überfällen, bis die Befestigung der Stadt Mitte des 18. Jahrhunderts mit einer Mauer und neun Bastionen abgeschlossen war. 1519 landete Hernán Cortés nahe der Insel San Juan de Ulúa und gründete symbolisch die „reiche Stadt des wahren Kreuzes – Villa Rica de

Ein Fernsehteam interessiert sich für die Nockers, ihren Dixi und die Strecke, die sie bereits zurückgelegt haben. Der Dixi – oder ist es gar einer von den Nockers? – lockt immer wieder auch junge Damen an. Herbert und Philipp können das gut ertragen

la Vera Cruz", um von hier aus seinen Eroberungszug anzutreten. Das spanische Hauptquartier wurde mehrfach verlegt, ehe 1597 la Nueva Veracruz, das heutige Veracruz, zum Hafen- und Verwaltungsort ausgebaut war.

Die besondere Anziehungskraft der Stadt liegt in der einzigartigen Atmosphäre. Die Einwohner von Veracruz werden Jarochos genannt. Und »San Jarocho« ist ihre ganz spezielle Musikform, die auf einem stampfenden Rhythmus beruht.

Wir lernten diesen *San Jarocho* ein wenig kennen, als wir auf dem Weg zurück zum Auto an einer kleinen Kaserne vorbeikamen und dort für einen Empfang eine Kapelle bestehend aus weiß gekleideten Seemännern aufspielte.

Woher weißt du, dass es ein San Jarocho war?

Weil er als Übergang vom Internettext zu meinem so gut gepasst hätte. Okay, sie haben also keinen *San Jarocho* gespielt. Es kann was völlig anderes gewesen sein; so intensiv habe ich mich mit der mexikanischen Musik nun auch wieder nicht auseinandergesetzt.

Als wir wieder zu unserem Auto kamen, konnten wir es kaum sehen, so viele Leute standen drumherum. Mitten drin einer mit einer riesigen Filmkamera. Ja, was ist denn da schon wieder los?, fragten wir uns. Das Fernsehen war los. Man wartete schon auf uns und sie fragten, ob sie nicht eine Reportage von uns machen könnten. Warum eigentlich nicht? Allerdings sprach nur ein Einziger von denen Englisch. Sie baten uns, auf dem auf der linken Seite des Autos abgebildeten Reiseverlauf mit der Hand zu zeigen, wo wir überall herumgefahren waren und wo wir noch hinwollten. Sie fanden das alles wunderbar. War es ja auch, oder?

Zum Schluss wollten sie, dass wir fürs Fernsehen noch einen Satz auf Spanisch hersagen. Den mussten wir erst noch schnell lernen, denn außer *Hola, no hablo español!* und *Viva México!* waren unsere Spanischkenntnisse nicht ganz so gut. Also sagte man uns den Text, den wir zu sprechen hatten, ungefähr dreimal vor. Anschließend mussten wir ihn bei laufender Kamera nachsagen. Es klappte auf Anhieb.

Weißt du diesen Text noch?

Nein.

Ihr habt also im Fernsehen irgendwas nachgeplappert?

Ja. Und als wir dann später in eine andere Stadt kamen, kannte man uns schon vom Fernsehen und wir wurden um Autogramme gebeten. Wir dachten, es würde genügen, wenn wir unsere berühmten Karten verteilen. Aber nein, sie wollten sie nur mit unseren Unterschriften. Also gaben wir Autogramme. Dabei wurden wir von anderen Leuten beobachtet. Und gleich rückten auch sie an mit Prospekten, Notizbüchern und allem möglichen Kram, auf dass wir dort unsere Autogramme draufsetzen. Ein Riesenspektakel. Alle glaubten, wir wären berühmte Leute. Nach ein paar Minuten glaubten wir es selber.

Das ist halt so: Wenn einer mit so was anfängt und ein Autogramm oder sonstwas will, dann wollen es alle anderen auch. Egal, was es ist.

Auch ein anderes Mal, als wir auf einer Bank Geld abheben wollten, strömten die Angestellten aus ihrem tristen Gebäude und wollten unser Auto anschauen. Das war überall dasselbe.

Und hat euch ja auch Spaß gemacht.

Ehrlich gesagt? Ja. Wann erlebt man so was schon? Von Veracruz fuhren wir weiter Richtung Villahermosa. Ungefähr 70 Kilometer davor stießen wir auf das Auto Hotel Villamagna, in das wir eincheckten. Und weil uns das ganze Tamtam mit dem Fernsehen und den Autogrammen durstig gemacht hatte, genehmigten wir uns noch ein Negra Modelo, was das landesübliche Bier ist, und gingen danach erschöpft und abgefüllt, aber fröhlich zu Bett.

Hotel Miami
Carretera Fed., Alvarado, Alvarado-Veracruz km. 1

Auto Hotel Villa Magna
Villahermosa

Cascades de Aqua Azul
Parque Natural Turistico

38. Kapitel

Von den Mayas zum Schnellkochtopf

Am nächsten Tag, es war Montag, der 24. November, fuhren wir schon um neun Uhr los, weil wir nach Villahermosa kommen wollten und es dorthin noch sehr, sehr weit war. Erst kamen wir nach San Andreas Tuxla. Von da aus ging es dann los mit den absolut schlechtesten Straßen in Mexiko, die auch zugleich die absolut schlechtesten auf unserer ganzen Reise waren und vielleicht auch die absolut schlechtesten auf der ganzen Welt sind. Da gab es Straßenlöcher, die so groß waren, dass unser Dixi zumindest von seiner Breite her bequem hineingepasst hätte. Es war verheerend. Und das auf einer Strecke von gut hundert Kilometern.

Einmal sind wir auch tatsächlich in so ein Loch gestürzt, mit der Folge, dass der hintere Reibungsstoßdämpfer brach. Dabei donnerte auch ein anderes Teil gegen den Zusatztank, den ich hinten eingebaut hatte, um nicht alle paar Kilometer neu auftanken zu müssen. Eine Nockersche Spezialkonstruktion. Gott sei Dank bekam sie nichts ab. Im schlimmsten Fall hätte bei diesem Vorfall nämlich dieser Zusatztank durchgeschlagen werden können. Ich weiß nicht, wie wir dann in dieser gottverlassenen Gegend weitergekommen wären. So banden wir den Dämpfer einfach oben fest, was das Fahrverhalten nicht beeinträchtigte, und der Fall war erledigt. Zumindest vorerst. Bei besserer Gelegenheit würde man das schon noch mal richtig reparieren müssen.

Und wieder einmal, wie jeden Tag, suchten wir einen Platz zum Übernachten. Und wie so oft kam und kam nichts. Schließlich fing es auch noch zu regnen an und es wurde immer dunkler. Die Sicht war miserabel und die Fahrt wurde gefährlich. So konnten wir nicht weiterfahren.

Wir hofften auf eine Tankstelle, und es kam auch bald eine, die wohl gerade neu gebaut worden war, weil alles noch ein bisschen im Rohbau war. Aber wir sagten, die passt uns, und stellten uns dort hin. Hundert Meter weiter war eine Mautstelle in Sicht, wieder mal eine. Wir waren uns einig, da jetzt nicht mehr drüberzufahren, sondern an der Tankstelle zu bleiben. Bevor wir uns häuslich niederließen, fragte ich noch einen der Arbeiter, ob wir hier stehen bleiben dürften und hielt ihm eine Handvoll US-Dollar hin. Und stellte ihm eine weitere Handvoll in Aussicht, wenn er bereit wäre, ein bisschen auf uns aufzupassen; in dieser Gegend trieben sich doch allerhand zwielichtige Leute herum. Er versprach es, und wir konnten später auch beobachten, wie er immer wieder zu uns rüberschaute. Wir hatten ihm auch gesagt, dass wir am nächsten Tag schon ganz früh losfahren und ihm somit nicht über Gebühr zur Last fallen wollten.

Wir schliefen gut, machten uns wie vereinbart frühzeitig wieder auf den Weg und erreichten gegen zehn Uhr vormittags Villahermosa.

Als Erstes wollte ich dort den Reibungsdämpfer in Ordnung bringen und überhaupt das ganze geschundene Auto überprüfen. Tatsächlich fanden wir ein Motel mit einer Garage, in der wir am Dixi arbeiten konnten, ebenso eine Werkstatt, in der man uns den Reibungsdämpfer schweißte, den wir zuvor ausgebaut hatten. Das kostete 480 Pesos, also ungefähr 48 Euro, was schon fast ein bisschen teuer war für diese Gegend. Zuletzt stellten wir noch mal die Ventile ein, und das Auto war wieder okay.

Dann schauten wir uns den Ort ein wenig an. Villahermosa ist die Hauptstadt des Staates Tabasco, hat über 250.000 Einwohner. Eine neureiche Stadt, die vor über zehn Jahren durch Ölfunde zu Geld gekommen ist. Größte Attraktion ist der Parque-Museo La Venta, ein Tierpark, gepaart mit einer Freiluftausstellung von Olmekenfunden. Schon allein die große begehbare Kuppel mit Vögeln aller Art ist den Eintritt wert. Vor allem die Papageien und Tukane kann man dort sehen. Das Museum im Freien sucht ebenso seinesgleichen. Perfekt wurden die riesigen Olmekenköpfe und Altäre in einen Urwaldwanderpfad integriert. Manche der Köpfe wiegen über zwanzig Tonnen und wurden von den Olmeken ohne die Kenntnis des Rades bearbeitet und bewegt. Wie sie das gemacht haben – man weiß es bis heute nicht.

Eine Besichtigung wert gewesen wären auch sicher die Maya-Ruinen von Comalcalco bei Villahermosa. Nur hatten wir leider nicht die Zeit dafür. Wir mussten sie für profanere Erledigungen nutzen. Zwar sahen wir uns eine oder zwei der alten spanischen Kirchen an. Dann aber kauften wir uns frische Krabben und Eier, um sie im Hotel zu brutzeln. Nicht im Hotelzimmer, sondern im Bad. Wegen des Rauchmelders. Ich habe das ja schon mal alles beschrieben.

Am Mittwoch, 26. November, machte ich in der Früh, ehe wir losfuhren, noch ein bisserl an der Handbremse herum. Dann ging es auf der 199 weiter Richtung Palenque. Kurz davor wurden wir von einem Dutzend Militärsoldaten aufgehalten. Sie gebärdeten sich anfangs richtg grimmig, ich weiß nicht warum. Als wir aber erzählten, dass wir aus Deutschland kommen und Ausgrabungsstätten besichtigen wollten, wurden sie freundlicher. Als wir weiterfuhren, konnte ich im Rückspiegel sehen, wie sie uns noch ewig nachwinkten.

Palenque liegt auch auf einer Anhöhe und man muss in Serpentinen hochfahren. Kurz vor dem Ziel fing der der Kühler an zu kochen und wir mussten stehen bleiben. Es war wieder einer dieser ganz heißen Tage. Hohe Temperaturen und starke Steigungen zu gleicher Zeit, das mag unser Dixi einfach nicht. Es bedeutet eine Anstrengung für Mensch und Material. Nach einer kleinen Pause fuhren wir weiter und waren in Palenque. Dort wurden wir beim Parken von Indios eingewiesen, die sich auch bereit erklärten, auf das Auto aufzupassen. Wir steckten ihnen dafür ein paar Pesos zu.

Dieser Umweg nach Palenque – auch hier war ich schon mal vor zwanzig Jahren – lohnte sich richtig. Palenque gilt als Inbegriff der Mayakultur und war eine der bedeutendsten Maya-Hauptstädte. Lange Zeit lag die Geschichte von Palenque, was auf Spanisch »Befestigte Häuser« bedeutet, völlig im Dunkeln. Man wusste zwar, dass dieser Ort bereits vor der Zeitenwende, also in präklassischer Zeit, bewohnt war. Seinen Höhepunkt aber erlebte er erst nach dem 6. Jahrhundert nach Christus. Erst durch die Entzifferung der Hieroglyphenschrift ist ein Teil der Geschichte Palenques bekannt geworden. Nach den Inschriften auf drei riesigen Steinplatten im Tempel begann die Geschichte der Dynastie von Palenque im fünften Jahrhundert und endete im neunten.

Damit du dich nicht übernimmst, lass ich jetzt wieder mal das Internet sprechen. Ist ja auch ein besonders interessantes Thema. Also: Die einst hochstehende Kultur der Maya birgt noch heute viele Geheimnisse und Rätsel. Noch immer werden Tempel, ja ganze Stätten entdeckt. Wer weiß, wie viele Mayastädte noch vom Regenwald verschlungen auf ihre Entdeckung warten.

Die Welt der Maya erstreckte sich über die heutigen Bundesstaaten Mexikos Quintana Roo, Yucatan, Campeche, Tabasco und Chiapas, ganz Guatemala, ganz Belize und die westlichen Teile von Honduras und El Salvador.

Im Nordwesten fanden zwei sehr unterschiedliche Stadtstaaten zu Einfluss, Macht und Reichtum: Palenque und Toina. Während Palenque dem bereits bekannten System der Stadtplanung – Konstruktion verschiedener Tempelkomplexe, die im Zusammenspiel riesige Plätze bilden – folgt, fällt Tonia vollständig aus dem Rahmen. Es ist eine Mayastadt, die terrassenförmig auf einem riesigem Berg konstruiert worden ist.

Die Geschichte der Maya konzentriert sich auf die Halbinsel Yucatán, die zwischen Nord- und Südamerika liegt. Yucatán liegt im Süden Mexikos und das gesamte Gebiet der Maya verteilt sich heute auf fünf Länder. Neben Mexiko sind es Guatemala, Belize, Honduras und El Salvador. Die Fläche des einstigen Maya-Reiches, das aus rund 50 Kleinstaaten bestand, ist in etwa vergleichbar mit der Größe Deutschlands. Bis heute gibt es mehr Theorien als wirkliches Wissen über das Leben der Maya. Warum sie sich ausgerechnet im tropischen Klima Yucatáns angesiedelt haben –

So, jetzt reicht's schon wieder. Du müllst uns ja das ganze Buch zu!

– ist genauso rätselhaft wie ihr späteres Verschwinden. So! Wenigstens den Satz wird man hier wohl noch zu Ende sprechen dürfen!

Ach, war der noch gar nicht zu Ende?

Nein.

Okay, dann darfst du noch einen hersagen.

Okay. Sie bauten auf Yucatán für damalige Verhältnisse gigantische Städte, die sie dann ab 900 nach Christus nach und nach aufgaben. Noch einen einzigen?

Okay.

Städte, die dann vom Dschungel überwuchert wurden, bis sie von Forschern wieder entdeckt wurden.

Ein komischer Satz. Aber wenn du meinst. Bist ja der Texter.

Die Kulturstätten der Mayas stammen zum Teil angeblich aus der Zeit 3000 vor Christus. Bei manchen weiß man nicht, ob es eine Opferstätte oder ein Observatorium war; die Mayas waren ja auf dem Gebiet ihrer Zeit sehr, sehr weit voraus. Wir besichtigten auch dieses berühmte Grab, zu dem man in einem Turm eine lange Treppe ganz nach unten gehen muss. Dort war einmal eine große Grabplatte, die aber im antropologischen Museum in Mexico City aufbewahrt wird. Eine Platte, auf der so kuriose Sachen drauf sind wie dieser Maya mit seiner typischen Hakennase, der auf einer Rakete sitzt, aus der hinten Strahlen rausgehen. Und der Maya trägt einen Helm mit Funkantenne.

Einer wie der Däniken würde da gleich schon wieder ins Grübeln kommen.

Ist er ja auch. Er schreibt, die Mayas hätten zur damaligen Zeit den Versuch unternommen, per Raumfahrt ins All vorzustoßen. Er hat mir als Schriftsteller übrigens gut gefallen, der Däniken, weil er ja nie etwas behauptet hat. Er hat nur nüchtern festgestellt, dass das oder jenes ein Landeplatz sein könnte. Er hat nie behauptet, dass es einer war.

Er hat nicht behauptet, nur festgestellt. Ein richtiger Schlaumeier, dieser Däniken. Von dem hört man eigentlich auch nur noch wenig. Nur, dass er für seinen Erlebnispark in Interlaken Investoren benötigt, habe ich neulich in einer Zeitung gelesen.

Immerhin fünf Stunden Zeit nahmen wir uns für die Ausgrabungsstätte Palenque. Am späteren Nachmittag fuhren wir dann in die Stadt Palenque, um uns ein Hotel zu suchen. Wir fanden aber nur außerhalb, man kann auch sagen mitten im Urwald, einen kleinen netten Privatcampingplatz, der einem reichen Landbesitzer gehörte. Er hatte da auch ein Häuschen, wohnte selber aber woanders. Das Ganze machte den Eindruck, als wäre ewig keiner mehr hier gewesen.

Wir waren auch die einzigen auf dem Platz. Uns hat's hier gefallen. So gut, dass wir gleich ein paar Tage lang blieben und von dort aus Ausflüge unternahmen. Und jeden Tag in der Früh kam eine Indiofrau, die die Toiletten sauber gemacht hat.

Und weil wir da so ganz alleine wohnten, trauten sich auch die verschiedensten Vögel zu uns. So wurden wir von knallroten Vögeln besucht, die wir bis dato nie gesehen hatten. Aber auch von größeren Viechern. Wir erlebten Riesenschmetterlinge und Skorpione. Alles, was das Herz begehrt. Wir kamen uns vor wie mitten in einem Zoo. Der Platz war betoniert, so dass wir das Geschehen gut überschauen konnten.

Die Nächte verbrachten wir selbstverständlich oben auf dem Dixi.

Als wir uns dann nach ein paar Tagen wieder auf den Weg machten, kam mir mit dem Schnellkochtopf, den wir dabei hatten, eine gute Idee. Der war zwar gut, weil ja immer alles schnell gehen musste, zum Beispiel, wenn wir Kartoffeln machten. Aber er war sehr schwer und nahm viel Platz weg. Irgendwie störte er. Da sagte ich zum Philipp: Weißt was? Den stellen wir jetzt hier einfach hin. Und der Philipp sagte: Gott sei Dank. Da wird die Frau sich aber freuen.

Er meinte die Frau, die immer bei uns geputzt hat.

39. Kapitel

Ach, wie ist die Welt klein!

Was ich vielleicht noch nicht erzählt hab, ist, dass es in Mexiko von Schwellern nur so wimmelt. Das sind diese blödsinnigen Dinger auf der Straße, über die man nur im Schritttempo fahren kann, wenn man sein Auto nicht ruinieren will. Die Mexikaner nennen sie Topes. Ich hasse sie.

Topes sind auch der Grund dafür, weshalb der Mexikaner keine Geschwindigkeitsbegrenzung braucht. Ein Topes ist eine künstlich angelegte Bodenwelle zur Geschwindigkeitsbegrenzung. Aber was für eine! Wenn du dein Auto nicht beschädigen willst, ist es am besten, du bleibst stehen und rollst im ersten Gang drüber und hältst dich an diese Topesregeln:

1. Ein Topes ist nicht immer durch ein Schild gekennzeichnet.
2. Einen nicht gekennzeichneten Topes kannst du an den Bremsspuren erkennen, die von Vollbremsungen herrühren.
3. Ein Topes kommt selten allein. Vor allem in Städten.
4. Manchmal schwirren an einem Topes auch Händler herum, so dass du, wenn Not am Mann ist, hier auch was einkaufen kannst.
5. Ein Topes ist eine gute Gelegenheit, langsam fahrende Fahrzeuge wie Busse zu überholen. Kurz vorher links raus und einfach etwas schneller drüber.
6. Mit einem tiefer gelegten Auto bist du an einem Topes aufgeschmissen.

Bei einem unserer Ausflüge, die wir ausgehend von unserer Basisstation, dem kleinen Campingplatz bei Palenque, machten, übersah ich einmal so einen Topes, und der Dixi machte einen Riesensatz. Ich ahnte nichts Gutes, blieb auf der Stelle stehen und schaute nach, ob bei dem Manöver was kaputt gegangen war. Und tatsächlich hatte sich die Zusatzfeder ausgehängt.

Erst dachte ich noch, wir könnten es schon noch ein paar Kilometer schaffen und in aller Ruhe nach einer Werkstatt suchen. Aber als ich mich wieder ins Auto setzte und anfahren wollte, gab der Dixi ein derart schauerlich schleifendes Geräusch von sich, dass er mir leid tat. Also fuhr ich sofort rechts ran und blieb erneut stehen. Es war so, dass sich, sobald ich das Auto bestieg, das Gewicht erhöhte und die ausgehängte Zusatzfeder auf die Bremstrommel drückte. Das musste an Ort und Stelle behoben werden; und wir mussten das auch ohne Werkstatt hinkriegen.

Diese Zusatzfeder, die hattest du zur Verstärkung eingebaut, weil du ...

... weil mir schon vor unserer Abfahrt klar gewesen ist, dass wir ständig mit einem gewissen Übergewicht fahren würden und ich kein Risiko eingehen wollte.

Jetzt standen wir also mitten in einem Ort am Straßenrand, halb auf dem Bürgersteig, und versuchten, das Auto hochzubocken, um die Feder wieder einhängen zu können. Um uns herum wuselte es nur so von Indios, vor allem von Kindern und Frauen. Insbesondere von Frauen. Sie boten auf der Straße kunsthandwerkliche Artikel an und dachten wohl, wir wären stehen geblieben, um ihnen was abzukaufen. Da ich von der Fahrerseite her an dem Auto herummachen musste, hatte der Philipp die verantwortungsvolle Aufgabe, aufzupassen, damit auf dieser schmalen Straße nicht ein Auto seinen Vater über den Haufen fuhr.

Mit vereinten Kräften brachten wir die Feder schließlich wieder da hin, wo sie hingehörte und setzten unsere Fahrt fort. Aber nur ein paar hundert Meter. Dann versperrten uns Halbwüchsige, die links und rechts am Straßenrand standen, mit einer Schnur die Straße. Weil sie uns was verkaufen wollten, nahm ich ihnen eine Staude kleiner Bananen ab. Damit waren sie aber nicht zufrieden und ballten ihre Fäuste gegen uns, als wir weiterfuhren. Einer von ihnen versuchte sogar, auf unser Auto einzuhauen, was ihm nur deshalb nicht gelang, weil wir mit Vollgas davonrauschten.

Dieser Ausflug, den wir am Donnerstag, dem 27. November, unternahmen, führte uns zu den ungefähr siebzig Kilometer entfernt gelegenen Wasserfällen von Aqua Azul. Auch da bin ich in grauer Vorzeit schon einmal gewesen. Sie sind natürlich bei weitem nicht so spektakulär wie die Niagarafälle; man kann aber dort schöne Wanderungen machen. Und was mich an Aqua Azul schon vor über zwanzig Jahren schwer beeindruckt hat: Das Wasser dort ist derart blau, dass du ganz sicher bist, es handle sich um Gletscherwasser. So eiskalt sieht es aus, dass du dich beinahe fürchtest, die Hand hineinzuhalten. Natürlich tut

Ein Topas ist schuld daran, dass der Dixi wieder einmal außer Gefecht gesetzt ist und am Straßenrand seiner Instandsetzung harrt

es dann doch jeder – und ist erstaunt, wie lauwarm es in Wirklichkeit ist, nämlich mindestens 27 Grad. Und sowas von azurblau! Später siehst du dann auch, wie die Kinder zum Baden reinspringen. Ein faszinierendes Naturschauspiel.

Um zu den Wasserfällen zu gelangen, mussten wir Eintritt bezahlen; damals musste man das noch nicht. Und damals wurde die wunderbare Landschaft auch noch nicht von so vielen Imbiss- und Souvenirbuden verschandelt. Auch hier war es also nicht mehr so schön, wie es einmal war. Ein Jammer. Trotzdem war ich froh, noch mal hingefahren zu sein, weil ich ja dem Philipp diese außergewöhnlichen Wasserfälle zeigen wollte. Der aber war gar nicht so richtig begeistert, ihn hatte die strapaziöse Fahrerei dorthin zu sehr genervt. Mich ehrlich gesagt auch.

Nach einer eher kurzen Wanderung ganz nach oben gingen wir in eine der Buden und aßen was.

Als wir auf der Rückfahrt wieder durch den Ort kamen, in dem wir das Auto repariert hatten, warteten schon wieder die grässlichen Kinder mit ihrer läppischen Schnur auf uns. Also der gleiche Zirkus wieder. Ich war aber noch von der Hinfahrt so angefressen, dass ich mir vornahm, mich diesmal einen Dreck um ihre Schnur zu kümmern, und fuhr geradewegs auf sie zu. Als sie merkten, dass mich ihre Schnur diesmal nicht interessierte, ließen sie sie im letzten Moment fallen. Auch wegen dieser Kindereien war die Fahrt zu den Wasserfällen nicht die reine Freude.

Ein paar Tage später telefonierte ich mit meiner Mutter. Ganz aufgeregt erzählte sie: Du, Herbert, horch, der Herr Schmidt, du weißt schon, der hat doch Bekannte in Peiting. Und weißt was? Die waren zur gleichen Zeit in Aqua Azul wie ihr. Die sind längere Zeit an eurem Auto gestanden und haben auf euch gewartet, bis ihr Bus wieder weitergefahren ist. Die haben eure Weilheimer Nummer gesehen und wollten euch treffen. So ungefähr hörte sich ihre Geschichte an.

Wie sich viele Monate später, als wir längst wieder daheim waren, herausstellen sollte, hatten sie zufälligerweise auch noch in der gleichen Bude wie wir gesessen. Das konnten wir an ihren Fotos erkennen, die sie dort gemacht hatten. Hätte gerade noch gefehlt, dass auch wir auf diesen Fotos drauf sind, irgendwo im Hintergrund. Vater und Sohn.

Wenn man das so bedenkt: Da ist man irgendwo in Mexiko mitten im Urwald, und dann trifft man Leute aus der Nachbargemeinde ...

... die man eigentlich dann doch nicht trifft!

Das ist schon alles irgendwie merkwürdig. Und man sagt dann immer: Ach, wie ist die Welt klein! Aber so klein ist sie ja gar nicht. Die ist im Gegenteil sogar riesengroß. Viel größer jedenfalls, als ich dachte. Ich weiß das. Weil ich auf ihr ein Schnüpfelchen herumgefahren bin.

Die Welt ist groß ...

... und das Leben wunderbar.

Wie kommst du denn darauf?

Ich dachte, das wolltest du jetzt sagen.

Ich wollte was ganz anderes sagen. Aber du hast Recht: Das Leben ist doch eigentlich wunderbar. Und manchmal denkt es sich Überraschungen aus ...

... auf die du selbst nicht kommen würdest.

Richtig. Das mit diesen Leuten in Aqua Azul war so eine. Und es war ja bei weitem nicht die einzige Überraschung, die wir auf unserer Reise erlebt haben.

Am nächsten Tag packten wir unsere Sachen zusammen. Bevor wir uns wieder auf den Weg machten, schauten wir noch im Ort Palenque vorbei, um eine Wäscherei zu finden. Mittlerweile hatten wir einen ganzen Berg von Wäsche. Wir fanden auch was, aber da hieß es, die Wäsche wäre frühestens erst in fünf Stunden fertig.

Da wollten wir aber schon längst wieder über alle Berge sein. Also fuhren wir unverrichteter Dinge weiter.

Wir fuhren nach Yucatán, das ist die Halbinsel, die in den Golf von Mexiko. in die Karibik hineinragt. Dort befinden sich die meisten Ausgrabungsstätten, von denen wir noch die eine oder andere besuchen wollten. Unsere Route war so geplant, dass wir von Mexiko kommend nach Belize und nach Guatemala fahren wollten.

Unser Tagesziel war eigentlich Escargega. Weil wir aber schon am frühen Nachmittag dort ankamen, entschlossen wir uns, auf der 261 noch weiter nach Champotón zu fahren. Dort fanden wir ein schönes Hotel, direkt am Golf von Mexiko.

In Champotón gab es auch einen kleinen Hafen. Von dem aus konnte man in ungefähr fünfzig Meter Entfernung eine Insel sehen, auf der sich unzählige Pelikane tummelten. Meine Güte, machten die ein Geschrei!

Herbert Nocker, wie er im Hafen von Champotón den Pelikanen zuguckt. Oder sie ihm

Wir setzten uns dort gemütlich auf eine Bank und schauten den Pelikanen zu. Mann, *die* können vielleicht toll fliegen! Richtig komische Vögel sind das!

Es gibt schon noch andere komische Vögel auf dieser Welt.

Ach so?

Cascades de Aqua Azul
Parque Natural Turistico

Casona Restaurant
Calle 30 No. 10, Champotón Campeche, México

Hotel Snook Inn
Calle 30 No. 1, Champotón Campeche

---

40. Kapitel

Ein Ort namens Hopelchén

Am Tag darauf, es war Samstag, fuhren wir auf der Autopista 261 weiter in den Bundesstaat Campeche und waren dabei ewig im Urwald unterwegs. Einerseits war das wunderbar: Andererseits aber waren die Straßen so hundsmiserabel schlecht, dass einem die Freude am Fahren vergehen konnte. Dazu machte uns dreien eine fast unerträgliche Hitze zu schaffen.

Ab und zu mussten wir uns über Brücken quälen, die aus nicht viel mehr als ein paar rohen Brettern bestanden. Dann übersahen wir wieder einen Topas, und der Dixi vollführte einen seiner berühmt-berüchtigten Luftsprünge.

Zum ersten Mal fielen uns in den Ortschaften auch die vielen Bettler auf. Wir hatten sie auf unserer Reise durch Mexiko bis jetzt kaum wahrgenommen.

Eigentlich war es notwendig, auch mal eine Pause einzulegen, dem Motor zuliebe, der irgendwann mal richtig laut zu werden begann. War ja auch kein Wunder, dass er aufmuckte. Erstens strengte auch ihn die Fahrt auf dieser Straße ziemlich an. Zweitens wird bei so einer Hitze das Öl so dünnflüssig wie Wasser und verliert an Schmierfähigkeit. Gift für einen Motor. Das Geräusch wurde immer schlimmer.

Aber so ohne weiteres konnten wir nicht stehen bleiben, links und rechts der Straße war dichter Urwald.

Nach vielen Kilometern tauchte eine Art Hochspannungsmast auf. Als wir näher kamen, sahen wir, dass daneben ein Trafohäuschen war und eine dazu passende kleine Ausbuchtung. Gerade groß genug für unser kleines Auto. Also stellten wir uns dort hin.

Dann geschah etwas Sonderbares.

Aus der entgegengesetzten Richtung fuhr ein VW an uns vorbei. Dann sahen wir, wie er bremste und wieder zurückstieß. Und schließlich stand er neben uns, halb in der Ausbuchtung. halb auf der Straße.

Die Tür öffnete sich und ein Mexikaner, ungefähr so alt wie ich, stieg aus. Er hatte unser Auto gesehen und wollte es sich anschauen. Bevor er das tat, machte er noch eine Handbewegung zu seinem Auto hin. Sie sollte bedeuten: Steigt aus! Erst jetzt bemerkten wir, dass noch jemand drin saß. Zwei Frauen stiegen aus, eine ältere und eine jüngere. Seine Frau und seine Tochter. Er stellte sie uns vor. Ganz vorsichtig fragte er, ob wir ihm erlauben würden, unser Auto zu fotografieren, und zwar mit der Tochter davor.

Gut, diesen Fall hatten wir schon tausendfach. Nur noch nicht die Variante mit einer Tochter davor. Klar durfte er unser Auto fotografieren. Mit und ohne Tochter. Sogar mit Mutter. Da waren wir nicht kleinlich.

Ich fragte ihn, wie weit es noch zur nächsten Stadt sei. Wenn wir noch ein Stück weiter fahren, sagte er, kommen wir erst an eine Tankstelle und nach noch ein paar Kilometern nach Hopelchént.

Nach der langen Fahrt durch den Urwald verlangt der Motor nach Zuwendung. Diese soll ihm in der Autowerkstatt „Muliservicios" von Roger Rodrigo in Hopelchén zuteil werden

Nach Hopelchén?
Nach Hopelchén.
Das klingt aber lustig. Ich meine, für einen mexanischen Ort. Klingt ja fast ein bisschen pikant. Oder frivol. Ein Hopelchen machen ...
Deine Phantasien möchte ich haben. Übrigens ist nicht nur der Name lustig. Auch der ganze Ort. Lustig und intereesant. Darum blieben wir dort auch eine ganze Weile.
Um Gottes Willen, gleich eine ganze Weile? So wie damals in Austin oder in Cave Junction?
So ähnlich.
Dann wirst du uns jetzt auch, wie ich dich kenne, eine längere Geschichte erzählen?
Davon kannst du ausgehen.
Okay, dann legen wir erst mal eine kleine Pause ein. Man darf also gespannt sein.

Hotel Los Arcos y Miscelanza La Navidad
Hopelchén, Camp.

41. Kapitel

Motorinspektion mit Gartenschlauch

Es war eine Pemex-Tankstelle, die, wie angekündigt, schon nach wenigen Kilometern auftauchte. Dort schauten wir uns das Auto ein wenig näher an, weil uns das Geräusch beunruhigte. Wir konnten aber nicht feststellen, ob dem Motor etwas fehlt. Während wir uns noch ein Negra Modelo gönnten, sprach uns ein freundlicher junger Mann an. Er stellte sich als Pepe vor und fragte, ob er uns helfen könne. Wahrscheinlich hatte uns beobachtet, wie ratlos wir in die geöffnete Motorhaube geschaut haben. Weil er sich so hilfsbereit zeigte, sagte ich ihm, dass wir einen Platz suchten, um das Auto aufbocken und von unten anschauen zu können. Bei der Gelegenheit wollte ich es auch wieder einmal abschmieren.

Pepe sagte, er wüsste jemanden, der eine Werkstatt hat – seinen Vater. Wir bräuchten nur hinter ihm herzufahren. Also folgten wir seinem Pick-up und kamen dabei in den Ort, dessen Name dich vorhin so erheitert hat.

Hopelchén. Ich hab mich mittlerweile schlau gemacht. Nicht gerade viel, was man darüber im Internet findet.

Findet man darüber überhaupt was? Es ist ja nur ein kleiner Ort.

Man findet, dass Hopelchén immerhin der Hauptort der Region Chenes ist, die zum Bundesstaat Campeche gehört. Über 6000 Einwohner hat der Ort. In Hopelchén, auch das ist zu lesen, führen von der Straße aus kleine Brücken zu den jeweiligen Häusern.

Tatsächlich? Ist mir gar nicht aufgefallen.

Haupterwerbsquellen sind Landwirtschaft und die Herstellung von Hängematten und Huipiles.

Und Pils? Was für ein Pils?

Nicht Pils. Huipiles.

Gott, was ist denn das?

Das sind weiße Kleider, die mit bunten Blumenmustern bestickt sind und von den Frauen auf Märkten verkauft werden.

Aha. Und das weißt du alles aus dem Internet? Wirklich erstaunlich.

Und was den lustigen Namen betrifft: Er stammt aus der Sprache der Maya. Hopelchén heißt „Wo es fünf Brunnen gibt".

Ach ja, ich glaube, wir haben einen oder zwei gesehen.

Hopelchén wird übrigens Oppeltschen ausgesprochen, also ohne Anfangs-H und mit Betonung der letzten Silbe. Und das tsch in -chen wie tsch in Kutsche. Oder in Klitschko. In der Maya-Sprache bedeutet chen, also die letzte Silbe, so viel wie Brunnen. Gell.

Ist doch schon was. Kann ich jetzt unsere Geschichte weitererzählen?

Also: Die Werkstatt von Pepes Vater war nicht das, was wir uns vorgestellt hatten. Sie machte auch einen ziemlich verkommenen Eindruck. Und eine Grube hatte sie gleich gar nicht.

Pepe musste merken, dass ich nicht zufrieden war. Um ihn aber nicht in Verlegenheit zu bringen, machte ich ihm klar, dass wir für unser Problem unbedingt eine Grube bräuchten. Wir müssten bequem unters Auto schauen können. Dass mir die ganze Werkstatt suspekt vorkam, verschwieg ich ihm. Ob er nicht noch eine andere Werkstatt für uns wüsste, eine mit Grube?

Pepe überlegte. Wenn wir weiter in den Ort reinfahren, fiel ihm dann ein, würden wir nach ein paar Querstraßen auf der rechten Seite den Autohändler Roger Rodrigo finden. Der habe auch Autoersatzteile und einen großen Hof und vielleicht auch eine Grube. Jedenfalls würde Rodrigo uns bestimmt helfen können. Prima, sagten wir und fuhren hin. Wir trafen Rodrigo auch gleich an und schilderten ihm unser Problem.

Das haben wir gleich, sagte er,, und öffnete das schwere Eisengatter, damit wir in den Hof hineinfahren konnten. Wegen der Banditos habe er das Tor normalerweise immer geschlossen, erklärte er uns. Recht viel mehr sagte er nicht. Er wirkte wortkarg und verschlossen. Verschlossen wie sein Betrieb. Gebäude und Hof waren festungsgleich von einer mächtigen Steinmauer umgeben.

Als wir das Auto in seinem Hof in Position gebracht hatten, ließen wir auf seinen Vorschlag hin den Motor laufen. Rodrigo hatte sich inzwischen einen Gartenschlauch besorgt. Während er das eine Ende ans Ohr hielt, tastete er mit dem anderen Ende den Motor ab. Wie ein Arzt mit einem Stetoskop. Plötzlich kam Leben in den Mann. Er schien das Problem gefunden zu haben. Ein ganz bestimmtes Lager auf der Schwungseite des Motors sei kaputt, erklärte er uns. Das aber bezweifelte

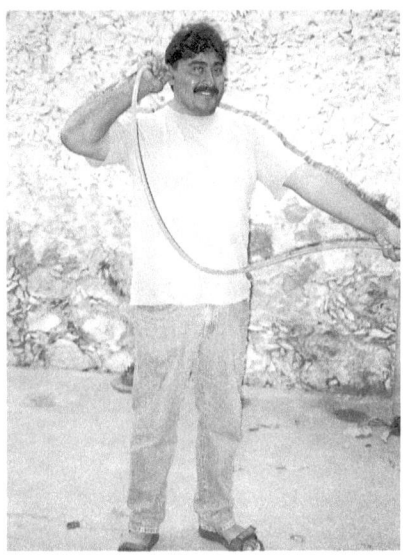

Dr. mot. Rodrigo hat seine ganz eigene Methode, den Dingen auf den Grund zu gehen. Ein Motorlager ist kaputt, diagnostiziert er mit Hilfe eines Gartenschlauchs. Womit er leider daneben liegt

ich. Ich kenne mein Auto mitsamt seinem Motor in- und auswendig. Ich kenne auch jedes Geräusch. Und weiß auch ganz genau, wie es tut, wenn dieses Lager, das er meinte, kaputt ist. Der Dixi ist ja wie ein Resonanzkasten, da kannst du wirklich jedes Geräusch hören. Ob vom Motor oder von sonstwo.

Ich fragte ihn, ob wir nicht das Auto ein paar Tage lang bei ihm stehen lassen könnten. Nur zur Aufbewahrung, nicht zur Reparatur. Damit wir darüber nachdenken könnten. Und falls dann wider Erwarten doch dieses Lager kaputt wäre, würden wir es in seiner Werkstatt wechseln wollen. Vorausgesetzt, wir hätten ein Ersatzlager. Denn ausgerechnet dieses Lager hatte ich nicht dabei.

Ob er denn wüsste, wo wir so ein Lager herkriegen könnten?

In Mérida, von hier eine Tagesreise hin und zurück.

Das ist natürlich saublöd, dachte ich. Eine ganzer Tag für ein lausiges Lager. Aber wenn's nicht anders ging, mussten wir's in Gottes Namen machen.

Aus der Entfernung hatten wir schon ein Hotel entdeckt. Dort übernachteten wir erst mal. Am nächsten Morgen gingen wir wieder zu Rodrigo. Ich sagte ihm, dass wir beschlossen hätten, den Motor auszubauen. Das wäre auch eine gute Gelegenheit, alles noch mal gründlich durchzuchecken; immerhin lagen ja noch 600 Kilometer Urwald vor uns.

Also richtete uns Rodrigo im Freien eine Werkbank her und wir bauten den Motor aus. Dauerte nicht mal eine Stunde. Während wir noch am Arbeiten waren, versammelten sich wieder zig Leute und schauten uns zu. Fast durch die Bank Indios. Auch den Pepe sahen wir wieder.

Es hilft alles nichts. Um dem merkwürdigen Geräusch auf die Spur zu kommen, das der Motor von sich gibt, muss er von den Nockers in alle seine Einzelteile zerlegt werden

Unter den Zuschauern fiel mir ein Mann mittleren Alters auf. Ein Weißer. Er schien an der Sache sehr interessiert zu sein, verfolgte das Geschehen aber immer nur aus einem gewissen Abstand. So als würde er sich nicht näher an uns herantrauen. Schließlich winkte ich ihn mit einer freundlichen Geste zu mir. Er reagierte auch und trat mit einem schüchternen Lächeln zu mir, In astreinem Deutsch begrüßte er mich und fragte, wo wir denn herkämen. Offenbar hatte er mitbekommen, dass wir aus Deutschland kamen.

Aus der Gegend von München, antwortete ich. Von München? Ja, das sei ihm bekannt. Liegt das nicht im südlichen Teil von Deutschland, in Bayern? Als ich bejahte, fügte er, um uns eine Freude zu machen, noch hinzu: Das ist bestimmt ein sehr schönes Land.

So kamen wir miteinander ins Gespräch. Später fragte ich ihn, wieso er denn so gut deutsch sprechen könne. Er und seine Frau, antwortete er mit seinem scheuen Lächeln, wären Mennoniten.

Mennoniten?, fragte ich. Ich machte ein dummes Gesicht.

Die Mennoniten, erklärte er uns, wären ursprünglich Deutsche, die vor über hundert Jahren nach Russland ausgewandert und später über Kanada nach Mexiko gekommen seien. Allerdings gäbe es da auch noch einen religiösen Hintergrund. Mennoniten würden sehr spartanisch und sehr zurückgezogen leben.

Die Reparatur am offenen Motor hat Schaulustige angelockt. Jetzt ist das Auto wieder fit – für die Schaulustigen aber offensichtlich immer noch interessant

Hier in der Gegend würde es bestimmt hundert von ihnen geben.

Ich fand das alles hochinteressant.

Er sagte mir noch, wie sehr es ihn freuen würde, mit Deutschen sprechen zu können, seit 25 Jahren hatte er dazu keine Gelegenheit mehr. Wenn wir Lust hätten, würde er uns gerne zu sich nach Hause einladen. Natürlich hatten wir Lust und wir vereinbarten einen Termin.

Mittlerweile hatten wir den Motor inspiziert und nichts Auffälliges an ihm entdeckt. Um besser an das vermeintlich defekte Lager ranzukommen, hatte ich sogar die Ölwanne abmontiert. Trotzdem konnte ich nichts finden; das Lager war völlig in Ordnung. Also bauten wir den ganzen Krempel wieder zusammen und drehten danach mit dem Auto ein paar Runden auf dem Hof.

Das Auto lief wieder so wie eh und je.

Da staunte nicht nur der Rodrigo. Auch ich war völlig platt, dass der Motor auf einmal keine merkwürdigen Geräusche mehr von sich gab. Das Problem war offensichtlich behoben.

Woher dieses Geräusch gekommen war, weiß ich bis heute nicht. Ich vermute, dass die Zündung stark verstellt war und gegen den Rhythmus der anderen Teile des Motors gearbeitet hat. So was in dieser Art muss es gewesen sein.

Multiservicios „Hopelchén"
Mécanico y Hojalateria, Calle 22 No. 16, Hopelchén, Camp.

---

42. Kapitel

Erst bei der Pizzabäckerin und dann in der Bar

Mennoniten leben sehr spartanisch, hatte ich soeben gelernt. Aber auch das Hotel, das Los Arcos, in dem wir uns niedergelassen hatten, war nicht gerade sehr üppig. Aber es war das Beste im Ort. Allerdings auch das Einzige, glaube ich.

An einem Abend gab uns die Indiofrau, die dort die Küche machte, einen Geheimtipp: Heute würde sie uns was ganz besonders Leckeres kochen. Prima, sagten wir und freuten uns darauf. Was sie uns dann sehr liebevoll auftischte, war ein einfaches Hühnerfleischgericht. Es schmeckte gar nicht mal so übel, nur war es zäh wie Schuhsohle. Wir machten ihr dafür große Komplimente und freuten uns, wie sie sich darüber freute.

Es muss am zweiten Tag gewesen sein, als uns im Hotel Gäste auffielen, die blonde Haare und blaue Augen hatten und ganz besondere Hüte trugen, Hüte, wie man sie sonst nur von Toreros kennt. Weil ich einer bin, der, wie du neulich so nett gesagt hast, alle anquatscht, die ihm über den Weg laufen –

... war halt auch nur ein Kompliment!

– ging ich auf einen zu und stellte mich vor. Nie im Leben würde er mich von sich aus angeredet haben. Genau wie der, mit dem ich schon Bekanntschaft geschlossen hatte und bei dem wir eingeladen waren. Wie erwartet, anwortete er auf Deutsch, dass er zu einer Gruppe gehöre, die hier im Hotel ein Treffen veranstaltete, ein Mennoniten-Treffen über mehrere Tage. Und dass noch viele andere Glaubensbrüder und -schwestern kommen würden.

Die Frauen übrigens, auch das war uns aufgefallen, sahen ausgesprochen attraktiv aus. Insbesondere die Töchter. Und noch was bemerkten wir: Sie alle pflegten keinerlei Kontakt zu den Mexikanern. Die Mennoniten, das begriffen wir, sind eine Menschengruppe für sich. Eine auf sich eingeschworene Glaubensgemeinschaft.

Nur eine Mennonitin machte die Ausnahme. Aber das hatte mit ihrem Job zu tun. Sie betrieb in Hopelchén nämlich einen Pizza-Laden. Und weil wir tagein, tagaus immer nur Tortillas und immer nur die mit Hühnerfleisch aßen, dachten wir: Pizza, Mensch, das wär mal was anderes!

Also gingen wir zu dieser Mennonitin zum Pizza essen. Auch sie sprach ganz toll deutsch und freute sich über unseren Besuch. Sie mochte 28 Jahre alt, vielleicht aber auch erst 23; es war schwer, ihr Alter zu schätzen. Auch Indios kamen zu ihr zum Pizzaessen. Sonst aber waren Mexikaner und Mennoniten völlig voneinander getrennt. Das ging im Ort so weit, dass die einen auf der einen Straßenseite gegangen sind und die andern auf der gegenüberliegenden. Wir fanden das schon sehr merkwürdig.

Aber die Pizza schmeckte phantastisch und wir lobten die junge Frau auch sehr dafür.
Der Indiofrau dagegen, die mit ihrem zähen Hühnerfleisch, hattet ihr nur Komplimente gemacht.
Genau. Das ist eben der feine Unterschied. Deshalb traue ich auch deinen Komplimenten nicht.
Das würde ich, ehrlich gesagt, an deiner Stelle auch nicht.
Abends gingen wir zum Hauptplatz, weil da eine Musikkapelle aufspielte, und landeten zu später Stunde noch in einer Bar, in der ausschließlich Indios verkehrten. Richtig urwüchsige Typen standen da rum. Wir mitten drin.
Was das Allerbeste war: Man kannte uns dort. Andauernd wurden wir auf unseren old car angesprochen. Unsere Anwesenheit im Ort, sie hatte sich offenbar herumgesprochen.
Der junge Wirt lotste uns ganz nah an die Theke und gab sich allergrößte Mühe, uns jeden Wunsch von den Lippen abzulesen. Anders ging's ja auch nicht, weil unser Spanisch in all den Tagen nicht erheblich besser geworden war.
Da standen wir nun und verfolgten mit Intereese, was um uns herum so alles geschah.
Mit einem Indio, der wie wir an der Theke stand, kamen wir näher in Tuchfühlung. Während er sich mit uns unterhielt, und das tat er eine ganze Weile, schüttete er sich ein Bier nach dem anderen in den Kragen, so dass das Gespräch mit ihm immer mehr aus dem Ruder lief. Was uns aber nicht so unangenehm war wie die Beobachtung, dass es für alle um uns herum völlig in Ordnung war, bei Bedarf einfach auf den Boden zu spucken. Richtig große Dinger flogen da manchmal durch rauchgeschwängerte Luft.
Okay, es war eine Bar und kein First-Class-Etablissement.
An einem Tisch in der Ecke saßen vier, fünf Frauen. Sie sahen nicht nur stark aus, sondern peilten auch immer zu uns rüber. Gut angezogene, vielleicht einen Hauch zu stark geschminkte Frauen. Weil wir ihre Blicke erwiderten, in der gebotenen Zurückhaltung selbstverständlich –
Selbstverständlich. Pass auf Resi, jetzt wird's spannend!
– fühlte sich möglicherweise unser mittlerweile nicht mehr ganz so nüchterner Gesprächspartner ein wenig vernachlässigt und fing aus heiterem Himmel mit einem anderen Indio zu raufen an. Aber wie! Sie schlugen so zu, dass auch gleich Blut in Strömen floss. Doch kaum hatte die Rauferei begonnen, da sprangen die vier, fünf Frauen von ihrem Tisch auf, stürzten zu uns rüber und kreisten den Philipp ein, um ihn vor den Randalierern zu schützen. Mich dagegen schienen sie meinem Schicksal überlassen zu wollen. Deshalb brachte ich mich in einem Eck in Sicherheit.
Und weißt du, was wir im Zuge dieser Rauferei herausfanden?
Keine Ahnung.
Du würdest auch nicht draufkommen. Diese vier, fünf Frauen waren gar keine Frauen, sondern lauter Tunten.
Tunten? Oder meinst du vielleicht Transvestiten?

Gibt's da einen Unterschied? Ich kenne mich da leider zu wenig aus.

Um es zu klären, habe ich Google nach dem Begriff Tunten suchen lassen ...

Du schreckst wirklich vor nichts zurück!

... und bin dabei in einen Tussi-Tunten-Test geraten.

Wo du überall hinkommst. Und hast du ihn bestanden?

Ich hab ihn gar nicht gemacht. Er wäre nämlich kostenpflichtig gewesen. Normalerweise, heißt es auf dieser Seite, kostet der Test nichts. Nur gerade eben wurde ausdrücklich gewarnt: „Leider hat ein Dialerhersteller über Umwege einen kostenpflichtigen Link auf diese Seite gesetzt."

Diese Dialerhersteller sind auch für nichts gut.

Aber ich hab eine Textstelle gefunden, mit der wir unser Problem vielleicht doch noch lösen könnten.

Ich bin gespannt.

„Als Tunte werden sowohl in manchen heterosexuellen als auch homosexuellen Kreisen oft solche Schwule bezeichnet, die durch ein besonders affektiertes Verhalten auffallen. Dort wird das Wort oft mit Begriffen wie Travestie, Transvestit oder Transgender gleichgesetzt und zum Teil als Schimpfwort benutzt. Besonders in der Selbstbezeichnung unter Schwulen muss es jedoch nicht negativ gemeint sein."

Frage also: Waren die vier, fünf Frauen affektiert?

Affektiert? Ich würde eher meinen ... also die ganze Situation war uns schlicht unheimlich. Aber die vier, fünf Frauen oder was das waren wollten uns ja nur beschützen.

Am besten, sagte ich zum Philipp, verdrücken wir uns jetzt. Am Ende wird auch noch geschossen. In Mexiko kann jeder Waffen tragen. Auch Macheten. Wie in Cave Junction, wenn du dich erinnerst. Also zahlten wir und verdünnisierten uns.

Wie es doch in einem Ort mitten im Urwald zugehen kann.

43. Kapitel

Fox feiert seinen Fünfunddreißigsten

Am Sonntag, 30. November 2003, waren wir mit Rodrigo verabredet. Wir hatten noch einiges an unserem Auto zu tun. Statt wie verabredet um neun kam er erst um zehn, öffnete uns das Tor und wir konnten in aller Ruhe arbeiten.

Um vier waren wir fertig. Wir fuhren zum Hotel zurück, machten uns frisch und spazierten wie schon so oft durch Hopelchén. Es gab ja da doch einiges zu sehen. Auf der Dorfpiazza zum Beispiel die schöne Kirche aus dem 17. Jahrhundert mit ihrer streng geometrischen Steinfassade.

Als wir bei unserem Nachmittagsspaziergang durch die Gassen schlenderten, hörten wir plötzlich lautes Geschrei hinter uns. Verursacher war ein Mann, der vielleicht zwanzig Meter hinter uns her ging. Obwohl uns völlig klar war, dass er nur uns meinen konnte, taten wir so, als ginge es uns nichts an und gingen stur weiter. Ein betrunkener Indio, der uns belästigen wollte.

Aber er ließ nicht locker und überholte uns. Ich brauchte eine Sekunde, dann wusste ich: den kennen wir. Und ich kam drauf, dass es dieser Typ mit dem VW war, den wir neulich an dem Trafohäuschen einige Kilometer vor Hopelchén getroffen hatten.

Der, der euer Auto fotografiert hat. Mit der Tochter davor.

Genau der. Nur, dass er diesmal einen sitzen hatte. Vor lauter Freude, uns wieder begegnet zu sein, schien er ganz außer sich zu sein.

Die Welt ist so klein. Hatten wir ja erst neulich.

Die Welt ist klein und ganz besonders klein ist Hopelchén. Du bist andauernd den gleichen Leuten begegnet. Ob es der Pepe war oder der Rodrigo oder wie sie heißen – alle sind sie uns immer wieder über den Weg gelaufen. Und jetzt auch noch der; ich hatte ihn schon fast vergessen. Dabei war er es doch gewesen, der uns auf diesen wunderbaren Ort hingewiesen hatte.

Und jetzt wollte er uns zum Essen einladen. Aber wir hatten schon gegessen und wollten die Einladung nicht annehmen. Er aber ließ nicht locker und meinte, dann sollten wir halt einfach nur so in sein Lokal kommen. War er doch tatsächlich Besitzer eines kleinen Lokals. Daran waren wir vorhin nichtsahnend vorbeigegangen. Dabei hatte er uns entdeckt.

Wenige Minuten später saßen wir in einer klebrigen Kneipe – beinah ein schmeichelhaftes Wort für die Kaschemme, in der wir jetzt gefangen waren und aus der wir so schnell auch nicht wieder herauskommen würden. Das wurde uns spätestens klar, als er verkündete, dass er heute Geburtstag habe und wir deshalb herzlich bei ihm eingeladen wären. Wir gratulierten ihm und er gab seiner Frau, die wir ja auch schon kannten, einen Wink, dass sie jetzt gefälligst was für uns zu kochen habe. Da half unser ganzes Jammern nicht, dass wir ja schon ... und so weiter.

Die Frau verschwand gehorsam in ihrer Küche.

In der Kneipe war ein langer Tisch, an dessen Stirnseite, mir genau gegenüber, schon ein Freund von unserem Gastgeber saß. Nach und nach gesellten sich andere Gestalten dazu. Auf dem Tisch stand eine große Zinkwanne, in der außer ein paar nahezu verschmolzenen Eisbrocken Dosenbier gelagert war. Mein Gegenüber musterte mich mit glasigen Augen. Vor ihm auf dem Tisch standen fünf leere Bierdosen.

Auch eine Schüssel mit geschnipselten Chilischoten und Resten von Tortillas stand auf dem Tisch – alles aber schaute ein bisschen erbärmlich aus. Dann kam die Frau mit frisch rausgebratenen Schnitzeln aus der Küche. Mit einem riesigen Messer, das so breit war wie ein Käsebeil, machte sie sich daran, die Schnitzel fein zu zerhacken – auf einem Holzbrett, das schon deutliche Gebrauchsspuren aufwies und vom vielen Draufherumhacken eine tiefe Mulde hatte. Das Geburtstagskind zeigte uns, wie das gehandhabt wird: Erst wird aus Teig eine Tasche gemacht. Sie wird einmal umgeschlagen und man legt das kleingehackte Schnitzel rein. Zuletzt wird der – oder das? – Chili draufgestreut, zusammen mit irgendwelchem anderen Zeug, das ich nicht kenne. Fertig, es kann gegessen werden. Mir hat es nicht ganz so gut geschmeckt, weil der – oder das? – Chili reingehaun hat wie noch was. Der Philipp aber war ganz zufrieden. Hat er jedenfalls glaubhaft vor versammelter Mannschaft behauptet.

Dazu gab es jede Menge Bier. Bevor der ganze Zirkus begonnen hatte, hatten wir uns, also der Philipp und ich, geschworen, keinesfalls mehr als eine Dose Bier zu trinken. Aber kaum war eine Dose leer, schon stand die nächste da.

Dann setzte sich unser Gastgeber neben uns und stellte sich richtig vor. Fox, so heiße er. Einfach nur Fox. Als ich so nah neben ihm saß und in seinem Mund statt Zähnen nur ein paar braune Stumpen erkennen konnte, fragte ich ihn, wie alt er denn geworden sei. Du erinnerst dich doch noch an unsere erste Begegnung am Trafohäuschen?

Ja, wo du behauptet hast, er wäre so alt wie du, also 65.

Moment! 65 bin ich heute. Damals war ich noch nicht mal 63.

Entschuldigung! Also, wie alt war er?

35.

Hast du 35 gesagt?

In Worten: fünfunddreißig. Und sein Freund, der mir gegenüber saß, spuckte immer fleißig auf den Boden. Wie die Typen letzte Nacht in der Bar.

Ich dachte, so was machen nur Chinesen.

Vorsicht! Die spucken in einen Spucknapf.

Um ungefähr elf geht plötzlich die Tür auf, und fünf Mädels von fünfzehn bis vierzig stürmen rein. Alle ziemlich aufgetakelt, weit ausgeschnitten, jede Menge Rouge im Gesicht und überhaupt. Seine Verwandtschaft, sagte Fox.

So eine Verwandtschaft möcht ich auch haben.

Nun, er hat mit den Augen gezwinkert, der Fox, als er das sagte.

Ach so.

Später hieß es, der Philipp müsste unbedingt in Hopelchén bleiben. Und zwar für immer. Ich dürfte ihn auf keinen Fall wieder mit nach Deutschland nehmen.

Er sollte sich eine von den anwesenden Damen aussuchen und den Rest seines Lebens hier verbringen.
In Hopelchén.
In Hopelchén.
Und sie wollten nur den Philipp behalten, dich nicht.
Nein, mich nicht.
Würde mir zu denken geben.
Sie ließen allen Ernstes durchblicken, dass sie schon ganz gern einen Europäer in ihrer Verwandtschaft hätten. Weil sie meinten, sie kämen irgendwann mal in ein gelobtes Land. Die Mexikaner sind übrigens durchweg sehr deutschfreundlich.
Man merkt's an deine Geschichten. Wie ging die mit dem Philipp weiter? Hast du in dort gelassen?
Ich sagte der Runde, dass seine Mutter bitterlich weinen würde, wenn ich ohne ihren Sohn wieder heimkäme.
Wie konntet ihr euch denn überhaupt unterhalten, ihr mit euren doch etwas begrenzten Sprachkenntnissen? Noch dazu über derart sensible Themen?
Eine von ihnen war Lehrerin und sprach gut Englisch. Als es dann noch lustiger wurde ...
... und sie auch dich behalten wollten ...
... sagten wir, dass wir jetzt leider zum Hotel zurückmüssten. Zack! stand schon wieder frisches Bier da. Okay, das tranken wir dann auch noch. Danach gingen wir zum Hotel. Kurz nach Mitternacht klopfte es an unserer Hoteltür. Gott sei Dank waren wir noch wach, andernfalls wären wir sicher zu Tode erschrocken. Wer klopft denn um Mitternacht noch an eine Hoteltür?
Natürlich die fünf Mädels von fünfzehn bis vierzig.
Ich sagte zum Philipp, da machen wir jetzt lieber nicht auf. Aber da hörten wir jemand halblaut hallo rufen. Die Stimme kam uns bekannt vor. Pepe! Da öffneten wir natürlich. Pepe mit zwei Brüdern. Sie entschuldigten sich für die mitternächtliche Störung, sagten, dass sie schon paarmal vergeblich da waren und überreichten uns einen Plastikbeutel. Darin waren: ein Glas Honig, Pampelmusen und anderes Obst aus eigener Produktion. Ein Geschenk für uns aus Freude darüber, uns kennen gelernt zu haben. Eine schöne Geste. In Merida, sagten sie, würde ein dritter Bruder von ihnen wohnen. Und falls wir dorthin kämen, sollten wir ihn unbedingt besuchen. Pepe glaubte immer noch, wir müssten wegen des Lagers nach Merida. Wir sind dann noch ein bisserl sitzengeblieben und haben uns lustige Geschichten erzählt.

Pepe lässt es sich nicht nehmen, die Nockers auch zu später Stunde noch mit feinen Sachen zu verwöhnen

44. Kapitel

Bei Maria und Johan

Dann kam unser vorletzter Abend. An ihm waren wir bei dem freundlichen und schüchternen Mennoniten Johan Penner und seiner Frau eingeladen. Wir zerbrachen uns den Kopf, was wir ihnen mitbringen sollten. Nachdem uns partout nichts einfallen wollte, schlug ich als Gastgeschenk zwei Flaschen Bier für ihn und Kekse für sie vor. Wer weiß, dachte ich, wenn sie schon so spartanisch leben müssen, freuen sie sich vielleicht, wenn sie mal unverhofft über die Stränge schlagen dürfen. Und irgendwas mussten wir ja mitbringen. Blumen waren uns zu blöd. Also besorgten wir die Sachen und machten uns auf den Weg. Und weil Johan ihn uns gut beschrieben hatte, fanden es auch gleich hin.

Sie wohnten in einem schönen kleinen Haus und waren schon vor die Tür getreten, um uns zu empfangen. Wir begrüßten uns und wir lernten Johans Frau Maria kennen. Sie hieß Maria und war hochschwanger. Ihr erstes Kind. Ich merkte ihr an, wie gespannt sie war, uns persönlich kennen zu lernen. Ihr Mann hatte ihr wohl schon viel über uns erzählt. Deshalb guckte sie sich auch unser Auto sehr interessiert an. Eine sympathische und verhalten schöne Frau.

Dann überreichte ich ihr die Kekse und war erstaunt, wie wenig sie darauf vorbereitet zu sein schien, ein Geschenk von uns zu bekommen. Sie wusste gar nicht so recht, damit umzugehen und errötete leicht. Vielleicht bildete ich es mir aber auch nur ein. Jedenfalls bedankte sie sich sehr freundlich.

Darauf drückte ich unserem Gastgeber die beiden Flaschen Negra Modela in die Hand. Und jetzt war die Verwirrung komplett. Ich bemerkte, wie über das Gesicht von Maria, in dem ich soeben ein leichtes Erröten festgestellt zu haben glaubte, ein dunkler Schatten lief. Und diesmal bildete ich es mir nicht nur ein, es war so. Da wurde auch ich ein wenig verlegen. Weil ich ahnte, dass zumindest die Idee mit dem Bier nicht ganz so gut war. Aber jetzt war es zu spät.

Nach einer kleinen Kunstpause ergriff sie wieder das Wort. Wieso wir ihnen denn solche Sachen mitbringen würden, fragte sie. Ich erklärte ihr, dass das bei uns so üblich ist, wenn man eingeladen ist. Sie nahm das erstaunt zur Kenntnis. Bei ihnen hier in Mexiko würde man diese Sitte nicht kennen. Wenn man eingeladen ist, ist man eingeladen. Insgeheim dachte ich mir, dass ich manchmal ganz froh wäre, man würde diese Sitte auch bei uns nicht kennen.

Und Bier, sagte sie später, als wir schon bei Tisch saßen, käme für die beiden sowieso nicht in Frage. Schließlich wären sie Mennoniten und dürften keinen Alkohol trinken. Da war mir klar, warum sich ihr Gesicht vorhin verdüstert hatte. Ganz schüchtern fragte ich sie, ob wir dann wenigstens wir zwei unser Bier trinken dürften. Wir hätten noch eins im Auto. Ja, selbstverständlich, meinte sie, und brachte uns Gläser.

Johan, ein auffallend unauffälliger Typ, hatte sich zum Thema Bier noch mit keinem Wort geäußert. Als wir es aber genüsslich tranken, war nicht zu übersehen, wie sehnsuchtsvoll er jedem Schluck von uns nachschaute. Da hatte sie ein Erbarmen mit ihm und erlaubte ihm, eine der beiden Flaschen, die wir für ihn mitgebracht hatten, zu öffnen. Es war leicht zu erkennen, wer von den zweien den Ton angab.

Das Bier von Johan war im Nu weg. Und als er zur zweiten Flasche griff, warf sie ihm einen missbilligenden Blick zu. Allerdings ließ sich Johan von ihm nicht allzusehr beeindrucken. Denn ruck-zuck war auch diese Flasche leer. Da konnten selbst wir, eingefleischte Bayern, kaum noch mithalten.

Wie überhaupt nach dem zweiten Bier plötzlich Leben in diesen Johan kam. Er fing auf einmal ganz locker und gelöst zu reden an. Klar, wenn du jahrelang keinen Alkohol getrunken hast, sind selbst zwei Flaschen Bier eine ganze Menge.

Sie sprachen beide sehr gutes Deutsch und wir brachten das auch zum Ausdruck. Darauf lächelte er milde. Nur mit uns würde er dieses Deutsch sprechen. Wenn er so sprechen würde, wie er es von seinen Eltern gelernt hatte oder wie er mit seinen Glaubensbrüdern und -schwestern redete, würden wir kein Wort verstehen. Jetzt verstanden auch wir kein Wort.

Er erkärte uns: Untereinander würden sie ein jahrhundertealtes Deutsch sprechen, eins, wie es vielleicht in der Goethe-Zeit gang und gäbe gewesen ist. Bei den deutschstämmigen Mennoniten hat sich die Sprache nicht mehr weiterentwickelt. Das kapierten wir. Aber wie kommt es dann, fragten wir ihn, dass sie trotzdem ein so gepflegtes Hochdeutsch sprechen?

Er gab sich bescheiden: Er spreche nur deshalb halbwegs verständliches Deutsch, weil die heutige deutsche Sprache sehr mit der englischen verwandt sei. Und Englisch sei seine zweite Muttersprache. Puh! Ganz schön vertrackt: Er sprach so gut Deutsch, weil er so gut Englisch konnte.

So haben wir ihn zumindest verstanden. Beide waren studierte Leute und machten einen intelligenten und gebildeten Eindruck. Eine wahre Freude, sich mit ihnen zu unterhalten.

Während Maria in der Küche zu tun hatte, erzählte er uns die ganze lange Geschichte, woher sie kamen, warum sie immer wieder vertrieben worden und in Mexiko gelandet sind und jetzt ausgerechnet hier in Hopelchén lebten. Ob auf Dauer, wisse er im Übrigen nicht. Er hatte zwar hier Land gepachtet und war auch bereit, es zu kaufen. Aber es fehlte ihm noch Geld, weil sie im vergangenen Jahr eine Missernte hatten. Auch in diesem Jahr würde es nicht so gut laufen – nur etwa ein Drittel der erwarteten Ernte würde er diesmal einfahren. Er hatte Mais und vieles andere gepflanzt, und anschließend gab's eine große Überschwemmung. Dabei ging alles den Bach runter. Und Geld käme nun mal nur mit einer guten Ernte rein.

Um zehn Uhr entschuldigte er sich. Er müsste noch aufs Feld hinaus, eben wegen der Ernte. Da wäre ein Arbeiter mit einer Erntemaschine zugange, und da müsse er unbedingt dabei sein. Das interessiert uns auch, sagten wir und durften ihn begleiten.

Mit einem Pick-up machten wir uns auf den Weg. Während er fuhr, erzählte er beiläufig, dass er bei seinen Glaubensbrüdern ein bisschen als Querulant in

Verruf geraten sei. Weil sein Traktor gummibereift ist. Das erlaube der Vorsteher nicht. Früher hatten sie alles nur von Hand machen müssen. Jetzt waren sie immerhin so weit, dass sie auch Maschinen benutzen durften, etwa Traktoren. Aber eben nur eisenbereifte. Nur ja keine Gummibereifung.

Er aber hatte den Urwald selber gerodet und dabei die bittere Erfahrung machen müssen, dass die eisenbereiften Traktoren ungeeignet waren, weil sie im Morast versanken. Also benutzte er eigenmächtig Gummreifen und befand sich deswegen mit seinen Glaubensgenossen gerade im Clinch. Aber so geht das bei uns auch nicht weiter, sagte er, sonst verhungern wir und sterben aus, Für das Wenige, was wir selbst machen können, brauchen wir Maschinen. Dafür würde er sich in seiner Glaubensgemeinschaft stark machen, und er hätte auch schon ein paar Mitstreiter gewonnen, die das alles mal überdenken wollen.

Als wir zur gummibereiften Erntemaschine kamen, streikte die gerade; irgendwas hatte sich in ihr verhakt. Mit vereinten Kräften brachten wir das in Ordnung. Dann fuhren wieder zu ihm nach Hause, der Philipp hinten auf der Ladefläche auf einem Maissack. Auf halbem Weg kam Johan die Idee, noch bei einem Bekannten vorbeizufahren, der eine große Tomatenplantage besaß.

Natürlich interessierte uns auch das. Als wir hinkamen, war es schon stockdunkel. Es war noch Mordsbetrieb, an die fünfzig Indios waren dabei, Tomaten abzuernten und zu verladen. Wir kamen mit diesem Bekannten ins Gespräch und erfuhren, dass auch für ihn die Zukunft ungewiss ist. Er hatte die Ländereien von einem mexikanischen Großgrundbesitzer gepachtet. Der aber sei erst vor kurzem eingesperrt worden und büße eine Haftstrafe von 25 Jahren ab. Wegen Drogengeschäften. Und keiner wüßte, wie es weiterginge. Er würde ja gern einen Teil davon kaufen, sagte er. Aber wahrscheinlich würde man nur die gesamte Fläche verkaufen. So viel Geld hatte er aber nicht. Der Tomatenanbau würde auch Beschäftigungsmöglichkeiten für Einheimische bieten. Da war gerade was im Gange. Sie würden alle gut zusammenhalten, um am Ende vielleicht doch noch in dieser Gegend bleiben können.

Als wir danach wieder zu Johans Haus fuhren, bat er uns noch mal hinein. Seine Frau lag schon im Bett, Wir dankten ihm für alles. Zum Abschied schenkte er mir noch das Foto, das jetzt in meinem Devotionaliensammelbuch klebt. Auf ihm sind beide, Maria und Johan, abgebildet.

Mann, waren das liebe Leute!

PS: Im Internet gefunden: Mennoniten, auch Altevangelisch Taufgesinnte und Alttäufer genannt, sind eine reformierte christliche Konfession in der Tradition der Täufer. Der Name leitet sich vom friesischen Gründer Menno Simons ab. Anfangs war „Mennoniten" ein Schimpfwort, später wurde der Name von der Gruppe übernommen.

45. Kapitel

Sag zum Abschied leise Adiós

Am Dienstag, 2. Dezember, sollte es für uns wieder weitergehen. Zwar machte der Motor keine Zicken mehr, aber wir hatten ein anderes Problem: Wir brauchten Geld. Eigentlich sollte das ja kein Problem sein; in Hopelchén, diesem ansonsten lieblichen Städtchen, aber war es eins.

Wir fanden eine Bank; sie hatte noch geschlossen. Und der dazugehörige Bankautomat funktionierte nicht. Es war nicht das erste Mal, dass ein Bankautomat nicht funktionierte. Oder anders gesagt: Es war die Ausnahme, dass einer mal Geld ausspuckte. Wie es halt immer und überall auf unserer Reise mit dem Geldabheben und dem Telefonieren ein richtiges Affentheater war.

Ziellos drehten wir mit unserem Dixi eine Runde auf dem Hauptplatz. Schon schrie wieder einer hinter uns her, und wieder war es der Fox. Er hatte seine Geburtstagsfeier offensichtlich überlebt und auf dem Platz eine kleine Restauration aufgebaut mit Tischen und Bänken einerseits und mit Tortillas und Getränken andererseits. Er begrüßte uns überschwänglich und drückte uns die Hand. Wie ein alter Freund. Irgendwo war er's ja auch, zumindest in Hopelchén. Er sah, dass wir drauf und dran waren, die Stadt zu verlassen. Sollte irgendwas sein, sagte er, sollten wir sofort bei ihm anrufen. Er würde uns helfen. Wurscht wo. Und lud uns noch einmal zu Tortillas und Cola ein. Diesmal half auch die Tochter

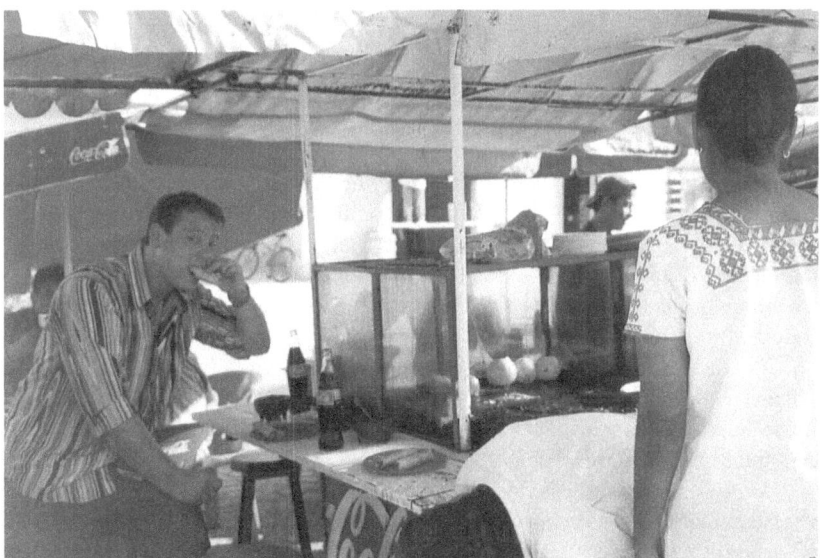

Zum Abschied spendiert Fox den bayerischen Globetrottern ein letztes Mal seine unvermeidlichen Tortillas

mit, also die, die vor unserem Auto posierte, als ihr Vater es fotografierte. Sie bereitete diese Dinger kunstgerecht zu, mit dem Riesenmesser, das wir schon kannten, und auf dem Holzbrett mit der Mulde, das wir auch schon kannten. Ich verdrückte zwei Tortillas, der Philipp deren drei. Eigentlich wollte ich nicht in der Früh schon nach Zwiebeln riechen. Aber was will man nicht alles.

Als wir so dasaßen und die Tortillas in uns hineinmampften, kam der Rodrigo vorbei mit einer Zeitung unterm Arm und setzte sich zu uns. Er begrüße uns und sagte, dass er praktisch jeden Tag zum Fox geht, hier seine Zeitung liest und dazu Tortillas isst. Erst nach dieser Prozedur geht er in seine Firma. Jetzt war mir auch klar, warum wir damals über eine Stunde auf ihn gewartet hatten. Diese Zeit hätten auch wir besser beim Fox verbracht. Wenn wir wieder einmal nach Hopelchén kommen, machen wir's auch so.

Dann waren auch die Mennoniten aus unserem Hotel wieder da. Sie umzingelten unser Auto, das gut zehn, fünfzehn Meter entfernt am Platz stand. Ehe wir losfahren, dachte ich, jetzt wäre eine gute Gelegenheit, sie alle mal zu fotografieren. Ich holte meine Kamera und legte an – da wandten sie mir alle nur ihren Rücken zu. Um keinen Preis wollten sie fotografiert werden. Oder sie durften es nicht. Nach der Geschichte mit dem eisenbereiften Traktor hielt ich auch das für möglich.

Ich steckte den Fotoapparat also wieder weg und ging auf einen von ihnen zu, der mir am nächsten war, und begann ein kleines Gespräch mit ihm. Auf Deutsch sagte er, sie hätten schon erfahren, dass Deutsche im Ort sind und würden das ganz toll finden. Er wusste auch, dass wir Johan und Maria besucht hatten. Alles wussten sie. Seit dem zweiten Tag. Auch die anderen Mennoniten plapperten jetzt mit. Sie waren alle sehr an Deutschland interessiert und wussten, was da alles geschieht. Und beneideten uns für die soziale Absicherung, die in unserem Land geboten wird. In Mexiko gibt es ja nichts dergleichen. Dort müssen sie sich schon selber helfen.

Wenn sie mal nach Deutschland kommen, sagte ich, würde ich ihnen dieses Land gern zeigen wollen. Oder von mir ein Auto kriegen oder irgendwas. Ja, das wäre ihr größter Wunsch. Aber dafür fehlte ihnen das Geld. Und auch die Zeit. So etwas wie Urlaub würden sie nicht kennen. Ist die eine Frucht abgeerntet, kommt die nächste dran.

Dann probierten wir es wieder an der Bank. Aber da ging wieder nichts. Wir hatten also definitiv kein Geld mehr.

Ziemlich gerührt war ich, als wir uns schließlich von allen verabschiedeten, allen voran von Fox und seiner Frau. Und von Rodrigo. Weil ich merkte, dass ich nasse Augen bekam, drängte ich darauf, dass wir ins Auto stiegen und losfuhren. Alle Indios winkten und riefen Adiós. Adiós hier, Adiós dort.

Adiós, habe ich mir später erklären lassen, sagt man eigentlich nur dann, wenn man sich im Leben nie wieder sieht, so wie Adieu. Aber wer will das schon wissen.

Schweren Herzens drehten wir noch eine Ehrenrunde um den Platz. Dann ging's weiter, Richtung Uxmal, eine der größten Maya-Städte im Osten.

46. Kapitel

Wenn ma wieder dahoam san

Nach ein paar Stunden Fahrt durch den Urwald gelangten wir zur Ausgrabungsstätte Kaba. Dort bildete ich mir ein, ein ganz besonderes Foto machen zu müssen: unseren Dixi im Vordergrund, die Ausgrabungsstätten im Hintergrund. So ein Foto, dachte ich, hat noch kein Mensch gemacht!

Da mir aber bei diesem Vorhaben ein schmiedeeisernes Tor im Weg, besser gesagt: im Bild war, ging ich zum Indio an der Kasse, bat ihn, dieses Tor ein bisserl aufzumachen und erklärte ihm auch, warum. Nein, beschied er mich, das dürfe er nicht, fragte mich aber im gleichen Atemzug, ob mein Auto Jahrgang 28 sei. Da verschlug es mir die Sprache. Ich war tief beeindruckt. Woher in Dreiteufelsnamen wusste dieser Mann, in welchem Jahr unser Dixi gebaut worden war?

Ja, sagte ich, das Auto ist Jahrgang 28 und fragte ihn, wie er denn darauf gekommen sei. Im Fernsehen hätte er's gesehen, antwortete er ganz cool.

Da war mir natürlich alles klar. Hatte sich das mit dem Dixi und unserer Fahrt dank TV bis ins hinterste Indiodorf herumgesprochen.

Vielleicht, dachte ich, lässt er mich ja unter diesen Umständen dann doch noch ein Foto machen und hakte nach. Aber der Bursche blieb hart. Es ginge beim besten Willen nicht, leider, er könnte sonst Ärger bekommen. Mir leuchtete das zwar nicht ein, ich gab mich aber geschlagen. Schließlich soll man seine Energie nicht an unnützen Dingen vergeuden.

Als wir noch so herumstanden, rollte ein mexikanischer Reisebus auf den Parkplatz und und baute sich knapp neben unserm Auto auf. Ein Paar stieg aus, die beiden warfen einen Blick aufs Auto samt Kennzeichen und riefen unsisono auf Deutsch-Bayerisch: Des gibt's ja gar net, ihr kommt's ja aus Weilheim! Wo genau seid's denn her? Mia san aus Starnberg.

Und mia aus Rottenbuch.

Mei, sagte sie, da sammer erst in der vorigen Woch mit dem Fahrradl durchgfahren. Mei, des is ja wos! Da müass ma natürlich in Kontakt bleim miteinander und uns treffn, wenn ma wieder dahoam san und so.

Ob das nördlich des Mains noch ein Mensch versteht?

Mach dir da keine Sorgen. Dank Beckenbauer und Stoiber versteht man das Bayerische heute in der ganzen Republik. Eigentlich sogar in ganz Europa. Wir tauschten also unsere Adressen und Telefonnummern aus und machten uns wieder auf den Weg. Die Ausgrabungen selber schenkten wir uns. Man muss ja nicht alles sehen. Und außerdem war mir für diesen unflexiblen Eintrittsverkäufer jeder Peso zu viel.

Eine ähnliche Begegnung hatten wir dann in Uxmal, und zwar auch wieder auf einem Parkplatz, wo uns aus heiterem Himmel eine ältere Dame aus Diessen über den Weg lief. Diessen, das für Nicht-Bayern, liegt in der Gegend, aus der wir kommen, genau gesagt am Westufer des Ammersees. Ein sehr schöner Ort mit vielen Kunsthandwerkern, vor allem Töpfern. Was nun den Reiz dieser neuerlichen Begegnung ausmacht, ist, dass wir, meine Frau Resi und ich, mit der Dame mittlerweile, man kann sagen, befreundet sind.

Das kam vor allem dadurch zustande, dass Gertrud La Roche, wie sie heißt, wenige Tage nach ihrer Heimkehr bei der Resi angerufen und

An der Ausgabnungsstätte Uxmal lernen die Nockers eine Dame aus ihrer bayerischen Heimat kennen. Wie es das Schicksal will: Mit ihr sind Herbert N. und seine Frau Resi bis auf den heutigen Tag befreundet

ihr schöne Grüße von uns ausgerichtet hat. Und das war gut so. Denn wir hatten in dieser Zeit schon über drei Wochen lang keinen Kontakt mehr mit der Resi gehabt. Ich hab's ja mehrfach anklingen lassen, was für ein Zirkus das war mit dem Telefonieren. Und die Resi hatte schon begonnen, sich Sorgen um uns zu machen. Ich hatte der Frau La Roche mit auf den Weg gegeben: Wenn Sie wieder in Diessen sind, sind's halt doch so gut und rufen Sie doch mal bei meiner Frau an. Damit sie weiß, dass mit uns alles in Ordnung ist.

Resi (aus der Küche): Genau das hat die Frau La Roche dann auch getan. Und dazu gesagt, wie toll sie das alles findet, was meine beiden Männer da machen. Bei diesem Gespräch hat sie auch den Vorschlag gemacht, wir sollten uns mal treffen. Und ich hab gesagt, das machen wir, wenn die zwei wieder da sind.

Der Beginn einer Freundschaft also. Gemeinsam mit Frau La Roche und ihrer Schwester, die auch dabei war, schauten wir uns dann die Ausgrabungsstätten und Pyramiden an, gingen zwischen den Ruinen durch und kletterten die Treppen an den Pyramiden rauf und runter. Dabei musste ich ihr ein bisschen helfen. Vor allem eine Pyramide gibt es, bei der ist die Treppe dermaßen steil, dass man runterzu eigentlich nur rückwärts gehen kann. Es soll viele Leute geben, die sich nicht mehr runtertrauen. Deshalb stehen unten auch Sankas herum, für den Fall dass. Es muss immer wieder Besucher geben, die die Treppen runterpurzeln. Trotzdem: Uxmal ist die Vorzeige-Ausgrabungsstätte überhaupt.

Komm, sei so nett, schau doch mal bei Uxmal im Internet nach!

80 km von Mérida entfernt fährt man etwa 1,5 Stunden, bis man über die Bundesstraße 261 schließlich die Pyramiden von Uxmal erreicht.

Uxmal heißt in Maya so viel wie „dreimal erbaut". Der Name mag damit zusammenhängen, dass die Pyramide tatsächlich mehrfach überbaut wurde, allerdings nicht dreimal, sondern fünfmal. Es handelt sich bei diesem Areal wohl um eine der bekanntesten und bedeutendsten Maya-Stätten überhaupt. Gelegen am nördlichen Rande der Puuc-Region (Puuc ist das Mayawort für „Hügel") ist Uxmal quasi begrenzendes Schlusslicht für diesen Stil, auf der anderen Seite

Uxmal gilt als eine der bedeutensten Ausgrabungsstätten der Mayas. Das kleine Bild zeigt die „gefährliche Treppe" zur „Pyramide des Zauberers" hoch

übertreffen die Bauwerke hier die anderer Regionen in Größe und Schönheit bei weitem. Das hängt jedoch nur zum Teil damit zusammen, dass Restaurierungsarbeiten diese Stätte sehr schön konservieren konnten.

Und hier noch ein paar Informationen zu der Pyramide, von der du eben erzählt hast: Es ist die Pyramide des Zauberers (Pyrámide del Adivino). Man nennt sie auch Pyramide des Wahrsagers. Sie hat ein kegelförmiges Aussehen und weist im Gegensatz zu vielen anderen Maya-Pyramiden abgerundete Ecken auf. Zwei Treppen führen bis nach oben, eine steilere auf der Westseite (Vorsicht beim Klettern, hier sind schon öfter Touristen gestürzt) und eine weniger steile an der Ostseite. Die Treppe an der Ostseite führt zum sogenannten Tempel IV, der sich auf der obersten Plattform der Pyramide befindet.

Dankeschön. Die erwähnen das also auch mit dieser gefährlichen Treppe. Danach fuhren wir nach Mérida. Eine Großstadt. 165 Kilometer von Hopelchén entfernt. Beinahe wären wir ja schon vor einer Woche dagewesen, als nämlich zur Diskussion stand, ob wir hier für unser Auto ein neues Lager besorgen müssen. War aber dann doch nicht nötig. Weil der Rodrigo mit seiner Gartenschlauch-Diagnose Gott sei Dank daneben gelegen ist.

Weiß denn das Internet auch was über Mérida?

Mérida ist die Hauptstadt des Bundesstaates Yucatán. Die alte Maya-Stadt Ti'ho wurde 1542 durch Francisco de Montejo den Jüngeren in Mérida umbe-

nannt. Touristisch gilt Mérida als Tor zur Welt der Maya (Puerta al Mundo Maya). Bereits 1618 hatte die Stadt das erste eigene Theater und 1735 entstand das heutige Rathaus. Merida hat ca. 1,5 Mio. Einwohner und die Orientierung fällt durch das gitterartige Straßensytem leicht, da die geraden Zahlen von Nord nach Süd verlaufen sowie die ungeraden von Ost nach West.

Gleich an der Stadtgrenze fanden wir das schöne Hotel Maya Inn, wo wir auch den Preis noch ein bisschen runterhandeln konnten. Gleich links daneben war eine Art Laundry, also eine Wäscherei, wo wir endlich unsere Wäsche von den letzten drei bis vier Wochen loswurden. Mittlerweile ein riesengroßer Sack. Ein älterer Mexikaner mit drei oder vier Waschmaschinen bediente uns. Morgen früh um elf wäre alles fertig. Erst um elf?, fragte ich. Wir wollten es aber schon um neun. Gut, sagte er, wenn wir noch einen Dollar drauflegen, kriegen wir's um neun.

Dann fing er an zu erzählen. Für einen Mexikaner warf er mit erstaunlich vielen deutschen Vokabeln herum. Er sah aber auch nicht aus wie ein richtiger Mexikaner. Und tatsächlich stammten seine Vorfahren aus Deutschland. Mit funkelnden Augen erzählte er uns, dass er unserem ersten Bundeskanzler Konrad Adenauer schon mal die Hand gereicht hätte. Oder der ihm. Adenauer, berichtete er, sei mal in Mérida gewesen, und weil er, der Herr der Waschmaschinen, deutsch radebrechen konnte, war er dem Kanzler vorgestellt worden. Wahrscheinlich das Erlebnis seines Lebens.

Rechts neben dem Hotel dröhnte mexikanische Musik aus einem Tanzschuppen auf die Straße heraus. Klar, dass wir auch da hineingehen mussten und einer jungen Kapelle bei der Ausübung ihres Berufes zuhorchten. Zu sehr vorgerückter Stunde bat ich den Ober, uns was in das Devotionalienbuch hineinzuschreiben. Er machte es auch. Aber schon an der Schrift kannst du erkennen, dass er zu diesem Zeitpunkt nicht mehr der Nüchternste war. Wir zwar auch nicht, aber wir schrieben ja auch nichts. Dass uns der Alkohol an diesem Abend besonders zu Kopf gestiegen war, lag womöglich daran, dass in dieser Kneipe nicht wie sonst in Mexiko Tequila das Standardgetränk war, sondern Brandy. Und das haut rein.

Freudig und insgesamt guter Dinge schlichen wir danach ins Bett.

Zona Arqueológica del Uxmal
Instituto Nacional de Antropologia e Historia

Yucatán, Gobierno del Estado
Calle 60 Norte No. 299-E, Ex-Cordemex Col. Revolutión, C.P. 97118 Mérida, Yuc., México

Hotel Maya Inn
Ave, Itzaés 604-C Frente Bancomer, Mérida, Yucatán, México

47. Kapitel

In Valladolid und Chetumal

Am Tag darauf, Mittwoch, 3. Dezember, checkten wir das Auto durch, holten die Wäsche ab und fuhren nach Chichén Itza, der nächsten Ausgrabungsstätte. Dort wurden wir von Franzosen, Italienern, Japanern angeredet. Beim Herumgehen trafen wir wieder die Starnberger, denen wir schon gestern begegnet waren.

Ein paar Zeilen aus dem Internet zu Chichen Itza, vor allem aber zum Geheimnis vom Untergang der Maya: Im Süden Mexikos, dem flachen Land zwischen Pazifik und Karibik, war einst das große Reich der Maya. Ihre Zeitrechnung und Geschichte reichte zurück bis ins vierte Jahrtausend vor Christus. In ihrer Blütezeit, der zweiten Hälfte des ersten Jahrtausends n. Chr., bauten sie die Stadt Chichen Itza. Doch schon wenige hundert Jahre später, noch bevor die spanischen Eroberer in Mexiko eintrafen, gingen die Maya samt (oder trotz) ihrer hochentwickelten Kultur auf rätselhafte Weise unter. Urwald überwucherte die verwaiste Stadt, bis sie Ende des 19. Jahrhunderts wiederentdeckt und freigelegt wurde. Seitdem suchen Archäologen nach dem Grund für den Untergang der Maya. Bis heute suchen sie vergeblich.

Und weiter ging's nach Valladolid. Dort fanden wir im Zentrum auch gleich ein bezahlbares Hotel, das wie immer komisch roch, aßen dort und wandten uns dem nahe gelegenen schönen Platz zu, weil wir von dort interessante, fremdartige Musikklänge vernahmen. Die Stadt feierte gerade das Fest des Jahres. Da versammeln sich Musikkapellen aus allen Regionen Mexikos, einschließlich Militärkapellen. Die besten Kapellen werden prämiert. Diese Trachten! Jede Region hatte ihren eigenen Stand mit Fressalien.

Mit ihrem Dixi eilen die Nockers von einer Ausgrabungsstätte zur anderen

Wir wollten uns das ganze Spektakel von oben anschauen und dazu im höchsten Gebäude, ich glaube dem Rathaus, auf die Veranda hinaufsteigen. Das darf man aber nicht, sagten sie uns. Aber wir wären doch nur extra deswegen von Europa rübergekommen, übertrieb ich. Da hatten sie Mitleid und ließen uns doch hinauf. Wieder mal so typisch: Oben war die ganze Prominenz versammelt, um den Aufmarsch der Kapellen im Überblick zu genießen. Wir waren die einzigen Weißen, die Exoten. So dass sie mehr uns als die Kapellen unten im Visier hatten. Da und dort bekam man ein Häppchen zum Essen. Das Einzige, was mir Unbehagen bereitete, war, dass an unserem Hotel der Dixi ziemlich frei herumstand. Also bugsierte ich ihn hinter die Hofeinfahrt, und als ich das getan hatte, merkte ich, dass man hier erst Recht mit ihm was anstellen konnte. Immer wieder drängte es uns hinzuschauen, ob noch alles in Ordnung war. Als der Abend vorbei war, blieben wir dann auch nicht länger und gingen zum Hotel zurück. Das Personal dort war ziemlich unfreundlich, ich weiß nicht, warum. Deshalb beschlossen wir abzureisen, obwohl wir eigentlich vorgehabt hatten, uns dieses Fest auch am Tag darauf noch mal anzugucken. Wir schliefen auch schlecht, weil es so laut war und brachen am nächsten Tag ziemlich in der Früh Richtung Felipe auf.

Bevor ihr das tut, noch ein paar Zeilen zu dieser Stadt aus dem Internet.

Valladolid liegt im Norden der Halbinsel Yucatán. Sie wurde ursprünglich im Jahre 1542 um die Lagune Chouac-Ha (langes Wasser) herum gegründet und sollte als Ausgangsstation für den jungen Francisco de Montejo dienen (El Sobrino), der von hier aus den Auftrag von seinem Onkel (El Adelantado) erhielt, den Nordosten Yucatáns zu „befrieden".

Am 28. Mai 1543 wurde die Siedlung schließlich in Valladolid umbenannt, das umliegende Land wurde in 45 Teile geteilt und an Spanier vergeben. Da jedoch die Mosquito-Plage zu groß wurde, erlaubte El Adelantado im März 1545 den Einwohnern, in das Gebiet um den Cenote Zací umzusiedeln, das bis dahin Kultstätte für die Cupul-Mayas gewesen war. Den Namen Valladolid nahmen sie mit.

Im Kastenkrieg spielte Valladolid schließlich noch eine Schlüsselrolle. Die Mayas hatten nach vielen Jahren der spanischen Unterdrückung Land wieder zurückerobert und in vielen Städten die Oberhand gewonnen. Nachdem Yucatán schließlich jedoch Hilfe aus Mexiko bekam, verloren sie den Kastenkrieg und wurden verfolgt. Valladolid war schließlich wieder in der Hand der Spanier.

Von Cancún liegt Valadolid etwa 160 Kilometer entfernt. Auf dem Weg nach Chichén Itza (40 km entfernt) kommen auch viele Touristen hier vorbei, bleiben jedoch meistens nicht länger als eine Stunde, was sie nicht den Charme der Stadt erkennen lässt.

Es gibt übrigens auch in Mittelspanien eine Stadt gleichen Namens. Ich erwähne das nur deshalb, weil dort, am 20. Mai 1506, Christoph Kolumbus gestorben ist.

Ach ja?

Und über das kastilische Valladolid sagt man auch noch, dass dort das korrekteste Spanisch überhaupt gesprochen wird.

Chetumal liegt noch in Mexiko, aber schon ganz knapp an der Grenze zu Belize. Für viele Reisende ein gefragter Ausgangspunkt für Ausflüge

Was das betrifft, hatten wir unseren Wortschatz, bestehend aus *Hola, no hablo español!*, *Viva México!* und *Adiós!*, mittlerweile um *Dos cervezas, por favor!* erweitert

Alle sagen, wenn du nach Mexiko oder nach Yucatán kommst, sollst du auch Cancún anschauen. Aber insbesondere Amerikaner, denen wir begegneten, rieten uns davon ab: Alles, nur das nicht! Weil du meinst, du bist in den USA. Cancún habe mit Mexiko so gut wie nichts zu tun. Stattdessen fuhren wir also auf einer guten Straße über Morellos nach Felipe, von Cancún aus 150 Kilometer. Weil das noch keine Tagesleistung war und wir schon um die Mittagszeit dort eintrafen, sagten wir uns: Wenn wir gleich weiterfahren, schaffen wir es noch bis an die Grenze von Belize, nach Chetumal. Das waren noch mal 150 Kilometer, so dass wir an diesem Tag 320 Kilometer zurücklegten.

Chetumal ist die Hauptstadt des Bundesstaates Quintana Roo und liegt dort ganz im Süden. Unter dem Namen Paya Obispo wurde sie im Jahre 1898 von einem spanischen General gegründet, der damit im sog. Kastenkrieg die Kontrolle über die Mayas beschleunigen wollte.

Heute ist Chetumal mit knapp 125.000 Einwohnern eine karibisch-mexikanische Stadt mit besonderer Ausstrahlung. Neben recht schönen, altertümlichen Holzhäusern und einer typisch mexikanischen Innenstadt ist sie dem Reisenden heute insbesondere als Ausgangspunkt oder Zwischenstop für Ausflüge in die nahegelegenen Naturparks (Sian Kaan oder Calakmul) oder Maya-Stätten (Rio Bec, Xpujil) von Nutzen. Ebenso kann man von hier aus Fahrten ins direkt angrenzende Nachbarland Belize oder sogar nach Guatemala unternehmen.

In Chetumal kann man auch das Museo De La Cultura Maya (Maya-Museum) besuchen. Und natürlich gibt es hier auch eine Maya-Stätte.

Als wir ankamen, war's schon ein bisschen dunkel. Wir fanden gleich ein Hotel und stellten das Auto in den Innenhof. Von unserem Zimmer in der ersten Etage hatten wir das Auto im Blick. Wir legten uns erst mal aufs Ohr, wurden aber auf einmal von Kindergeschrei gestört. Zigeunerkinder. Leider schrien sie nicht nur laut herum, sondern zupften auch an unserem Auto herum. Und wenn wir ihnen hinunterriefen, die sollten das bleiben lassen, machten sie es erst recht. Dann konnten wir beobachten, wie auch noch Erwachsene hinzukamen. Auch die sagten nichts, wenn die Kinder am Auto herummachten. Außerdem ging es links und rechts von unserm Zimmer laut zu, das ganze Hotel schien voller Zigeuner zu sein – es ging dort zu wie noch was. Brrrr.

Da dachten wir, wenn das die ganze Nacht so weitergeht, steht unser Auto morgen nur noch zur Hälfte da. Die Spiegel werden weg sein und die Fahnen links und rechts sowieso. Das Zimmer war zwar schon bezahlt; weil es aber nicht ganz so teuer war, sagten wir: Da hauen wir lieber ab und sagen auch nichts an der Rezeption. Wenn die beim Vorbeifahren was sagen, behaupten wir, dass wir noch was einkaufen müssen. Wir packten also schnell unsere Siebensachen zusammen, und fort waren wir.

Gleich darauf fanden wir ein anderes Hotel, auch mit einem großen Innenhof. Das war in Ordnung. Und wir waren zufrieden. Wir stellten unseren Dixi neben ein Auto mit einer amerikanischen Nummer und mit einem kleinen Boot hinten drauf. Da kamen gerade der Besitzer und seine Frau. Sie begrüßten uns mit freudestrahlendem Gesicht und sagten, dass sie uns schon mal in Texas gesehen hätten. Und auch schon an der einen oder anderen Ausgrabungsstätte. So saßen wir mit denen noch ein bisschen zusammen. Sie erzählten, dass sie immer wieder nach Belize fahren würden, zum Wasserskifahren. Belize wäre ihr Urlaubsland Nummer eins. Belize war früher Britisch Honduras.

Wir übernachteten und fuhren am nächsten Tag weiter Richtung Grenze. Kurz davor trafen wir sie an einer Tankstelle wieder. Und später noch mal, diesmal unmittelbar an der Grenze. Aber da machten sie einen etwas genervten Eindruck auf uns. Aus gutem Grund.

Hotel Don Luis
Calle 39, 38 No. 191. Valladolid, Yuc., Mex.

Hotel Ucum
Av. Mahatma Gandhi # 167 Centro, Chetumal Q. Roo. Mex.

48. Kapitel

Von Belize nach Guatemala

Vor dem Grenzübertritt nach Belize mussten wir unser Auto entseuchen lassen. Man musste dafür einen kleinen Umweg fahren und einen ebenso kleinen Betrag zahlen, umgerechnet vielleicht 1,50 Euro. Einige Autofahrer wussten das nicht, kamen an den Grenzübergang und wurden von den Zöllnern wieder zurückgeschickt. Zu denen gehörte auch das amerikanische Paar mit dem Boot auf dem Dach. Wir mit unserem entseuchten Auto durften gleich rüber.

Gleich hinter der Grenze war man in Orange Walk, mit 16.000 Einwohnern eine der größten Städte im kleinen Belize. Von hier werden Boottrips über den New River zu den Ruinen von Lamanai angeboten, die als eine besondere Sehenswürdigkeit gelten und im Dschungel verborgen sind.

An einer Tankstelle, die wir anfahren mussten, fragte uns der Besitzer, ob wir bereit wären, ein Fernsehinterview zu geben. Er würde dafür sorgen, dass in ein paar Minuten ein TV-Team da sei. Wir stimmten zu. Es dauerte vielleicht eine Viertelstunde, da rückten tatsächlich fünf, sechs mit einer Filmkamera bewaffnete Leute an, die uns mit allen möglichen Fragen bombardierten. Gott sei Dank lief alles auf Englisch, das ging dann besser; in Belize sprechen sie alle Englisch. Es war ein ewig langes Interview. Auch ein Zeitungsredakteur war mit dabei. Ihn fragte ich, ob er uns nicht eine kleine Fahne von Belize besorgen könnte. Damit wir auch durch dieses Land standesgemäß fahren konnten: rechts am Auto mit der deutschen Fahne, links mit der von Belize. Wenige Minuten später schleppte uns der Typ sogar eine richtig schön gehäkelte und außen eingefasste Flagge seines Landes an.

Belize ist im südöstlichen Teil der Halbinsel Yucatán und bis auf die im Landesinnern gelegenen Maya Mountains mit bis zu 1.122 Meter Höhe (Victoria Peak) leicht hügelig bis eben. Das Land ist von der Größe Hessens und der zweitkleinste Staat des amerikanischen Kontinents. Belize besitzt sehr unterschiedliche Landschaften, gerade im Verhältnis zu seiner Größe. Was Belize interessant macht: In diesem Gebiet lebten bis ins neunte Jahrhundert die Mayas, so dass der Anteil der indianischen Bevölkerung noch immer rund elf Prozent ausmacht.

Auch in Belize leben viele Mennoniten, denen wir ja schon im mexikanischen Hopelchén auf Schritt und Tritt begegnet waren. Auch die Vorfahren der in Belize anzutreffenden Mennoniten waren Nordfriesen, die aus Glaubensgründen im 18. Jahrhundert nach Ostpreußen zogen. Als der Zar Ende des 19. Jahrhunderts verfügte, dass sie Militärdienst zu leisten hätten, wanderten sie auf den amerikanischen Kontinent aus und ließen sich von Kanada bis Paraguay nieder. Als Gesetzesgrundlage erkennen sie nur die Bibel an und wollen nichts anderes als ausschließlich vom Ackerbau leben. So, wie es ihre Vorfahren seit Jahrhunderten gemacht haben. Technik lehnen sie kategorisch ab.

Als wir in die 60.000 Einwohner zählende Hauptstadt Belize City kamen,

Wieder einmal ist der Nockersche Dixi von Schaulustigen umlagert, hier in Belize City, der Hauptstadt des kleinen Landes

wurden wir von älteren Leuten, nein, eigentlich schon uralten Leuten gestoppt. Noch nie, sagten sie, hätten sie in echt ein so (ur-)altes Auto gesehen, nur auf Fotos. Kein Wunder, weil ja richtige Straßen in Belize erst in den 50er Jahren gebaut wurden und dann erst Autos ins Land kamen.

Am Strand von Belize City lernten wir einen jungen, gut gekleideten Typen kennen, der uns schon die ganze Zeit auf so einem langen amerikanischen Fahrrad verfolgt hatte. Er fragte uns, ob er uns helfen könnte, wahrscheinlich suchten wir ja ein Hotel. Lief hieß er. Wir nahmen das Angebot an und folgten ihm. Wie wir erst hinterher festgestellt haben, führte er uns durch Slums, wo ihn jeder zu kennen schien. Die Leute, die uns sahen, waren begeistert. Er führte uns richtig vor.

Leider lag auch das Hotel, zu dem er uns schließlich brachte, in der Nähe dieser Slums. Weil wir aber dort unser Auto auf der Straße hätten stehen lassen müssen, baten wir ihn, uns zu einem anderen Hotel zu bringen. Auch ein Freund von ihm namens Blimdog gesellte sich zu uns. Es war wahrscheinlich das beste Hotel im Ort. Eine Riesenanlage mit bestimmt 20 Stockwerken. Aber am Meer, an der karibischen See. Angeblich gibt es dort das zweitgrößte Korallenriff der Welt; das größte soll ja in Australien sein. Ein Dorado für Taucher. Auch der Hafen war gleich in der Nähe. In diesem Hotel, hieß es, würden sich einmal im Jahr die Weltumsegler treffen. Gäste waren nahezu ausschließlich Amerikaner.

Die zwei Kerle gingen auch noch mit ins Foyer. Und weil da auch eine Bar war, luden wir sie zu einem Bier ein. Dabei erfuhren wir, dass sie arbeitslos waren. Der eine hatte eine Schwester, die gerade mit Krebs im Sterben lag, und er beklagte, dass sich keiner richtig um sie kümmerte. Ärztliche Versorgung – Fehlanzeige. Ein armes Land. Es leben dort viele womit auch immer vermischte Afrikaner, die hier eine Bleibe gefunden hatten. Wir sahen schöne Frauen mit tollen Figuren; sie waren fast so schön wie Brasilianerinnen.

Der Dixi kämpft sich wacker über gute und schlechte Straßen. In Mittelamerika sind sie eher schlecht

Unser Auto wurde ständig von zwei schwerbewaffneten Security-Leuten bewacht.

Am nächsten Tag fuhren wir zeitig weiter. Nach fünf Kilometern fiel uns ein, dass man an der Rezeption beim Auschecken vergessen hatte, uns die Kaution für die Fernbedienung zurückzuerstatten – wir hatten sie überdies auch gar nicht gebraucht. Immerhin ging es um 60 Belize-Dollar, ungefähr 30 US-Dollar.

Also fuhren wir wieder zurück, gingen an die Rezeption und wollten die Kaution zurück. Da verlangte die Frau unsere Kreditkarte. Wozu, fragten wir uns. Na ja, dachte ich, vielleicht will sie uns ja den Betrag auf unsere Kreditkarte überweisen. Ich Idiot. Sie wollte die Kreditkarte, weil sie bemerkt hatte, dass die Rechnung nicht stimmte. Zimmer und Abendessen hätten wir nicht, wie wir's getan haben, in Belize-Dollar bezahlen dürfen, sondern in US-Dollar. Sie rechnete uns das noch mal vor. und das Ende vom Lied war, dass sie uns zwar die Kaution für die Fernbedienung anrechnete, wir aber noch einmal umgerechnet 150 US-Dollar bezahlen mussten. Dadurch verdoppelte sich unsere Rechnung. Wären wir aus Geiz wegen der läppischen Fernbedienung nicht zurückgefahren, wäre der Fall erledigt gewesen.

Mein Tagebuch vermerkt als Resumée dieser Geschichte drei Wörter: So eine Scheiße!

So was sagt man nicht.

Ich hab's ja auch nur geschrieben.

Natürlich waren wir ganz schön sauer. Und schauten, dass wir schleunigst weiterkommen, bevor die beiden Kerle mit dem Radl wieder aufkreuzen.Was wollten wir in Belize noch Großes machen? Mit einem Katamaran über die Korallenriffs schippern? Um sie richtig sehen zu können, hätten wir aber tauchen müssen. Und dazu hatten wir keine Lust und keine Ausrüstung. Sicher würde es in Belize noch einige andere Sachen zum Anschauen geben. Aber der Schock mit dem Bezahlen steckte uns noch zu sehr in den Knochen. Ach was, sagten wir, fahren wir doch einfach weiter. Fahren wir nach Guatemala.

Hode's Place
Bar & Grill, Savanah Road, San Ignacio, Cayo District,
Belize, Central America

---

49. Kapitel

Von Guatemala nach Honduras

Wir fuhren und fuhren und fuhren. Immer durch dichten Urwald. Bis wir nach San Ignacio kamen und ein Hinweisschild zu einem Campingplatz fanden – in diesen Regionen eine Seltenheit. Als wir hinkamen, war kein Mensch da. Ein wunderschöner Campingplatz mit Palmen, Kokosnüssen und Bananen.

Schon kletterte eine kleinere Frau aus einem Stelzenhaus herunter und freute sich: Na so was, endlich mal wieder Gäste! Sah alles so aus, als wäre schon lang keiner mehr dagewesen. Ich fragte sie nach dem Preis und ob in dem Preis auch Kokosnüsse mit inbegriffen wären.

Ja, selbstverständlich, sagte sie und reichte mir eine klapprige Leiter. Ich kletterte gleich rauf, aber die Kokosnüsse waren noch ganz grün. Da sagte sie, dass ihr Mann am Abend kommen und uns reife Nüsse geben würde.

Weil wir aber richtig Hunger hatten, fuhren wir in das Restaurant, das uns schon vielleicht einen Kilometer vor der Einfahrt in den Campingplatz aufgefallen war. Wir hatten das Auto gerade abgestellt, da rollte ein Neckermann-Bus voller Österreicher auf den Parkplatz. Und schon ging's wieder los mit der Fragerei und der Fotografiererei. Es ging uns langsam auf den Geist. Aber wir hatten es ja so gewollt, es war unser selbst gewähltes Schicksal. Also machten wir gute Miene zum bösen Spiel. Dann ließen wir uns unter einer überdachten Veranda nieder. Dort merkten wir, dass nicht nur der Bus von Neckermann war; es war auch ein Neckermann-Restraurant. Ich will jetzt nicht Reklame für dieses Restaurant machen, aber die Steaks, die wir bestellt hatten, schmeckten wirklich gut. Fast so gut wie in ... ach, ich weiß nicht mehr, wo das war.

Urplötzlich setzte ein tropischer Urwaldregen ein. Das war so was von gewaltig, ich kann's gar nicht beschreiben. Einfach grandios. Im Nu stand unser Dixi bis zu den Knien im Wasser. Ich meine natürlich: bis zum Trittbrett.

Aber nicht nur der wolkenbruchartige Regen mit seiner Urgewalt ist etwas völlig Außergewöhnliches, wie ich es noch nie erlebt habe – der junge Philipp sowieso nicht! –, sondern auch, wie die Viecher schreien. Was die Affen, Papageien und Fliegen alles veranstalten. Wie die Blätter und Früchte von den Bäumen fallen. Wie sich alles um einen herum unwirklich erst gelblich verfärbt und wie es danach dunkel wird. Unglaublich. Ein wahrlich gewaltiges Naturschauspiel.

Kann einer sagen, dass er gelebt hat, wenn er so was nie erleben durfte?
Ja, niemals kann er das!

Nach zehn Minuten hörte das Spektakel beinahe schlagartig wieder auf. Alles beruhigte sich wieder. Nur dichter Nebel blieb von dem Ereignis übrig. Wie Pulverdampf nach einer wüsten Schießerei. Es dauerte ewig, bis er sich wieder verzogen hatte.

Als wir danach wieder zum Campingplatz zurückkamen, wie gesagt: er war ja nur einen Kilometer weit weg, bemerkten wir mit Erstaunen, dass es gar nicht geregnet hatte. Dafür erwischte uns dann in der Nacht ein Regenschauer.

Am nächsten Tag in der Früh besuchten wir einen mit seinem Feld am Campingplatz angrenzenden Kleinbauern. Er pflanzte und erntete gerade Mais. In dieser Gegend wird abgerodet und gleichzeitig wieder angebaut. Er zupfte Mais für seinen eigenen Gebrauch. In diesen Ländern kannst du dreimal im Jahr ernten. Der tropische Regen macht alles saftig grün.

Ein Wort noch zu San Ignacio. Man kann von hier aus einen Ausflug zu den am besten restaurierten Ruinen von Belize, nach Xunantunich, machen. Immerhin ist die Hauptruine das zweitgrößte von Menschen erbaute Bauwerk in Belize. Man kann's aber auch sein lassen. Wie wir.

Immer wieder wurden wir in Belize von der Polizei kontrolliert. Und immer wieder mussten wir auch Maut bezahlen. Da gab es auch viele private Brücken, zum Teil in erbärmlichem Zustand. Aber auch für die musst du bezahlen, wenn du sie passieren willst. Nicht viel, aber es addiert sich.

Wir sahen zu, dass wir nach Guatemala kamen. Und fragten uns, ob es dort mit den Kontrollen so weitergeht. Auch in Belize waren wir ja alle Nase lang kontrolliert worden.

Wir kamen ohne Probleme über die Grenze nach Guatemala. Aber gleich danach sahen wir viel Militär und machten uns auf Kontrollen gefasst. Tatsächlich wurden wir auch immer wieder angehalten und gefragt, was das für ein Auto sei. Erst, wenn wir das erklärt hatten, durften wir weiterfahren.

Dann überquerten wir eine notdürftig zusammengeflickte Holzbrücke und quälten uns anschließend zehn Kilometer auf einer unasphaltierten Straße mit riesengroßen Löchern dahin. Wir befürchteten schon, niemals wieder in diesem Land auf eine halbwegs normale Asphaltstraße zu kommen. Die miserable Straße schien ohne Ende unendlich zu sein.

In Rio Dulce fanden wir ein Hotel, das permanent von drei Security-Leuten mit schweren Pumpguns bewacht wurde. Uns war's recht. So mussten wir nicht andauernd um unseren Dixi zittern. Der Hotelbesitzer bot uns Kaffee an, wir wollten aber lieber Bier; wir bekamen es kostenlos. Die Übernachtung kostete umgerechnet nur 10 Euro. Ansonsten war für uns nicht viel los in Guatemala. Zwar hätte es auch hier eine berühmte Ausgrabungsstätte gegeben, aber die Leute warnten uns eindringlich davor, sie aufzusuchen. Wegen der Straße dorthin. Da wären wir Stunden unterwegs, sagten sie. Also ließen wir's bleiben. Eigentlich hatten wir ja auch genügend viele Ausgrabungsstätten gesehen. So erlebten wir Guatemala im Schnelldurchgang.

Am Sonntag, 7. Dezember, waren wir über die Grenze von Belize nach Guatemala gefahren, am Montag, 8. Dezember, überschritten wir die Grenze nach Honduras. Eine wunderschöne Gegend empfing uns. Hügelig wie im Allgäu.

Da bekamen wir Appetit und wollten wieder mal was Richtiges essen. Irgendwo draußen in der Prärie entdeckten wir ein tolles Restaurant, El Sitio Steak House stand vorne drauf. Mensch, sagte ich zu Philipp, da gehen wir rein. Aber es war alles so ruhig. Es wird doch wohl nicht geschlossen haben, dachte ich. Aber es war offen.

Wir traten ein. Ein tolles Lokal, zentralamerikanisch. Wir ließen uns nieder. Schon kam die Wirtin Rosalina Orellana an unsern Tisch, eine ältere Dame, die sehr gut englisch sprach. Sie sagte, sie könnte uns jeden Essenswusch erfüllen und freute sich darüber, dass Leute von so weit her zu ihr zum Essen kommen. Wir bestellten Steaks.

Frau Orellana beschäftigte eine ganze Reihe von Bedienungen. Eine nahm das Getränk auf, die andere das Essen. Alles vom Feinsten. Jeder Gang mit neuen Gläsern. Hervorragend. Auch ihre Nichte kam zu uns an den Tisch; sie studierte in Amerika und war war gerade auf Urlaub hier. Es war alles richtig gut und wir genossen die familiäre Atmosphäre. Als wir uns nach dem Gelage verabschiedeten, sagten sie, wir müssten unbedingt wiederkommen. Weil wir so begeistert waren von allem, was sie geboten hatten, mitten in der Prärie.

Wir versprachen es. Ich würde diesen Besuch dann allerdings mit einer Rasur bei Figaro Angel Delgadillo verbinden, du weißt schon, der an der Route 66.

Klar, sonst lohnt sich so eine Reise nicht.

Die Stadt kurz vor der Grenze hieß Esquipulas. Dort übernachteten wir auch wieder in einem tollen Hotel. Unser Zimmer war oben im ersten Stock. Unter unserem Fenster war ein Atrium mit einem Swimming Pool in der Mitte. Seitlich davon war eine Tiefgarage, in die wir unser Auto hineinstellen konnten. In diesem Ort besichtigten wir die berühmte große Wallfahrtskirche. Dann gingen wir auf den Markt und deckten uns dort mit dem Notwendigsten ein. Auch da haben dann natürlich die Leute wieder unser Auto bewundert.

Und es kamen auch wieder welche, die sagten, sie hätten schon mit den zuständigen Leuten vom hiesigen Fernsehen geredet. Man würde gern wieder ein Interview oder eine Reportage mit uns machen. Morgen um neun. Vor der Kirche. Am nächsten Tag schlug die Kirchenglocke halb zehn, aber von den TV-Leuten war immer noch keiner da. Wenn die was von uns wollen, sollen sie gefälligst auch pünktlich sein. Sagten es und schon waren wir fort.

Vor der Grenze von Honduras war es richtig schlimm. Wir waren es ja gewohnt, dass an den Grenzen immer ein Haufen junger Leute rumhing, die betteln oder die dir behilflich sein wollen mit den Zollpapieren und so weiter. Aber hier sind sie gleich zu viert auf die Trittbretter von unserm Auto gesprungen, eine ganze Horde bedrängte uns. Ein paar sprangen auch wieder ab, aber es gab andere, die blieben hartnäckig und langten uns sogar ins Auto rein. Nur noch mit scharfen Lenkbewegungen konnte ich einen nach dem andern wieder abschütteln.

Vor dem Schlagbaum meldete sich wieder ein junger aufdringlicher Typ. Er schrie andauernd: Mister! Mister! Mister! und bot sich an, uns bei der Ausreise zu helfen. Weil er uns einen Ausweis zeigte, der ihn berechtigte, Einreisenden zu helfen, ließen wir uns auf ihn ein und engagierten ihn. Für die Angelegenheiten an diesen Grenzen war es einfach besser, jemanden zu haben, der besser Spanisch sprach als wir. Tatsächlich hat er dann auch alles astrein in unserem Sinne erledigt.

Auf der Honduras-Seite trafen wir an der Grenze einen in Mexiko tätigen deutschen Diplomaten aus Stuttgart. Er freute sich über unser Auto: Er selbst war mit Chauffeur da. Er erzählte uns, dass er immer wieder Ausflüge nach Honduras machen würde. Es hörte sich so an, als hatte er dort eine Freundin. Auch er half uns ein bisschen an der Grenze und gab uns Tipps, was wir alles unternehmen sollten.

Zum Beispiel machte er den Vorschlag, nach Tegucigalpa, wo wir hin wollten, keinesfalls auf dieser Straße zu fahren, sie wäre zu schlecht. Stattdessen empfahl er uns eine andere Route, die aber einen Umweg von 250 Kilometern bedeutet hätte. Nachdem wir uns von dem Diplomaten getrennt hatten, sagte ich zu Philipp: So schlecht kann die Straße gar nicht sein, dass wir ihretwegen einen solchen Umweg machen. Außerdem waren wir schlechte Straßen längst gewöhnt. Wir hielten uns also nicht an seinen Vorschlag. Dabei fiel uns auch ein, dass wir dort, wo wir uns vor einigen Monaten hatten impfen lassen, in Steingaden, vom Tropenarzt gesagt bekommen hatten, wir sollten in Honduras keinesfalls die Route an der Ostseite nehmen; dies sei ein extrem malariagefährdetes Gebiet. Auch aus diesem Grund entschieden wir uns für die kürzere Variante Richtung Nicaragua.

Am Anfang ging alles ganz gut. Dann gingen auf einmal die Berge los. Zum Teil 2.200 Meter hohe. Und das über eine Strecke von 50 Kilometern. Schon beim ersten Berg wurde der Motor heiß. Wegen der enormen Steigungen und wegen der Hitze insgesamt. Beides zusammen mag ja unser Dixi nicht.

Da sagte ich: Wir stellen uns jetzt einfach hin und warten, bis uns ein anderes Auto hinaufzieht. Also stellte ich mich mit einem Abschleppseil neben unser Auto. Kaum hatte ich Position bezogen, hielt auch prompt einer mit seinem Auto an und zog uns gleich mehrere Berge hoch. Darunter einen, bei dem es 25 Kilometer lang immer nur nach oben ging. Auch eine Zwölf-Prozent-Steigung war dabei. Da hätten wir mit unserem Autole ganz schön Probleme gehabt!

Weil sich diese Methode bewährte, haben wir sie des Öfteren angewendet. Ich hätte schon viel früher drauf kommen sollen.

Hotel Costa del Norte
Rio Dulce, Livingston, Izabal. Guatemala

El Sitio Steak House
Km. 149,3 Carretera al Atlántico, El Rosario, Rio Honda, Zacapa Honduras

Hotel IV Centenario
A 2 Cuadras de la Basilica, Entradas a Esquipulas

Hotel Elvier
Calle Real Centenario, Santa Rosa De Copan, Honduras C.A.

50. Kapitel

Und dann hat es Ratsch gemacht

Beim zweiten Mal zog uns auf der gleichen Srecke ein LKW-Fahrer den Berg hoch. Er freute sich riesig, dass er uns helfen konnte. Natürlich hätten wir ihm hinterher auch gern ein Trinkgeld zugesteckt, aber bis auf ein paar Dollar, die wir selber noch für den Grenzübertritt nach Honduras brauchten, hatten wir kein Geld mehr. Peinlich. Und natürlich war weit und breit keine Bank. Als der LKW-Fahrer mitbekam, dass wir ihm was geben wollten, versuchte er uns klarzumachen, dass er nie und nimmer auf die Idee gekommen wäre, Geld von uns zu erwarten oder gar eins anzunehmen. Vielmehr zeigte er sich über alle Maßen über unsere Dixi-Nocker-Karte erfreut, die wir ihm statt eines Trinkgeldes in die Hand drückten.

Wir reden immer von dieser Nocker-Karte, und kein Mensch kann sich was drunter vorstellen.

Das ist richtig.

Also sollten wir's einmal erklären.

Du fängst an.

Also: Es ist eine Karte im Postkartenformat. Auf der einen Seite sieht man groß abgebildet den Dixi. Daneben, untereinander und kleiner, von oben nach unten: die Erdkugel, das BMW-Logo und das Dixi-Logo mit dem Centaur.

Und oben drüber steht ganz groß und in Rot: Rund um die Welt.

Und unten rechts ganz klein: 1928 BMW DIXI. Das ist die Vorderseite, selbstverständlich in Farbe. Dreht man die Karte um ...

... sieht man den Dixi im Profil, mit viel Gepäck drauf.

Gezeichnet von keinem Geringeren als Herbert Nocker himself. Und dann wird's schwierig.

Wieso schwierig? Es stehen doch nur sechs Wörter da, eins unter dem andern.

Aber alles auf Lateinisch. Von oben nach unten: Spinnerus · Automobilus · Nockerus · Centaurus · Trans Amerikanus · Rosticus.

Und wenn man die Anfangsbuchstaben von oben nach unten liest ...

... und dabei das letzte Wort Rosticus weglässt ...

... entsteht das Wort SANCT. Und das war's.

Eigentlich doch nicht so schwierig. Wenn man Latein kann. Heißt aber SANCT nicht heilig?

Klar. Deswegen hieß auch unser nächstes Tagesziel Santa Rosa de Copan. Dort checkten wir im Hotel Elvir ein und übernachteten. Auch hier konnten wir das Auto geschützt im Innenhof unterstellen.

Beim alltäglichen Auto-Check am nächsten Morgen entdeckte der Philipp, dass der Lenkhebel angebrochen war. Die schlechten Straßen hatten doch ihre Spuren hinterlassen.

Wozu braucht ein Auto denn einen Lenkhebel? Hat es nicht schon ein Lenkrad?

Unverbesserlicher Witzbold! Aber okay: Wenn du an deinem Lenkrad, deinem in Anführungsstrichen, herumdrehst, geht die Drehbewegung erst mal ins Lenkgetriebe. Von dort führt eine Schubstange nach vorne. Sie ist an einem kurzen Hebel befestigt und überträgt die Lenkbewegungen, die du am Lenkrad vollführst, auf die Räder. Oder so ungefähr. Und dieser kurze Lenkhebel war es, der zur Hälfte eingerissen war.

War das denn schlimm?

Wenn er uns während des Fahrens ganz durchgebrochen wäre, hätte es die allerschlimmsten Folgen haben können. Erstens, wenn du bergauf von einem Laster gezogen wirst, und zweitens, wenn es bergab geht. Dann kannst du nicht mehr so schnell lenken und auch nicht mehr so schnell anhalten. Schlimmstenfalls hätten wir so einen hohen Berg runterpurzeln können.

Und der Philipp hat's entdeckt?

Der Philipp hat's entdeckt.

Wie denn das? Wer kommt schon auf die Idee nachzuschauen, ob ein Lenkhebel gebrochen ist? Die meisten Menschen wissen ja nicht mal, was so was überhaupt ist.

Bei unserem täglichen Fahrzeug-Check hatte ja jeder seine Aufgaben. Ich kümmerte mich vor allem um den Motor und schaute auch, ob er genügend Öl hat. Und der Philipp hatte die Räder zu überprüfen, ob sie wackeln und die Radmuttern fest genug angezogen sind. Und mehr oder weniger durch Zufall hatte er bei diesem Check gesehen, dass da am Lenkhebel was nicht in Ordnung war.

Lenkhebel waren eigentlich nie unser Thema, weil der so gut wie nie kaputt geht. Dachte ich. Jetzt weiß ich's: Auch so ein Ding lebt nicht ewig. Vor allem dann nicht, wenn es so brutal strapaziert wird wie bei unserer Tour. Wir hatten also unbeschreibliches Glück, dass Philipp es entdeckte.

Das war ja noch alles am Vormittag. Wir bauten den Lenkhebel aus und marschierten, das Ding in der Hand, damit es auch jeder sehen und uns vielleicht weiterhelfen kann, durch die Kleinstadt. Es liefen da ja fast ausschließlich Indios herum. Denen zeigten wir den Hebel her und sagten dazu nur: Reparatur. Das hatten wir nämlich auch noch dazugelernt, dass im Spanischen Reparatur Reparatur heißt. Wenn es doch bei allen Wörtern so wäre!

Dann hättet ihr schon in wenigen Tagen fließend spanisch gesprochen.

Jedenfalls verstanden die Indios, was wir wollten, und zeigten uns den Weg zu einer Autowerkstatt. Sie machte aber alles andere als einen guten Eindruck auf uns. In ihr versickerte das ganze Altöl, und sicher nicht nur das, im unbefestigten Boden. In diesem Matsch liefen dann auch noch Truthähne herum, die waren auch schon ganz ölig. Wahrscheinlich wurden sie einem ein paar Tage später im Restaurant daneben angeboten. Aber wir hatten keine andere Wahl, hielten auch dem Werkstattchef den Hebel unter die Nase und sagten: Reparatur. Auch er verstand das und meinte, er würde uns das Ding sofort schweißen. Damit er das auch so machte, wie ich es mir vorstellte, empfahl ich ihm, mit der Flex entlang des Risses zuerst mal eine V-Form hineinzuschleifen. Er war nämlich schon drauf und dran, die Schweißnaht nur oben drüber zu legen. Genauso hätten wir versuchen können, das Teil mit Honig zusammenzukleben. Und dass er ein besonders freundlicher Typ gewesen war, kann man eigentlich auch nicht sagen. Er hat's dann so geschweißt, wie wir's wollten. Dann bauten wir es wieder ein.

Die Straßenverbindung von San Juan nach Esperanza in Honduras stellt den Dixi auf besonders harte Proben

Dann war es ungefähr vier Uhr nachmittag. Gott sei Dank konnten wir das Hotel mit der Kreditkarte bezahlen. Nach langem Suchen fanden wir dann auch einen Geldautomaten und wechselten die Honduras-Währung ein. Die Geldautomaten waren immer schwer von Security-Leuten bewacht, Tag und Nacht. Und dadurch, dass wir wieder Geld hatten, konnten wir es an diesem Abend essensmäßig richtig krachen lassen.

Am Mittwoch, 10. Dezember, telefonierte ich mit meiner Mutter, um ihr zu sagen, dass es uns nicht nur noch gibt, sondern dass wir noch dazu gut drauf sind. Bevor wir unsere Fahrt fortsetzten, überprüften wir beide nochmals den Lenkhebel. Er war tadellos repariert.

Richtung San Juan ging es eine Zeitlang nur bergab. Und auf einmal glaubte der Philipp mich fragen zu müssen, ob wir nach dem Einbau des Lenkhebels auch Hammer und Zange mitgenommen hätten. Warum sollten wir Hammer und Zange nicht dabei haben?, fragte ich zurück. Ja mei, sagte er, weil ich doch den Hammer und die Zange erst noch aufs Dach gelegt hab. Aufs Dach?, fragte ich entsetzt zurück, und uns war klar, dass wir die beiden Werkzeuge vergessen konnten. Die waren für immer weg. Vor allem der Hammer ist für mich ein wichtiges Werkzeug. Einen Hammer braucht man einfach. Schade, aber da war nichts mehr zu machen.

Dann ging's wieder mit den schlechten Straßen los, die ersten paar Kilometer immerhin noch auf einer geteerten Straße. Die hörte jedoch bald auf und die Fahrerei wurde wieder mal zur echten Tortour. Im Schritttempo erreichten wir San Juan, das ist ungefähr fünfzig Kilometer von Santa Rosa weg, und gingen dort in ein Hotel. Das war allerdings unter aller Kanone. Eines der schlechtesten Hotels überhaupt. Es war grauenhaft. Und dazu krähte auch noch die ganze Nacht ein hysterischer Hahn. Hunde bellten, Kinder schrien. Abgehakt.

Schlimmer geht's nimmer. Manche der Steigungen sind mit dem Dixi und seinen bescheidenen 15 PS nur mit Anlauf zu nehmen

Am Donnerstag fuhren wir von San Juan nach Esperanza, das waren siebzig Kilometer gänzlich ohne Teer und nur schlecht. Wir sprachen uns zwar gegenseitig Mut zu und versuchten, unsere gute Laune zu konservieren. Aber es waren so viele steile Berge und die Fahrbahn war so was von miserabel, dass einem alles vergehen konnte. An manchen Stellen war es so schlimm, dass der Philipp aussteigen und nach vorn laufen musste, um mich auf Querrillen in der Fahrbahn aufmerksam zu machen. Manche waren so gewaltig, dass darin das ganze Auto Platz gehabt hätte. Bestimmt fünf Mal musste er aussteigen. Manche Steigung war so steil, dass der Dixi nur hoch kam, wenn ich Serpentinen fuhr. Der Philipp rannte dann immer hinterher. Und andere Berge schaffte ich nur mit Anlauf. Nur nicht stehen bleiben, lautete die Devise. Im Grunde kamen wir nur im Schritttempo voran. Entsetzlich.

Trotz aller Vorsichtsmaßnahmen gerieten wir dann aber doch an einer Stelle, bei der es halbwegs eben dahinging und wir etwas schneller fuhren, wieder in ein tieferes Loch. Dabei wurde das Auto so durchgebeutelt, dass wieder mal die Zusatzfeder heraussprang.

Ich musste das Auto aufbocken. Aber der Boden war so uneben und es lagen kantige Steine im weichen Sand herum, dass es mir nur schwer gelang. Als ich es endlich geschafft hatte, entfernte ich das Rad, um an die Feder zu kommen. Da zeigte sich, dass die Zusatzfeder so verbogen war, dass ich sie ganz ausbauen und begradigen musste. Und das ohne Hammer. Während wir noch so herumhantierten, tat das Auto plötzlich einen Rumpler und kippte schräg nach hinten rechts weg, dort, wo das Rad abmontiert war. Der Wagenheber war abgerutscht, weil er auf unebenem Boden keinen richtigen Halt hatte. Hinten rechts befand sich auch der Zusatztank und meine größte Sorge war, dass er bei diesem Sturz einen Schaden abbekommen haben könnte. Um das Auto wieder in Normalposition zu bringen, stellte ich mich hin und versuchte, mit der Kraft meiner Hände das Auto am Kotflügel hochzuheben. Ich wollte es so lange zu halten, bis der Philipp was druntergestellt hatte.

Ich wollte es, aber es ging nicht. Denn auf einmal hat es in mir Ratsch! gemacht, in der Leistengegend, auf der linken Seite, um genau zu sein. Einfach nur Ratsch! Es war fast wie ein elektrischer Schlag, und ich wusste sofort, dass es da was zerrissen hat. Es tat zwar nicht direkt weh, aber die Lust, das Auto ein zweites Mal zu lupfen, war mir vergangen.

Wie ich erst in den nächsten Tagen und Wochen merken sollte, hatte ich mir bei dieser Gelegenheit einen Leistenbruch zugezogen. Erst einen Federbruch und dann einen Leistenbruch.

Als wir noch ratlos dastanden, blieb plötzlich ein Lieferwagen, in dieser Region eher die Seltenheit, neben uns stehen und ein Typ stieg aus. Er sagte, er wäre von der Straßenwacht und fragte, ob er uns helfen könnte. Klar konnte er uns helfen, mit dem hydraulischen Wagenheber, den er in seinem Lieferwagen hatte und dem anderen Werkzeug. Damit er den hydraulischen Wagenheber überhaupt ansetzen konnte, mussten wir erst noch mal das Auto anheben. Mit vereinten Kräften gelang uns das. Der Straßenwachttyp wartete so lange, bis wir die Feder begradigt und wieder eingebaut hatten. Nachher wollten wir ihm was geben, aber er lehnte es strikt ab, etwas anzunehmen. Schließlich wäre das ja sein Job, anderen zu helfen. Weil er von der Straßenwacht war.

Für die siebzig Kilometer nach Esperanza hatten wir zwei volle Tage gebraucht. Es war das Schlimmste an Straße, was man sich überhaupt vorstellen kann. Bevor wir in den Ort hineinfuhren, blieb ich vor dem Ortsschild stehen, stieg aus und küsste den Boden. Wie Papst Johannes Paul II. Weil wir es hinter uns hatten.

Wir waren voller Staub und Dreck und hatten einen Riesenhunger. In einem größeren Laden deckten wir uns mit Fressalien ein.

Da legst di nieder: Nach dieser apokalyptischen Fahrt tut es Herbert N. in Esperanza dem früheren Papst Johannes Paul II. gleich

Den Bruch vergaß ich wieder. Richtig spüren sollte ich ihn erst fünf, sechs Wochen später, als wir in Australien waren. Aber wir wollen den Ereignissen nicht vorausgreifen. Australien ist nämlich ein Kapitel für sich.

Nicht nur ein Kapitel, sondern ein ganzer Teil. Der dritte und letzte in diesem Buch.

Ach, ist denn danach schon Schluss?

Hotel Elvir
Calle Real Centenario, Santa Rosa de Copan, Honduras C. A.

---

51. Kapitel

Für eine Hand voll Dollar

Am Donnerstag, 11. Dezember, kamen wir in die Hauptstadt von Honduras, nach Tacug-, äh Ticag-, äh Tocug-, äh –
Vielleicht Kuckuck?
Schmarrn! Jetzt hab ich's: Tegucigalpa. Damals konnte ich den Namen unfallfrei hersagen. Dort hofften wir, einen Laden zu finden, der ordentliche Landkarten verkauft. Die waren nämlich Mangelware und nirgends zu bekommen. Oder es gab sie ganz einfach nicht, auch das kann ja sein in solchen Ländern. Wir brauchten aber allein schon deshalb eine Karte, um nicht noch mal auf eine so üble Straße zu kommen. Ich wollte schließlich nicht jeden Tag Papst Johannes Paul II spielen müssen.

Zunächst fanden wir aber nur ein gutes Hotel, und das war ja auch schon mal eine Menge wert. An der Rezeption im Hotel Alameda sprach mich ein Mexikaner in sehr gutem Deutsch an. Er habe draußen unseren BMW-Dixi stehen gesehen und interessierte sich dafür, was wir denn damit vorhätten. Ich schilderte es ihm kurz. Dann fragte ich ihn, wie er zu seinem guten Deutsch käme, und er sagte, er habe in der früheren DDR studiert. Er war damals Leistungssportler, ein Schwimmer, und im Austausch in die DDR geschickt worden. Später sollte ich erfahren, dass er nicht einfach nur ein Schwimmer war, sondern ein Schwimmer der Extraklasse, der so überragend gewesen sein muss, dass er sogar an einer Olympiade teilgenommen hatte und so was war wie eine mexikanische Schwimmlegende. Leider kenne ich mich in dieser Sportart nicht genauer aus.

Wir kündigten an, uns hier ein paar Tage aufhalten zu wollen. Auch er wäre noch die ganze Woche da, sagte er, und gerade dabei, die mexikanische Olympiamannschaft der Damen auf ein Ausscheidungsspiel gegen Nicaragua oder Honduras vorzubereiten. Ich beneidete ihn: eine ganze Damen-Riege durfte er ganz allein trainieren!

Er hätte auch noch einen Kollegen dabei, den ich bestimmt auch noch kennen lernen würde. Die beiden würden beim Dinner immer im hinteren Teil des Raumes sitzen und sich freuen, wenn wir uns dazu setzten.

Als wir dann am Abend in diese Ecke des Raums gingen, kam ein hochgewachsener Typ mit Wuschelkopf auf uns zu und sagte doch tatsächlich: Grüß Gott, ihr zwei!

Jetzt wird's ja immer netter, sagte ich. Das klingt ja fast schon wie richtiges Bayerisch!

Ihr seid's ja auch aus Bayern, ich hab's am Kennzeichen gesehen.

Dann schaute ich mir den Mann genauer an und – Moment mal, den kannte ich. Sind Sie nicht der berühmte Fußballtrainer, der Dings, der ... Und da fiel mir sein Name nicht mehr ein. Er bemerkte es und half mir: Der Milutinović der bin ich.

Bitte, sei so nett und schau mal im Internet unter Milutinović nach; weil mir sei Vorname wieder nicht einfällt.

Willy Millowitsch (* 8. Januar 1909 in Köln; † 20. September 1999 in Köln) war nicht nur der bekannteste Kölner Volksschauspieler, sondern auch einer der berühmtesten deutschen Theaterschauspieler. Er war Leiter des privaten Kölner Millowitsch-Theaters, das jeden Abend vor vollem Haus spielte. Willy Millowitsch wurde am 8. Januar 1909 in Köln geboren. Er stammt aus einer alten Schauspielerdynastie. Seine Eltern waren der Schauspieler Peter Wilhelm Millowitsch (* 24. Januar 1880 in Düsseldorf; † 1945) und dessen Ehefrau Käthe Planck.

Stopp! Stopp! Stopp! Nicht den Millowitsch sollst du suchen, sondern den Milutinović! Ist denn das so schwer?

Tschuldigung, hab mich verhört. Kann ja mal passieren. Also den Milutinović willst du. Hier ist er:

Velibor „Bora" Milutinović (* 7. September 1944 in Bajina Baöta, Serbien) ist ein ehemaliger Fußballspieler und heute Trainer. Er wird heute von vielen „Meister des Unmöglichen" oder „Meister der Underdogs" genannt, da er ihrer Meinung nach aus jedem Fußballteam das Beste rausholen kann. Die Familie Milutinović hatte drei Söhne. Miloö, Velibor und Milorad.

Na ja, jetzt geht's aber schon sehr ins Persönliche.

Aber alle drei haben es in Top-Teams des damaligen Jugoslawiens geschafft. Vielleicht noch das:

Als Spieler war Velibor Milutinović in Serbien, Frankreich, Schweiz (FC Winterthur) und Mexiko tätig. In Mexiko beendete er seine fußballerische Karriere. Als Trainer war Milutinović viele Jahre tätig. Er brachte jedes Team, das er trainierte, mindestens in die zweite Runde jeder Weltmeisterschaft. Insgesamt hat er diese Nationen bei über 220 Spielen betreut, die meisten davon waren Spiele bei diversen Meisterschaften. Er hat fünf verschiedene Nationen für eine Weltmeisterschaft trainiert: Mexiko (1986), Costa Rica (1990), USA (1994), Nigeria (1998) und China (2002).

Und so weiter und so fort. Also, da steht noch jede Menge über ihn drin. Zum Beispiel ist auch dieses Zitat von ihm überliefert: „Ich habe meinem Dolmetscher gesagt, mir nur die angenehmen Sachen zu übersetzen. Das gibt weniger Probleme." Er war damals Chinas Trainer. Von Lothar Matthäus gibt's aber bessere Zitate. Und vor allem: mehr.

Herbert mit Devotionalienbuch (Mitte) und Willy Millowitsch, äh, Bora Milutinović

Das glaub ich. Bitte verschon uns.

Ja, ja, der Bora Milutinović. Er erzählte uns, dass er den Beckenbauer gut kennen würde; das wäre sogar einer seiner besten Freunde und mit ihm würde er sich öfter auch mal treffen. Und vor Jahren wäre er, der Milutinović, auch schon mal als Trainer beim FC Bayern im Gespräch gewesen. War aber aus irgendwelchen Gründen dann doch nicht zustande gekommen. Drum konnte er ein paar Brocken Bayerisch. Ein sehr erfolgreicher Mann. Und mit ihm saßen wir abends zusammen. Der Nocker Herbert aus Rottenbuch mit seinem Sohn an einem Tisch mit einem, der mit dem Beckenbauer befreundet ist – das musst dir mal geben!

Danke, danke! Es genügt, wenn du es hast.

Er war auch ein richtiger Witzbold, der Bora. Einmal fragte er mich, ob ich bereit sei, unseren Dixi gegen seine Frau zu tauschen. Ich fragte ihn darauf, ob er auch eine Tochter hätte. Ja, sagte er, zweiundzwanzig wäre sie. Dann sagte ich: Gegen Mutter und Tochter zusammen würde ich den Dixi tauschen. War natürlich nur ein Spaß. Was tät ich denn mit zwei Frauen?

Mit drei Frauen; die Resi hättest du ja dann auch noch.

Ach so, stimmt. Und vor allem: Was täte ich ohne den Dixi?

Auf jeden Fall hatten wir eine rechte Gaudi miteinander. Die waren beide sehr lustig, auch der Schwimmtrainer. Wir erlebten gemeinsam auch eine Geburtstagsfeier. Eines der Mädchen war einundzwanzig geworden und hatte eine große Sahnetorte geschenkt bekommen. Nachdem ihr alle gratuliert hatten, war das Erste, dass man ihr den Kopf bis über beide Ohren in

Einer, der den Nockers mit einer guten Geschichte aus der Patsche hilft

die Torte drückte. Das waren halt so Rituale. Von der Torte bekamen dann auch der Philipp und ich ein Stück. Du siehst, wir waren da richtig mit eingebunden.

Dem Schwimmer erzählten wir von unserem Leid, dass wir an den Grenzen immerzu Dollars bräuchten, auf keiner Bank aber welche bekommen würden.

Er hätte zufälligerweise gerade eine Hand voll Dollar in der Tasche, sagte er. Gerade an diesem Tag hätte er nämlich ein paar seiner alten DDR-Fachbücher verkauft und 90 Dollar dafür bekommen: die könnten wir haben. Natürlich fand ich es toll, dass er mir so mir nix, dir nix 90 Dollar geben wollte, fragte aber, wie ich sie ihm denn zurückerstatten sollte. Kein Problem, sagte er, wir könnten das über die E.Mail-Adresse seiner Schwester abwickeln.

Trotzdem fand ich erstaunlich, dass er uns, im Grunde zwei wildfremden Menschen, einen doch nennenswerten Geldbetrag einfach so anvertrauen wollte. Er lächelte. Zu diesem Thema hätte er eine kleine Geschichte auf Lager. Hier ist sie:

Einmal vor vielen Jahren war er selbst mal in einer ähnlichen Situation. Er war nach einem Nachtflug frühmorgens am Frankfurter Flughafen angekommen. Er hatte zwar Geld dabei, leider aber keines, das sich hier am Flughafen in Mark oder Dollar tauschen ließ.

Als er gerade am Überlegen war, was nun zu tun sei, sprach ihn ein wildfremder Mann an. Ein Deutscher, der ihm wohl seine Ratlosigkeit angesehen hatte und ihn fragte, ob er ihm vielleicht helfen könne.

Daraufhin schilderte er dem Deutschen sein Problem. Kaum war er damit fertig, zückte dieser seinen Geldbeutel, holte 100 Mark raus und drückte sie ihm ohne Umschweife in die Hand. Völlig von den Socken, fragte er den Deutschen: „Sie geben mir so viel Geld – einfach so, ohne irgendeine Sicherheit? Aber Sie kennen mich doch gar nicht! Und vielleicht gehöre ich ja auch zu denjenigen, von denen man geliehenes Geld nie wieder zurückbekommt."

Da sagte der Deutsche: „Wenn schon. Ich *leihe* es Ihnen ja auch nicht; ich *schenke* es Ihnen." Und fügte hinzu: „Irgendwann im Leben haben sicher auch Sie mal Gelegenheit, jemandem zu helfen."

„Sehen Sie", so beendete der Schwimmtrainer seine Geschichte, „derjenige, auf den ich jahrelang gewartet habe und dem ich helfen kann, das sind Sie!" Sprach's und übergab mir die Scheine.

Klar, dass ich ihm den Betrag später, als wir wieder daheim waren, mit Hilfe seiner Schwester zugeschickt habe. Allerdings fällt mir gerade ein, dass er nie wieder was von sich hat hören lassen.

Am besten, ich gehe der Sache noch mal nach.

PS: Nach der neuen Rechtschreibung gilt: Für eine Hand voll Dollar – statt bisher Handvoll.

Hotel Alameda
Boulevard a Suyapa, Tegucigalpa, Honduras

---

52. Kapitel

Schlechte Karten

Um an brauchbares Kartenmaterial zu kommen, fuhren wir in Tegucigalpa mit einem Taxi zur Deutschen Botschaft von Honduras. Tatsächlich hing an dem etwas mitgenommenen Gebäude, zu dem uns der Taxler gebracht hatte, ein großes Schild dran mit einem schwarzen Adler. Darauf stand: Embajada de la República Federal de Alemania Tegucigalpa. Zumindest das sah schon mal wie richtig aus.

Wir betraten das Gebäude und konnten es kaum glauben. Vielleicht soll ich es so sagen: Wir waren geradezu fasziniert – genau, das ist das richtige Wort – wir waren fasziniert über den Saustall, den wir da vorfanden. Alles verstaubt, überquellende Papierkörbe, Müllreste, wohin das Auge blickte. All das, fanden wir, war einer Botschaft nicht würdig. Und schon gar nicht einer deutschen. Aber was soll's, so war es eben.

Wir landeten bei einer Frau Susanne Gottmann, die sich nach unserem Begehr erkundigte. Wir berichteten von unserer bisherigen Fahrt und den Dingen, die noch vor uns lagen. Sie schien beeindruckt. Dann rückten wir mit unserem eigentlichen Anliegen raus, unserem dringenden Wunsch nach Kartenmaterial. Kartenmaterial? Hier in der Botschaft? Frau Gottmann bedauerte, aber so was hätten sie nicht in der Botschaft. Nicht mal für eigene Zwecke. Und zum Weitergeben schon gar nicht.

Eine Botschaft in einem Land, von dem sie keinerlei Karten hat? Mir erschien das unvorstellbar und ich sagte es ihr auch. Aber sie hatte halt wirklich nichts. Immerhin konnte sie uns die Adresse von einem Verkehrsamt nennen. Das, meinte sie, müsste ja in jedem Fall im Besitze von Landkarten sein. Wer sonst, wenn nicht dieses Verkehrsamt, sollte so was haben.

Das leuchtete uns ein und wir rieben uns im Geiste die Hände. Frau Gottmann kündigte dort telefonisch unseren Besuch an.

Aber als wir dort aufkreuzten und nach Landkarten fragten, schauten sie sich ungläubig an. So was hätte noch nie jemand von ihnen haben wollen. So was würde es auch gar nicht geben. Landkarten – ja wofür denn? Genauso gut hätten wir nach chinesischem Hundefleisch fragen können.

Da gaben wir auf. Aus einem Stapel Prospekten, der da lag, fischte ich einen heraus und steckte ihn ein. Als wir ihn dann eingehender anschauten, waren darauf Sehenswürdigkeiten verzeichnet. Es waren auch ein paar Grafiken drauf, allerdings sehr schematische. Immerhin waren ein paar Straßen zu erkennen. Das war's dann schon, mehr gab's einfach nicht.

Ich kann's bis heute nicht begreifen.

Ach ja, die Botschafterin hatte uns auch noch erklärt, dass es, wenn wir nach Lorenzo weiterfahren wollten, dorthin zwei Möglichkeiten gibt. Nur eine der beiden Straßen könne sie aber empfehlen, weil die andere in eher schlechtem

Zustand wäre. Dies wisse sie von einem Kollegen, der diese Strecke erst neulich gefahren sei.

Von schlechten Straßen hatten wir genug. Deshalb waren wir für ihren Tipp dankbar. Sie erklärte uns, wie wir dort hinfinden und machte uns bei dieser Gelegenheit auf etwas aufmerksam, worauf wir wohl nie gekommen wären. In San Lorenzo, sagte sie, würde es einen Hafen geben. Und falls wir in Betracht zögen, nicht auf dem Landweg nach Panama zu fahren, was eine ziemliche Quälerei sei, sondern Nicaragua und Costa Rica umschiffen wollten – in diesem Hafen würde es einen Frachter geben, mit dem das möglich wäre. Und nicht weit davon sei das Hotel Soundso, den Namen habe ich vergessen, in dem wir die Tickets für die Überfahrt lösen könnten.

Das fanden wir alles interessant, dankten und machten uns auf den Weg.

Aber die Straße, die sie uns empfohlen hatte, war, man kann's nicht anders sagen, hundsmiserabel. So hundsmiserabel wie fast alle Straßen, die wir in Zentralamerika befahren und von denen wir allmählich weiß Gott genug hatten. Besonders in Honduras gibt es so viele gute Straßen wie Bauchtanzeinlagen beim Kirchentag. Es kann natürlich sein, dass die andere Straße, von der sie uns abgeraten hatte, noch miserabler war. Aber das war eigentlich kaum vorstellbar.

In der heißen Hafenstadt San Lorenzo machten wir uns dann auf die Suche nach dem Hotel, von dem sie gesprochen hatte und in dessen Nähe angeblich der Frachter lag, der uns vielleicht nach Panama weiterbringen sollte. Aber im Hotel wussten sie weder was von einem Frachter, der regelmäßig nach Panama geht, noch von Tickets für so eine Schiffspassage. Also waren auch diese Informationen der Botschafterin für die Katz gewesen.

Wir lernten aber in San Lorenzo ein paar nette Monteure aus Holland kennen. Sie erzählten uns, dass in der Nähe ein Deutscher wohnen würde, der der Besitzer einer großen Krabbenfabrik mit etlichen hundert Beschäftigten sei. Er würde sich bestimmt über unseren Besuch freuen. Außerdem wäre er ein ganz besonders netter Mann. Mit so vielen Beschäftigten war er auch sicher so was wie der Patrone vom Ort. Wir gingen zu Fuß hin – leider war er verreist.

Den Holländern erzählten wir auch unser Leid mit den Landkarten. Da sagte der eine: Moment mal! Wir haben zwar auch keine. Aber im Internet hab ich was gefunden und das könnte ich euch ausdrucken. Wir sollen ihn am nächsten Tag noch mal aufsuchen, seinen Drucker hätte er nämlich an irgendeiner Baustelle. Dort zogen sie nämlich gerade ein Stromkraftwerk hoch.

Leider waren die mit seinem Drucker hergestellten Landkarten sehr primitiv. Vor allem fehlten jegliche Höhenangaben, und gerade auf sie wären wir scharf gewesen, weil wir neuerdings Bergstrecken gern umgingen. Also half uns das im Endeffekt auch nichts.

53. Kapitel

Die ersten hundert Tage

An der Grenze von Honduras nach Nicaragua erlebten wir einmal mehr das Spiel mit Bettlern, Halunken und Dollars. Und hinter der Grenze ging's gleich wieder mit den Riesenbergen los. Es war heut einfach nicht unser Tag.

An einem besonders steilen Berg meinte der Philipp, den schaffen wir schon. Wahrscheinlich hatte er Recht; nur wollte ich den Motor nicht unnötig schinden und lieber unseren bewährten Seiltrick anwenden. Auch wegen der damit verbundenen Spriteinsparung. Ich hielt also an, stieg aus und wollte gerade ans Heck gehen, um das Abschleppseil herauszuholen, da hielt ein Pick-up mit Doppelkabine neben uns. Zwei junge Leute und ein Ehepaar saßen drin. Der Mann fragte, ob wir ein Problem hätten. Ein Problem nicht, sagte ich, wir suchen nur jemanden, der uns mit seinem Auto den Berg hochschleppt. Für unseren alten Dixi sei diese Steigung doch ganz schön happig. Er sagte, dieser Berg hätte es tatsächlich in sich. Wir sollten uns hinten dranhängen, er würde das schon machen.

Es war tatsächlich ein ewig langer Berg und wir waren ewig froh, dass wir ihn auf diese Art bewältigen konnten. An der Kuppe oben angekommen, hielten wir alle an und ich löste die beiden Fahrzeuge voneinander.

Da stieg auch die Frau aus, kam nach hinten und überreichte uns, wie sie sagte, eine nicaraguanische Spezialität. Eine bis oben hin gefüllte indianische Keramikschüssel mit Gebäck in Form tennisballgroßer Kugeln – im Entferntesten wohl das, was man bei uns Granatsplitter nennt. Die Frau ließ nicht mal zu, dass wir ihr die Schüssel zurückgaben. Auch die schenkte sie uns. Ob wir schon ein Hotel hätten, fragte sie. Nein? Dann sollten wir ihrem Auto folgen. Also wir weiter hinter dem Auto her, diesmal nicht angeseilt. So kamen wir nach Estelí, einem schönen Hochgebirgsort. Als wir im Ort so hinter dem Pick-up herfuhren, fiel uns auf, wie ehrfurchtsvoll das Ehepaar von den Leuten, die auf der Straße herumgingen, gegrüßt wurde. Er und seine Frau mussten also was ganz Besonderes sein. Vielleicht war er sogar der Bürgermeister. Wir haben es nie rausgefunden.

Und weil überall so tolle Rösser und prächtig gekleidete Menschen unterwegs waren, fragten wir uns, was denn hier schon wieder los war. Nach ein paar Minuten wussten wir es. Im Ort wurde heute ein wichtiges Fest gefeiert – mit Rodeos, Prämierung von Pferden und Kühen, und zwar diesen einhöckrigen Kühen, die sie in dieser Region haben. Es war die Feria Agropecuaria. Und es war Sonntag, 14. Dezember.

So kamen wir zum Hotel La Torre. Dort schienen die beiden den Hotelbesitzer besonders gut zu kennen. Wir dankten unseren Wohltätern und checkten ein. Ein Hotel, in dem wir uns bestens aufgehoben fühlten.

Als wir abends zur besagten Veranstaltung gingen und dort die einzigen Weißen waren, merkten wir, wie wir von allen Seiten bestaunt wurden. Einfach nur, weil wir so fremdartig ausschauten. Wir saßen mittendrin an einem Tisch, wo wir es mal mit dem einen und mal mit einem anderen zu tun hatten. Wir wurden richtig durchgereicht. Richtig gepflegt unterhalten konnten wir uns mit den Leuten natürlich nicht, aber mit *Dos cervezas, por favor!* kamen wir ganz gut über die Runden. Was mir in besonderer Erinnerung geblieben ist, sind diese gewaltigen einhöckrigen Kühe, die dort herumstanden, und ihre Stiere. Die Reiter saßen hoch zu Ross und waren über und über silbergeschmückt. Ein buntes Treiben.

Den Leuten, die uns abgeschleppt und nachher zum Hotel geleitet hatten, sind wir nicht mehr begegnet.

Am nächsten Tag fanden wir im Hotel Brisas del Mombacho Unterschlupf, ein kleines Hotel in spanisch-italienischem Stil. Nicht weit davon gibt es den Vulkan Mombacho (höchster Punkt: 1.345 m) und einen angeblich sehr eindrucksvollen Nationalpark. Wir besichtigten aber weder das eine noch das andere.

Im Hotel bekamen wir es mit einem Besitzer zu tun, der ein kleiner Hektiker war. Seine wohl siebzig Jahre, die er auf dem Buckel hatte, hinderten ihn nicht daran, ein richtiger Giftzwerg zu sein. Um in das Zimmer zu gelangen, das er uns zugewiesen hatte, mussten wir durch sein Wohnzimmer gehen. Er hatte tolle Antiquitäten, vor allem aber eine junge Indiofrau, die für ihn arbeitete und den Haushalt führte. Meine Güte, wie hat er die herumgescheucht und schikaniert!

Er war eingewanderter Italiener. Das erfuhren wir, als wir später in seinem Restaurant aßen, das gleich neben dem Hotel war. Aber man konnte vortrefflich bei ihm essen. Es gab eine wunderbare Hühnersuppe. Als ich ihn später zu einem Bier einladen wollte, weil alles so wunderschön war, lehnte er dankend ab. Kein Alkohol! Immerhin lud er uns im Gegenzug zu einem Bier ein.

Zu vorgerückter Stunde zückte ich mein Devotionalien-Buch. Er blätterte es aufmerksam durch und war davon hellauf begeistert. Er verschwand für einen Augenblick, schleppte ein Foto von seinem Hotel an und klebte es hinein. Dazu schrieb er noch was. Für ihn schien es das Höchste zu sein, sich in diesem Buch verewigen zu dürfen. Er hat's ja auch richtig schön hingekriegt.

Am nächsten Tag fuhren wir weiter nach nach Costa Rica, kamen dann nach Esperanza. Weil wir wieder mal eine kleine Verschnaufpause einlegen wollten, empfahl man uns Dominical direkt am Pazifik. Dort wäre es besonders schön und von Touristen noch nicht so überlaufen.

In Dominical kamen wir am Freitag, 19. Dezember, an.

Der Freitag, 19. Dezember, das darf ich kurz mal einwerfen, war kein Tag wie jeder andere. Es war der hundertste Tag eurer Reise!

Ist das wahr?

Es sind hundert Tage vergangen, seit ihr am Samstag, 13. September, um vier Uhr früh in Rottenbuch aufgebrochen und, begleitet von Resi, Gerlinde und Timo, in einem Bus vom Angerer zum Franz-Josef-Strauß-Flughafen gefahren seid.

Was du alles weißt. Steht das vielleicht auch im Internet?

Nein, in dem Buch, das wir gerade gemeinsam schreiben.

Tatsächlich? Dann wird's bestimmt ein gutes Buch. Hätten wir das mit dem hundertsten Tag damals gewusst, würden wir zu diesem Anlass sicher die Gläser

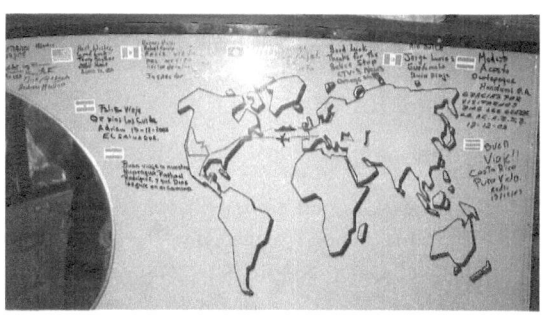

Die ganze Welt auf dem Dixi-Blechkleid: Mittlerweile haben sich hier einige Schaulustige verewigt

erhoben und uns restlos besoffen haben.

Das zumindest ist euch erspart geblieben.

In Dominical fanden wir einen Campingplatz, wo wir die Nächte nach längerer Unterbrechung wieder auf unserm Dixi verbringen konnten. So gut gefiel es uns dort, dass wir fast eine ganze Woche lang nichts anderes taten als den Fischern zuzuschauen und Krabben und anderes Meeresgetier in allen Varianten zu essen. Es war wie im Paradies. Oder sagen wir lieber: beinahe wie.

Von Costa Rica sind wir dann weiter nach Panama gefahren und gelangten in Santiago de Veraguas in ein Hacienda Hotel. Dort gab's nicht nur ein schönes Schwimmbad, sondern zu allem Überfluss auch das Cerveza Pilsen, ein köstliches Costa Rica Bier, so dass wir es uns auch da recht gut gehen lassen konnten.

Um nach Panama Stadt zu kommen, fuhren wir über die Große Brücke, die über den Panama Kanal geht, mussten davor aber 50 Irgendwas bezahlen, weil damals, im Jahr 2003, der Panama Kanal neunzig Jahre alt geworden war. Die großen Feierlichkeiten aber fanden ohne uns statt. Das hatte ich also nicht ganz richtig getimt. Es muss aber allerhand los gewesen sein.

In Panama City quartierten wir uns im Hotel California ein. Das Besondere an ihm war, dass außer uns ausschließlich orthodoxe Juden mit ihren merkwürigen Zöpfen dort verkehrten. Angeblich gehörte ihnen das ganze Hotel. Oder sogar die ganze Stadt. Eigentlich, so formulierte es der Taxifahrer, der uns in diesen Tagen noch sehr behilflich sein sollte, gehört den Juden ganz Panama. Inklusive Kanal.

Panama sollte unsere letzte Station in Amerika sein.

Hotel y Restaurante D'la Torre
Estelí, Nicaragua

Hotel Brisas del Mombacho
Nandaine, carretera, pane Nicaragua C.A.

Camping Antorehas dominical
Costa Rica

Hotel La Hacienda
Santiago de Varaguas, República de Panamá

Hotel California
Via Espana y Calle 43 Este, Apdo, 6193 Zona 5 Pmá, Rep. de Panamá

54. Kapitel

Die Zeit war reif für diese Idee

Wie geht's mit uns weiter?, fragten wir uns in Panama City.

Auf keinen Fall, hatte man uns geraten, sollten wir nach Kolumbien fahren; das wäre viel zu gefährlich. Und ebenso nicht nach Ecuador; da gäbe es nicht nur gerade irgendwelche Grenzkonflikte, auch in den Städten sei Aufruhr, da würden die Studenten Rabatz machen.

Also dachten wir nach. Wenn wir eh dazu verdonnert sind, Kolumbien und Ecuador zu umschiffen, weil man diese Länder nicht bereisen kann, sagte der Philipp, dann müssen wir ja auf diesem Schiff nicht unbedingt mit dabei sein, oder? Diese Reise schafft das Auto auch ohne uns.

Fand ich auch.

Und außerdem, sagte er, steht Weihnachten vor der Tür. Das hatte ich völlig verdrängt. Aber auch da musste ich ihm Recht geben.

Wie wär's denn – er legte eine kleine Pause ein und vermied es, mir dabei in die Augen zu schauen. Wie wär's denn, hob er noch mal an – und beendete den Satz schon wieder nicht. Da merkte ich, dass jetzt ich gefordert war. Ich, der alte Hase, der sich das alles ausgedacht hatte und somit auch dafür verantwortlich war, dass wir hier nutzlos rumhingen und nicht mehr wussten, wie es weitergehen sollte.

Du meinst, wie es wäre, begann ich – aber jetzt war ich es, der plötzlich eine Sprachhemmung hatte, was bei mir eher selten der Fall ist. Ich atmete tief durch und nahm meinen ganzen Mut zusammen. Dann haute ich die zweite Satzhälfte raus: – wenn wir Weihnachten zu Hause verbringen würden?

Zum Beispiel, sagte der Philipp nur und warf mir einen flüchtigen Blick zu.

Jetzt war's gesagt. Es gab kein Zurück mehr. Weil, hier in Panama City darauf warten zu wollen, bis die in Kolumbien wieder Ruhe geben und in Ecuador die Studenten keinen Rabatz mehr machen – wäre geradezu idiotisch. Kein Mensch würde das verstehen. Außerdem machte sich bei mir neuerdings der Leistenbruch bemerkbar, den ich mir vor wenigen Tagen zugezogen hatte. Er tat nicht weh, aber beunruhigte mich. In Deutschland würde ich mich in ärztliche Behandlung begeben können.

Mensch, Philipp, das machen wir, rief ich.

Er reckte nur schweigend den Daumen seiner rechten Hand in die Höh. Er war, denke ich, vor allem froh, dass ich den Vorschlag gemacht hatte und nicht er. Andernfalls, so dachte er wohl, hätte es wieder geheißen, er wäre der Spielverderber gewesen. Oder es hätte ihm keinen Spaß mehr gemacht.

Hat es euch denn überhaupt noch Spaß gemacht?

Wie meinst du das?

Ich meine jetzt: Jeden Tag auf Achse sein, jeden Tag nichts anderes als auf diesen miserablen Straßen dahinbrettern. Dieses ewige Herumlungern in schlechten Hotels.

So, Nord- und Mittelamerika hätten wir geschafft! Glücklich umarmen sich die beiden Weltenbummler – auch wenn die Trennung vom Dixi naht

Überwiegend waren sie in Ordnung!

Trotzdem: Immer auf der Hut sein müssen, dass dir nichts kaputt geht und nchts wegkommt. Tagein, tagaus. Da eine Maya-Ausgrabung besichtigen, dort in einem Aquarium Fischen zuschaun. Und alles im Zeitraffer, ohne es einmal richtig sacken lassen zu können. Ich hätte auch Probleme damit, mich immer wieder an fremde Leute ranwanzen zu müssen, damit sie einem weiterhelfen. Aber ich weiß: Gerade das liegt dir. Dann: Die Zusatzfeder, die sich ewig selbstständig macht. Immer nach einer Übernachtungsmöglichkeit Ausschau halten müssen. Die Leute, die immerfort dein Auto begaffen und die immer gleichen dummen Fragen stellen. Die Tortillas, die euch mittlerweile zum Hals heraushängen müssen.

Und überhaupt. Mich hätte das Ganze spätestens nach drei Monaten in den Wahnsinn getrieben. Ich bin aber auch ein sehr bequemer Mensch.

Eins stimmt auf jedem Fall: Im Prinzip haben wir die Tortillas nicht mehr sehen können.

(Nach einer Pause) Doch, an dem, was du sagst, ist schon was dran. Alles zusammengenommen ging es auch uns zu diesem Zeitpunkt auf den Geist. Dazu kam ja auch, dass wir unsere Leute daheim wieder mal sehen wollten, der Philipp seine Freunde und ich meine Stammtischbrüder. Vor allem aber wollten wir die Resi wiedersehen; alle beide, schließlich ist sie seine Mutter und zugleich meine Frau.

Unglaublich! Beides in einer Person!

Kurz, es war der richtige Zeitpunkt, eine Pause einzulegen. Und zwar daheim. Nirgendwo anders.

Nennen wir's doch einfach Heimweh.

Heimweh, vielleicht war's auch das. Je länger wir jedenfalls darüber nachdachten, umso toller fanden wir die Idee. Ob sie nun vom Philipp oder von mir gekommen war. Die Zeit war reif für diese Idee.

Und dann beschlossen wir, der Resi nichts davon zu sagen, und malten uns aus, was sie für ein Gesicht machen würde, wenn wir plötzlich vor der Tür stünden. Ja, wir gingen sogar so weit, dass wir spekulierten, mit welchen Worten sie uns wohl empfangen würde und hatten einen Riesenspaß dabei. Der Philipp meinte, sie würde uns, ohne ein Wort zu sagen, einfach die Tür vor der Nase wieder zumachen. Nur zum Spaß natürlich.

Und was hast du gemeint?

Ich war nur sicher, was sie *nicht* machen würde. Die Resi würde nämlich nie sagen: Ach, das ist aber schön, dass ihr wieder da seid, Ihr habt mir ja sooo gefehlt! Oder: Ihr seid mein allerschönstes Weihnachtsgeschenk! Die Resi ist nicht eine, die einem bei so was um den Hals fällt.

Wir werden's ja sehen. Allerdings erst im nächsten Kapitel. Dem letzten in Teil 2 dieses Buches.

Dann fingen wir an zu überlegen, wie wir die Sache angehen sollten. Wie wir es anstellen, dass wir a) ein Schiff fürs Auto nach Australien bekommen und b) Flugtickets für uns nach Hause. Keine leichte Aufgabe, ich kenn das, ich hab's schon mal gemacht. Das war von daheim aus. In einem Land wie Panama war das bestimmt noch einen Zacken schwieriger.

Wir waren uns einig, dass unser Taxifahrer, der Englisch konnte und uns diesen Floh mit den Juden und dem Panama-Kanal ins Ohr gesetzt hatte, dass dieser Taxifahrer bei der ganzen Aktion eine zentrale Rolle spielen musste. Anders würden wir's kaum schaffen.

Hotel La Hacienda
Santiago de Varaguas, República de Panamá

Hotel California
Via España y Calle 43 Este, Apdo, 6193 Zona 5 Pmá, Rep. de Panamá

P&O Nedlloyd
Ave. Samuel Lewis, Calle 55, Obarrio, Ciudad de Panama

55. Kapitel

Dixi nach Australien, Nockers nach Rottenbuch

Wir unterhielten uns mit dem Taxifahrer, und der sagte, was die Verschiffung unseres Autos angehe, würde er schon was finden. Parallel dazu wollten wir nach einer Fluggesellschaft Ausschau halten. In Panama City gab es praktisch nur eine Fluggesellschaft, die über Miami Europa anfliegt, eine amerikanische. Andere Fluggesellschaften durften das nicht. Oder was weiß ich.

Allerdings gab es auch eine Niederlassung von der Lufthansa. Dort gingen wir hin, und als wir denen erzählten, was wir brauchten, sagten die: Puh, da haben wir nichts da. Nur am 24. Dezember hätten sie noch Platz für uns zwei. Warum nicht?, sagten wir. Dann wären wir eben erst am 25. daheim. Auch an diesem Tag ist ja noch ein bisschen Weihnachten.

Das war also schon mal was.

Jetzt war nur noch die Sache mit dem Schiff auf die Reihe zu bringen. Wieder mit dem Taxi zu Behörden, zum Hafen, zu Reedereien.

Es dauerte drei Tage, bis wir fündig wurden. Von früh bis abends waren wir damit beschäftigt, schlugen uns mit Behörden rum. Und der Taxifahrer war immer dabei. Alles nur, um zu schauen, wie man das Auto per Schiff von Panama nach Australien bringt. Wenn es ablegt, ist es für mindestens sechs Wochen unterwegs. Das passte nicht schlecht. Sechs Wochen Weihnachtsurlaub, das gefiel uns.

Vor allem bei der Ausfuhrgenehmigung gab es ein langes Hin und Her. Wir verbrachten unsere Stunden in primitiven Behördenräumen. Und wenn du gemeint hast, jetzt kommst du dran, dann zog der Beamte mitten aus einem Stapel von Akten willkürlich einen Vorgang heraus und vertiefte sich in aller Seelenruhe darin. Du bist dir vorgekommen wie ein kleiner Bittsteller, wie ein Mensch dritter Klasse – obwohl du nichts weiter wolltest als dein Auto verschiffen.

Dann schaltete sich der Taxifahrer wieder ein und redete auf den Beamten ein. Und wenn dieser gerade Lust hatte, ließ er sich dann doch dazu herab, sich unser Anliegen anzuhören. Zum Schluss bekamen wir sie dann doch noch, die Scheiß-Ausfuhrgenehmigung.

Und auch ein Schiff bekamen wir, und zwar schneller, als uns lieb war. Es würde schon am nächsten Tag ablegen. Also mussten wir das Auto in aller Eile zur Reederei bringen. Ich wollte unbedingt, dass es in einem Container untergebracht wird und ich dabei bin, wenn das geschieht.

Bis da wieder was vorwärts gegangen ist!

Aber auf einmal sah ich wenige Meter von mir entfernt einen jungen Menschen, wie er an meinem Auto rüttelte und zerrte. Ich ging zu ihm hin und fragte ihn unter Zuhilfenahmes des internationalen Zeichens, ob er denn einen Vogel habe. „Ist das dein Auto oder ist es mein Auto", fragte ich ihn und musste mich dabei beherrschen, dass ich ihm dabei nicht an die Gurgel ging. Er schaute mich völlig entgeistert an und sagte was in sein Handy. Im Nu stand ein Pick-up da mit einer Mannschaft und mehreren Hunden, und ich wurde grob von denen angewiesen, auf der Stelle das Auto aufzusperren. Was ich dann auch kleinlaut tat. Sie räumten mir das halbe Auto aus, und danach kletterten auch noch die Hunde darin herum. Sie suchten Rauschgift. Da war dieser junge Typ, der an der Tür herumgezerrt hatte, doch allen Ernstes ein Zollbeamter in Zivil.

Au weh, dachte ich. Jetzt warten wir hier schon Stunden, und dann auch noch dieses Theater. Mit Hilfe des Taxifahrers ging's dann letztlich noch einigermaßen glimpflich ab.

Dann verluden wir das Auto in den Container. Acht Polizisten observierten uns dabei. Ein Zirkus. Schließlich, war auch diese Prozedur erledigt.

In Colón wurde das Auto verschifft.

Das Internet: Colón, am karibischen

Kurz vor der Trennung von Fahrzeug und Besatzung wird der Reiseverlauf auf auf dem Dixi den neuesten Stand gebracht

Meer gelegen, ist mit circa 60.000 Einwohnern die zweitgrößte Stadt Panamas. Colon wurde 1850 von Bauarbeitern der Panama-Eisenbahngesellschaft gegründet und nach dem Namen eines der Arbeiter „Aspinwall" genannt. Später wurder der Name in Colon (spanisch für „Kolumbus") zu Ehren von Christoph Kolumbus geändert.

Als wir endlich alles unter Dach und Fach hatten, sagte der Vorsteher der Auswanderderungsbehörde, er wolle sich das Auto noch mal in aller Ruhe anschauen, bevor es weg ist.

Er ging raus und es regnete leicht. Ich zeigte ihm alles und ließ ihn auch drin Platz nehmen, Er war von diesem Auto so begeistert, dass ich ihm in einer Anwandlung von Edelmut unsere Karte überreichte.

Danach fragte ich ihn zweimal: Ist mit den Papieren alles okay? Es ist alles okay, versicherte er. Und sind auch alle Stempel drin? bohrte ich weiter. Ja, auch alle Stempel wären drin. Also, wenn er das so bestimmt sagt, wird das schon alles seine Richtigkeit haben, dachte ich. Lieber zweimal fragen, als nachher in die Röhre schauen. Danach wurde der Container verschlossen und versiegelt. Der Dixi drin war fest verzurrt, ich selbst hatte es gemacht.

Dann verschwand er in seiner Behörde. Und das Schiff mit unserm Dixi ging dann erst mal nach Chile. Dort wurde in einem benachbarten Container ein weiterer Oldtimer, ein Rolls Royce, eingeladen. Von da aus ging das Schiff Richtung Australien.

Das Schiff stach am 24. Dezember 2003 in See. Und wir flogen am gleichen Tag nach Miami. Mit dieser amerikanischen Fluggesellschaft, die als Einzige

In wenigen Minuten wird der Dixi in einem dieser Container verschwinden und mutterseelenallein auf einem Schiff westwärts über Chile nach Australien fahren

Panama anfliegen durfte. In Miami stiegen wir in eine Lufthansa-Maschine um und landeten am 25. Dezember in Frankfurt am Main. Per Anschlussflug ging es weiter nach München.

Dort kamen wir am ersten Weihnachtsfeiertag in der Früh um zehn Uhr an und fuhren mit einem Zug nach Peiting, unserem Nachbarort. Von da aus, dachten wir, machen wir den Rest mit dem Taxi; die Resi anrufen, dass sie uns abholt, wollten wir ja nicht.

Da sah uns aber ein Bekannter stehen. Er rieb sich die Augen, weil er uns überall auf der Welt vermutete, nur eben nicht in Peiting. Wir waren braungebrannt. Zehn Minuten später waren wir in Rottenbuch. Wir schlichen uns zum Haus, läuteten unten und gingen die Außentreppe hoch.

Da stand plötzlich die Resi leibhaftig vor uns. Sie verzog keine Miene. Statt einer Begrüßung sagte sie: „Jetzt sind die drei schönsten Monate vorbei!"

Und ich hatte geglaubt, sie würde uns ja vielleicht um den Hals fallen. Zumindest ihrem Sohn. Nichts dergleichen.

Aber ich kenne ja ihren Humor. Und insofern war das schon in Ordnung.

Teil 3

Das Ende

1. Kapitel

Ankunft in Australien

Guten Morgen, Chef!
Was soll denn das jetzt wieder?
Na ja, wir haben ja gerade eine kleine Zäsur. Erstens habt ihr eine knapp einmonatige Erholungspause eingelegt, zweitens beginnen wir hier mit dem dritten und letzten Teil in unserem Buch. Es ist außerdem unsere zehnte und letzte Sitzung, die wir miteinander haben. Da sollten wir schon einen Augenblick innehalten.
Innehalten? Klingt aber nicht gut.
Uns einen Augenblick besinnen.
Auch nicht besser.
Ist ja auch egal. Sogar in eurer Erholungspause müsst ihr fleißig gewesen sein und Interviews gegeben haben. Jedenfalls erschien in dieser Zeit über euch ein längerer Zeitungsbericht mit der Überschrift: „Wachgeküsst von ‚Isabel', Weltreise mit 15 PS – Abenteuer von Herbert und Phillip Nocker".
Ich erinnere mich. Wo man auf einem der Fotos Angel Delgadillo sieht, wie er mir gerade die Rasur verpasst.
Und auf einem anderen Foto sieht man dich mit Ulla Kalisch, einer gebürtigen Schongauerin, wie in der Bildunterschrift betont wird. Klar, der Beitrag erschien ja auch in den Schongauer Nachrichten. Habt ihr euch über diese Publicity gefreut?
Auf jeden Fall. Schon während unserer Abwesenheit waren ja zahlreiche Artikel erschienen. Jetzt hatten wir endlich Zeit, sie auch zu lesen.
Zufrieden?
Im Großen und Ganzen schon. Es ist interessant zu sehen, was die Redakteure aus dem machen, was man ihnen erzählt. Und was sie in den Vordergrund stellen.
Zum Beispiel?
Zum Beispiel so Ereignisse wie den Hurrikan. Das war für die Zeitungen ein gefundenes Fressen. Den Redakteuren gefällt, wenn was passiert.
Nicht nur den Redakteuren, auch den Lesern. Wenn sie schon was lesen, soll es auch was Unterhaltsames sein. So wie unser Buch. Doch jetzt haben wir genug innegehalten. Auf geht's zum dritten und letzten Teil!

Ihr seit am 106. Tag eurer Reise, am Donnerstag, 25. Dezember 2003, zurückgekehrt. Jetzt ist Mittwoch, der 21. Januar 2004, und ihr brecht nach Australien auf. Euer 107. Reisetag kann beginnen. Du hast das Wort!

An diesem Tag brachte uns mein Bruder Wolfi mit dem Auto zum Frankfurter Flughafen. Abflugzeit nach Singapur war 23.30 Uhr.

Wir saßen schon eine Weile im Flieger und guckten zu, wie er enteist wurde. Plötzlich erlosch das Licht und es gab einen lauten Knall. Gleichzeitig wurde das Flugzeug heftig durchgerüttelt; so, wie ich es nicht mal ansatzweise jemals in einem Flugzeug erlebt hab. Wir dachten, es fliegt in die Luft. Es war wie eine Explosion.

Wir saßen also im Dunkeln und wussten nicht, was los war. Schon ziemlich beängstigend. Nach vielleicht einer Minute ging das Licht wieder an und wir hörten eine Durchsage. Es gäbe für die Passagiere keinen Grund zur Besorgnis, der Pilot und seine Crew hätten alles im Griff. Zwei, drei Minuten später meldete sich der Kapitän. Er erklärte, dass beim Enteisen Flüssigkeit in den Stromgenerator geraten sei und einen Kurzschluss ausgelöst habe. Aus Sicherheitsgründen müsse der Generator ausgetauscht werden und alle Passagiere hätten das Flugzeug zu verlassen.

Es dauerte bestimmt zwei Stunden, bis ein anderer Generator eingebaut war und wir wieder an Bord gehen durften. Mit einem unguten Gefühl im Magen. Konnte das gutgehen: Eine so lange Reise mit einer Maschine, die vielleicht doch nicht mehr ganz in Ordnung war? Es ging aber alles gut. Der Flug nach Singapur dauerte zwölf Stunden. Nach zweieinhalb Stunden Aufenthalt flogen wir mit einer Boeeing 767 weiter nach Darwin in Australien. Dort angekommen, war es Nacht und 27 Grad Celsius warm. Tropisches Klima. Um zu unserem Ziel Adelaide im Süden des Kontinents zu kommen, mussten wir ein letztes Mal umsteigen. Beim Anflug auf Adelaide sahen wir unter uns überall Palmen. Fast wie in Costa Rica, dachte ich. Da war es ja auch tropisch.

Nach fünf Stunden Flug landeten wir am Freitag, 23. Januar 2004, vormittags um halb elf am Flughafen von Adelaide.

Als wir mit unserem Gepäck den Terminal verließen, standen vier ältere Herrschaften da, von denen einer ein großes Schild hochreckte.

DIXI WELCOMMEN! lasen wir. So wie's hier geschrieben steht. Wir fühlten uns zwar angesprochen, waren aber völlig überrascht, weil wir mit einem Empfang, welcher Art auch immer, wirklich nicht im Geringsten gerechnet hatten. Eigentlich weiß ich bis heute nicht, wie das vonstatten gegangen ist. Von irgendjemand mussten sie was erfahren haben; ich weiß nur nicht vom wem.

Jedenfalls war es der Austin 7 Club von Adelaide, der uns hier einen überraschenden Empfang bereitete. Austin, in Teil 2 des Buches war davon schon mal die Rede, Austin war praktisch der Ur-Hersteller der Dixis; Dixi war ja nur Lizenznehmer von Austin.

Wir freuten uns natürlich überschwänglich. Sie begrüßten uns so freundlich, als würden wir uns schon ewig kennen, und luden uns auch gleich im Flughafen-Restaurant zu einem Bier ein. Unter den vier Herrschaften befand sich auch die Frau des Club-Präsidenten, Lyn Clerk. Mann, das war eine richtige Ehre!

Sie versorgten uns mit Stickern, Aufklebern und Abzeichen des Clubs und fragten, ob wir schon was zum Übernachten haben. Hatten wir natürlich nicht. Sie hätten was: Eines der Clubmitglieder würde auch Ferienwohnungen vermieten. Wir bräuchten nur bei Barb und Ted Rix anzurufen. Na prima!

DIXI WELCOMMEN! Das Empfangskommitee

Wir erledigten das und fuhren im Konvoi hin. Wir in einer wunderschönen Austin-7-Limousine Jahrgang 1933, die einem Clubmitglied gehörte, die Präsidentenfrau in ihrem Privatauto. Dazu noch die beiden Oldtimer der anderen zwei Clubmitglieder. Ein kleiner Oldtimer-Korso. Nach zwanzig Minuten waren wir in West Lakes und fuhren in der Lakeview Avenue vor. Dort machten wir uns mit Barb und Ted Rix bekannt, die uns auf Anhieb sympathisch waren, warfen einen Blick in die uns zugedachte Ferienwohnung, die uns ebenfalls gefiel, und schon hatten wir eine Bleibe. Eine Bleibe in einem wunderbaren Viertel, in einer wunderbaren Straße, an einem wunderbaren Ort. Ein paar Meter weiter floss der Kanal von Adelaide vorbei. Oder war's der Fluss; ich weiß es nicht mehr. Später erfuhren wir, dass auch Lleyton Hewitt, der ehemalige Weltranglistenerste im Tennis, in der Lakeview Avenue wohnte. Gleich schräg gegenüber. In Adelaide ist er auch auf die Welt gekommen. Wir wohnten in der modernsten Villengegend. Wie im Paradies. Es war unbeschreiblich toll.

Auf der Homepage von Barb und Ted Rix heißt es: „Entspannen Sie sich, genießen Sie, und bleiben Sie eine Weile an diesem einzigartigen Ort, der am glitzernden Wasser eines Sees liegt, im malerischen Teil von West Lakes. Gerade mal 20 Minuten von Adelaide, eine Autostunde vom weltberühmten Barossa Valley, Australiens führender Wein-Region. Alles ist in der Nähe: Strände, Sportplätze, Flughafen. Ein idealer Platz, sowohl für einen kürzeren wie für einen längeren Aufenthalt. Kaum zu glauben, dass unsere Wohnungen mitten in einer lebhaften Stadt sind. Genießen Sie eine Weg- oder Tagesreise, wir können dem hiesigen wie dem internationalen Besucher alles bieten."

Ein idealer Platz für einen kürzeren wie für einen längeren Aufenthalt? Wir waren eigentlich mehr auf einen kürzeren eingestellt.

Aber es sollte ganz ganz anders kommen.

Barb's Lakeview Bed & Breakfast
29 Lakeview Avenue, West Lakes Adelaide, South Australia 5021, Australia

2. Kapitel

Beim German Butcher

Wir waren richtig glücklich. West Lakes empfanden wir als schöne kleine Stadt, die Lakeview Avenue war eine tolle Straße in einer vornehmen Gegend und Barb und Rix liebenswerte Gastgeber.

Als wir das alles erkannt hatten, waren Philipp und ich froh, unsere Reise unterbrochen und in der Heimat, ich nenne das jetzt ganz bewusst so, frischen Mut aufgetankt zu haben. Wie dringend nötig wir das hatten, war uns daheim erst nach ein paar Tagen klar geworden. Es ist doch ein Unterschied, ob du jeden Tag in deinem Dixi auf irgendwelchen Straßen unterwegs bist, jeden Tag in einem Hotel absteigen musst, immerfort am Überlegen bist, wie's am nächsten Tag weitergeht. Oder ob du es dir in deinen vier Wänden bequem machst, deine Freunde triffst, von deiner Frau verwöhnt wirst und ansonsten tun und lassen kannst, was du willst.

Glück bedeutet für jeden was anderes. Mit diesem Gedanken beginnt unser Buch, was aber eigentlich mehr deines ist. Und fast mit den gleichen Worten, die du eben gebraucht hast, fährst du fort: „Für mich bedeutet es, tun und lassen zu können, was mir gefällt."

Das stimmt ja auch.

Nur mit dem Unterschied, dass du diese Worte nicht gebrauchst, um eure Reise zu lobpreisen. Tun und lassen zu können, was mir gefällt – das gilt diesmal für dein Zuhause.

Es gilt für beides. Ich will sowohl auf einer Reise als auch zu Hause tun und lassen können, was mir gefällt. Es gilt für mein Leben.

Du schreibst ganz am Anfang des Buches auch, dass Glück für dich bedeutet, Wunschträume zu haben, die du dir erfüllen kannst. Ich erwähne das nur, weil ihr euch so glücklich gefühlt habt, in West Lakes und in der Lakeview Avenue.

Uns einen Wunschtraum zu erfüllen, das war ja gerade in Arbeit.

Apropos Glück. Wir empfanden es bei Barb und Ted auch in einer völlig anderen Hinsicht. Wie sich nach wenigen Tagen nämlich herausstellen sollte, waren wir für die beiden beinahe so was wie ein Segen. Aus folgendem Grund: Ihre zwanzigjährige Tochter Amelia war 2003, also ein Jahr zuvor gestorben. Ein Herztod, völlig unerwartet.

Amelia war, wie man uns erzählte, ein Mädchen, das mit beiden Beinen mitten im Leben stand und mehr Junge als Mädchen war. Und nun waren wir aufgekreuzt. Und mit unserem ganzen Getue, mit unseren Geschichten und mit den Problemen, die in diesen Tagen auf uns zukommen sollten, meine ich, wir hätten sie ein bisschen aus ihrer Trauer gezogen. Auch, weil wir mit ihnen allerhand unternahmen, weil wir ihnen immer was Neues erzählen konnten, weil wir mit ihnen beim Angeln waren. Barb und Ted, sie haben uns wie ihr eigenes Kind versorgt. Sie haben uns bekocht und uns alle Freiheiten gelassen. Ganze vierundzwanzig Tage sollten wir bei ihnen bleiben. Viel viel länger also, als wir eigentlich wollten. Und warum? Das kommt gleich.

Klingt fast wie eine Werbeankündigung im Privatfernsehen.

Ist es aber nicht. Als wir am Samstag, 24. Januar, in unserer Ferienwohnung aufwachten, hatten wir trotz Zeitumstellung und im Wortsinn „Gute Nacht" hinter uns. Weil uns die beiden so gemocht haben, stellten sie uns die Wohnung für einen Sonderpreis zur Verfügung. Ein Hotel, was wir sonst hätten nehmen müssen, wäre natürlich ungleich teurer gewesen.

Was kostete ein Tag, darf man das erfahren?

Von mir aus: 140 Australische Dollar. Insgesamt gaben wir jeden Tag mindestens 250 Euro aus. Und hätte uns nicht ein BMW-Händler ein Auto zu ganz besonders günstigen Konditionen überlassen, wäre es noch viel mehr gewesen. Auch von diesem BMW-Händler wird noch die Rede sein.

An diesem Samstagmorgen erfreuten wir uns erst mal an einem besonders tollen Frühstück, das uns Ted bereitet hatte und das wir auf unserer Terrasse, unmittelbar am Wasser genossen. Ein Frühstück mit allem Drum und Dran. Wunderbar.

Dann merkten wir, dass uns Ted ein bisschen drängelt. Was ist denn los?, fragte ich. Er führte mich vors Haus und ich traute meinen Augen nicht: Warteten da schon etliche Oldtimer, um mit uns nach Willunga zu fahren, einer Stadt vierzehn Kilometer von Adelaide entfernt. Und warum gerade Willunga? Weil dort ein berühmtes internationales Radrennen stattfinden würde.

Die Austin-7-Clubmitgieder waren nämlich auch ein bisschen Straßenrennrad-verrückt und wussten zum Beispiel die Namen aller Rennfahrer. In dem Fall vor allem die der deutschen: Jan Ullrich, Erik Zabel und wie sie alle heißen und die auch schon mal hier mitgefahren sind.

Und wir wieder mittendrin. Zuerst bekamen wir einen Hut verpasst, der uns vor der prallen australischen Sonne schützen sollte. In Willunga war richtig was los, es ging zu wie auf einem Volksfest. Das Highlight des Jahres.

Die Homepage von Willunga: In den Bergen der Fleurieu Peninsula befindet sich der Ort Willunga, ein alter Wein- und Mandelanbauort. Im Juli findet das „Almond Blossom Festival" und im Februar Australiens einziges „Küherennen", der so genannte „Compass Cup" statt. Im „Mt. Magnificient Conservation Park" trifft man auf einige Kangurus."

Nachdem wir vom Rennen genug hatten, entdeckten wir im Ort einen Antiquitätenhändler, zu dem ich natürlich hineinschauen musste. Es konnte ja sein, dass es da auch für mich was gab. Gab es auch, nämlich einen Franzosen von der vorletzten Jahrhundertwende, auf dem Ford draufstand. Franzose ist eine andere Bezeichnung für eine Schraubenzange. Weil ich in meiner Sammlung einen Ford Jahrgang 1913 habe, passte dieser Franzose großartig.

Als wir weitermarschierten, kamen wir an einer Metzgerei vorbei, über deren Schaufenster GERMAN BUTCHER. So was gab's also auch hier, einen deutschen Metzger. Noch dazu einen, der an diesem Tag warmen Leberkäs im Angebot hatte. Unter diesen Umständen mussten wir selbstverständlich auch in diesen

Deutschland ist überall: Im australischen Willunga ebenso wie in dem Ort Hahndorf, das tatsächlich auf eine deutsche Gründung zurückgeht. Noch heute leben dort viele Deutschstämmige

Laden. Der Besitzer, ein eingewanderter Deutscher und etwas älterer Herr, stellte ausschließlich deutsche Fleisch- und Wurstwaren her. Also Schweinswürstel und lauter solche Sachen.

Wir bestellten jeder eine Scheibe Leberkäs und wollten auch Brezen oder Semmeln dazu essen. Wie es sich zumindest in Bayern zum Leberkäs gehört, wenn man ihn an Ort und Stelle verspeist. Hatte er aber nicht. So aßen wir halt Leberkäs pur. Schmeckte wie zu Hause. Weil's so gut war, kauften wir noch ein paar Würste von ihm, eine Lyoner, eine Kalbsleberwurst und eine Stange Rohsalami.

Um drei Uhr fuhren wir wieder zurück zu unserer schönen Ferienwohnung. An diesem Samstag hätte der Frachter mit unserem Dixi in Sydney eintreffen sollen.

3. Kapitel

Schlechte Nachrichten

Nur weil unser Vermieter so unendlich nett war, hatte ich auch den Mut, ihn zu bitten, bei der Frachtgesellschaft anzurufen und nachzufragen, ob das Schiff mit unserem Dixi angekommen ist. Er hätte ja an diesem Samstag eintreffen müssen.

Ich beobachtete Ted beim Telefonieren und sah, wie sein Gesicht lang und länger wurde. Irgendwas lief demnach schief. So war es auch. Schonend brachte er uns bei, dass der Frachter mit dem Auto zwar kurz im Hafen von Sydney gewesen war, sofort aber wieder Richtung Auckland, Neuseeland, verschwunden sei, weil – und das war der absolute Hammer – weil Veterinäre an unserem Auto einen Käfer entdeckt hätten. Einen Käfer an unserem Auto! Vielleicht war es auch nur ein Käfer auf dem Schiff, aber so, wie ich mich an das erinnere, was Ted gleich nach dem Telefonat sagte, hatten ihn die Veterinäre an unserem Auto lokalisiert. Und kein Mensch könne im Augenblick sagen, wo der Frachter zur Zeit steckte. Und schon gar nicht, wann er wieder zurückkehrte. Sicher war nur, dass das nicht innerhalb der nächsten vierzehn Tagen der Fall sein werde. auch das wisse man nicht verbindlich. Unser Auto war also auf unbestimmte Zeit zum Entseuchen nach Neuseeland unterwegs.

Eine ganz schöne Scheiße war das.

Jetzt machten auch wir lange Gesichter. Zwar hatten wir eine Verzögerung ähnlicher Art schon mal erlebt, vor fünf Monaten in Baltimore. Damals war das Schiff mit dem Dixi auf dem Weg nach Amerika in Kanada hängen geblieben und wir mussten ein paar Tage warten. Aber gleich vierzehn Tage? Das war schon eine sehr schlechte Nachricht.

Aber was wollten wir dagegen tun? Uns ärgern? Wieder nach Deutschland zurückkehren und dort die Zeit abwarten? Schön blöd wären wir, sagten wir uns! Wie in Baltimore – mein Gott, war das schon wieder lange her! – beschlossen wir, uns auch in Adelaide nicht von diesem Scheißspiel verdrießen zu lassen. In Baltimore überbrückten wir die Wartezeit, indem wir erst in ein Aquarium gingen und den Haifischen zuschauten. Gab's in Adelaide vielleicht auch ein Aquarium? Danach folgte in Baltimore eine Sightseeing Tour nach der andern. Wir machten uns Mut: Sicher würde uns auch hier gegen den Frust was einfallen. Wir würden die Zeit schon überbrücken. Zunächst aber hatten wir den Wunsch, eine Nacht darüber zu schlafen.

Leicht angesäuert gingen wir zu Bett.

Am nächsten Tag, es war Sonntag, der 25. Januar, besprachen wir die Sache noch einmal mit unseren Vermietern. Sie kannten sich mit den Behörden in ihrem Land ein bisschen aus und rieten uns, die Angelegenheit einem Agenten zu übergeben, auch wegen der zu erwartenden Zollformalitäten. Dann luden sie uns zu einem Sonntagsausflug ins National Motor Museum nach Birdwood ein, fünf-

Das Ozonloch lässt grüßen: In Australien ist man gut beraten, seinen Kopf nicht der prallen Sonne auszusetzen

zig Meilen nordöstlich von Adelaide. Es besitzt die größte Oldtimer-Sammlung Australiens. Also machten wir uns auf den Weg nach Birdwood.

Das Motor Museum, so lasen wir auf einem der Prospekte, die dort auslagen, bietet dem Besucher mehr als nur ein Sammelsurium von Autos. Es stellt auch dar, wie wir früher gelebt haben, wie wir heute leben und in Zukunft leben werden. Tatsächlich gewannen wir dabei auch einen kleinen Einblick in die Australian road transport history,

Nach den ersten Exponaten. die ich mir anschaute, stieß ich auf ein ganz besonderes Fahrzeug. Schon vor dreißig Jahren hatte ich gehört – ich weiß nicht mehr von wem –, dass vom Dixi des Jahrgangs 1914 weltweit höchstens noch drei Exemplare existieren, eines davon in Argentinien, ein zweites in Australien. Genau vor dem stand ich jetzt. Für mich, den Dixi-Verehrer par excellence, eine Begegnung der besonderen Art.

Auf dem Rückweg kamen wir durch Hahndorf, was nicht nur deutsch klingt, sondern auch deutsch ist oder zumindest deutsche Wurzeln hat. Diese 1700-Einwohner-Siedlung muss man, wenn man in Australien ist, ebenso gesehen haben wie Rothenburg, wenn man in Deutschland ist. Als wir mit ein paar Hahndorfern ins Gespräch kamen, erfuhren wir, dass sie insbesondere im Zweiten Weltkrieg sehr viel mitgemacht hätten; alles Deutschtum sollte getilgt werden. Es gab sogar den Vorschlag, die Stadt dem Boden gleichzumachen. So weit kam es dann doch nicht. Aber die umliegenden Dörfer, die ebenfalls von Deutschen besiedelt waren, bekamen englische Namen verpasst. Zum Teil haben die Orte heute wieder deutsche Namen. Heute ist Hahndorf eine Vorzeigestadt, so sauber und ordentlich ist es dort. Typisch deutsch eben.

Hahndorf geht tatsächlich auf eine deutsche Gründung zurück. Es lebt dort auch heute noch eine große Zahl Deutschstämmiger. Sieht man die vielen Fachwerkhäuser und die lutherischen Kirchen, glaubt man tatsächlich, man ist in einer altertümlich anmutenden deutschen Stadt. Hochinteressant, kann ich nur sagen!

Und kannst du auch sagen, wo der komische Name herkommt – „Hahndorf"?

Ich nicht, aber du kannst es, weil du ja gleich wieder im Internet nachschaust, wie ich dich kenne.

Okay, ich habe nachgeschaut. Der Name geht auf einen Kapitän namens Hahn zurück. Der hat 1838 deutschen Siedlern bei ihrer Suche nach Land geholfen. Er fand auch eins, und auf diesem Boden wurde dann Hahndorf gegründet.

Aha. Steht sonst noch was drin?

Klar, jede Menge sogar.

Interessiert das unsere Leser?

Ich denke schon. Hör's dir an:

„Hahndorf wurde 1839 von protestantischen Einwanderern aus Ostpreußen gegründet, die vor den Repressionen des damaligen Regimes geflohen waren. Da es sich bei den Siedlern allerdings um Menschen handelte, die durchaus ihre deutschen Wurzeln nicht verleugnen wollten (die Geschichte der Schlesier in Bezug auf Deutschland ist da sehr wechselhaft), versuchte man bei der Gründung der Stadt diesen kulturellen Einfluss auf jeden Fall zu bewahren. Hahndorf ist die zweitälteste deutsche Siedlung in Australien und gilt heute als State Heritage Area of South Australia."

Was immer das ist.

Nur Geduld! „Diese besondere Art von Denkmalschutz", heißt es weiter, „ist zurückzuführen auf die große Konzentration von alten Gebäuden in Hahndorf. Die vielen gut erhaltenen, teilweise großen und kostspieligen Gebäude sind auf die schnellen Erfolge zurückzuführen, die man in Hahndorf nach der Gründung der Stadt erzielte. Die Siedler brachten großes Wissen über die Landwirtschaft mit, das sie mit viel Geschick an die neue Umgebung anpassten und so ihrem kleinen Ort schnell zu einem gewissen Wohlstand verhalfen."

Ich könnte dir stundenlang zuhören. Wir müssen aber schauen, dass wir weiterkommen. Ich meine jetzt: mit dem Buch weiterkommen. Das muss ja auch mal fertig werden, oder? Der Verleger in Stuttgart scharrt schon mit den Füßen. Es soll ja auch erscheinen.

Schon gut, schon gut. Also erzähl' schnell weiter!

4. Kapitel

Michael McMichael und sein Siebener

Daheim, also in unserer Ferienwohnung in West Lakes, gab es neue Nachrichten: Anders als angekündigt, werde der Frachter mit unserem Dixi nicht in vierzehn Tagen im Hafen von Sydney erwartet, sondern erst in drei Wochen.

Eine neue Hiobsbotschaft. Dabei hatten wir die erste noch nicht verkraftet. Aus Verzweiflung schütteten wir uns zwei, drei Biere in den Kragen und schlichen wie geprügelte Hunde ins Bett.

Montag, 26. Januar. Barb Rix war Lehrerin in der Schule, ihr Mann Ted war bereits Rentner und gab den Hausmann. Sein Job war, sich um die Ferienwohnungen zu kümmern. Und um uns. Und das tat er mit Hingabe. Zum Beispiel indem er uns täglich mit dem allerfeinsten Frühstück verwöhnte. Das Wetter war immer nur schön, schön, schön. Am Montag brachte er uns ins Museumsviertel am Hafen von Adelaide. Wir schauten uns das Schiffsmuseum (Aviation Museum) und das Eisenbahnmuseum (Railway Museum) an. Damit war der Tag schon fast wieder rum. Damit wir am Abend noch was zu tun hatten, stattete er uns beide mit Angeln aus und wir begannen am Kanal hinter dem Haus zu fischen. Sehen konnten wir sie schon, die Fische, angeln aber nicht. Vielleicht lag es daran, dass wir als Köder eingefrorene Krabben einsetzten. Ted hatte sie uns gegeben. Die Köder, kann man in dem Fall sagen, gingen reißend weg; ich kann die Fische ja verstehen. Wir angelten zweieinhalb Stunden lang. Dann war's dunkel. Wir aßen und gingen zu Bett. Neue Nachrichten hatte es nicht gegeben. Zum Glück. Wir hätten sie nämlich nicht ertragen.

Dienstag, 27. Januar. Weil wir uns Adelaide anschauen wollten, brachte uns der gute Ted Rix zur Bushaltestelle. Als Erstes suchten wir ein Informations- oder Tourismusbüro, um uns schlau zu machen, was wir in den nächsten zwanzig Tagen alles mit uns anfangen sollten. Leider hatten die aber nur italienische und spanische Unterlagen; solche konnten uns auch gestohlen bleiben.

Von da aus gingen wir zu Fuß nach Kent Town zur BMW-Niederlassung von Michael McMichael. Der Herr Blumoser von der BMW Mobilen Tradition – wir hatten mit ihm auf dem BMW-Oktoberfest in Austin zu tun –, hatte ihn mir empfohlen und mir seine Adresse gegeben. Der Mann mit dem lustigen Namen wäre der netteste Kerl überhaupt; zu dem müssten wir unbedingt hin.

Er war groß und blond, trug verwaschene Jeans und ein khakifarbenes Hemd, und es war schwierig, sein Alter zu erraten. Ein stattlicher Mann. Als wir uns begrüßten, behauptete er, dass er schon auf uns warten würde. Und lachte dazu. Während er uns durch seinen blitzsauberen Betrieb führte, erzählten wir ihm von unseren Problemen mit dem Dixi.

Kann ich euch denn mit einem Auto helfen? fragte er, nachdem er sich die Geschichte angehört hatte. Warum eigentlich nicht, antworteten wir. Mit einem Auto würden wir in jedem Fall unseren Aktionsradius vergrößern können.

Da bot er uns einen Siebener BMW 733 i Baujahr 1978 an und sagte dazu: Den könnt ihr haben, so lange ihr wollt. Michael hatte ihn, wie er sagte, erst am Tag zuvor gekauft. Für 300 Australische Dollar. Ein einwandfreies Auto. Mit Automatic-Getriebe.

Prima, sagten wir, ganz toll. Und als wir uns vorsichtig nach dem Mietpreis erkundigten, winkte er nur ab: Forget it! Dann sagten wir ihm aber, dass wir mit dem Auto nach Sydney fahren wollten und quer durchs Outback. Und wenn dabei was kaputtgeht? Für diesen Fall, sagte McMichael, lasst ihr es einfach stehen und fahrt mit dem Zug heim.

Und wie kommt das Auto dann wieder zurück?

Gar nicht. Lasst es stehen. Ich brauch's nicht mehr.

Ein interessanter Typ war er schon, der Michael McMichael. Und auch als der Philipp noch wissen wollte, welche Ölsorte wir dem Siebener verabreichen sollten, antwortete er ohne mit der Wimper zu zucken: Second Hand Oil.

Herbert N. mit dem BMW-Autohändler Michael McMichael

Am nächsten Tag Punkt 16.00 Uhr sollten wir den Siebener abholen, bis dahin würde er ihn noch herrichten lassen, Ölwechsel, Bremsen nachschauen und solche Sachen. Leider hätte er heute keine Zeit. Aber das nächste Mal würde er gern ein Bier mit uns trinken. Und fort war er. Zur Bushaltestelle gingen wir durch den Botanischen Garten von Adelaide. Wir hatten gehört, dass der so sehenswert wäre.

Als wir zu unserer Bleibe zurückkamen und bei Ted reinschauten, hatten wir hohen Besuch: Der Austin-7-Club-Präsident höchstpersönlich. Mit seiner Frau, die wir ja schon vom Flughafen-Transfer kannten. Beides sehr nette Leute. Ein lustiger Präsident. Und ein ganz toller Abend. Wir verabredeten uns für Donnerstag, 19.00 Uhr, zum Clubabend. Bei dieser Gelegenheit würde der Präsident uns das Clubheim zeigen und uns mit den anderen Clubmitgliedern bekannt machen. Vor allem mit einem, der einen ganz besonderen Austin 7 besaß. Ich war gespannt.

Mittwoch, 28. Januar. An diesem Tag wollten wir endlich mal ein Känguru sehen. Also gingen wir zum Zoo von Adelaide, der einen sehr guten Ruf hat. Wir kamen voll auf unsere Kosten. Wir sahen nicht nur Kängurus bis zum Abwinken, sondern auch Tiere, von deren Existenz wir bis dato noch nichts wussten.

Punkt 16.00 Uhr traten wir bei Michael McMichael an. Das Auto war zwar noch aufgebockt und ein Mechaniker werkelte daran herum, es wurde aber nach wenigen Minuten runtergelassen und war startbereit, mit Zulassung und allem. McMichael übergab uns die Papiere und ging mit uns in seinem Stammlokal das angekündigte Bier trinken.

"Den könnt ihr haben, so lange ihr wollt", erklärt Michael McMichael den Nockers und bietet ihnen diesen Siebener BMW an

Donnerstag, 29. Januar. Tagsüber besuchten wir das Flugzeugmuseum von Adelaide und waren um 19.00 Uhr wieder bei unserem Apartment, wir hatten ja die Einladung. Wenige Minuten später traf auch der Präsident ein, der aber für mich längst der Trevor war.

Mit Ted und Trevor fuhren wir zu dem Austin-7-Freund. Ein netter alter Herr, der mit seinen achtzig Jahren immer noch Rennen fuhr und ein ausgeprägtes Mitteilungsbedürfnis hatte. Stolz zeigte er uns in einer seiner Garagen einen Austin 7 aus dem Jahr 1927, der um 1948 herum zu einem Rennwagen mit Spitzheck umgebaut worden war. Mit diesem Gerät wäre er schon über hundert Rennen gefahren, und zwar ohne Probleme, wie er betonte. Wir führten ein interessantes technisches Gespräch miteinander.

Dann öffnete er das nächste Garagentor. Dort stand ein roter Elfin, ein in Australien gebauter Rennwagen, Jahrgang 1959, aus Aluminium und fast ohne Plastik. Der alte Mann hatte noch andere Autos stehen. Aber dieses schien ihm sein liebstes zu sein, auf das war er besonders stolz. Er nannte es Baby, wenn er von ihm erzählte. Der alte Mann und das Auto. Wäre übrigens eine schöne Überschrift für dieses Kapitel.

Stimmt. Leider haben wir schon eine andere.

Nämlich?

Michael McMichael und sein Siebener.

Können wir nicht beide nehmen?

Dann würde sie heißen: Michael McMichael und sein Siebener Oder Der alte Mann und das Auto.

Der Wahnsinn. Aber ganz schön lang.

Lang und gut. Die längste Überschrift in diesem Buch. Guinnessbuchverdächtig.

Danach fuhren wir zum Austin 7 Clubhaus. Ein wunderschönes großes Clubhaus ...

Stopp! Noch mal diese Monsterüberschrift. Bei der muss der Leser jetzt denken, der alte Mann mit dem Auto ist der Michael McMichael.

Stimmt! Also machen wir einen Teil wieder weg.

Gut. Wir machen einen Teil wieder weg. Aber welchen?

Den vom alten Mann. Ist eh blöd, findest du nicht? So auf Hemingway getrimmt. Muss nicht sein. Weg damit.

Ist schon wieder weg. Wir lassen den Leser ja richtig schön an unseren Denk-

prozessen teilnehmen.
    Dafür ist uns nichts zu schade.
    Nicht mal das Papier, auf dem das Ganze gedruckt ist.
    Nur hab ich jetzt leider den Faden verloren.
    Du hast gerade gesagt: Ein wunderschönes großes Haus.
    Und? Was wollte ich damit sagen?
    Vielleicht, wo es war.
    Es war auf einem großen Grundstück, mitten in Adelaide. Eine tolle Anlage. Man konnte neidisch werden.
    Warum denn das?
    Weil wir so was auch hier bei uns bräuchten. In Deutschland. Oder in Bayern. Ein Clubhaus für alle Dixi-Freunde. Es muss ja nicht gleich so ein Wahnsinns-Clubhaus sein wie das in Adelaide. Aber ein Ersatzteillager sollte es haben, das wäre wichtig. Weißt was? Ich les jetzt einfach ein paar Zeilen aus meinem Tagebuch vor. Dann ist es hundert Prozent authentisch:
    „Wir besichtigten natürlich alles, auch das Ersatzteillager. Dort sah ich seltene Teile, die man für den Dixi verwenden kann. Sind die zu verkaufen? fragte ich. Sie waren es, welch ein Glück. Ich orderte gleich 3 Zylinderblöcke, 6 Radnaben und einen Steuerkopf, die preislich in Ordnung waren. Zurück im Clubraum, schenkte Trevor uns große Abziehbilder und ein Clubhemd. Es war alles so interessant, dass wir bis um 24 Uhr blieben. Dann brachte er uns zum B&B-Haus von Ted Rix."
    B&B, nur damit uns alle verstehen, steht für Bed and Breakfast. Eine Ferienwohnung mit Frühstück.
    Die georderten Teile legte man uns auf die Seite. Sie sollten so lange liegen bleiben, bis wir den Dixi wieder verschifften. Erst dann wollten wir sie abholen. Ach ja: Im Laufe des Abends gab's noch eine Filmvorführung und einen halbstündigen Vortrag vom Philipp über den bisherigen Verlauf unserer Reise. Auf Englisch. Hat er ganz toll hingekriegt. War auch nicht das erste Mal, dass er das gemacht hat.
    Freitag, 30. Januar. Von Ted bekamen wir wieder ein reichhaltiges Frühstück. Das letzte vorerst. Denn danach verabschiedeten wir uns von ihm auf unbestimmte Zeit. Wir wollten ja mit dem Siebener BMW on tour gehen.
    Wir fuhren an diesem Tag 600 Kilometer, meistens auf dem Highway. In den Abendstunden kamen wir in einen Ort namens Hay.

South Australian Aviation Museum
South Australian Railway Museum, Port Adelaide 5015, Australia

Michael McMichael Motors
Service for BMW, 107 King William St., Kent Town 5067

Adelaide Botanic Garden
North Terrace, Adelaide, SA 5000, Australia

5. Kapitel

Hay nun

In Hay war es gar nicht so einfach, was zum Übernachten zu finden. Nach dem fünften Versuch ergatterten wir schließlich im New Crown Hotel mitten in der Stadt ein Zimmer.

Dabei spielte sich eine kleine Geschichte ab, die ich unbedingt loswerden muss. Während nämlich der Philipp im Hotel fragte, ob ein Zimmer für uns frei ist, wartete ich auf ihn im Auto. Plötzlich sah ich im Rückspiegel, wie hinter mir ein Polizeiauto ganz dicht an unser Auto heranfuhr und stehen blieb. Was soll denn das? dachte ich und rückte mit dem Auto ein paar Meter vor. Dort war eine Lücke, in die ich rückwärts einparkte.

Ich steige aus und will nach dem Rechten schauen, also, ob man hier überhaupt parken darf. Da war nämlich ein Schild, aber so hinter einem Baum versteckt, dass ich es aus dem Auto heraus nicht erkennen konnte. Ich geh hin und schau mir's an – tatsächlich Halteverbot.

Ich wieder zurück zum Auto, will einsteigen und woanders parken. Ich sitz fast schon wieder, da kommt ein junger Polizist zu mir, einer aus dem Polizeiauto, das gerade so dicht hinter mir stehen geblieben war, und verlangt in schneidendem Ton meine Papiere. Während ich sie ihm reiche, sagt er, dass ich hier nicht parken darf.

Ich parke ja gar nicht, sage ich. Ich hab mich nur vergewissert, ob Parken hier erlaubt ist. Jetzt weiß ich's: Es ist nicht erlaubt. Also setze ich mich jetzt ins Auto und fahr nach da vorne. Dort ist ein Parkplatz und da stell ich mich hin. Und aus und fertig!

So ganz cool muss ich sagen war ich zu diesem Zeitpunkt nicht mehr. Dieser Dreckskerl regte mich auf.

Er grinste nur blöd, nahm die Papiere und ging zu seinem Auto zurück und stieg ein. Weiß der Teufel, was er da so lang machte. Mittlerweile war auch der Philipp wieder da, mit der freudigen Nachricht, dass im Hotel ein Zimmer für uns frei sei.

Nach einer Weile, vielleicht nach fünf Minuten, sahen wir, wie der junge Schnösel aus seinem Wagen kroch. Dann kam er zu mir und hielt mir einen Strafzettel unter die Nase. Ich schaute ihn mir an: umgerechnet 90 Euro Strafe.

Ich dachte, ich werde verrückt.

Da sagte ich, das zahle ich nicht. Und er: Okay, wir könnten es uns 21 Tage lang überlegen. Und machte uns darauf aufmerksam, dass wir auch in Deutschland dafür belangt werden können.

Da sagte ich zum Philipp: Weißt was, wir fotografieren das jetzt alles. Damit wir dokumentieren können, dass wir keine Ausfahrt verstellen und niemanden behindern. Und mit den Bildern gehen wir dann zur Deutschen Botschaft in Adelaide.

Und so machten wir's auch.

Als wir dann zwei Wochen später mit unseren Fotos tatsächlich in der Botschaft saßen, sagten sie uns, sie wüssten aus Erfahrung, dass die Polizei in Australien willkürlich Strafen verhängt. Auch wenn man sich nichts zu Schulden hat kommen lassen. Kurz: Es wäre nichts zu machen.

Zahlen Sie das, riet man uns. Andernfalls gibt's nur Ärger.

Mein Gott, was ist das für ein Land?

Der Philipp, der Sparsamere von uns beiden, fluchte und wetterte natürlich. Völlig außer Rand und Band war er. Jedes zweites Wort war Arschloch! Mit hörbarem Ausrufezeichen.

Abends gingen wir zwar noch in ein schönes Lokal, aber so rechte Freude kam bei uns nicht mehr auf. Das war alles sehr, sehr ärgerlich. Und weil wir uns gerade ärgerten, ärgerten wir uns bei dieser Gelegenheit auch gleich noch mal darüber, dass wir unser Auto nicht bekommen hatten und immer noch nicht wussten, wann wir es endlich kriegen sollten.

Nein, dieser Ort Hay wird mir immer und ewig in schlechter Erinnerung bleiben. Deshalb endet auch mein Tagebucheintrag über dieses Vorkommnis in Hay mit den Worten: „So ein Arschloch."

So können wir aber das Kapitel nicht enden lassen! Und als Überschrift ist dieses Zitat eigentlich auch nicht so gut geeignet.

Und was machen wir da?

Hay? – Nun.

Hay nun. Klingt fast wie High Noon. Die Geschichte hat sich aber nicht mittags, sondern abends zugetragen.

New Crown Hotel Motel
117 Lachlan Street, Hay, New South Wales, 2711, Riverina, South Australia

6. Kapitel

Schöne Tage in Melbourne

Die nächsten Tage, in denen wir mit dem Siebener von Michael McMichael unterwegs waren, machen wir jetzt mal im Schnelldurchlauf.
Samstag, 31. Januar. Auto durchgecheckt, Öl nachgefüllt.
Second hand oil, wie's der Michael McMichael euch empfohlen hat?
Nix! Frisches Öl, wie ich's für richtig hielt. Weiter Richtung Sydney. Trostlose trockene Landschaft. Outback. Dann ein kleiner Umweg, um Canberra kennen zu lernen. Ist schließlich die Hauptstadt. Aber außer dem Regierungsgebäude gefiel uns dort nichts. Canberra kannst du vergessen. Weiter nach Moss Vole, in einem Hotel einquartiert. Abends gegrilltes Hähnchen mit Salat und Cola. Anschließend in das Pub nebenan.

Sonntag, 1. Februar. In Sydney gleich ins Zentrum und in den Hafen gefahren. Was uns da auch wieder gestört hat: Andauernd mussten wir Maut zahlen. Du musst Maut bezahlen, um überhaupt in die City reinzukommen. Um im Hafen herumspazieren zu können, stellten wir den Siebener in einer Tiefgarage ab. Der Hafen wurde zu dieser Zeit gerade modernisiert.

Nach Sydney oder nach Wellengang – das ist die Frage

Ein schöner Hafen. Dann das berühmte Aquarium angeschaut. Auch wieder ganz seltene Tiere. Danach eine Hafenrundfahrt, weil wir die Opera vom Wasser aus sehen wollten. Die Harbour Brücke, die von den Einheimischen liebevoll Kleiderbügel - coathanger - genannt wird - sehr beeindruckend! Viele Hochseejachten. Sydney – eine der schönsten Hafenstädte der Welt!

Dann was zum Schlafen gesucht. War nicht einfach. Wenn wir fanden, wo noch ein Zimmer für uns frei gewesen wäre, war es sündhaft teuer – unter umgerechnet 200 Euro ging gar nichts. Wir haben gesucht und gesucht. Kurioserweise war auch alles ausgebucht. Zumindest die Hotels mit Zimmern für 170 Euro. Über 200 Euro hätten wir vielleicht mal eins bekommen.

Da wir aber am nächsten Tag sowieso die Grand Ocean Route fahren wollten, verließen wir Sydney und versuchten, außerhalb was zu finden. Und fanden auch ganz was Tolles, unmittelbar am Pazifischen Ozean, ganz oben auf einem Berg. Natürlich mit Blick auf den Ozean. Ein Zimmer mit einer riesigen Terrasse. Herrlich. Der Besitzer des Hotels war ein Italiener. Wir bestellten Lobster, weil der so schön auf seinem Restaurant-Prospekt abgebildet war, und hauten da richtig rein. Die Übernachtung kostete nur 60 Euro.

Unterhalb von uns lag eine Stadt, die auch wieder mal einen lustigen Namen hatte – Bulli. Das Meer, die Schiffe. Großartig. Ein wunderschöner Abend. Wir saßen noch lang auf unserer Terrasse. Hay? Längst vergessen.

Montag, 2. Februar. Die Aussicht morgens – fast noch schöner als am Vortag. Bald losgefahren. Kamen in eine Gegend, in der alles nur noch grün war. Rinderwirtschaft. Am Meer entlang, durch viel grüne Landschaft gefahren.

Dann kamen wir nach Ulladulla. Eigentlich auch wieder ein lustiger Name, bei dem ich sofort an die Ulla in Austin denken musste. Ulladulla lag auch unmittelbar am Meer. Wieder Meeresfrüchte bestellt. Wieder einmalig gut, aber viel zu viel. Wir mussten eine ganze Menge zurückgehen lassen. Das waren wir von uns gar nicht gewöhnt. Dort fing es ein bisschen an zu tröpfeln. Nach dem Essen ging es weiter durch den Urwald nach Narooma, wo wir ein schönes Hotel fanden. Natürlich wieder eins mit Blick auf den Ozean und auf den Urwald. Die Papageien und andere Vögel, die wir nicht kannten, kamen bis vor unser Fenster.

Dienstag, 3. Februar. Am Ozean entlang weiter in die alte Walfängerstadt Eden. Die kleine Stadt mitten im Ben Boyd National Park trägt ihren Namen zu Recht – Garden Eden, das Paradies. Am Hafen schauten wir den Fischern zu. Fische hatten die, die gibt's gar nicht. Flatheads und Yellowtails. In einem Fischrestaurant aßen wir frische Muscheln und Tiger Prawns, alles vom Feinsten. Auf dem Princess HWY zügig weiter nach Bairndale. Hier übernachteten wir.

Mittwoch, 4. Februar. Richtung Melbourne. In Dandenong gingen wir auf Restaurantsuche. Wir fanden eins, dessen Fassade ein riesiger roter Lobster schmückte. Das machte uns Appetit. Auf der Speisekarte war der Lobster ohne Preisangabe. Als wir bei der Bestellung nach den Preis fragten, haute es uns glatt vom Hocker. Mein Tagebuch vermerkt an dieser Stelle: „Wir hatten aber großen Hunger und die Bedienung war hübsch und nett. So entschlossen wir uns, ausnahmsweise teuer zu essen. Wir aßen Steaks und sie schmeckten hervorragend. Das war wieder mal ein gelungener Abend."

Donnerstag, 5. Februar. Melbourne fing für uns so an, dass wir zum Befahren der Stadt-Highways eine Zwei-Tages-Lizenz kaufen mussten.

Von einem Austin-7-Clubmitglied in Adelaide hatten wir die Telefonnummer des Präsidenten vom Austin-7-Club Melbourne erhalten. Wir kündigten unseren Besuch an und besuchten ihn mittags in seinem Betrieb. Len Kerwood hatte schon von uns gehört und zeigte sich von unserer Unternehmung sehr beeindruckt. Er machte auch sofort Feierabend, um uns mit verschiedenen Clubmitgliedern zusammenzubringen, die alle einen oder mehrere Austins oder sogar Rennwagen besaßen. Anschließend besuchten wir das Clubhaus. Es war fast noch schöner als das in Adelaide. Auch dort gab es ein Ersatzteillager mit alten und neuen Teilen. Es war nahezu alles von A bis Z verfügbar.

Zu unserer Überraschung wurden wir an diesem Abend von einem älteren Clubpärchen zum Dinner eingeladen. Eine Überraschung war es deshalb, weil wir sie ja überhaupt nicht kannten. Sie hatten ein schönes, typisch englisches Häuschen und im Garten warteten schon ein paar deutsch sprechende Herrschaften auf uns. Unsere Gastgeber waren ausgewanderte Engländer, hatten aber in der Nachbarschaft deutsche Freunde und Bekannte, die sie unseretwegen eingeladen hatten.

Philipp und ich hatten in einem Discountladen Schöffelhofer Weizen probiert. Und weil es wirklich gut schmeckte, kauften wir noch ein paar Flaschen und brachten sie als Gastgeschenk mit.

Hatten wir das nicht schon mal? In Hopelchén? Bei den Mennoniten? Wo es deswegen mit der Dame des Hauses beinahe Ärger gegeben hätte?

Schon. Aber diesmal handelte es sich um Schöffelhofer Weizen.

Klingt fast so, als hättest du mit Schöffelhofer Weizen einen Sponsorenvertrag.

Das glaubst du aber nicht im Ernst. Wenn das so wäre, würde ich nicht erst in Teil 3 des Buches damit hausieren gehen. Spaß beiseite: Die Gastgeber hatten ihr Leben lang noch kein Weizenbier getrunken. So entstand die kuriose Situation, dass wir, der Philipp und ich, an diesem Abend Wein tranken und die anderen Weizen.

Schöffelhofer Weizen, sag's nur, und zwar laut und häufig.

Richtig begeistert waren sie davon. Wir erklärten ihnen auch, dass man das Weizenbier bei uns mit Zitrone trinken kann, nicht muss. Schon schleppten sie aus ihrem Garten frische große Zitronen an und schnitten sie in Scheiben. Damit schmeckte ihnen das ...

Nur raus damit!

(laut, die Hände zum Schalltrichter formend) ... SCHÖFFELHOFER WEIZEN gleich noch viel besser!

So war's recht!

Es gab Boeuf Lamotte. Einsame Spitze! Später wurden dann noch Rallyefilme angeschaut. Und noch später, so gegen neun, wollte uns auch noch Austin-Clubpräsident Len Kerwood zu sich nach Hause einladen. Mit Bedauern lehnte ich die freundliche Einladung des Präsidenten ab. Vor lauter Trubel hatten wir uns noch überhaupt nicht um eine Übernachtung gekümmert.

Als er das hörte, meinte er, das mit dem Übernachten sei das geringste Problem. Seine Tochter wäre gerade in Amerika, und zwar für eine ganze Woche. So lange könnten wir ohne weiteres ihre Zimmer bewohnen. Das war natürlich eine gute Nachricht.

Genauso machten wir es auch. Am nächsten Tag lernten wir auch seine Frau kennen, als sie uns das Frühstück zubereitete. Bei dieser Gelegenheit erzählte sie, dass sie erst im vergangenen Jahr mit ihrer Tochter in Deutschland gewesen war und es hätte ihr so was von gut gefallen. Wo sie denn war? Im Süden, sagte sie, in Bayern. In Oberammergau und in der Wieskirche. Ganz in der Nähe sind wir ja zu Hause, sagte ich. Im Nu schleppte sie wertvolle Bildbände von dieser Gegend an. Haben natürlich gleich wieder Gänsehaut gekriegt. Mit ihrer Tochter hatte sie das gemacht.

*So mögen sie es, die Nockers: Mit schönen Frauen am Tisch, die Gläser hoch.
Herbert und Philipp zu Gast bei Austin-7-Präsident Len Kerwood und seiner Frau*

Wenn sie mal wieder nach Deutschland kämen, müssten sie sich unbedingt melden, sagte ich. Ich würde mich ihnen dann gern als Reiseleiter zur Verfügung stellen.

Wenn alle kommen, die du während dieser Reise eingeladen hast, gibt es eine Völkerwanderung.

Freitag, 6. Februar. Frau Kerwood begleitete uns zur S-Bahn und wir besuchten den Victoria Market. Dort kauften wir uns australische Hüte. Danach spazierten wir auch noch ein wenig in der Innenstadt Melbournes herum. Zum ersten Mal sahen wir dabei Aborigines oder Aboriginal People, wie sie auf ihren Didgeridoos spielten.

Abends lud uns Len bei sich zu Hause zu einem typisch australischen BBQ ein. Danach schauten wir uns auch ein paar alte Filme über alte Autos und Rallyes an. Die Vorfahren von Len Kerwood und seiner Frau kamen aus England.

Tagebucheintrag Samstag, 7. Februar. „Sie machten für uns Frühstück, dann gingen wir mit Len und seinem Hund spazieren. Der Weg führte uns zu einem Austin-7-Besitzer, keine 400 Meter von Lens Haus. Auch dieser Austin war wieder technisch sehr gut ausgebaut. Er hatte hydraulische Bremsen und einen Toyota Corolla Bremskraftverstärker. Am Nachmittag fuhren wir zum Clubhaus und kauften auch dort ein paar Ersatzteile, die für den Dixi passten.

Der Motor von unserem BMW hörte sich den ganzen Tag schon komisch an, deshalb schauten wir am Clubhausparkplatz unter die Motorhaube und sahen, dass der Öleinfülldeckel fehlte. Er lag zum Glück in einer Spalte im Motorraum. Draufgeschraubt – und alles war in Ordnung. Wir fuhren dann wieder zum Haus von Len, wo ich den ganzen Abend Postkarten schrieb. Philipp ging mit Grant, dem Sohn von Kerwoods, noch in die Stadt in ein paar Kneipen."

Tagebucheintrag Sonntag, 8. Februar: „Die Kerwoods machten für uns wieder Frühstück und gaben uns noch Obst mit auf den Weg. Len fuhr noch ca. 2 km voraus bis zur Autobahnauffahrt. Die Außentemperatur stieg auf nahezu 40 Grad an. Es ging eine wunderbare Strecke am Ozean entlang, bis zu den zwölf Aposteln. Das sind zwölf Felsbrocken im Meer."

Irgendwo habe ich gelesen, dass einer von ihnen vor kurzem zusammengebrochen ist. Dann wären es jetzt nur noch elf Apostel.

Noch was ist uns da begegnet, was beinahe Unvorstellbares: Fliegen. Niemals habe ich in meinem Leben mehr Fliegen erlebt als dort. Fliegen, Ameisen und das ganze andere Zeug. Fliegen ohne Ende! Tausende! Wenn Leute vor uns hergingen, war ihr Rücken schwarz von Fliegen. Unsere Rücken waren es wahrscheinlich genauso. Warum sich die Fliegen ausgerechnet auf dem Rücken ausbreiteten, weiß ich nicht, Vielleicht war es ihnen auf der Brust nicht sicher genug. Keine Ahnung. So schön, wie sonst alles war, aber die Fliegen waren eine einzige Plage. Trotzdem hatte sich die Fahrt gelohnt, es war ein beeindruckendes Erlebnis.

Unser Tagesziel war Mt. Gambier. Dort drehten wir noch eine kleine Runde. Vergiss Mt. Gambier! Wir aßen Pizza und gingen ins Bett.

Am Tag darauf, am Montag, 9. Februar, beeilten wir uns, um möglichst bald nach Adelaide zu kommen. Schließlich wollten wir dabei sein, wenn unser Auto ausgeladen würde. Wir fanden wieder sofort zu unserem Quartier bei Barb und Ted. In Adelaide kannten wir uns mittlerweile ziemlich gut aus..

Unsere erste Frage nach der Begrüßung: Was gibt's Neues vom Auto?

Sydney Aquarium
Australia

The Golf Ball Motel & The Bunker Restaurant
CNR Arthur & Spring Streets, Moss Vale, NSW. 2577, Australia

Panorama House, Italian 6 Seafood Restaurant
Princes Highway, Bulli Tops, N.S.W.

Integrated Ecovillages, Ecotel Naroma North
3 Young Street, Queanbeyan NSW 2620, Australia

Travelana Motel
49 Main Street, Bairnsdale 3875, Australia

Mulgrave Court Motor Inn
5 – 7 Harcourt Avenue, Mulgrave, Vic. 3170

Cardens Seafood & Steak House
2A Princes Highway, Dandenong

Best Western Red Carpet Motor Inn
96, Jubilee Highway East, Mt Gambier SA 5290

7. Kapitel

Resis Machtwort

Vom Auto gab es nichts Neues. Ted riet uns, den Agenten aufzusuchen und so tigerten wir gleich zu Greg Adam. So hieß der Bursche. Ja, sagte er, den Frachter mit unserem Auto hätte er mittlerweile gefunden. Morgen würde er im Hafen eintreffen. Gerade wollten wir anfangen, uns zu darüber zu freuen, da schob er den zweiten Teil seiner Meldung nach: Das Auto würden frühestens in der nächsten Woche kriegen, voraussichtlich am Mittwoch. Da war unsere Freude wieder dahin.

Aber es kam noch besser. Für die Ausfuhr müssten wir 1.000 australische Dollar (550 Euro) bezahlen. Und Greg Adam war noch nicht am Ende. Ihn selbst müssten wir natürlich auch bezahlen, nämlich umgerechnet schlappe 600 Euro. Dafür, dass er das Schiff gesucht und gefunden hatte.

Für uns war damit der Tag gelaufen. So sauer waren wir nach dieser Ankündigung, dass wir danach einhellig der Meinung waren: Jetzt reicht's. Wir würden das Auto gar nicht erst ausladen lassen. Es sollte im Container bleiben und gleich weiterverschifft werden, nach Sumatra oder nach Singapur oder sonst wohin. Nur weg von hier. Von Australien hatten wir die Nase gestrichen voll. Ein bisschen waren wir hier ja auch herumgekommen. Mehr wollten wir im Augenblick von diesem Land nicht sehen. Aus, Schluss, fertig. Auf jeden Fall wollten wir uns diesen Ausfuhrpreis von 550 Euro sparen. Wir würden eine Nacht darüber schlafen und am nächsten Tag den Greg über unsere Entscheidung informieren.

Niedergeschlagen kehrten wir zu unserem Apartment zurück und riefen in unserer Verzweiflung die Resi an. Ich klärte sie über unsere Situation auf, erzählte ihr die Geschichte mit den 550 Euro für die Ausfuhr und machte deutlich, dass uns jegliche Lust vergangen war – an der Herumreiserei im Allgemeinen und an Australien im Besonderen. Am liebsten, sagte ich zum Abschluss meiner emotionsgeladenen Ansprache, am liebsten würden wir alles hinschmeißen und die ganze Reise abbrechen. Bumm!

Die Resi hatte sich alles geduldig angehört. Jetzt wartete ich darauf, dass von ihr irgendwas kam. Dass sie vielleicht sagte: Endlich habt ihr's kapiert! Oder: Jetzt schaut zu, dass ihr heimkommt, habt genug Geld vergeudet!

Aber die Resi wäre nicht die Resi, wenn sie nicht auch in dieser Situation völlig anders reagiert hätte. Allen Ernstes fragte sie nämlich, ob wir einen Knall hätten: Jetzt, nach allem, was ihr bereits geschafft und hinter euch gebracht habt, jetzt wollt ihr aufgeben? Wegen 550 Euro? Nix da. Ihr zieht die Geschichte weiter durch, und zwar bis zum Ende!

Da half es auch nichts, dass ich noch mal zu jammern anfing, wie groß doch der Ärger sei, den wir hier mit dem Auto hätten und so weiter und so fort. Die Resi blieb dabei. Wir sollten schauen, dass wir die Sache mit dem Auto zu Ende kriegen und auf gar keinen Fall aufgeben. So ist sie, die Resi. Sie hat uns richtig wieder aufgepäppelt. Also beschlossen wir, gute Miene zum bösen Spiel zu machen.

Dazu hatten wir dann auch gleich am nächsten Tag, Dienstag, 10. Februar, Gelegenheit. Denn das Drama ging weiter. Gleich in der Früh erhielten wir einen Anruf von unserem Agenten Greg. Zunächst klang es so, als hätte er eine gute Nachricht für uns. Es war ja auch eine: Wie angekündigt, wäre tatsächlich das Schiff eingetroffen und unser Auto abholbereit. Allerdings, sagte er, würde es da noch ein kleines Problem geben. Ich spitzte die Ohren. Denn wenn im englischsprachigen Raum von einem kleinen Problem die Rede ist, muss man auf das Allerschlimmste gefasst sein. Seit ich das begriffen hab, setzt mich auch die gern gebrauchte Formulierung no problem! in höchste Alarmbereitschaft.

Was Greg an diesem Morgen als *kleines Problem* umschrieb, war, dass noch ein paar Papiere fehlten, vor allem aber ein Stempel auf einer der Rechnungen, die uns in Panama ausgehändigt worden waren. Das war das eine; es klang tatsächlich nicht nach einem allzu großen Problem. Obwohl ich mir nicht vorstellen konnte, welche Papiere gemeint sein sollten. Und das mit dem Stempel war mir völlig unerklärlich. Hatte ich nicht damals in Colón den Vorsteher der Auswanderungsbehörde ausdrücklich und wiederholt gefragt, ob auch wirklich alle Stempel vorhanden wären? Und das andere laut Greg *kleine Problem* war, wir würden der P&O noch die Frachtgebühr schulden. Das war nun wirklich kein Problem, dachte ich. Selbstverständlich waren wir darauf vorbereitet, diese Gebühr hier in Australien zu bezahlen.

Wir fuhren also erst zu Greg und dann, gemeinsam mit ihm, zur Frachtgesellschaft P&O Nedlloyd, um zu erfahren, welche Papiere und welcher Stempel denn noch fehlten; es wäre ihnen doch alles per Post nach Adelaide zugeleitet worden. Also fingen sie noch mal zu suchen an. Oder um es anders zu sagen: Sie taten so. Und fanden demzufolge auch nichts. Allmählich verfestigte sich bei uns der Eindruck, dass sie bei der P&O null Interesse hatten, uns zu helfen. Daraufhin erhöhte ich meine Lautstärke und sagte ihnen, dass ich P&O bislang für eine Weltfirma gehalten hätte. Seit Jahrzehnten wäre ich Kunde bei P&O, aber so einen Zirkus hätte ich noch nie erlebt. Es sei mir schleierhaft, wie es sich eine Weltfirma leisten könne, irgendwelche Sachen einfach verschwinden zu lassen, keine konkreten Auskünfte zu geben. Ein blanke Unverschämtheit sei das. Am liebsten hätte ich sie auch, an den Buchbinder Wanninger denkend, eine dreckerte Saubande geheißen. Daraufhin wurden sie ein bisschen kleiner.

Ich gab ihnen noch die Faxnummer von jener Agentur in Panama und forderte sie auf, mit ihr Konatkt aufzunehmen und dafür zu sorgen, dass die fehlenden Unterlagen mitsamt der Unterschrift dann eben per Fax nachgeliefert werden. Per Fax, fragten sie ganz ungläubig. Das würde ja gar nicht gehen, die Behörden in Australien würden gefaxte Dokumente nicht anerkennen. Weil ich schon mal in Fahrt war, behauptete ich, Faxe würde man auf der ganzen Welt anerkennen. Es müsse einfach gehen. Sie sagten, sie würden es versuchen. Wir sollten uns in ein paar Tagen nochmals melden. Bevor wir wieder von dannen zogen, glaubte ich, noch was Versöhnliches sagen zu müssen und versprach, bei unserem nächsten Besuch ein paar Dosen Bier mitzubringen. Dann fuhren wir ins Apartment und ertränkten unseren Kummer in einer Flasche Wein.

8. Kapitel

Der Zauber von Amelia

Am Freitag, 13. Februar, rief unser Agent Greg Adam an und teilte uns mit, dass nun sämtliche fehlenden Unterlagen inklusive Stempel per Fax eingetroffen wären. Wir sollten zu ihm kommen, die noch offenen Rechnungen begleichen und dann das Auto übernehmen. Weil das für einen Freitag, den 13., nun wirklich keine schlechten Nachrichten waren, schmerzte es uns auch nicht so, dass wir bei ihm eine Menge Geld loswurden: umgerechnet 550 Euro Hafengebühr, 300 Euro für die Entseuchung und 600 Euro für ihn. Dann gingen wir zu P&O, um die Fracht zu bezahlen. In Panama hatten sie uns extra eingeschärft und auch schriftlich vermerkt, dass die Fracht in Australien in US-Dollar zu bezahlen ist. Für diesen Zweck hatten wir in Deutschland eigens Geld eingetauscht und den Betrag auch bei der Einreise deklariert.

Als wir denen bei P&O aber unsere US-Dollar auf den Tisch blätterten, winkten sie angewidert ab; sie würden nur australische Dollar nehmen. Da zogen wir das Schreiben raus, auf dem ausdrücklich stand: nur in US-Dollar bezahlbar – es beeindruckte sie nicht. Sie wollten australische Dollar, nichts anderes. Es half nichts, wir mussten das Geld auf einer Bank wieder umtauschen.

Das war aber nicht alles. Weil zwischenzeitlich der Dollarkurs gefallen war, mussten wir auch für die Fracht deutlich mehr bezahlen als im Vertrag stand. 2.040 US-Dollar statt 1.850 US-Dollar. Dazu die Umtauschgebühren von zusammengerechnet 225 Euro. Nein, der Freitag, der 13., schien doch nicht unser Glückstag zu sein.

Zu guter Letzt präsentierten sie uns bei P&O noch mal eine Rechnung über 283 Dollar. Hafengebühr. Moment mal, dachten wir, hatten wir nicht die Hafengebühr soeben bei unserem Agenten bezahlt? Das kann schon sein, sagten sie. Die 283 Dollar wären eben neu aufgelaufen. Zähneknirschend zahlten wir auch das. Irgendwo war's uns mittlerweile auch egal.

Trotzdem waren wir guter Dinge. Wir waren im Besitz aller Papiere, aller Unterschriften, aller Stempel, hatten alle unsere Rechnungen bezahlt und waren somit sicher, unseren Dixi endlich zurückzubekommen.

Von wegen. Vor Mittwoch nächster Woche würde da gar nichts gehen. Das Auto müsste erst noch von Zoll und Quarantäne untersucht werden. Jetzt waren wir allerdings fix und fertig. Unser Auto stand nur ein paar hundert Meter weit weg. Und wir kriegten es einfach nicht. Okay, Freitag, der dreizehnte. Was wollte man von so einem Tag auch mehr erwarten?

Abends um sieben gingen wir wieder ins Clubhaus und besorgten uns auf den Rat eines Clubmitglieds hin einen Vierblattpropeller für den Kühler. Der wäre für unsere Tour zum Ayers Rock besser geeignet als der zweiblättrige in unserem Dixi, einem Original-Bauteil. Überhaupt bekamen wir an diesem Tag noch etliche Ratschläge für diese Tour. Richtig wohltuend, wie sich die Clubmitglieder um uns sorgten und uns bemutterten. Zuweilen hatte ich sogar den Eindruck, wir würden ihnen Leid tun. Beneidet wurden wir von keinem. Sie sprachen uns alle Mut zu und meinten: Ihr kriegt das schon hin!

Eine Kaffeefahrt war der Ritt zum Ayers Rock demnach nicht.

Zunächst aber bereiteten wir uns auf ein völlig anderes Ereignis vor. Ich habe bereits erwähnt, dass Amelia, die Tochter von Barb und Ted, ein Jahr zuvor verstorben war. Da sich am Sonntag, dem 15. Februar, der Todestag zum ersten Mal jährte, hatten Barb und Ted Freunde und Bekannte zu einer Gedenkfeier am Friedhof eingeladen. Auch wir sollten dabei nicht fehlen.

Nun wussten wir nicht recht, wie wir damit umgehen sollten. Trauerkleidung, wenn sie denn überhaupt angebracht war, hatten wir natürlich nicht dabei. Aber wir zogen unsere besten Sachen an und besorgten Blumen.

Auf unserem gemeinsamen Gang zum Friedhof sahen wir, dass viele der Trauergäste mit ihren Oldtimern vorfuhren. Trauergäste? Nein, so konnte man sie gewiss nicht nennen. Weder sahen sie so aus, noch waren sie es, die Menschen, die sich nach und nach am Grab von Amelia versammelten. Es herrschte dort eine ungezwungene, ja beinahe heitere Atmosphäre. Von Trauer keine Spur. Man kannte sich, man redete und lachte miteinander. Viele junge Menschen waren dabei; wahrscheinlich frühere Wegbegleiter von Amelia.

Es waren die Freunde des Hauses zusammengekommen, um sich an Amelia zu erinnern und ihre Eltern fröhlich zu stimmen. Nicht aber, um zu trauern.

Philipp und ich waren die einzigen mit Blumen. Für uns war es fast ein Schock zu sehen, was die andern dabei hatten: lauter Krimskrams eigentlich. Vom Plastikspielzeug über künstliche Girlanden bis hin zum Windrädchen war alles dabei, was bei uns daheim unter der Rubrik Kitsch läuft.

Dann lief ein für unsere Augen ungewöhnliches Schauspiel ab. Es begann damit, dass Barb jedem der vielleicht 30 Anwesenden ein kleines Fläschchen in die Hand drückte. Auch uns. Wir wussten damit zunächst nichts anzufangen. Dann sahen wir, wie die andern das Fläschchen aufschraubten und sich auf einmal unzählige Seifenblasen aufs Grab senkten. So traten auch wir ans Grab und pusteten Seifenblasen.

Also das war schon sehr komisch für uns.

Fast noch komischer war, als sie danach ihren mitgebrachten Krimskrams am Grab niederlegten. Am Ende war es von lauter Plastikpuppen, Plastikschweinchen, Windrädchen zugedeckt.

Und schließlich gab sich auch noch das regionale Fernsehen ein Stelldichein. Klar, die vielen Oldtimer gaben ein gutes Bild ab. Auch wir kamen wieder mal groß raus. Es war kolportiert worden, dass wir extra wegen dieser Gedenkfeier aus Europa angereist wären. Abends konnten wir uns den Beitrag im Fernsehen anschauen.

Zur Erinnerung an dieses für uns außergewöhnliche Ereignis habe ich in mein Devotionalien-Buch die kleine schmale Karte eingeklebt, die Barb und Ted zum Gedenken an Amelia am Friedhof verteilt hatten. Weil mir der Text so gut gefällt, soll er auch in diesem Buch nicht fehlen. Ich habe nicht den Versuch

gemacht, ihn ins Deutsche zu übertragen. Ich fürchtete, er würde, zumal von mir übersetzt, von seinem Zauber verlieren.

Amelia (1978 – 2003)

When I come to end of the road
And the sun has set for me
I want no rites in a gloom filled room
Why cry for a soul set free

Miss me a little – but not too long
And not with your head bowed low
Remember the love that we once shared
Miss me but let me go

For this is a journey that we all must take
And each must go alone
It's all part of the master plan
A step on the road to home

When you are lonely & sick of heart
Go to the friends we know
And lose your sorrows in doing good deeds

Please – just miss me, but let me go!

9. Kapitel

Das Wiedersehen

Am Montag, 16. Februar, holten wir vormittags unseren Agenten Greg ab und fuhren mit ihm zum Zollamt. Dort bekamen wir es mit einer Zollbeamtin zu tun, die uns in den Hafen begleitete, was den Vorteil hatte, dass wir uns frei im Gelände bewegen konnten. Vor allem kamen wir auf diese Weise durch eine automatische Sperre, durch die wir sonst nicht gekommen wären, für uns aber außerordentlich wichtig war. Denn nur so gelangten wir an den Platz, auf dem wir endlich das sehen konnten, wonach insbesondere ich mich schon seit Wochen gesehnt hatte: unser Auto.

Erst nur von weitem. Unser armes kleines Autole. Es war schon aus dem Container ausgeladen. Beinahe Mitleid konnte man mit ihm bekommen, wie es so dastand, ganz einsam und verlassen, und sichtlich traurig war. Als es uns bemerkte, setzte es dazu noch eine beleidigte Miene auf wie ein marokkanischer Esel, um den sich keiner kümmert.

Na, na.

Das änderte sich erst, als wir bei ihm waren. Da schien auf einmal Leben in den Dixi zu kommen, er zitterte geradezu vor Wiedersehensfreude. Ich musste mich schon arg zurück-

Herbert N., die Zollfrau und Agent Greg Adam (v.l.)

halten, um ihn nicht auch noch in Gegenwart der Zollfrau zu streicheln. Wer weiß, was die über mich gedacht hätte.

Wir schauten es uns auch gleich genauer an; es war unversehrt. Dagegen stand gleich hinter unserem Dixi ein uralter Rolls Royce mit einem Heckschaden. Offensichtlich war er nicht fachgerecht verzurrt worden, hatte sich im Container losgerissen und ist dann drinnen unsanft hin- und hergestossen worden. Das war jener Rolls Royce, der in Santiago de Chile zugeladen worden war.

Was mich an unserem Dixi ein wenig betrübte, war, dass man ihn gewaschen hatte. Ich hatte ja gewollt, dass er den Staub von Nevada und den Bergen der mexikanischen Sierra Madre und von überall nach Rottenbuch mitbringt. Aus Gründen der Authentizität. Andererseits konnte man so erkennen, dass er vom Transport keinerlei Blessuren davongetragen hatte.

Der Zollbeamtin, die uns begleitete, händigte ich unser Einfuhr-Carnet aus, mehr wollte sie nicht von uns, und wir fuhren gemeinsam zum Zollgebäude zurück. Dort dankten wir der Zollfrau, die uns zur Fortsetzung der Prozedur an einen Kollegen weiterreichte. Er gefiel mir vom ersten Augenblick an nicht. Und er gefiel mir noch viel weniger, als er uns eröffnete, dass wir erstens das Auto aus irgendwelchen Gründen erst am Mittwoch bekommen würden und zweitens noch eine Gebühr von 160 Dollar zu bezahlen hätten.

Ich fühlte, wie ich innerlich zu beben begann und meine Sicherungen aufs Allerhöchste beansprucht wurden. Mühsam presste ich hervor: Was für eine Gebühr denn, Himmelherrgottsakrament, für welchen Scheißdreck diesmal? Ich sprach deutsch mit ihm, aber ich denke, er verstand mich.

Er tat so, als würde er nicht merken, dass ich drauf und dran war, ihm an die Gurgel zu gehen. Betont gelassen erklärte er, das sei die Gebühr für die Unterbringung des Autos. Schließlich sei das Auto übers Wochenende drei Tage lang in einem Container gestanden. Das empfand ich als glatte Unverschämtheit. Sollte ich ihm klarmachen, dass wir am Dienstag verständigt worden waren, unser Auto wäre in drei Tagen, also am Freitag, abholbereit, wir selbstverständlich am Freitag hier waren, um es zu übernehmen, man uns aber hier erklärt hatte, dass wir das Auto doch erst am Montag bekommen würden?

Nein, das konnte ich nicht. Nicht nur, weil ich zu zornig war. Ich war auch verzweifelt und fühlte mich am Ende meiner Kräfte. Wie ich so hilflos dastand und nicht weiter wusste, geschah etwas Merkwürdiges. Ohne, dass ich es eigentlich wollte, lief in meinem Kopf gleichsam im Zeitraffer ein Film ab. Der Film von unserer Reise. Und ich erlebte noch einmal, was in diesen vier Monaten alles passiert war und welchen Menschen wir begegnet waren.

Zum Beispiel?

Ich hörte zum Beispiel die Marion im Flughafen von Baltimore sagen: Mit einem BMW Dixi Jahrgang 1928 wollt ihr durch die USA? Das ist ja köstlich! Und ich sah, wie sie eine halbe Stunde später von ihrem Mann Dave in die Arme genommen wird.

Oder ich sah:

– Philipp in einer Bar, wie er seinen Pass hervorkramt, um an sein Bier zu bekommen. Und uns beide, wie wir im Seeaquarium von Baltimore herumstapfen und den Haien zuschauen.

– die verwahrlost wirkende alte Frau an diesem verlassenen Campingplatz, die dann aber Rouge auflegt und sich, weil sie uns zum Tee eingeladen hat, beinah in eine junge Frau verwandelt.

– Philipp, wie er am Dixi-Dach noch selig am Schlafen ist, während Wildbäche unser Auto wegzureißen drohen.

– das Blechschild mit dem Wappen vom Erdinger Weißbier im Edelweiß German Restaurant.

– wie wir mit unserem notreparierten Dixi eine lange Steigung hochkeuchen, an der er am Tag zuvor einen Schwächeanfall hatte, Angst haben, dass er's diesmal vielleicht nicht schafft und oben, nachdem er's geschafft hat, vor Freude unsere Hände aufeinander klatschen.

Ich glaube, das genügt erst einmal.

Na, gut. Dann sah ich aber auch noch
– den Werkstattchef, der mir eine halbe Stunde lang zuschaut, wie ich mich erfolglos am Motor herumquäle, und dann seelenruhig verkündet: Wenn Sie es wissen wollen, ich kann Ihnen schon sagen, warum der Motor nicht richtig läuft.
– Hugh Thomas, den Mann mit der alten BMW, wie er auf einem Parkplatz in Nashville seine Maschine hochbockt, auf uns zugeht und Philipp und mich wie alte Freunde umarmt.
– die lustigen Weiber auf dem Campingplatz, die uns zum Fischessen einladen.
– das Opossum, wie es uns mitten in der Nacht in Terry Saythers Abstellkammer aus dem Schlaf reißt und fast zu Tode erschreckt.
– Debbie und Ulla, wie sie den Terry trösten, weil er in einem Rennen soeben den Kürzeren gezogen hat.
– die beiden Freiburger und ihr famoses Village Steak House.
– die Ulla, wie sie aus dem Schuhkarton Fotos aus der Schongauer Zeit hervorkramt.
– mich selbst, wie ich bei der Preisverleihung des BMW Car Club of America dastehe und mich vor der Abendgesellschaft lange und tief verbeuge, nur um meine Tränen zu verbergen.
– wie ich mit Earl, dem Indianer, Marihuana rauche und in der Ferne den Santa Fe Express vorbeifahren höre.
– Tom, meinen früheren Nachbarn, wie er nach der langen Fahrt aus Kanada vor Kälte schlotternd vor unserer Tür steht.
– Jim Proffit, wie ihm vor Erstaunen über die unerwartete Begegnung mit mir der Mund offen stehen bleibt.
– uns, wie wir drei – Philipp, Dixi und ich – uns mitten in der Nacht todmüde über die schrecklichen Berge der Sierra Madre quälen.
– den damaligen Bundespräsidenten Johannes Rau, wie er mir, dem Herbert Nocker aus Rottenbuch, in Teotihuacán von seinem Wagen herunter zuwinkt.
– Hopelchén, diese kleine Stadt in Yukatan, die mir wie keine andere ans Herz gewachsen ist.
Und so weiter und so fort. Du kannst hier unmöglich noch mal das ganze Buch nacherzählen. Wo kämen wir da hin? So, wie du das erzählst, müssen in der Zwischenzeit ja Stunden vergangen sein.
Stunden nicht, aber eine Minute hat es bestimmt gedauert, bis ich wieder aus meiner Trance erwachte. Ich blickte mich um. Sah meinen Sohn Philipp an einem Tresen stehen. Dahinter wartete ein Beamter. Wir waren in einer Zollbehörde. Er wollte Geld von uns. Das alles auf der entgegengesetzten Seite des Erdballs, down under. Wir waren aber weder down noch under, wir waren im Gegenteil nach unserer unendlich langen Reise gesund und eigentlich auch munter. Uns ging es gut. Verdammt gut sogar.
Und da wollte dieser Typ hinter dem Tresen ein paar Dollar von uns? Lächerlich. Auf einmal fühlte ich mich unendlich stark und frei und glücklich. Und ich sagte zu mir: Horch, Herbert Nocker, das Leben ist so was von schön! Scheiß auf die Dollars! Leg sie ihm auf den Tresen, nimm deinen Sohn und verduftet!

10. Kapitel

Tag der Entscheidung

Der Mittwoch, 18. Februar, war für uns der entscheidende Tag. An ihm sollten wir endlich unser Auto zurückbekommen.

Schon kurz nach neun fuhren wir mit unserem Agenten zum Zollamt, wo noch ein Dokument abgestempelt werden musste, und danach zum Port. Der Dixi stand immer noch an der gleichen Stelle, machte aber keinen beleidigten Eindruck mehr und sah, im Gegenteil, lustig aus wie eh und eh. Alles war wieder gut. In wenigen Minuten würden wir uns hineinsetzen und losfahren.

Allerdings warteten vor dem Auto schon zwei Typen. Sie gaben sich als Mitarbeiter der Quarantäne zu erkennen. Ein Älterer und ein Jüngerer. Sie müssten das Auto, bevor es auf die Straße kommt, noch mal genau durchchecken. Mir schwante nichts Gutes.

Nachdem sie eine Zeitlang im Auto herumgekramt hatten, entdeckten sie den Zedernholzstecken von Earl dem Indianer und wollten wissen, was das sei. Das ist mein Wanderstecken, sagte ich.

Den Wanderstecken, sagten sie, könnten sie leider nicht freigeben. Er könnte verseucht sein, und sie müssten ihn in jedem Fall behalten. Ansonsten aber wäre am Auto alles okay.

Die beiden Männer von der Quarantäne und Philipp Nocker, Earls Zedernholzstecken fest umklammernd

Dieser Wanderstecken, sagte ich darauf, wäre mein wichtigstes Souvenir von der ganzen Reise, gerade ihn würde ich um keinen Preis hergeben. Er wäre aus Texas, ein echter Indianer, der auch mein Freund ist, habe ihn für mich geschnitzt. Dieser Stecken sei mir geradezu heilig. Beinahe hätte ich dazu noch ein paar Tränen vergossen, nur um mich nicht vom Stecken trennen zu müssen.

Da bekamen sie Mitleid mit mir und stellten mich vor folgende Alternative: Entweder sie entseuchen den Stecken. Dauert zwei Tage und kostet 30 Dollar. Oder sie vernichten den Stecken. Das geht sofort und kostet nichts.

Einerseits fand ich bemerkenswert, dass in Australien auch mal etwas nichts kostet, andererseits hatte ich nicht geringste Lust, den Stecken für teures Geld entseuchen zu lassen. Eine Wahl wie zwischen Pest und Cholera. Also machten sie mir einen neuen Vorschlag. Sie könnten den Stecken auch gleich an Ort und Stelle in einen Spezialofen mit 220 Grad entseuchen. Würde umgerechnet 60 Dollar kosten.

Aber auch mit diesem Vorschlag war ich nicht vollends zufrieden.

Weil der ältere von den beiden mir wohl ansah, wie viel mir am Stecken lag, machte er einen völlig neuen Vorschlag. Wenn wir vor seinen Augen die Rinde wegkratzen würden und er danach keine Bakterien finden würde, könnte ich den Stecken in Gottes Namen behalten. Kostenlos.

Also schabten wir wie die Verrückten mit einem Messer den Stecken blank, bis uns die Hände wehtaten. Der Quarantänemann überprüfte ihn noch mal und überließ ihn mir schließlich. Wir bedankten uns artig.

Jetzt endlich durften wir an unser Auto. Wir starteten den Motor. Er sprang problemlos an. Dann fuhren wir aus dem Zollhafen hinaus, um als nächste und vielleicht letzte Station die Zulassungsstelle aufzusuchen. Sämtliche Papiere waren bereits ausgefüllt; unser Agent Greg hatte sie uns zuvor beschaffen können. Jetzt konnte eigentlich nichts mehr schiefgehen.

Als gutes Omen wertete ich auch, dass uns im Zulassungsamt eine junge hübsche Frau bediente. In Nullkommanix konnte sie mir die Lizenz zum Fahren aushändigen. Danach begleitete sie uns zum Parkplatz, wo unser Auto stand, um zu überprüfen, ob die Nummern übereinstimmten und sonst alles in Ordnung war. Als das erledigt war und sie wieder auf dem Weg zurück war, kam ihre Vorgesetzte des Wegs. Sie hätte so viel von diesem Auto gehört und wollte es sich einfach auch mal anschauen. Rein interessehalber. Sie schaute auch alles an und ich ließ sie sogar im Auto Platz nehmen. Richtig begeistert war sie. So ein Auto hatte sie noch nie gesehen. Sie dankte, verabschiedete sich, wünschte uns noch eine gute Reise und ging wieder dahin, wo sie hergekommen war. Wir wollten gerade durchatmen, da blieb sie plötzlich stehen, schien unschlüssig zu sein und kam wieder auf uns zu. Mit besorgter Miene, wie mir schien.

„Sagen Sie, Ihr Auto, das ist doch ein Linkslenker?"

„Ja natürlich ist unser Auto ein Linkslenker", antwortete ich. Es klang fast anzüglich. Und was, bitte, wäre das Problem?.

„Das Problem ist, dass Sie mit diesem Auto nicht fahren dürfen. Zumindest nicht auf öffentlichen Straßen."

Da verschlug es mir die Sprache. Ich warf dem Philipp einen Blick zu. Der hob nur die Schultern.

„Das gibt's doch nicht", brachte ich endlich hervor und bemühte mich, meine Wut im Zaum zu halten. „Es kann doch nicht sein, dass hier schon wieder was nicht geht! Was ist das für ein Land?"

Ich war kurz davor, aus dem Häuschen zu geraten. Aus lauter Wut hatte ich Lust, die Fahrlizenz, die ich immer noch in den Händen hielt, vor ihren Augen in Fetzen zu zerreißen. Oder über die alte Knaddel herzufallen. Oder beides. Keinesfalls wollte ich mich wie gestern im Zollamt schon wieder in Selbstsuggestion üben und mich damit trösten, dass das Leben schön ist.

Was zum Teufel sollte daran schön sein? Beschissen war es!

Sie schien zu merken, dass sie mit dieser Linkslenkergeschichte keine allzu große Freude bei mir ausgelöst hatte und stimmte versöhnlichere Töne an. Vielleicht auch, weil sie das Schlimmste befürchten musste. Also schlug sie vor, wir sollten zum Gebäude des australischen Autoclubs rübergehen. Das wäre nicht weit von hier. Dort würden wir einen Aufkleber bekommen mit einer Warnung für die anderen Verkehrsteilnehmer. Den sollten wir ans Heck kleben und der Fall wäre damit erledigt. Versprochen?

Versprochen. Also besorgten wir den Aufkleber: Vorsicht, vor dir fährt ein linksgelenktes Auto!, fragte mich aber schon, wie man sich als Autofahrer richtig verhält, wenn tatsächlich mal ein Linkslenker vor einem herfährt.

Als wir den ominösen Linkslenkerwarnungsaufkleber zu seiner ganzen Größe entfalteten, stellte sich heraus, dass er wohl eher für große Wohnmobile oder Lastwagen gedacht war. Keinesfalls aber einen Winzling von Auto, wie es unser Dixi war. Um aber gegenüber dieser Frau nicht wortbrüchig zu werden, befestigten wir das Riesending notdürftig hinten am Auto und machten uns aus dem Staub. Ein paar Kilometer weiter rissen wir das Ding wieder runter und brachten stattdessen ein kleines Schild an, das wir selbst anfertigten.

Für uns war die Sache damit erledigt. Australien, auch dich werden wir schaffen!

Dann suchten wir noch die Werkstatt des Clubmitglieds Ian Brock auf. Er hatte uns angeboten, bei Bedarf seine Werkstatt benützen zu dürfen. Bevor wir Richtung Ayers Rock aufbrachen, sollte das Auto absolut fit sein.

Insbesondere musste der vierblättrige Propeller montiert werden. Da er Zollgewinde hatte, musste ich ihm erst auf einer Drehbank metrische Maße verpassen. Und weil uns auch eine Grube zur Verfügung stand, konnten wir auch noch ein paar andere Kleinigkeiten erledigen, zum Beispiel die Bremsen nachstellen. Wir arbeiteten bis neun Uhr und fuhren mit unserem Siebener zum Apartment zurück.

Als wir dann am nächsten Tag das Auto bei Ian Brock abholen wollten, war das Fernsehen da und die Adelaider Zeitung. Sie baten mich, mit dem Dixi Fahrvorführungen zu machen und ich musste die Straße mehrmals rauf- und runterfahren, Interviews geben und für den Fotografen posieren. Weil er einen so einprägsamen Namen hatte, weiß ich ihn auch heute noch. Er hieß Dean Martin. Der Film wurde abends um sechs auf Canal 10 gezeigt. Er dauerte 35 Minuten.

Zuvor hatten wir Michael McMichael den Siebener zurückgebracht, der uns so wertvolle Dienste geleistet hatte, und ihm bei dieser Gelegenheit auch unseren Dixi vorgeführt. Er war ganz beigeistert. Als wir ihm den Mietpreis für das Auto bezahlen wollten, winkte er ab.

11. Kapitel

Einmal Uluru und zurück

Am Samstag, 21. Februar, machten wir uns gleich in der Früh reisefertig, wir wollten zum Ayers Rock starten. Wir wollten. Aber daraus wurde erst mal nichts. Weil sie alle angerückt kamen: die Leute vom Austin 7 Club, aber auch eine überrschend große Menge wildfremder Menschen. Neugierige, die offenbar von der gestrigen Fernsehsendung angelockt worden waren. Oder vom Artikel, der an diesem Tag in der Adelaider Zeitung erschien – über uns und unseren *funny little old car*. Überschrift: *German father and son on the journey of a Lifetime*. Wir zwei auf der Reise unseres Lebens. Schön gesagt. Genau das war es ja auch.

Es war ein richtig schönes Abschiedsfest. Sogar der Bürgermeister von Adelaide, erfuhren wir, wäre gern dabei gewesen, wenn diese beiden Deutschen mit ihrem lustigen kleinen alten Auto zum Ayers Rock aufbrechen. Leider war ihm ein Termin dazwischengekommen.

Und als wir dann wirklich starten wollten und noch schnell den Wein hinunterschütteten, den Barb und Rix allen Anwesenden gereicht hatten, fing es doch tatsächlich zu regnen an, und auch gleich richtig stark. Aber das war gut so. Erstens für uns ein guter Grund, ins Auto zu steigen und uns endlich vom Acker zu machen. Zweitens kühlte es dadurch angenehm ab, nachdem wir die ganze Woche unter Temperaturen von bis zu 45 Grad gelitten hatten. Und als wir dann endlich losfuhren, wurden wir von einem Tross von Oldtimern bis zum Highway A1 begleitet. So was hatten wir noch nicht erlebt. Schön war's.

Abends erreichten wir Port Augusta.

Am Sonntag, 22. Februar, ging es weiter Richtung Glendambo, auf einer gut ausgebauten Straße, an deren Straßenrand unzählige Känguruhgerippe lagen. Auch zwei tote Kühe säumten den Weg. Die Vegetation wechselte ständig, irgendwann kamen wir an den berühmten Salzseen vorbei. Links am Ortsrand erwartet einen in Glendambo ein Schild: *Welcome to Glendambo. Elevation 150 m, Population, Sheep: 22.500, Population Flies: 2.000.000 (approx), Humans: 30.*

Viel mehr, glaube ich, gibt es zu Glendambo auch nicht zu sagen. Ein hübsches Windrad konnte man dort fotografieren, man musste es aber nicht. Und das mit den zwei Millionen Fliegen kann nicht ganz stimmen. Wir haben weitaus mehr

Heftig umschwärmt – Herbert und Philipp N. im Outback am Frühstückstisch

David und Goliath: Wie ein Spielzeug wirkt der Dixi neben dem gigantischen australischen Roadtrain ...

... wobei es sich unterm Dixi-Dachzelt sicher besser ruhen lässt als im Fahrerhaus des Trucks

gezählt. Wir übernachteten auf einem Campingplatz, wie immer auf unserem Auto. In der Nacht zum Montag war es so stürmisch, dass wir kaum ein Auge zumachten. Kaum waren wir auf, waren auch die doofen Fliegen wieder da und schwirrten uns im Gesicht herum. Richtung Ayers Rock sollte es mit ihnen noch schlimmer werden.

Bei der Weiterfahrt kamen wir auch am englischen Atomraketentestgebiet vorbei; die Betonung liegt auf „vorbei". Denn die vielen Kindergräber wollten wir nicht unbedingt ansehen. Abertausende Aboriginals sind hier willkürlich umgebracht worden.

Am Spätnachmittag tauchten links und rechts vom Stuart Hwy unzählige merkwürdige weiße Hügel auf und wir wussten, dass wir nach Coober Pedy kommen. Die weißen Hügel sind kegelförmige Abraumhalden. Coober Pedy hat zwar einen schönen Namen, dürfte aber der mit Abstand seltsamste Ort Australiens sein. In jedem Fall ist es die Opal-Hauptstadt Australiens, wenn nicht sogar der Welt. Alles ist dort aus Stein und Erde. Kein Gras, keine Bäume, kein Wasser. Kein wirklich liebenswerter Ort. Er liegt direkt am Stuart Hwy zwischen Alice Springs und Adelaide, 850 Kilometer von Adelaide weg. Diesem Umstand verdankt der Ort auch einen immerwährenden Besucherstrom. Doch keiner bleibt hier freiwillig länger als zwei Tage.

Coober Pedy, die Opal-Hauptstadt Australiens und sicherlich eine der merkwürdigsten Städte auf der ganzen Welt

Der Überlieferung nach schlugen hier im Jahr 1915 vier Männer, darunter ein Vierzehnjähriger namens William Hutchinson, ein Camp auf, um nach Gold zu buddeln. Was sie fanden, war ein Stückchen Opal, William soll es entdeckt haben. Und nach diesem Edelstein suchen sie in und um Coober Pedy noch heute.

Den eigentümlichen Namen Coober Pedy erhielt der Ort 1920 von den Ureinwohnern. In ihrer Sprache bedeutet *kupa piti* „weißer Mann im Loch". Das hat seinen Grund, denn von den 3.500 Menschen aus 45 Nationen, die an diesem merkwürdigen Platz leben, wohnt fast die Hälfte unter der Erdoberfläche! 60 Prozent der Einwohner sind Europäer, die nach dem 2. Weltkrieg nach Australien ausgewandert sind und ihr Glück auf den Opalfeldern suchten. Manche suchen es noch immer. Dass sich das Leben hauptsächlich unter der Erdoberfläche abspielt, hat nicht nur mit der tagtäglichen Suche nach dem Edelstein zu tun, sondern auch mit den Oberflächentemperaturen des Erdbodens. 60 Grad Celsius, Staubstürme und eiskalte Nächte sind besser unter der Erde zu ertragen. Deshalb werden die alten Minenschächte zu Wohnungen umfunktioniert, den so genannten „Dugouts".

Auch wir suchten in Coober Pedy etwas, nämlich den weltweit einzigen unterirdischen Zeltplatz. Weil man darin auch wirklich nur in Zelten übernachtet, durfte unser Dixi leider nicht in die Mine rein. Schade, denn dort wären wir vor den Fliegen sicher gewesen. In der Dämmerung ging ich noch im Outback spazieren und fand einen sehr schönen Schafbockkopf. Das wirklich Schlimme waren die Millionen von Eintagsfliegen. Gut, dass sie in der Nacht verschwanden und erst am Morgen wieder auftauchten.

Dienstag. 24. Februar. Aus dem Auto sah ich, wie uns ein alter Mann mit einer Schaufel zuwinkte. Also hielt ich an, ging zu ihm hin und sprach ihn auf Englisch an. Da sagte er: Mit mir können Sie ruhig deutsch reden. War das einer, der 1976 von Chemnitz nach Australien ausgewandert ist. Er lebte allein, seine Frau hatte ihm einer ausgespannt. Schon seit sechs Jahren würde er nicht mehr richtig arbeiten. Musste er auch nicht, denn wenn es stimmte, was er uns

On the road liegt nicht nur ein Herbert N. herum, sondern manchmal auch ein verwitterter Kängurukopf. Mit ihm lässt sich die Motorhaube vortrefflich schmücken

erzählte, war er der reichste Mann in ganz Coober Pedy. Sogar einen eigenen Flugplatz besaß er; wir durften ihn auch sehen. Er war gerade dabei, was Neues zu machen und fing an, Wein anzubauen. Weil der Philipp Maschinenbauer ist, wollte er ihn gleich dabehalten. Sie bräuchten Leute, und man würde hier auch gut verdienen. Trotzdem wollte der Philipp nicht dableiben. Nicht länger als zwei Stunden. Schon wegen der vielen Fliegen. Zum Abschied schenkte er uns einen weißen Opal.

Von Coober Pedy waren es 250 Kilometer nach Marla. Dort war nicht nur ein Campingplatz. Dort waren auch wieder die Fliegen. Wir flüchteten vor ihnen in das nächste Restaurant. Während wir aßen, wurde unser Auto von zahlreichen Aboriginal People und ein paar Weißen bestaunt. Hier bekamen wir auch was vom Elend der Aboriginal People mit. Ein ganz besonders trauriges Kapitel. Es gibt wohl kaum ein heikleres und sensibleres Thema für Australier als das Verhältnis zu ihren Ureinwohnern.

Bei der Besiedlung wurde Australien als Niemandsland gesehen. 1836 wurde den nomadisierenden Aboriginal People die Fähigkeit zur organisierten Landnutzung (auch die Tatsache, dass sie das Land wirklich genutzt haben) abgesprochen. Die Landrechte der Ureinwohner wurden für nichtig erklärt. Aboriginal People wurden als zum Aussterben verurteilte Rasse primitiver Nomaden gesehen, deklariert und so behandelt. Die Ureinwohner wurden aus ihren Siedlungsgebieten vertrieben. Die Europäer gingen teilweise mit äußerster Härte vor. Aboriginal People wurden gejagt, vergiftet und erschossen. (aus dem Internet)

Känguru, Dixi, Ayers Rock – mit einem schöneren Bild kann so ein Buch eigentlich gar nicht enden....

Am Mittwoch, 25. Februar, kamen wir nach Mt. Ebenezer und ließen uns auf dem Campingplatz vom Mt. Ebenezer Road House nieder. Gleich gegenüber schliefen auf einem Parkplatz die *Aboriginal People* mit ihren Kindern – ein deprimierender Anblick.

Als wir am Donnerstag, 26. Februar, weiterfuhren, waren wir von unserem Ziel, dem Ayers Rock, nur noch 250 Kilometer entfernt. Erst dachten wir, der Mt. Conner wäre der Ayers Rock, weil er ihm von weitem so ähnlich sah. Von da aus waren es dann nur noch 70 Kilometer.

Und schließlich, nach ungefähr 1.700 Kilometern, waren wir am Ziel, im Uluru-Kata Tjuta National Park. Auf der Eintrittskarte, die man für 16 Dollar lösen muss, steht: *Welcome to Aboriginal Land. It is requested that you respect the wishes of Anangu by not climbing Uluru.*

Der Ayers Rock – oder Uluru, wie er zumindest in Australien eigentlich nur noch genannt wird – ist der zweitgrößte Monolith der Erde. Der größte liegt ebenfalls in Australien: der Mt. Augustus in West-Australien. Der Uluru ist aus Arkosesandstein und hat einen Umfang von 9,4 Kilometern. Er ist 2,4 Kilometer breit, 3,6 Kilometer lang und 348 Meter hoch (867 Meter über dem Meeresspiegel). Er ist 600 Millionen Jahre alt.

Am Uluru (Ayers Rock) und an der benachbarten Felsengruppe Kata Tjuta (Olgas) sind der Sonnenauf- und untergang ein Naturschauspiel, das man täglich bewundern kann. Dabei zeigen sich die Berge durch den wechselnden Licht-Einfall auf die Eisenoxydverbindungen in den verschiedensten Rottönen. Wenn die Attraktion ausnahmsweise einmal wegen Regenwetters ausfällt, was selten genug der Fall ist, erwartet einen der Anblick eines dunkelroten Uluru, von dem für wenige Stunden Wasserkaskaden herabstürzen.

Am ersten Abend umrundeten wir den Uluru mit dem Auto. Der Philipp wollte auch unbedingt hinaufklettern, es war aber laut Hinweisschild bei Strafe verboten. Für Ureinwohner ist der Uluru ein heiliger Berg. Dann erfuhren wir aber, dass man ohne weiteres hoch kann. Das schreiben halt die Aborigines hin, aber keiner kümmert sich darum.

Das Erklimmen des Uluru ist sehr umstritten. Er gilt ebenso wie der Kata Tjuta bei den Aboriginal People als besonders heiliger Platz. An beiden Felsmassiven finden sich Höhlenzeichnungen von Mensch und Tier, ausgefallene Felsformen und rituelle Wasserplätze, die ganzjährig Wasser haben. Den Uluru zu besteigen, verstößt gegen den Glauben der Ureinwohner.

Trotzdem machen es viele Touristen. Einer von ihnen berichtet darüber im Internet: „Es war ein unglaublich steiler Anstieg. Auf glattem Fels musste man sich an einer Eisenkette hinaufziehen. Bei Windböen ist es sehr gefährlich. Für uns sehr überraschend, dass so viele Kinder unterwegs waren. Oben angekommen, kann man einer weißen Linie folgen, die zu einem Aussichtspunkt führt."

Nach ein paar Tagen ging's wieder heimwärts. Wieder kamen wir nach Mt. Ebenezer. Dort gab es eine der wenigen Tankstellen.

Tagebucheintrag Sonntag, 29. Februar: In Mt. Ebenezer mussten wir tanken. Als ich an der Tankstelle den Dixi langsam ausrollen ließ, hörten wir an der linken Seite der Hinterachse ein knackendes Geräusch. Wir dachten gleich an das Schlimmste, hoffentlich war es nicht das Differenzial. Wir fuhren zurück zum Campingplatz, bockten links auf, und das Rad runter und zogen die Radnabe ab. Da kamen uns schon die einzelnen Kugeln vom Radlager entgegen. Zum Glück war es nur das Radlager. Wir bauten das alte aus und ein neues ein. Und weiter ging's. Die Fahrt nach Coober Pedy war sehr heiß. Das Auto und der Motor wurden immer lauter, wir kamen aber noch gut an, wieder am Underground Zeltplatz.

Tagebucheintrag Montag, 1. März: Wie üblich schlief Philipp wie ein Murmeltier. Am Vortag hatten wir beschlossen, wegen der Hitze früher loszufahren. Wir starteten den Motor, er hörte sich laut an. Wir entschlossen uns, ihn durchzuchecken und dabei auch die Ventile einzustellen. Danach war es besser, aber nicht zufrieden stellend. Wir fuhren weiter bis zu einem Parkplatz. Dort reinigten wir den Vergaser. Aber der Motor lief immer noch nicht rund. Plötzlich kam mir die Idee, die Zündung zu verstellen. Und siehe da: Der Motorlief wieder wie Butter. Es ging flott weiter Richtung Glendambo. Auf dem Campingplatz unterhielten wir uns gut mit einem Engländer aus London.

An dieser Stelle enden meine Tagebuchaufzeichnungen. Ich schrieb nur noch: Dienstag, 2.3.04 – Dann war Schluss, ich schrieb kein weiteres Wort mehr. Dass ich dennoch auf den Tag genau sagen kann, wann wir wieder in Adelaide ankamen, hat damit zu tun, dass wir an diesem Tag in Melbourne zwei sündteure Tickets für ein Formel-1-Rennen geschenkt bekommen hatten. Von Jan Braston, dem Vizepräsidenten vom International Council of BMW Clubs von Australien. Da wären wir sonst nie im Leben reingekommen. Am gleichen Tag fuhren wir weiter nach Adelaide. Eines der Tickets klebt in meinem Devotionalienbuch.

Darauf steht das Datum: *Sunday 7 March 2004.*

PS 1: Für die australischen Ureinwohner haben die Weißen die Bezeichnung *Aborigine* als Substantiv und *aboriginal* als Adjektiv gefunden. Als hochgradig unkorrekt gilt die Kurz-Bezeichnung *Abo*, auch der sehr häufig verwendete Begriff *Aboriginie* gilt als diskriminierend. Die Bezeichnung *aboriginal* findet man sowohl als Adjektiv wie auch als Substantiv. Als Adjektiv ist *aboriginal* politisch korrekt. Bei der Bezeichnung *Aboriginal people(s)* wird üblicherweise ein grosses A verwendet, um eine Unterscheidung zu anderen *aboriginal peoples*, etwa denen in Kanada, zu ermöglichen. Wer in Australien *Aboriginal* als Substantiv verwendet, zeigt, dass er entweder nicht besonders gut informiert ist oder negativ zu den Ureinwohnern eingestellt ist. In Australien trifft man vermehrt auf die Bezeichung *Indigenous People*. Auf Deutsch dürften die passenden Bezeichnungen australische Ureinwohner oder indigene Australier sein, alternativ auch die englischen Bezeichnungen *Aboriginal people* oder *Indigenous Australians*.

Wer nichts falsch machen will, spricht von *Aboriginal People* oder wählt die Umschreibung australische Ureinwohner. *(aus dem Internet)*

PS 2: Aus Sicht der Ureinwohner wird ihre Welt nach und nach zerstört. Viele sind physisch und geistig entwurzelt. Parallel dazu sinkt ihr Selbstrespekt sowie der Lebenswille. Dies führt oft zur Flucht in Apathie, Depression und Drogen. So entstand ihr Ruf, faul und „unnütz" zu sein. Im Gegensatz zu den Schwarzen Südafrikas, die während der Apartheid-Politik mit Terror und Aufständen die Weltöffentlichkeit auf sich aufmerksam machten, blieben die australischen Ureinwohner eher lethargisch. Alkohol ist heute die größte Geisel der Aboriginal People: Viele trinken sich mit billigem, gepanschtem Fusel um den Verstand – bis in den Tod. Junge Aboriginal People schnüffeln sich mit Benzin in den Wahnsinn. Unter diesen Drogen-Problemen leidet die ganze Familie – und damit das Herzstück der Ureinwohnergesellschaften. *(aus dem Internet)*

Riba's
Underground Camping & Tourist Park, Opal Mine Tours, Coober Pedy SA 5723

Uluru-Kata Tjuta National Park

Mt. Ebenezer Roadhouse
PMB.18 via Alice Springs

Kaniva Midway Motel
14 Commercial St, Kaniva, 3419, Vic.

Peter Waller Victorian Centre Wine
20-22 Armstrong St, Middle Park Vic 3206

Blumberg Hotel
Birdwood SA 5234

12. Kapitel

Getrennte Heimfahrt

Jetzt ging es vor allem darum, wie es mit unserer Reise weitergehen sollte. Zuerst war zu klären, wie wir mit dem Schiff nach Asien kommen. Ted half uns. Bei unseren Bemühungen, ein Schiff für unser Auto und uns zu bekommen, taten wir uns sehr schwer. Es war mindestens genau so schwierig wie vor nicht allzu langer Zeit in Panama City und, lang, lang ist's her, in Deutschland, sechs Wochen vor unserem Start.

Schließlich bekamen wir nichts anderes als ein Schiff nach Singapur. Gut, sagten wir, dann eben Singapur. Wir hatten ohnehin einen Rückflug frei, den du ja immer mitbezahlst, wenn du einen Flug buchst. Wir würden also nach Singapur fliegen und dort warten, bis der Dixi nachkommt. Und dann sehen, wie wir von dort aus weiterkommen nach Malaysia nach Norden Richtung Vietnam.

Die Leute vom Austin 7 Club versprachen uns, dass sie, wenn wir vorausfliegen, sich um unser Auto kümmern, es in einem Container verstauen und überhaupt alles in unserem Sinne organisieren und machen würden.

So geschah es auch.

In Singapur stiegen wir im Copthorne King's Hotel ab, nicht gerade eines der billigsten Hotels. Aber es gefiel uns dort. Wir genossen es, bis wir nach drei Tagen erfuhren, dass sich die Abfahrt des Schiffs in Adelaide um vierzehn Tage verzögern würde.

Wir waren Kummer ja gewöhnt. Und aus Erfahrung waren wir darauf gefasst, dass auch diese Schiffspassage ihre Tücken haben würde. Dennoch hatten wir jetzt keine Lust und vielleicht auch keine Kraft mehr, noch einmal so einen Zirkus wie den in Australien mitzumachen. Wir nicht.

Gleichzeitig erfuhren wir von einem Anschlag in Malaysia, und auch im Süden von Vietnam ging es gerade mal wieder drunter und drüber. In diese Regionen mussten wir also schon mal nicht. Wir hatten das immer so gehalten: Wo es wirklich gefährlich war oder Krankheiten grassierten, machten wir einen Bogen drumherum; man muss ja das Risiko nicht herausfordern.

Also was tun?

Wir waren uns einig, dass das Auto, wenn es in Singapur ankam, gleich weiter verschifft werden sollte. Wir wussten nur noch nicht, wohin. Nach Indien? Davon wurde uns abgeraten, dazu wäre unser Auto, das randvoll mit Sachen war, nicht sicher genug. Jeder würde dir ins Auto hineinlangen und dich an den Haaren ziehen. Vor allem aber: Wie würde es dann von Indien aus weitergehen? Pakistan zu durchfahren: unmöglich. Den Iran durchfahren: da hatte gerade das große Erdbeben die Stadt Bam dem Boden gleichgemacht.

Nach Myanmar? Ägypten? Griechenland? Italien?

Wir prüften alle Möglichkeiten. Als Einzige blieb Italien übrig, weil wir ein Schiff ausfindig machen konnten, das unser Auto direkt nach La Spezia bringen würde. Wir würden also nur noch dafür zu sorgen haben, dass das Auto in Singapur erst gar nicht ausgeladen, sondern in seinem Container weiter nach La Spezia transportiert wird. Und wir würden unsere Zelte in Singapur abbrechen, nach Hause fliegen, das Auto, sobald es eingetroffen ist, von La Spezia abholen und von dort aus eine Europatour mit unserem Dixi starten.

So machten wir es auch. Am 21. März flogen wir mit Qantas von Singapur nach Frankfurt und von da aus nach München.

Am 22. März waren wir wieder daheim.

Am 4. Mai holten wir unser Auto in La Spezia ab. Von dort aus wollten wir zum Gardasee. Es war dort aber gerade so ein Unwetter, dass der See um 40 Zentimeter anstieg. Auf der Suche nach besserem Wetter orientierten wir uns Richtung Norden und kamen dabei immer noch ein Stück weiter nördlich. Aber statt besser wurde das Wetter immer noch schlechter.

Auf einmal waren wir in den Südtiroler Bergen und in Innsbruck. Also eigentlich fast vor unserer Haustür. Und weil das Wetter immer noch furchtbar war, taten wir wahrscheinlich das einzig Vernünftige: Wir fuhren heim.

Dort wollten wir uns ein paar Wochen regenerieren und danach die Fahrt fortsetzen.

Tatsächlich starteten wir Anfang Juni erneut. Philipp und ich fuhren erst nach Frankreich und dann nach Spanien. Von da aus kehrten wir über die Schweiz wieder in die Heimat zurück.

Copthorne King's Hotel Singapore
403 Havelock Road, Singapore 169632

Albergo Belvedere
Portovenere (La Spezia), Via G. Garibaldi, 26

Das Devotionalienbuch enthält noch folgende Stempel, Visitenkarten und Eintragungen:

Camping La Seigneurie in 90360 Lachapelle Sous Rougemont (30. Mai 2004); The Connemara in Bordeaux (3. Juni 2004); Toulouse, Hotel Bar Buscail in 66760 Bourg-Madame; Camping Playasol in Barcelona; Hotel Garden F.F.L., Via Fabricotti, 162, Rocca di Magra – (SP): Camping Clairac in F-34500 Beziers; Camping Floral in La Coucourde; Relais Dauphiné Savoie in F-58134 Saint Joseph de Rivière; Hotel de la Croix-Blanche in 1564 Domdidier: Camping du Bois de Bay in 1242 Satigny – GE; Camping Lido Luzern in 8008 Luzern; Wirtschaft zum Seegarten in 8272 Ermatingen; Hotel Restaurant Hirschen in 8272 Ermatingen (12. Juni 2004); Hotel Gasthof Blaue Traube, in 86956 Schongau/Obb.

13. Kapitel

Das Ende

Das Buch ist fertig, Herbert.
Wir auch.
Da ist was dran. Es ist doch ganz schön anstrengend, ein Buch zu schreiben. Ich gebe zu, ich hab's anfangs ein wenig unterschätzt. Vor allem die beiden letzten Kapitel sind mir schwergefallen.
Dir beim Schreiben, und uns, dem Philipp und mir, als wir diese Tage erlebten. Wir hatten uns das Ende der Reise eigentlich anders vorgestellt. Wir hatten geplant, auf dem Landweg über Asien zurückzukehren. Es war nicht möglich. Leider.
So dass sich ein Schleier von Resignation insbesondere auf das letzte Kapitel senkt. Das hat sich auch auf mich, den Texter, übertragen. Auch unsere Leser werden das spüren. Ich finde aber, das macht das Buch umso glaubwürdiger. Warum so tun, als wäre immer alles nur eitel Sonnenschein gewesen?
Im Nachhinein betrachtet war für mich allerdings auch der Abschluss der Reise schön. Er war anders als geplant, aber auch er hatte seinen Sinn. Wer weiß, wie es uns ergangen wäre, wenn wir tatsächlich versucht hätten, über den Landweg heimzukommen.
Wir werden es nie erfahren. Was ich dagegen konkret weiß und dir auch sagen möchte, ist, dass du und dein Sohn eine außerordentliche, und äußerst bewunderswerte Leistung vollbracht habt.
Siehst du es so?
Ich sehe es so. Diese Aussage gilt vor allem für dich. Ich beziehe sie auch nicht allein auf diese Fahrt, sondern auf die ganze Vorgeschichte, die in deiner Jugend begonnen hat. Ohne diese Vorgeschichte würde es auch diese Fahrt nicht gegeben haben.
Gut. Aber der Philipp ...
Der Philipp, ich weiß. Ohne ihn hättest du die Fahrt nie realisieren können; ist mir schon klar. Und jeder, der das Buch liest, wird das auch begreifen.
Aber: Du ganz allein bist es gewesen, der für dieses unglaubliche Projekt die Voraussetzungen, ja, die Choreographie geschaffen hat. Indem du schon mit fünfzehn Jahren den fahrenden Filmvorführern nachgeeifert hast; indem du dich jahrzehntelang wie kein anderer mit dem Thema Dixi auseinandergesetzt hast; und indem du gleichzeitig in ganz Europa alle verfügbaren Einzelteile von diesem Modell angesammelt hast. Und vor allem: Nur du warst es, der letztlich ein Fahrzeug auf die Räder gestellt hat, das technisch den Anforderungen für eine Erdumrundung gewachsen war. Ob es dann auch wirklich eine Erdumrundung war, sollen andere beurteilen.
Für dich war's also keine?
Weißt du, mir bedeuten solche Etikettierungen nicht so viel; musst dir deswegen aber jetzt nicht den Kopf zerbrechen. Noch einmal: Idee und Ausführung des

Projekts Weltumrundung sind dein Werk. Du hast damit den Stoff für ein ganzes Buch geschaffen. Für unser Buch. Und was für eines es geworden ist!
Was für eines ist es denn geworden?
Ein sehr ehrliches, sehr authentisches Buch. Wenn man es zuspitzt, ist das Buch nicht nur ein Reisebericht, sondern auch die offen ausgetragene Auseinandersetzung zwischen einem bodenständigen, autoverliebten und von Fernweh geplagten Tausendsassa und –
– und wem?
Und mir. Aber mir fallen gerade nicht die richtigen Worte über mich ein. Dass ich Journalist bin, okay. Aber sonst? Was soll ich sagen? Dass ich, solange wir am Buch gearbeitet haben, ein Besessener war?
Dass du ein besessener Journalist warst, solange du am Buch gearbeitet hast.
Dann sind wir schon zwei Besessene. Auch du bist nämlich einer. Ohne Besessenheit kriegt man weder so eine Fahrt noch sein Buch hin. Um also den Satz von vorhin zu vollenden: Das Buch ist auch die offen ausgetragene Auseinandersetzung zwischen einem bodenständigen, autoverliebten und von Fernweh geplagten Tausendsassa und einem besessenen Journalisten.
Einem besessenen und manchmal auch etwas unbequemen Journalisten.
Aha. Damit wäre dann auch dieses Thema erledigt. Von mir aus könnte das Buch an dieser Stelle enden.
Auch von mir aus. Wie viele Kilobyte haben wir zusammengebracht?
Im Schlusskapitel? Bisher 4,05 Kilobyte.
Und insgesamt, ich meine jetzt im ganzen Buch?
804 Kilobyte.
Ist das viel?
Ich denke schon. Wir werden's sehen.
Damit endet diese Reise.
Damit endet die Reise deines Lebens! Auch für mich endet was. Ich danke dir für die vielen Gespräche. Ich fand unsere Zusammenarbeit toll, sie hat mir richtig Spaß gemacht.
Mir auch. Ein einmaliges Erlebnis. Fast so wie die Fahrt selbst. Auch ich danke dir. Hast für dein Alter eine erstaunliche Energieleistung und viel Leidenschaft an den Tag gelegt.
(Herbert Nocker und Helmut Schneikart erheben sich von ihren Plätzen und verneigen sich voreinander, so ähnlich wie es in Seligman, Arizona, Angel Delgadillo, der Meister der Rasierkunst, und Herbert Nocker, der pozentielle Weltumrunder, gemacht haben. Danach umarmen sie sich auch noch.)
Resi N. (aus der Küche, ungeduldig): Wenn ihr mit eurem Kasperltheater endlich fertig seid, können wir ja essen.
Herbert N.: Was kriegen wir heute?
Resi N.: Blut- und Leberwurst gibt's heut. Mit Sauerkraut und Kartoffeln. Wollt ihr auch ein Bier dazu?

Ende

Zugabe

Wir waren schon seit ein paar Monaten wieder daheim, da erreichte mich ein Brief von meinem Freund Terry Sayther aus Austin, Texas. Es war das erste Mal, dass ich Post von ihm bekam, seit wir zurück waren. Gespannt öffnete ich den Brief. Ich fand darin einen Zettel mit ein paar von Hand geschriebenen Grußzeilen und einen zwei Seiten langen Text. Weil dieser Text so ungewöhnlich ist, möchten wir ihn unseren Lesern auf keinen Fall vorenthalten – als Zugabe zu diesem ebenfalls etwas ungewöhnlichen Buch. Was ihn so ungewöhnlich macht, ist, das ihn ein Automat im Internet vom Englischen ins Deutsche übersetzt hat.

Ich nehme an, dass Terry einen ihm wohlgesonnenen Redakteur beauftragt hatte, etwas über unser Projekt zu schreiben und es sowohl in der örtlichen Presse als auch im Internet zu veröffentlichen. Weil dem Terry nach unserem über eine Woche dauernden Aufenthalt in Austin nicht entgangen sein konnte, dass es um meine Englischkenntnisse nicht gerade zum Allerbesten stand, wollte er mir wohl einen Gefallen tun und mir den Text auf Deutsch zur Kenntnis geben. Er hat mir damit tatsächlich einen Gefallen getan – wenn auch auf andere Art, als er sich das wohl vorgestellt hat. So ein automatischer Übersetzer ist ein ziemlich radikaler Bursche, der nicht einmal davor zurückschreckt, auch meinen Namen ins Deusche zu übersetzen. Auf diese Weise habe ich gelernt, dass *NOCKER* ein englisches Wort ist und auf Deutsch nichts anderes als „Türklopfer" heißt.

Herbert Türklopfer – warum eigentlich nicht?

Aber auch sonst sorgt die subtil-humorige Übersetzung des Translators für die eine oder andere überraschende Wendung. Und dafür, dass er so eine Arbeit in wenigen Sekunden erledigt, ist sie ausgesprochen gut. Mit der strikten Einhaltung der neuen deutschen Rechtschreibung freilich scheint er nicht weniger Probleme zu haben als Millionen Deutsche auch. Hier nun zur Abrundung des Buches der Originaltext, mit all seinen Höhen und Tiefen:

„Was würden Sie machen, Wenn ein frisch pensionierter, sehr tätiger und abenteuerlicher Bavarian Herr in Bedürfnis eines neuen Projekts waren? Rennende Antiquität radelt wie es ein vernünftiger nächster Schritt, scheint wäre aber eigentlich, das's aus in diesem Fall, weil der Herr in Frage schon seiner 1895 gerannt ist, von Wien nach Berlin radeln und von Stuttgart zu Budapest, eine tausend Meilen jedes. Nachdem dass Sie'd sicher etwas ein Bit mehr Herausfordern will. Geben Sie auf? Denken Sie groß; global denkt. Denken Sie eigentlich an Treiben einen 35 mph 1928 BMW Dixi um die Welt. Klar DAS's eine gute Idee. Treffen Sie Herbert Nocker von Rottenbuch, südlichem Bavaria, Deutschland, und seinem Sohn Phillip. Vor drei Jahren hat Herbert wirklich entschieden, ein Dixi um die Welt zu treiben. Er machte't sogar hat das Auto, als er jene Entscheidung – he gemacht hat, aus mußte gehen und mußte Ein Kaufen und mußte dann zwei Jahre wiederherstellend ausgeben und mußte es für die Reise erhalten vorbereitet.. Besprechen Sie Verpflichtung zu einem Traum.

Haben Sie gedacht, dass es ein langer Antrieb zu Austin für den 2003 Octoberfest war? Herberts BMW hat gehabt eine oberste Geschwindigkeit von 40mph und den er mußte fast alle Autobahnen vermeiden. Das dürfte scheinen, es eine lange Reise zu machen., aber sie haben deshalb viel Spaß gehabt, dass es nicht war. Herbert und Phillip haben ihr 1928 BMW, der von Emden, Deutschland zum Hafen dem Baltimore, wo geliefert worden ist, sie es auf im bedrohenden Schatten von Hurrkan Isabel gehabt haben gewählt. Ihren ersten Tag hat on Treiben sie in Washington für ein Bit von touristing erhalten, steigen dann zu einem Campingplatz in Maryland aus, und dann die Regen gekommen. Irgendwann haben um ach-Finsternis-dreißig, Herbert von seinem Bett aufgepasst und haben gesehen, dass der Dixi jetzt eine Insel war. Schnell Ankleiden und legend das Dachende Zelt, er und Phillip haben getrieben aus dem Campingplatz durch Fuß tiefes Wasser. Bis zum nächsten Morgen waren die Wässer zurückgetreten aber sie haben gefunden, dass ihr Campingplatz weg gewaschen hatte.Die nächste Rage treibt' über Virginia sie einer kleinen Stadt habende eine Amerikanisch Auto Schau hat gebracht. Nachdem sie ihren Lastwagen geparkt haben, um und geschaut die Autos zu laufen, sind sie zurückgekehrt zu finden, dass sie in die Beurteilung eingetragen worden waren, und, eigentlich, hatte eine Trophäe – Third Ort in der Modifizierten Lastwagen-Kategorie gewonnen! Vorwärts, je vorwärts 35mph über die Länge die Tennessee – eben ein Paar hundert Meilen Zwischenstaatlicher Landstraße, ohne gefangen, schließlich Herumfahren in Texas für das letzte Paar Tage zu werden, zu Austin für den BMW CCA Octoberfest zu erhalten.

Herbert's Dixi Unterausschuß, den Lastwagen vorsichtig für diese Reise wegen es gewählt wurde's stärkere Konstruktion und, weil es mehr Aufbewahrung Platz hat, als die regelmäßigen Dixi Autos. Zum Beispiel kommt es mit stählernem Scheibe Rädern, statt der zerbrechlicheren Drahträder. Die 4-Zylinder Maschine ist etwas gebohrt worden, 750 cc von BMW Muskel – transmitted zur Hinterseite durch die Aktie unsynchronized Übertragung zu geben. Knirschen. (Spielen auf der Theorie, die was auch immer Ersatzteile die Sie nie wird gebraucht werden tragen, Herbert trägt EINEN übrigen Kolben entlang auf der Reise.) Herbert hat lebens leichter durch Verwandeln des Lastwagens zu 12 Volt und Hinzufügen eines kleinen Wechselstromgenerators und eines modernen startet gemacht. Keine Hand turtelnden! Ziehen des Lastwagens ist hinunter von hohen Geschwindigkeiten durch label Bremsbacken vollendet hat bedient; er den't braucht keinen stinkin' hydraulisches System! Ein kleines ertönt erschreckend, Herbert hat ziemlich einen Anteil andere Oldtimer, mehreres anderen Dixis gehabt. Er besitzt momentan ein 1911 Hupmobile, eine 1913 Furt Speedster einmal durch Barney Oldfield, und mehrere andre antike Auto und Motorräder hat besessen.

Für Herbert und Phillip fahren das erste Bein von ihres um die Welt ein Traum wahr hat gelebt kommt um. Der Empfang, eigentlich, ist über hinaus sogar ihre wildesten Träume gewesen. Leute in Amerika sind weit aus ihrem Weg gegangen, sie zu machen Empfang fühlen und besonder. Bevor kommen zu hier, waren sie gewarnt worden, dass Amerikaner böse mit Deutsch wegen deutschen Einwendungen zum Krieg waren. Die Realität ist, dass jeden Tag, sie mit wunderbaren Überraschungen geduscht worden sind. Sie sind überall--by gewöhnliche Amerikaner, durch Polizisten, durch gut-alte Jungen in Campingplätzen über den Süden, und, ach klar, durch BMW Auto Klub von Amerika Mitgliedern am Ofest. Gebefreundet worden. Für den Nockers war der BMW CCA Octoberfest eine Woche lang wonderland glücklicher unvorhergesehener Ereignisse, gipfelnd in einer ersten Ort Trophäe in der Concours auf Freitag---this Zeit in der Rennen Auto Kategorie!

Von Austin leiht Herbert un Phillip einen modernen BMW und Nehmen eines Monats, den Amerikanischen Westen zun bereisen. Wenn sie zurückkreisen, nach Süden werden durch Mexiko und Antrieb die Länge Zentrale Amerika führen, nehmen ein Boot um Kolumbien nach Ekuador, und schlängeln dann sich auf südwärts nach Chile. Ein Schiff wird sie nach Australien, wahrscheinlich irgendwann nächsten Sommer denn nehmen. Wenn ihre Gesundheit auf hält, sie'll dann Durchgangsverkehr Java, Thailand, Indien, Pakisten, Iran, Truthahn, Greichnland, Italien, und schließlich Norden zu Heim. Ich'm vorbereitet, entlang, wie ‚Kampf sie zu gehen?

Herbert und Phillip Türklopfer's Reise kann gefolgt werden an www.---------. Und Nachrichten für sie können angeredet werden zu ------------"

Anhang /Danksagung

An dieser Stelle danke ich allen, die mir vor, während und nach der Reise geholfen haben. Ich danke denen, die es mir ermöglichten, dass ich mich jahrzehntelang und ungehemmt meiner Leidenschaft, dem Restaurieren von Oldtimern, hingeben konnte – was die Vorausetzung dafür war, um das Projekt Erdumrundung anzugehen und mit meinem Sohn Philipp auf diese wunderbare Reise zu gehen, die zum Erlebnis meines Lebens wurde. Und ich danke all denen, die, ein jeder sicherlich auf seine ganz besondere Art, zum Gelingen dieses Buches beigetragen haben.

Ich danke:
Fritz Ludmann aus Gerlingen bei Stuttgart, der unsere beiden großen Hochradtouren von Stuttgart nach Budapest (1994) und von Wien nach Berlin (1995) organisiert hat, bei denen ich zum ersten Mal verspüren konnte, was langsames Reisen bedeutet.

Hans Plank, der mich gelehrt hat, ein Fahrzeug zu restaurieren und einen Motor zu überholen, der mir über zwanzig Jahre lang stets mit Rat und Tat zur Seite stand und mir vor Antritt der Fahrt wertvolle Tipps gegeben hat.

Wolfgang Hempel, der mir bei der Ersatzteilsuche wertvolle Dienste geleistet hat und nicht nur deshalb zu meinem Freund wurde.

John/Frances Heath, der/die mir nicht nur zu der wunderbaren Karosserie für meinen Dixi verhalf, sondern mich auch über viele Jahre auf meinem langen Weg durch die europäische Oldtimerszene begleitet hat und leider viel zu früh verstorben ist.

Marion und Dave, mit denen wir auf den Flughäfen von London-Heathrow (Marion) und Baltimore (Dave) unsere ersten Gehversuche in den USA machten und die großen Anteil daran haben, dass uns dieses große Land von Anfang an sympathisch erschien.

Hugh Thomas, der uns, ohne uns zu kennen, zu einem tollen Lunch zu sich nach Hause eingeladen und uns auch bei ein paar kleinen Dingen danach auf allerfreundlichste Art geholfen hat.

Terry Sayther, der Auto-Enthusiast, und seine Frau Debbie Stuart, die uns in Austin, Texas, wunderbare Gastgeber waren.

Ulla Williford, geb. Kalisch, die uns den Aufenthalt in eben dieser Stadt versüßt hat.

Adolf Viesel aus Freiburg und seinem Freund, den beiden Freiburgern, in deren Village Steak House in Bastrop, Texas, wir die wunderbarsten Steaks unseres Lebens verzehren durften.

Earl Ginger, dem Indianer und Allroundgenie, der uns mit seiner liebenswerten Art verzauberte, mit dem wir einen Riesenspaß hatten und der mir einen Stecken schenkte, den ich bis zu meinem Lebensende in Ehren halten werde.

Angel Delgadillo in Selgiman, Arizona, dem engagierten Route 66-Förderer und besten Frisermeister der Welt, der mir an einem Sonntag, als sein Barbierladen eigentlich geschlossen hatte, den Bart abrasierte, den ich mir seinetwegen hatte fünf Tage lang wachsen lassen.

René Eichmann, dem Weinbauern und Alleskönner in Cave Junction, Oregon, und seiner Familie sowie seiner Mutter Lilo, unserer phantastischen Gastgeberin.

Tom Michael, meinem früheren Nachbarn in Rottenbuch, der extra mit dem Auto aus Kanada angereist und zweimal 1.200 Meilen gefahren ist, nur um mich in Oregon zu umarmen.

Jim Proffit, der nach dem Deal seines Lebens zwar keine Zeit für uns hatte, sie sich aber trotzdem nahm.

Den beiden Präsidenten vom Austin 7 Club, *Len Kerwood* (Melbourne) und *Trevor Clerk* (Adelaide) sowie ihren beiden Frauen für die fürsorgliche Betreuung in Australien.

Weiterhin danke ich

meiner Mutter *Rosa Nocker*, weil sie mich den Weg gehen ließ, den ich gehen wollte,

meinen beiden Cousinen *Marianne* und *Evi*, die von Anfang bis Ende die Entwicklung des Buches kritisch begleitet haben.

Mein besonderer Dank gilt meinem Sohn *Philipp*, der mir während der ganzen Fahrt ein idealer Wegbegleiter und Gesprächspartner war, der mir in manchen Situationen half, das Richtige zu tun, und ohne den ich die Reise ganz einfach niemals hätte machen können,

meiner lieben Frau *Resi*, die fast ein Leben lang meine ganzen Spinnereien ertragen musste, das Projekt Erdumrundung von Anfang unterstützt und gut die Hälfte der insgesamt zehn Sitzungen mit Helmut Schneikart mit einem tollen Mittagessen gekrönt hat,

und *Helmut Schneikart*, ohne den dieses Buch nicht das geworden wäre, was es ist.

Herbert Nocker,
Rottenbuch, im Mai 2006

Bereits erschienen:
LESERBÜCHER

LESE®BUCH 1
Marianne Schmöller:
Jugendtraum Peloponnes
Mit dem Caravan durch Griechenland
108 Seiten, 33 Abb. sw,
ISBN 3-928803-22-0,
9,90 Euro, Bestell-Nr.: LB 01

Marianne und Franz Schmöller, beide über 65 Jahre alt, haben ihre Jugendträume, die sie in und um Rosenheim hegten, bis ins Alter nicht vergessen. Ihre Träume, die sie auf Reisen in die Ferne lockten, blieben lange unerfüllt.
Erst jetzt, nach langem Familien- und Arbeitsleben sowie Aufbau einer eigenen Firma im Rentenalter, haben die beiden ihre Träume zurückgeholt und versuchen nun, auf ihren Reisen die Welt ihrer Träume aus den jungen Jahren einzufangen. Das Nordkap war ihr erstes großes Ziel. Dann folgten ausgedehnte Reisen nach Griechenland und Spanien.
Mit dem Caravan sind sie unterwegs, weil sie damit unabhängig sind. Diese Freiheit hat natürlich auch bei Schmöllers ihre eigene Geschichte. Allzu oft mussten sie gebuchte Bungalows und Hotels wieder abbestellen, verloren dabei Geld und Freude am Reisen, nur weil in der Firma unaufschiebbare Probleme aufgetaucht waren. Die zielstrebigen Unternehmer gingen diesen unerfreulichen Tatbestand zielstrebig an, und fanden für sich und ihre Familie eine flexible Lösung: Reisen im Wohnwagen.
Mal stand der Caravan in den nahen Alpen, mal am See, aber nie zu weit von zu Hause weg. Schmöllers verbrachten ihren Jahresurlaub im Wohnwagen, und häufig eben mal ein verlängertes Wochenende. Auch Wintercamping war schon bald angesagt und gehörte zum festen Jahresreiseprogramm.
In Rente lautet nun die neue Devise: Fernreisen. Die wollten Marianne und Franz Schmöller nur mit einem ganz neuen Gespann wagen. Seit zwei Jahren hängt deshalb am Allrad-Nissan X-Trail ein Fendt platin.
Die vielen Erlebnisse fesselten Marianne Schmöller so sehr, dass sie beschloss, das Erlebte niederzuschreiben. Franz Schmöller oblag die Dokumentation mit der digitalen Kamera. Was zunächst nur fürs heimische Familienalbum gedacht war, wuchs sich zur handfesten Reisebeschreibung aus. Von Freunden und Verwandten ermutigt, wagte Marianne Schmöller schließlich eine Anfrage nach einem kleinen Büchlein beim DoldeMedien Verlag. Dort fiel die Idee „Leser schreiben für Leser" auf fruchtbaren Boden – und das LESE®BUCH wurde geboren.

LESE®BUCH 2
Hans-Georg Sauer: **Der vierte Versuch**
Mit dem Wohnmobil zum Nordkap
72 Seiten, 22 Abb. sw + Karte,
ISBN 3-928803-23-9,
7,90 Euro, Bestell-Nr.: LB 02

Hans-Georg Sauer ist Reisemobilist mit Leib und Seele. Das Reisemobil ist für den 51jährigen Hobby und Tür zu seinem ganz persönlichen Stückchen Freiheit: „Reisen, wohin ich will. Essen, wenn ich hungrig, schlafen, wenn ich müde bin. Und ich kann mich nicht verfahren, sondern allenfalls ein anderes schönes Ziel finden."
Diese Gelassenheit tritt in der vorliegenden Reiseerzählung in ein witziges Spannungsfeld mit der ungeduldigen Vorfreude während der Reisevorbereitung. Hans-Georg Sauer gehört nicht zu den „Meilenfressern". Selbst in den wenigen Urlaubstagen, die ihm für seine Reisen bleiben, ist er immer offen, Neues zu entdecken, Unbekanntes zu ergründen, sich treiben zu lassen. So gelingt ihm denn auch erst im vierten Anlauf, sich den Traum zu erfüllen, den so viele mit ihm teilen: Einmal die Mitternachtssonne am Nordkap erleben. Nicht technische Defekte werfen ihn aus der Bahn. Die Aussicht auf Spannenderes und die Einsicht, nichts erzwingen zu müssen, bringen Mal für Mal den Knick in die Route.
Natürlich erzählt Hans-Georg Sauer für sein Leben gern. Im Kreis seiner Familie, Freunde und Kollegen machen seine Reiseberichte viele Male die Runde. Aus diesem Kreis kommt schließlich auch der Anstoß, seine Erlebnisse zu Papier zu bringen. In seinem Erstlingswerk gelingt ihm das spannend und unterhaltend.

LESE®BUCH 3
Leonore Schnappert: **Abenteuer Sibirien**
Mit dem Reisemobil zum Baikalsee
181 Seiten, 215 Abb. sw,
ISBN 3-928803-35-2,
14,90 Euro, Bestell-Nr.: LB 03

Leonore Schnappert (Jahrgang 1956) aus Velbert in Nordrhein-Westfalen war mit ihrem Mann Ingo in einem Flair von Niesmann+Bischoff drei Monate unterwegs. Sie legten in dieser Zeit annähernd 18.000 Kilometer zurück.
„Die Idee, mit einem Reisemobil zu fahren, hatte ich im Frühjahr 1990 nach der Grenzöffnung. Mich begeisterte der Gedanke, Ostdeutschland zu erkunden. Mein Mann erinnerte sich bei meinem Vorschlag an Campingurlaub in seiner Jugendzeit und teilte meine Begeisterung nicht spontan. Während der ersten Tour bemerkte er dann schnell, dass diese Form des Reisens doch sehr bequem und angenehm sein kann. Und nach der dritten Mietaktion waren wir uns einig, dass wir zukünftig, wann immer uns der Sinn danach steht, einsteigen und losfahren wollten. Ab sofort sollte im Urlaub nur noch in eigenen Betten geschlafen werden."
Von Anfang an lagen die Ziele längerer Wohnmobilreisen im Osten. Das Paar bereiste die baltischen Staaten, Polen, Ungarn, Weißrussland, einige der GUS-Staaten und die Hohe Tatra in der Slowakei. Doch das größte Erlebnis bisher war die Reise zum Baikalsee. Täglich habe ich das Erlebte aufgeschrieben und diese Aufzeichnungen dienten als Grundlage für dieses Buch."

DoldeMedien
VERLAG GMBH

Bereits erschienen:
PRAXISBÜCHER

PRAXISBUCH Nr. 1
Konstantin Abert:
Russland per Reisemobil
Basiswissen für Selbstfahrer
140 Seiten, 53 Abb. sw,
ISBN 3-928803-26-3,
11,90 Euro, Best.-Nr.: PB 01

„Was, du willst mit deinem Wohnmobil nach Russland? Bist du lebensmüde geworden? Betrunkene an jeder Ecke, überall kleine Tschernobyls und jetzt noch die Tschetschenen. Die Mafia wird dich ausrauben und dein Camper ist auf Nimmerwiedersehen weg." Das ist vielleicht eine extreme Reaktion, wenn Sie Ihren Freunden und Bekannten erzählen, Sie wollen mit Ihrem Camper auf eigene Faust nach Russland fahren. Die meisten werden aber zumindest ausdrücklich warnen und wieder zu Frankreich oder Norwegen raten. Natürlich sind diese beiden und andere europäische Länder absolut reizvolle Ziele. Aber im Gegensatz zu vielen Pauschalreisetouristen zeichnen sich Reisemobilsten eben durch etwas ganz Besonderes aus, sie sind Individualisten, voller Neugierde und Unternehmungslust. Sie sind bereit, hinter dem Steuer die Welt auf eigene Faust zu erkunden. Sie wollen Land und Leute kennen lernen, sie wollen neue Gebiete bereisen und so ihren Horizont erweitern. Und damit sind sie alle kleine oder größere Abenteurer, manchmal gar Pioniere.
Russland ist dafür genau das Richtige. Es ist ein wunderschönes und geheimnisvolles Land. Es ist unvorstellbar groß, erstreckt sich vom alten Königsberg an der Ostsee über zwei Kontinente und elf Zeitzonen bis hin zum Stillen Ozean. Es hat unzählige Meeresküsten, Seen, Berge, Wälder, Ebenen, wunderschöne moderne und historische Städte, verschlafene romantische Dörfer und äußerst gastfreundliche Menschen. Es hält durch die Umbrüche in der jüngsten Geschichte viele Abenteuer parat. Vor allem ist es sehr viel sicherer als sein Ruf vermuten lässt. Kurzum: Russland ist ein Eldorado für den weltoffenen Individualreisenden.

PRAXISBUCH 2
Konstantin Abert:
Mobile Begegnungen in Russland
Mit dem Reisemobil durchs größte Land der Welt
200 Seiten, 50 Abb. sw,
ISBN 3-928803-27-1,
14,90 Euro, Best.-Nr.: PB 02

Ausdrücklich warnten uns finnische Freunde vor der Reise mit dem Wohnmobil durch die Sowjetunion: „Hier in Helsinki seid ihr sicher. Aber da drüben in Sowjetrussland ist schon wieder eine finnische Familie samt Wohnwagengespann verschollen." In unserer fünfköpfigen Reisecrew wurde danach heiß diskutiert, ob wir es denn wirklich wagen sollten, ohne Russischkenntnisse durch dieses Land zu fahren. Mit drei zu zwei ging die Entscheidung äußerst knapp für „Sowjetrussland" aus, so wie viele Finnen ihren östlichen Nachbarn leicht abwertend nannten. Wir riskierten es also und hatten 1990 so unser erstes russisches Abenteuer. Und was für eins. Wir mussten sogar die Sekretärin des Ministers für auswärtige Angelegenheiten in Batumi kidnappen, um ausreisen zu dürfen. Aber davon erzähle ich lieber etwas später.
1990 war eine politisch sehr bewegte Zeit. Die Mauer der DDR war vor einigen Monaten gefallen, die Gorbimanie in Deutschland ausgebrochen und der Irak hatte gerade Kuwait annektiert. Die Sowjetunion begann zu zerfallen, Russland war aber noch eine der 15 Sozialistischen Sowjetrepubliken. In diese bewegte Zeit fiel unsere erste Russlandreise hinein. Es war zumindest für mich der Anfang einer Leidenschaft, die eben nicht nur Leid schaffte, sondern auch viel Freude bereitete.
Seit dieser ersten Reise sind 14 Jahre ins Land gestrichen. 14 Jahre, in denen viel geschehen ist. Ich habe mich aus dem Verbund meines Elternhauses mindestens genauso friedlich und überraschend gelöst, wie Russland aus der Sowjetunion.
Blicke ich zurück auf diese 14 Jahre, schlagen gen über dreißig Reisen nach Russland, meist mit einem selbst ausgebauten Wohnmobil, zu Buche. Die Leidenschaft hat also angehalten und bestimmt heute sowohl mein berufliches als auch privates Leben. Meine Frau Anja habe ich auf der dritten Reise kennen gelernt, obwohl ich mir bis dahin so sicher war, niemals zu heiraten. Um sie zu beeindrucken, erlernte ich die russische Sprache innerhalb eines halben Jahres. Selten ist mir zuvor und danach so schnell so viel gelungen. Aber der Grad der Motivation war einfach nicht zu überbieten.
Beruflich bin ich als Russland-Forscher an der Universität Mainz und freier Journalist tätig geworden. Heute bewege ich mich wie ein Einheimischer in Russland und werde meist nur aufgrund des Reisefahrzeuges oder der Fotoausrüstung als Ausländer erkannt.
Ja, im Laufe der Jahre sind wir beide gereift, mein Russland und ich. Beide haben ihre wildesten Zeiten (hoffentlich) hinter sich. Sind wir also in die Jahre gekommen? Das hätte zumindest für Sie als potenzieller Russlandreisender mehr beruhigende Komponenten als für mich. In Russland geht es nicht mehr so rund, zur Zeit jedenfalls nicht. Alle die, die sich bisher nicht getraut haben, in das Land der Zwiebeltürme zu reisen, sollten das jetzt endlich tun.
Was mich ungemein geprägt und reifen hat lassen, waren die vielen Reisen, die mich schon vor der ersten Begegnung mit dem ehemaligen Zarenreich mehrmals im Jahr ins Ausland führten. Von Los Angeles bis Jordanien, von Norwegen bis Ägypten – ich fand alles hoch spannend und hatte in relativ kurzer Zeit über 50 Länder bereist. Fast immer habe ich die für mich bis heute attraktivste Reiseart gewählt. Mit dem Wohnmobil war alles bisher so hautnah, so individuell, so intensiv. Trotzdem kehrte ich auch von monatelangen Touren nie ausgebrannt zurück, weil ich ein Stück Heimat auf Rädern immer bei mir hatte…

Bereits erschienen:
RETROBÜCHER

RETROBUCH Nr. 1
Fritz B. Busch: **Kleine Wohnwagenfibel**
Reprint der Originalausgabe von 1961
144 Seiten, 88 Abb. sw,
ISBN 3-928803-25-5,
11,90 Euro, Best.-Nr.: RB 01

Fritz B. Busch ist schon zu Lebzeiten Legende. Der Grandseigneur unter den Motorjournalisten verzaubert seit fast 50 Jahren die Leser großer Zeitschriften mit seinem unverwechselbaren Stil. Dieses Buch schrieb er im Jahr 1961 für Einsteiger ins Hobby Caravaning. Jetzt ist die "Kleine Wohnwagenfibel" wieder da – mit den historischen Anzeigen und mit verschmitztem Humor. Genießen Sie einen Blick zurück in die Zeiten, als Familienautos wie der DKW nur 350 Kilogramm leichte Wohnwagen ziehen durften. Und als der große Schreibersmann die Freiheit im Caravan brillant und stets mit fröhlicher Ironie schilderte – schon damals also mit dem Busch-Touch, der heute ein Markenzeichen ist.

RETROBUCH Nr. 2
Heinrich Hauser:
Fahrten und Abenteuer mit dem Wohnwagen
Reprint der Originalausgabe von 1935,
228 Seiten, 60 Abb. sw,
ISBN 3-928803-29-8,
16,90 Euro, Best.-Nr.: RB 02

Es waren die ersten Pioniere des Campings in Deutschland: die Faltbootfahrer, die in der Nähe der Flüsse Zelte aufschlugen; und es waren die ersten Wohnwagenfahrer, die Neuland betraten und sich eigene Fahrzeuge bauten. Zu diesen reiselustigen Menschen zählte auch Heinrich Hauser, der als einer der Ersten Deutschland in einem Wohnwagen bereiste und dieses in einem faszinierenden Buch beschrieb.

Beim Lesen werden erfahrene Camper und Wohnmobilfahrer erkennen: „Vieles hat sich nicht geändert!". Wäre es nicht schade und ein wesentlicher kultureller Verlust, wenn die Urlaubs- und Feriengewohnheiten des letzten Jahrhunderts verloren gehen würden? – Damals, in diesen bewegten Zeiten, vor und nach einem barbarischen Krieg.

Immer mehr Menschen begannen sich mit einem Zelt oder Wohnwagen auf zwei oder vier Rädern auf die Reise zu begeben, um fremde Länder und Menschen kennen zu lernen. Es waren freundliche, aufgeschlossene Menschen mit einer besonderen Einstellung zum unkomplizierten Reisen, welche die neue Freiheit der damaligen Campingtechnik nutzten.

RETROBUCH Nr. 3
Hans Berger:
Jachten der Landstraße
Reprint der Originalausgabe von 1938,
152 Seiten, viele Abb. sw,
ISBN 3-928803-30-1,
11,90 Euro, Best.-Nr.: RB 03

Mit diesem Nachdruck von Hans Bergers „Jachten der Landstraße" liegt der erste gedruckte Wohnwagenkatalog in deutscher Sprache nach vielen Jahrzehnten wieder vor. Hans Berger, einer der großen Pioniere im Freizeitbereich, legte hiermit 1938 ein geradezu epochales Werk vor: Er stellte nicht nur seine Versuche vor, einen Reisewohnwagen zu konstruieren, sondern zeigte auch die gesamte Angebotspalette des In- und Auslandes in Wort und Bild. Mit unvergleichlicher Sammellust und Liebe zum Detail hat er sich bemüht, die Konstruktionen von Heinrich Hauser bis hin zu den gewaltigen, nur von sehr zugkräftigen Fahrzeugen überhaupt bewegbaren amerikanischen Modellen vorzustellen. Er selbst war ein begeisterter Camper, hatte auf seinem Firmengelände bei München als einer der Ersten Übernachtungsmöglichkeiten für Wohnwagenfreunde geschaffen und selber zahlreiche Reisen mit seiner Familie unternommen.

Erfahrene Camper und Wohnmobilfahrer werden viel Bekanntes an technischen und konstruktiven Details erkennen, manches belächeln, doch stets wird es eine Freude sein, zurückzublicken auf diese Anfangszeiten und zu erkennen, dass sich manche Probleme heute wie damals stellten, dass manche Wünsche heute wie damals dieselben blieben.

Dieses Buch war das erste Wohnwagenfachbuch und eine Fundgrube für alle, die sich mit dem aufkommenden Gedanken des Wohnwagenreisens beschäftigten. Er wollte nicht nur eine Dokumentation dessen leisten, was auf diesem Gebiet bislang ersonnen, erbaut und an Erfahrungen vorhanden war, sondern wollte den Interessierten auch Anleitung bei der Frage bieten, was für eine Art Wagen ihren Bedürfnissen und Zwecken am ehesten entspräche.

VERLAG GMBH

Bereits erschienen:
RETROBÜCHER

RETROBUCH Nr. 4
Kathleen Harrison:
Abseits ausgetretener Pfade
Übersetzung der engl. Originalausgabe nach Tagebuchaufzeichnungen von 1937/38
212 Seiten, 53 Abb. sw,
ISBN 3-928803-37-9,
15,90 Euro, Best.-Nr.: RB 04

In den späten dreißiger Jahren unternahmen Peter und Kathleen Harrison eine gefahrvolle Reise durch die Sahara mit Auto und Caravan. Peter, ein Marineoffizier im Ruhestand, war ein ebenso kräftiger und abenteuerlustiger Mann wie ein geschickter Zimmermann. Er entwarf und baute Caravans aus Balken und alten Autoachsen. Seine Begeisterung war derart ansteckend, dass Kathleen, die ihre Familie am Kap besuchen wollte, auf die Idee kam, einen Caravan auf dem Landweg von Devon nach Südafrika zu ziehen.
Ohne ihre dreizehnjährige Tochter Sheila, die sie in der Sicherheit eines Internates in England zurückließen, machten sich Peter und Kathleen im November 1937 auf den Weg. Nach einer stürmischen Kanalüberquerung genossen sie die einigermaßen angenehme Reise durch Frankreich. Ihre Probleme begannen erst mit der französischen Bürokratie in Algerien, die zu scheinbar endlosen Verzögerungen führte.
Endlich konnten sie die riesige Sahara angehen. Sie blieben oftmals stecken, kamen vom Weg ab, waren fehlgeleitet und frustriert. Wochen der Einsamkeit wurden zu Monaten, und Kathleen zweifelte schon, ob sie ihre Tochter je wiedersehen würde. Doch ihre feste Entschlossenheit und ihr nie versagender Humor siegten, als sie und ihr Mann darum rangen, ihre Traumreise zu einem guten Abschluss zu bringen. Nicht einmal heute schaffen alle Teilnehmer der Rallye Paris-Dakar die Strecke durch die Sahara, doch Peter und Kathleen gelang dieses Wagnis mit einem 30 PS-Ford und einem wackeligen Holzcaravan. Und das sogar zweimal!

Kathleen vermisste ihre Tochter sehr und schrieb eine Art Tagebuch in Briefform für sie. Dieses Tagebuch wurde von ihren Enkeln entdeckt und als Buch herausgegeben.

Bereits erschienen:
KINDERBÜCHER

KINDERBUCH 1
Fritz B. Busch: **Unser Sturmvogel hat Räder**
Der wiederentdeckte Roman
132 Seiten, 15 Abb. sw,
ISBN 3-928803-24-7,
2. Auflage, 9,90 Euro, Bestell-Nr.: SV 01

Fritz B. Busch ist schon zu Lebzeiten Legende. Der Grandseigneur unter den Motorjournalisten verzaubert seit fast 50 Jahren die Leser großer Zeitschriften mit seinem unverwechselbaren Stil. Dieses Buch schrieb er vor gut 40 Jahren als Lesebuch für kleine und große Camper. Jetzt ist es wieder da – brillant formuliert, mit verschmitztem Humor und so frisch wie damals. Eben Fritz B. Busch.

Jede Menge
Retro-Sammlermodelle
finden Sie im Online-Shop unter
www.campers-collection.de

BESTELLSCHEIN

Einfach ausfüllen und einsenden an DoldeMedien Verlag GmbH, Postwiesenstr. 5A, 70327 Stuttgart oder per **Fax an: 0711 / 134 66-38**

Bitte senden Sie mir schnellstmöglich:

Expl.	Best.-Nr.	Kurzbezeichnung	Einzelpreis
		+ Versandkostenpauschale **Inland** 3,- € (Inland: bei Bestellwert über 20,- € versandkostenfrei)	
		+ Versandkostenpauschale **Ausland** Europäische Staaten 5,- € alle nichteuropäischen Staaten 8,- €	
			gesamt

Die Bezahlung erfolgt

☐ per beigefügtem Verrechnungsscheck ☐ durch Bankabbuchung

Bankleitzahl (vom Scheck abschreiben)

Konto-Nr.

Geldinstitut

☐ **per Kreditkarte**

☐ American Express ☐ Visa Card ☐ Diners Club ☐ Mastercard

Kreditkarten-Nummer   Gültig bis

Rückgaberecht: Sie können die Bestellung ohne Angabe von Gründen innerhalb von zwei Wochen durch Rücksendung der Ware widerrufen. Die Frist beginnt frühestens mit Erhalt der Ware und dieser Information. Zur Wahrung der Frist genügt die rechtzeitige Absendung der Ware. Die Rücksendung muss originalverpackt und bei einem Rechnungsbetrag bis EUR 40,00 ausreichend frankiert sein, wenn die gelieferte Ware der bestellten entspricht. Andernfalls ist die Rücksendung für Sie kostenfrei. Die Rücksendung geht bitte an die Bestell-Adresse.

Absender

Name, Vorname

Straße

PLZ, Ort

Telefon

E-Mail

Datum, Unterschrift

www.ingramcontent.com/pod-product-compliance
Lightning Source LLC
Chambersburg PA
CBHW021755230426
43669CB00006B/79